驼 背 将 军

美国人荷马李
与近代中国

陈丹 —— 著

上海人民出版社

图书在版编目(CIP)数据

驼背将军:美国人荷马李与近代中国/陈丹著.—
上海:上海人民出版社,2023
(论衡)
ISBN 978-7-208-17963-9

Ⅰ.①驼… Ⅱ.①陈… Ⅲ.①荷马李-人物研究 ②革
命史-中国-近代 Ⅳ.①K837.125.2 ②K250.1

中国版本图书馆 CIP 数据核字(2022)第 179795 号

责任编辑 邵 冲
封面设计 赤 徉

本书是国家社会科学基金西部项目"改良与革命复杂关系中的外国人:荷马李与
近代中国"(16XZS016)的最终成果。

论衡

驼背将军
——美国人荷马李与近代中国
陈 丹 著

出 版 上海人民出版社
      (201101 上海市闵行区号景路 159 弄 C 座)
发 行 上海人民出版社发行中心
印 刷 上海盛通时代印刷有限公司
开 本 890×1240 1/32
印 张 13.25
插 页 5
字 数 293,000
版 次 2023 年 4 月第 1 版
印 次 2023 年 4 月第 1 次印刷
ISBN 978-7-208-17963-9/K·3242
定 价 78.00 元

序

在 20 世纪初，有一位美国人深度介入了中国的维新运动和革命运动。他最初为保皇会创办干城学堂，在美国训练华侨勤王军队，被称为"将军"。还先后陪同维新派领袖梁启超、康有为在美国访问演讲和检阅军队，甚至被康有为委任为中国维新军"总司令"。以后他又和"留美留学生之父"容闳密谋策划"红龙计划"，企图发动会党推翻清政府。最后则与革命派领袖孙中山紧密合作，制订"长堤计划"，谋划在美筹款，发动武装起义。他自称是中国革命军的"总参谋长"，陪同孙中山游说美英政界财界人士。1911 年末，他陪孙中山回到上海，并在南京参加中华民国临时政府总统就职典礼，成为出席典礼的唯一欧美人要员和孙中山的"高级军事顾问"。这位美国人就是出生于科罗拉多州丹佛市，曾就读斯坦福大学，因幼年脊椎病而驼背残疾的美国青年荷马李。他热衷于研究国际政治和军事学，具有战略眼光，关心中国和亚洲的风云变幻，进而投身中国改良派和革命派的活动，经历从保皇会维新军"总司令"到同盟会革命军"总参谋长"的身份转变，见证了孙中山就任中华民国总统。可惜不久就因中风病重而返美，于 1912 年

11 月病逝，享年仅 36 岁。

　　这是一个多么复杂曲折充满传奇色彩的人生，这位"驼背将军"荷马李的评价也饱受争议，有誉为天才军事家、战略家、预言家，也有贬称冒险家、野心家。他的经历存在许多谜团，如他这样一个体弱多病的美国青年，究竟为什么会投身中国的变革事业？他的动机和动力是什么？他的中国观和地缘政治理论又是什么？他为什么能得到中国改良派与革命派领导人的器重？又为什么与保皇派疏离而支持革命派？他参与策划的"红龙计划"与"长堤计划"是如何进行又是怎样失败的？他最后为什么能得到孙中山的信任，帮助孙中山做了什么事情？总之，荷马李应该是中国近代史尤其是近代中外关系史、辛亥革命史上一个不可忽视的外国历史人物。可是过去国内对他的研究却很薄弱，只有一些简略的介绍性文章和著作，也许是缺乏第一手原始史料，对许多史实语焉不详，难以作更深入研究。陈丹的这部著作，可以说是初步运用原始史料对荷马李进行深入开拓性系统性研究的尝试。

　　陈丹在北京大学历史学系经过本科与硕士阶段的求学后，2004 至 2008 年在我指导下攻读中国近现代史专业博士学位。当时我交给她一个难度很大的课题即清末五大臣出洋研究。她克服困难查阅了大量中英文资料，终于很好完成了博士论文，在答辩会上获得好评。毕业后到华中科技大学任教。博士论文经修改加工后收入东方历史学术文库，以《清末考察政治大臣出洋研究》的书名，2011 年在中国社会科学文献出版社出版。这是国内关于五大臣出洋较早的一部研究专著。2013 年她获得国家留学基金委资助到美国加州大学伯克利分校访学一年。在此期间，她到斯坦福大学胡佛研究所档案馆看到了有关荷马李的档案，觉得很有意思，写信告诉我。我也鼓励她收集和利用第一手英文原始档案对荷马里进行深入研究。回国后她又申请到这方面国家社科基金项目，在完成繁重教学任务和家务劳动同时，经过近十年的潜心研究，终于完成了荷马里研究的初步成果，把项目研究报告压缩加工后形成这部专著。

我有幸先睹为快，通读了这部书稿，感到该书有以下几个特点。

一是史料的发掘和史实的考订是历史研究的基础。作者利用在美国访学一年的机会，收集挖掘和翻译了大量关于荷马李的英文档案文件、书信、著述及美国各地报刊等第一手原始史料。使对荷马李生平的叙述分析建立在可靠的史料基础上。而不是依靠照抄或转引第二手材料和无出处的介绍。而且荷马李复杂传奇的人生中，与各种中国改良派与革命派人物及美国商界政界军界人士的交往，有很多是关于改革中国政治以至推翻政府的密谋，很难在公开资料上看到，而只有梳理荷马李等人的大量私人书信，才能发现其内幕和真相。如书中关于"红龙计划"、"长堤计划"从酝酿、策划到失败，只有从胡佛档案馆的鲍尔斯文件、布思文件内的英文书信中才能厘清其来龙去脉和一波三折的具体曲折过程。还能与康有为、容闳、孙中山全集的中文信件加以印证。通过这些原始史料，还能订正一些过去著述上关于荷马李史实叙述的错误和遗漏的内容。还如荷马李与保皇会及康有为从合作到疏离的过程，也要从这些私人信件中发现蛛丝马迹，进而分析他从改良到革命转变的真实原因和契机。

二是作者在书中采用了多语种、多学科的研究方法。以往有些介绍荷马李的文章还是以孙中山全集和一些中文二手材料为主。而陈丹则以荷马李等美国人的英文原始档案信件为主，结合康有为、容闳、孙中山等人的中文书信文件，还辅以日文的有关资料及《无知之勇》一书日译本出版情况等英语、汉语、日语多语种史料的结合研究。书中还采用历史学、政治学、国际关系学以及社会学、心理学的多学科研究方法。如对荷马李因从小脊椎受伤驼背残疾造成的心理影响情感扭曲进行心理学、情感学的分析。指出其由于残疾产生孤独感、自卑感，同时又产生非凡的意志、毅力和事业心。另外也滋长了他的狂妄自大与权力欲野心。以致他对外经常夸大自己在中国维新或革命中的地位和作用。

三是书中对荷马李的中国观、日本观也进行了具体剖析。尤其是对其代表作《无知之勇》加以详细介绍和分析，还对其书的传播影响及日译本的版本进行了考订。该书日文版竟然出了数十版，而且在日本美国欧洲都获得畅销，可是却没有中文版。为此陈丹下功夫翻译了《无知之勇》全书，中文版以《战争预言者荷马李著作选译》的书名，2021 年由社科文献出版社出版。通过对《无知之勇》的剖析，说明荷马李对亚洲太平洋及美日中三国地缘政治的看法以及他的日美必战论和西太平洋均衡论的观点。荷马里把中国革命前途与美英国家利益联系在一起，认为中国复兴有利于美英在远东的霸权，支持中国革命会获得更大的回报。陈丹翻译的荷马李著作中文版也可以供本书的读者进一步了解荷马李其人及其思想的参考。

陈丹的这部著作作为荷马李研究的初步成果当然还存在一些不足。如理论分析还不太够。对荷马李的中国观及其地域政治战略思想的研究探讨还应深入。对当时美国政界、财界、军界对中国维新与革命的态度还应作更具体细致分析。对荷马李热心中国变革的动机以及他从改良转向革命的原因还可作更深刻的挖掘和探讨。这样才能对荷马李在近代中国的改良与革命的历史进程中所处的地位和所起的作用，作出更加全面、客观、实事求是的评价。总之史料还可以进一步发掘，理论分析还可以进一步提高，文字还可以进一步润色推敲，如果再配些图片、书影就更形象了。希望陈丹继续努力，百尺竿头更上一层楼，在荷马李与中外关系史研究上取得更多更好的成果。

王晓秋

2023 年 3 月于北京大学蓝旗营公寓史海遨游斋

目 录

绪　论

　　改良与革命的相互关系是 20 世纪初以来就存在的一个老话题，已经有很多学者就其进行了相关论述，并展开了论争。尤其是以辛亥革命一百周年为契机，二者又成为一个热点话题。前人的研究，多以国内历史的发展轨迹为例证，从理论上阐述二者的关系。总体而言，改良与革命的关系十分复杂，概念上也存在着狭义和广义之分。在本书中，"改良"指的是采用和平方式实现渐进的政治变革和社会变革，"革命"指的是使用暴力手段实现激进的政治变革和社会变革。笔者认为，除了从理论上、以国内史事为例进行分析之外，还可以从国外具体的个案出发来分析改良和革命的关系，荷马李就是进行这项研究的一个比较好的切入点。

一、研究缘起及研究综述

　　荷马李（Homer Lea），又被译为咸马里、堪马利、郝门李、李哈麦、李赫迈、花墨黎等。荷马李曾解释自己名字的由来，说因仰慕游吟诗人"Homer"，故而取了"Homer"这个名字，而现在我们一般将"Homer"这个游吟诗人的名字统一翻译成"荷马"。"Lea"这个字对应的读音有多种，而因为荷马李敬仰李将军，甚至有传言说荷马李曾自称为李将军的后代，故而，将"Lea"这个词翻译成"李"也比较合适。现今关于荷马李的中文表述中，基本上都将"Homer Lea"翻译成为"荷马李"，本书也采用这种译法。由于之前人们对荷马李的译名有多种版本，不便于读者一眼明了这个名字究竟指的是谁，也不便于对荷马李形成比较稳定的认识。其译名的多样化，也反映了人们对这个人认识不深。实际上，现今一般人对他的认识非常少。然而，他曾经颇负盛名，被称为"军事天才"，带有"将军"、"顾问"头衔。例如，《洛杉矶时报》曾将荷马李称为："聪明且年轻的军事天才和作家"；①《旧金山呼声报》曾刊文："他（荷马李）成为了一个军事天才，受到了全世界的关注，并被中国军队授予了'中将'（Lieutenant general)。"②当日本偷袭珍珠港、太平洋战争爆发后，已经去世多年的荷马李再次引起了人们的注意。《纽约时报》这样描述荷马李："他是驼背的年轻的理想主义者，他聪慧且富有逻辑性，同时喜好冒险而且非常勇敢。他热爱民主，并为其抗争；他热爱中国，并为其奋斗；他看到了来自日本的威胁，并警告了我们！对于日本将会如何入侵美国，他的书做了精辟的战略分析。"③《华盛顿邮报》刊文称荷马李是"卓越的预

---

① "Loves Wins Over Pen and Sword", *Los Angeles Times*, August 14, 1911, p.18.
② "Homer Lea, Broken in Health, Home", *The San Francisco Call*, May 7, 1912, p.6.
③ "Display Ad 9", *New York Times*, March 18, 1942, p.11.

言家"、"货真价实的军事天才"。①处于抗日战争期间的中国，也有人记起了荷马李的名字，写了一篇名为《总理好友咸马里将军与太平洋战争》的文章，文中提到了辛亥革命爆发后，孙中山回国时记者采访他并问到荷马李的情况，孙中山说荷马李"可称为天下最大的陆军专门学家，欧美军界都很尊重他"。针对孙中山的这种评价，这篇文章说："这两句话，当时大家听了，也许认为不免过甚其词，但到三十年后日本偷袭珍珠港，侵占菲律宾，咸马里君固然料事如神，有先见之明，总理的识人，也可以得到一个确证了。"②

荷马李一生非常具有传奇色彩。他曾参与保皇会活动，与康有为、梁启超关系密切，后来与孙中山紧密合作。辛亥革命成功之后，孙中山从海外归来，一路陪同他的人之中就有荷马李。当时曾有报道说，孙中山如果没征询荷马李的意见，不会轻易地采取下一步行动。当然这种说法有些夸张，但也显示出荷马李同孙中山关系密切。1912 年荷马李去世时，年仅 36 岁，孙中山曾写信给荷马李夫人，对好朋友的离开表示遗憾。荷马李有遗愿，希望能葬在中国，后来几经周折，他与夫人合葬在台湾阳明山。荷马李一生计划写三本书（Strategic Trilogy），其中两本已经完成出版：《无知之勇》（The Valor of Ignorance）以及《撒克逊时代》（The Day of Saxon）。这两本书奠定了荷马李预言家的地位，他的地缘政治理论及预测，

---

① "Lea the Prophet", *The Washington Post*, March 22, 1942, p.L10.
② 张继：《总理好友咸马里将军与太平洋战争》，《三民主义半月刊》，1944 年第 5 期。《三民主义半月刊》，1942 年 7 月创刊于重庆，半月刊，属于政论刊物。该刊继承《三民主义周刊》，由三民主义半月刊社编辑发行，地址位于重庆两浮支路八十三号。1946 年 5 月从第 9 卷第 1 期开始迁往南京出版。

让很多军事学家感到惊叹。其中《无知之勇》被翻译成日文，在日本产生了重大反响，后被翻译成德文。①但这两本书当时在中国却没有相应的译本，也就没有在中国读者中产生大的影响。

通观荷马李一生的经历，不禁让人产生诸多疑问：荷马李是如何对中国产生兴趣的？他如何与康有为、梁启超等改良派进行合作？其后如何转向支持孙中山的革命活动，成为了孙中山的顾问？他从改良转向革命说明了什么？

笔者一直关注改良与革命的相关话题，曾完成《清末考察政治大臣出洋研究》② 一书，并多次参与相关的学术研讨会。此外，笔者也曾多次参与有关孙中山的研讨会，参会的一个明显感受是有关孙中山的研究已经非常多了，是否还有可以推进的空间存在？荷马李这一课题的研究，有利于笔者进一步思考改良与革命的关系问题，同时，笔者也希望借此能加深对于孙中山的认识。

国内对于荷马李的相关研究，主要有：张继的《总理好友咸马里将军与太平洋战争》③、张梅的《孙中山与荷马李》④、张忠正的《孙中山与美国人合作的中国革命计划（1908—1911）》⑤、陈小丽

---

① 参见陈丹：《孙中山与荷马李〈无知之勇〉在日本的译介》，《广东社会科学》，2020 年第 3 期。

② 陈丹：《清末考察政治大臣出洋研究》，北京：社会科学文献出版社，2011 年。

③ 张继：《总理好友咸马里将军与太平洋战争》，《三民主义半月刊》，1944 年第 5 期。

④ 张梅：《孙中山与荷马李》，天津师范大学、天津市中共党史学会编：《纪念孙中山诞辰一百四十周年文集》，天津：天津古籍出版社，2006 年。

⑤ 张忠正：《孙中山与美国人合作的中国革命计划（1908—1911）》，纪念孙中山诞辰 140 周年国际学术研讨会论文集，2006 年 11 月。

的《孙中山军事顾问荷马李的传奇人生》①、王恩收的《一个热心中国辛亥革命的美国人——荷马李》②、王恩收的《参加孙中山临时大总统就职典礼的白人》③、雪珥的《美国浪人荷马李》④、陈丹的《浅析荷马李对中国及其传统文化的认识》⑤、陈丹的《孙中山与荷马李〈无知之勇〉在日本的译介》⑥、陈丹的《真正的畅销者：〈无知之勇〉在日本的译介》⑦、恽文捷的《共和、风投、霸权——清末北美"红龙—中国"反清革命档案史料新解》⑧ 等。此外，对荷马李的研究还散见于对孙中山、康有为等的相关研究中。例如：郝平著《孙中山革命与美国》⑨、余齐昭著《孙中山文史图片考释》⑩、高伟浓著《二十世纪初康有为保皇会在美国华侨社会中的活动》⑪ 等书中，有一定的章节涉及荷马李与近代中国的关系。在

---

① 陈小丽：《孙中山军事顾问荷马李的传奇人生》，《百年潮》，2007 年第 1 期。
② 王恩收：《一个热心中国辛亥革命的美国人——荷马李》，《文史月刊》，2011 年第 9 期。
③ 王恩收：《参加孙中山临时大总统就职典礼的白人》，《炎黄纵横》，2012 年第 12 期。
④ 雪珥：《美国浪人荷马李》，萨苏编：《史客，一脉》，北京：金城出版社，2012 年。
⑤ 陈丹：《浅析荷马李对中国及其传统文化的认识》，《华中国学》（第 9 卷），武汉：华中科技大学出版社，2018 年。
⑥ 陈丹：《孙中山与荷马李〈无知之勇〉在日本的译介》，《广东社会科学》，2020 年第 3 期。
⑦ 陈丹：《真正的畅销者：〈无知之勇〉在日本的译介》，《晋阳学刊》，2021 年第 6 期。
⑧ 恽文捷：《共和、风投、霸权——清末北美"红龙—中国"反清革命档案史料新解》，《广东社会科学》，2021 年第 3 期。
⑨ 郝平：《孙中山革命与美国》，北京：北京大学出版社，2000 年。
⑩ 余齐昭：《孙中山文史图片考释》，广州：广东省地图出版社，1999 年。
⑪ 高伟浓：《二十世纪初康有为保皇会在美国华侨社会中的活动》，北京：学苑出版社，2009 年。

台湾地区，相关研究比较重要的有黄季陆著《国父军事顾问：荷马李将军》、张忠正著《孙逸仙博士与美国 1894—1925》①。

总体来看，国内对于荷马李的专题研究比较少，在辛亥革命一百周年之际集中出现过几篇文章；这些研究的内容集中于论述荷马李与中国革命的关系，大多概述性地提到了红龙计划、帮助孙中山筹款、革命胜利之际陪同孙中山在欧洲进行外交等，而对于整个脉络（即从他投向中国事业，到与康梁建立联系，后转而扶助中国革命，以及其军事思想的影响等），尤其是他与改良派的关系论述得不太深入和充分；研究多集中于对荷马李所参与历史事件的描述，而很少论述荷马李所写的著作及其思想的影响；多是简介或故事式的小文章，尚无专题研究；对于中文史料利用得比较多，而对于国外档案报刊等史料利用得较少。

美国对于荷马李的研究，主要有两本比较重要的著作：尤金·安斯切尔（Eugene Anschel）的《荷马李、孙中山和中国的革命》（*Homer Lea，Sun Yat-Sen and the Chinese Revolution*），以及劳伦斯·M·卡普兰（Lawrence M. Kaplan）的《美国军事冒险家荷马李》（*Homer Lea，American Soldier of Fortune*）。②此外还存在对荷马李所写

① 张忠正：《孙逸仙博士与美国1894—1925》，台北：广达文化事业有限公司，2004年。

② Eugene Anschel，*Homer Lea，Sun Yat-Sen and the Chinese Revolution*，New York：Praeger Publishers，1984；Lawrence M. Kaplan，*Homer Lea，American Soldier of Fortune*，University Press of Kentucky，2010.《西方孙中山研究的历史考察及学术流变探析》一文提到了这两本书："1984 年安斯切尔著《荷马李、孙中山与中国革命》研究了荷马李这位'在美国历史上默默无闻'、却'在中美关系上惊异无二'人物。此书学术上的突破点，是对荷马李在辛亥革命中角色地位的探讨。2011 年出版的《幸运的美国战士荷马李》，也提供了荷马李与孙中山交往的一些史实。"该文还提到：1908 年，时为同盟会会员的美国人荷马李在 （转下页）

著作的书评，以及对上面两本论著的书评。整体来看，美国相关研究，关于荷马李的论文相对比较少；论著方面，或者因为出版年代较早，相关资料并未公开，因而出现不少缺漏；或者因为篇幅限制，并未详细论述荷马李与中国改良和革命的关系。而且因为作者身份的原因，在其论述中，会将荷马李或美国的作用相应地夸张或者美化；作者较多地运用了美国的史料，对于中方的史料，没有很好地加以利用，没有很好地进行对比和参照。

日本关于荷马李的研究，主要有两篇文章提到了荷马李：石井公一郎的《ホ-マ-・リ-と水野広德》①、佐伯彰一的《現代を予言したせむしの将軍》②，此外还有相关论著中提到了荷马李，如林房雄的《大東亜戦争肯定論》③ 等。

从上述国内外现有的荷马李相关研究的梳理中，可以发现对于荷马李的研究还存有较大的空间，还有进一步推进的可能性和必要性。

二、研究意义及基本资料

相对于以往研究而言，本研究主要有以下价值和意义：

（接上页）纽约出版《红铅笔》一书，虽看似是本小说，但内容涉及晚清南方地区的会党概况，其中就有孙中山与洪门的关系。参见崔华杰：《西方孙中山研究的历史考察及学术流变探析》，《安徽史学》，2018 年第 4 期。这篇文章有关荷马李的说法存在商榷的地方，本书其后的内容会对其有所论及。

① 石井公一郎：《ホ-マ-・リ-と水野広德》，《諸君》，1990 年第 5 期。
② 佐伯彰一：《現代を予言したせむしの将軍〔〈日米戦争〉（明治 44 年邦訳）の著者ホ-マ-・リ-〕》，《文芸春秋》，1972 年第 4 期。
③ 林房雄：《大東亜戦争肯定論》，翼書院，1968。

其一，从近、现代史研究来看，荷马李深深地介入改良与革命的复杂关系中，以他为线索进行研究，可以为更加深入地了解这种复杂关系提供一个具体的案例。

其二，从华侨史研究来看，当时荷马李与华侨关系密切，以他的活动为切入点，可以相应地对华侨活动进行一定的研究和了解，研究改良和革命势力在其中的消长，从而有助于了解美国华侨历史及华侨中存在的问题。

其三，从中美关系史研究来看，荷马李作为美国人，参与到中国近代的变革活动之中，分析其与当时中国的改良派及革命派的关系，对于研究民间外交、中美关系都具有一定的意义。此外，从荷马李的中国观，我们可以分析美国人如何看待中国的改良和革命。

其四，从辛亥革命史研究来看，作为孙中山的美国顾问，荷马李如何帮助孙中山的事业，他们之间有怎样的交流等，弄清这些问题，有助于加深我们对于孙中山以及中国那段改良和革命历史的理解。

其五，从中美日三国关系来看，荷马李的两本著作，体现了其过人的预言能力（太平洋战争及冷战的发生印证了他的预言），对这两本书进行研究，分析其逻辑及体现出来的思想，了解他的地缘政治理论，对于处理现今大国关系尤其是中美日三国关系具有一定的借鉴意义。

其六，从个人历史研究方面来看，荷马李短暂的一生非常具有传奇色彩，人们对其知之甚少。他身材矮小，视力不佳，但是却投身于中国的改良和革命事业，他曾与孙中山并肩作战，并成为伟大的预言家。他的历程所体现的意志和毅力，可以给后人提供一定的借鉴。

笔者曾到美国加州大学伯克利分校访学一年，搜集了斯坦福大学胡佛档案馆所藏相关资料，同时利用美国的图书馆和档案馆进行了孙中山和荷马李相关资料的收集工作。另外，近年来数据库相关建设越来越好，这也为研究工作的开展提供了有利条件。

本书将尽可能地利用中外史料，将中英日三种语言的文献结合起来研究。所依据的基本资料主要有以下几种类型：

第一，档案资料。本书依据的档案资料主要有：美国斯坦福大学胡佛档案馆保存的荷马李相关档案资料，包括鲍尔斯文件（Joshua B. Powers Papers）和布思文件（Charles Beach Boothe Papers）以及蒋介石日记等；亚洲历史资料中心的相关档案资料等。

第二，文集、年谱、回忆录、游记等相关资料。本书会用到孙中山、康有为、梁启超、容闳等人的相关文集、年谱和回忆录等，具体有：《孙中山全集》《孙中山史事编年》《孙中山年谱长编》《康有为全集》《康南海自编年谱》《欧洲十一国游记》《饮冰室合集》《梁启超年谱长编》《新大陆游记》《顾维钧回忆录》等。

第三，报刊资料。本书会用到中外相关的报刊资料，例如：《纽约时报》《洛杉矶时报》《芝加哥论坛版》《泰晤士报》《大阪朝日新闻》《大公报》《申报》等。

第四，其它资料。相关的辞典（《民国人物传》《民国人物大辞典》等）、研究荷马李的英文论著等，也是本书的重要参考资料。

三、基本内容及创新点

本书以荷马李为切入点，研究改良与革命的复杂关系，进而分析近代改良和革命相互作用、此消彼长的原因；同时，以荷马李为着眼点和突破口，分析美国人在中国近代巨变过程中的作用；另外，分析荷马李关于战争的理论及思想，分析其地缘政治理论及太平洋战略理论，为处理中美日三国关系提供历史的借鉴。

本书主要回答以下问题：其一，荷马李为何会介入中国的改良和革命的历史进程之中？荷马李作为一个美国人，在怎样的机缘之下了解中国，并试图帮助中国？这里实际上要回答的就是荷马李甚至美国人的中国观问题。其二，荷马李的军事思想及理论对中国的改良与革命的影响是什么？荷马李被誉为"军事天才"，他的军事理论和行动对改良和革命有怎样的影响？其三，荷马李与保皇派，乃至梁启超、康有为有着怎样的联系？荷马李怎样进入保皇派，后来又在梁启超、康有为访美过程中起了怎样的作用？这些将分析荷马李与改良派势力的关系。其四，荷马李与革命派，乃至孙中山有着怎样的联系？需要解答荷马李如何与孙中山建立联系，并对孙中山等革命派有何影响。

本书的基本思路是：首先研究荷马李的成长过程和经历，分析他对于中国的基本看法和观点；在此基础上，研究他与康有为、梁启超、孙中山的关系，分析其介入中国近代变革的程度及其影响，据此试图窥探美国人在中国变革中的作用，同时试图分析晚清改良和革命势力消长的原因；此外，分析其著作体现的战略思想，以此来分析其对太平洋局势的预测，为处理未来的中美日关系提供一定的借鉴。

在写作时，采取的具体研究方法如下：

其一，个案研究法。以荷马李为个案，以此为切入点分析改良与革命的复杂关系，并分析美国人在中国变革中的作用。

其二，比较研究法。将荷马李在梁启超访美、孙中山访美过程中的作用进行对比，分析荷马李与改良派及革命派之间的相互影响和作用；将《无知之勇》在各地的影响进行对比，分析荷马李思想的影响。

其三，跨学科研究法。近年来，情感史研究成为史学研究的一个新趋向，为史学研究带来了新的研究思路和方法。"情感史的研究在近年有了长足的进展，可谓盛况空前。"①将情感史研究与革命史研究结合起来，已经出现了一些尝试。《情感史视野下的法国大革命》一文概述了如何从情感史的角度研究法国大革命："法国大革命的情感史研究旨在关注人们行为背后的情感因素，通过挖掘革命亲历者书写的大量日记和书信等历史文献，探讨人们所经历的欣悦、爱、恐惧、愤怒以及憎恨等具体情感，为认识革命时期的暴力与恐怖现象提供了全新的视角。革命初期人们表达了强烈的欣悦与博爱等情感，但新的平等观念很快遭到贵族与教士阶层的反对，这种愿望受挫与被背叛的感觉形成了独特的'阴谋'恐惧，致使整个社会谣言四起，进而引发愤怒与憎恨的情感。除了研究各种具体情

---

① 王晴佳：《拓展历史学的新领域：情感史的兴盛及其三大特点》，《北京大学学报（哲学社会科学版）》，2019 年第 4 期，第 94 页。

感之间的相互作用，法国大革命情感史还着眼于不同社会群体之间在情感方面的差异及其相互影响、情感与行为之间的关系等，并与其他各国的重要革命进行比较研究，以期更加深入地认识法国大革命乃至 18 世纪法国文化的情感特性。"①文中列出了多种从情感视角研究法国大革命的思路和做法，甚至提出将法国大革命与中国等国家的革命相比较，以从法国大革命进程本身所固有的情感模式中，锁定那些只有 18 世纪法国文化才会具有的独特情感模式。这样的一些研究取径，对于我们研究 20 世纪中国的相应革命和社会变动具有一定的借鉴意义。实际上，有学者已经尝试用情感史的做法去研究 20 世纪中国革命史。哈佛大学裴宜理教授（Elizabeth J. Perry）等人注意到了情感动员在中国革命过程中所发挥的作用。李志毓也对情感动员进行了研究，他认为："政治所面对的人，不是单纯的经济理性人，而是有着不稳定的情感与复杂内心世界的人"，革命者存在着精神苦闷，存在着对于人生意义的焦虑，"情感史研究关注人的心灵与情绪，关注人的主体状态和时代的精神结构"，而这样"一种强调细致入微的关心、体察人之情感的史学研究，将有助于培养宽厚的人格和富于同情的心灵"。②本书也将尝试用心理学的理论和方法，从情感史的视野去探索荷马李、孙中山等人的情感、心理对于其活动的影响，探讨大时代背景之下个人的情感和命运，从而也借以为读者提供一定的思考和借鉴。

---

① 参见谭旋（Timothy Tackett）著，孙一萍译：《情感史视野下的法国大革命》，《世界历史》，2016 年第 4 期。
② 参见李志毓：《情感史视野与 20 世纪中国革命史研究》，《史学月刊》，2018 年第 4 期。

本书的重点在于：利用史料分析荷马李与康梁等改良派的关系，分析荷马李与孙中山等革命派的关系，尤其是要分析荷马李由前者转向后者的过程及原因，进而分析改良与革命的复杂关系，研究美国人及美国政府在中国变革中的作用和影响；分析荷马李的著作及思想，了解其地缘政治理论，为现今处理中日美关系提供借鉴。本研究的难点在于：荷马李从改良转向革命的过程和原因，据此，廓清改良与革命的复杂关系。改良与革命的关系本来就是复杂的，存在很多争论的地方。即使以荷马李为具体的案例，也难免会遇到各种难题：荷马李的档案中，有很多英文手写资料，这需要花相当多的精力去阅读和利用，且英文专有名词的翻译也存在一定的难度；荷马李的一生短暂而富有传奇性色彩，他的故事存在多种版本，需要花费一定的功夫进行鉴别；由于荷马李曾经销毁一批重要文件，加上他参与到康梁和孙中山事业的机密性，有些材料无法找到。

本研究的创新之处是：

其一，本课题将利用从美国搜集到的档案等资料、整合中日英三种语言的史料进行研究，同时利用多种数据库作为补充，尽可能地穷尽相关史料。

其二，针对以往研究的薄弱环节，对荷马李进行实证性研究，从新角度研究改良与革命的复杂关系；从地缘政治学角度，以荷马李为例来认识中美日关系，对当今政治格局提供一种新的理解。

其三，运用多种研究方法，其中利用心理学的相关理论，在情感史视野下以荷马李、康有为、梁启超、孙中山等人为具体个案，研究20世纪的革命史。

第一章 中国的拜伦——荷马李成长经历

荷马李曾经与康有为、梁启超、孙中山等人关系密切，被誉为"军事天才"，被授予"将军"等头衔。在他名噪一时的时候，媒体也关注过他的成长经历，以向读者有所交代。然而，这毕竟如镜中花水中月一般，不太清晰。本章将要探索荷马李的成长经历，并试图结合心理学的方法，从情感史的角度去探索为何荷马李后来会有如此盛名、为何与中国结下不解之缘。

第一节 荷马李的童年及求学时代

荷马李于 1876 年 11 月 17 日出生，1912 年 11 月 1 日去世。在报刊登载的荷马李照片中，可以看到他的面貌，正如约翰·张伯伦在他的文章中提到，这是一张带有孩子气的脸。[1]媒体所见荷马李的照片，大都以半身军装像为主，也有他的全身像。如果看到他的全身像（图 1.1），更会加强这样的印象：他像一个长不大的少年，

---

[1] "Book of the Times", *New York Times*, March 19, 1942, p.19.

图 1.1　荷马李照片①

他身高大约只有 5 英尺 3 英寸，也就是 1.62 米左右，体形也比较瘦弱。这样的一个人，不禁会让人想了解他的故事。他所生存的那个年代的时代特点是什么样的？社会上有什么样的思潮？他的家庭有什么特点？他的童年和青少年时期如何度过？这些问题的解决，有

① 资料来源：美国斯坦福大学胡佛档案馆藏鲍尔斯文件（Joshua B. Powers Papers），Box 5，File 5A。

利于我们去了解这个人的性格成因、成长经历等。

一、荷马李的童年时代

1861 年美国开始内战，至 1865 年结束，此后美国进入重建时代。随着科技和交通的快速发展，美国的城市迅速崛起，"西部扩张如火如荼"。①直至 20 世纪初，美国"经历了世界国家发展史中最迅速和最深刻的经济革命之一"。②这一时期，社会达尔文主义开始在美国流行起来，文学繁盛，人们对成功的定义发生改变。需要特别提及的是，美国报界在 19 世纪末出现了"黄色新闻"年代。③这是荷马李生活年代美国的大致情况。

荷马李的祖父李医生（Dr. Pleasant John Graves Lea），1807 年生于田纳西州（Tennessee）。李医生具有冒险精神，对于美国边疆扩张所带来的挑战和机遇，他欣然接受，后来成为了商人、医生和奴隶主。1837 年，他帮助创建了克里夫兰（Cleveland）这个城市。十年之后，他又从费城的杰弗逊医学院（Jefferson Medical College）获得了医学学位。1849 年，为了寻求新的挑战，他带着

---

① （英）苏珊-玛丽·格兰特：《剑桥美国史》，董晨宇、成思译，北京：新星出版社，2017 年，第 242 页。

② （美）埃里克·方纳：《美国历史：理想与现实》，王希译，北京：商务印书馆，2017 年，下册，第 738 页。

③ 《美国新闻史》称："从最坏处说，黄色新闻是一种没有灵魂的新式新闻思潮。黄色新闻记者在标榜关心'人民'的同时，却用骇人听闻、华而不实、刺激人心和满不在乎的那种新闻阻塞普通人所依赖的新闻渠道，把人生的重大问题变成了廉价的闹剧，把新闻变成最适合报童大声叫卖的东西。最糟糕的是，黄色新闻不仅起不到有效的领导作用，反而为罪恶、性和暴力开脱。"［美］迈克尔·埃默里、埃德温·埃默里、南希·L·罗伯茨：《美国新闻史》，展江译，北京：中国人民大学出版社，2009 年，第 197 页。

全家搬迁到密苏里州的杰克逊郡（Jackson County），在那里他行医的同时，经营着农场和一个本地邮局。他和妻子露辛达（Lucinda）生育了4个女儿和5个儿子，其中包括荷马李的父亲埃尔弗雷德（Alfred Erskine Lea）。1857年，露辛达去世，李医生于1859年娶了一位音乐老师，又生了一个儿子。李医生在当地非常成功，因此为后代积累了一些财富。1861年内战爆发后，李医生把家庭分散以躲避灾祸。不幸的是，他于1862年9月被杀害。①

　　荷马李的父亲埃尔弗雷德于1845年在田纳西州出生。②李医生去世之后，埃尔弗雷德继续留在科罗拉多。后来他成为了一个成功的金矿主，在当地政治、经济事务中比较活跃。1871年与来自丹佛（Denver）的何莎（Hersa）结婚，在博尔德（Boulder）建立了家庭。他们的头两个孩子都不幸夭折，1876年11月17日荷马李出生，后来又有两个女儿出生（Ermal和Hersa）。何莎不幸于1879年病逝。在一个管家和一个名叫皮特（Pete）的印度仆人的帮助下，埃尔弗雷德自己抚养荷马李和大女儿额尔摩（Ermal），而把小女儿（Hersa）送给丹佛的外婆抚养。③

　　大约在四岁的时候，荷马李背部出现问题，他开始变成一个驼背，身体状况也开始逐渐变差。对于他为何会出现这样的变化，家

---

① 李沃森（Watson Lea）的回忆，美国斯坦福大学胡佛档案馆藏鲍尔斯文件（Joshua B. Powers Papers），Box 3，"Subject File"内的文件夹"Carr，Harry，Undated"。

② "Gentleman of Old School"，*Los Angeles Times*，August 18. 1909，p.II3.

③ 李沃森（Watson Lea）的回忆，美国斯坦福大学胡佛档案馆藏鲍尔斯文件（Joshua B. Powers Papers），Box 3，"Subject File"内的文件夹"Carr，Harry，Undated"。何莎于1843年出生，享年36岁（1843—1879），荷马李也是享年36岁（1876—1912）。

人不知道确切原因是什么，有人认为可能是婴儿时从别人手中跌落造成的。荷马李的亲戚汤姆李曾说："一天（那时荷马李还不到一岁），印度仆人皮特将其跌落。荷马李脊背着地。婴儿受到极大惊吓，并被弄疼了，但是当时并没有因这次跌落而出现严重的后果，他的家人也就忘记了这件事情。几年过去后……当荷马李大约四岁的时候……他开始说他的背疼。这个小男孩开始遭受因从印度仆人皮特手中跌落而导致的后果。慢慢地，他变成了驼背。家人开始意识到，他们的儿子将会是一个跛子。"①荷马李的同学卡尔也在文中回忆说："当他还是婴儿的时候，他从一个粗心的仆人手中跌落，导致脊柱受到严重伤害。他的余生只能穿着一个钢制的背带。"②

不管原因是什么，荷马李的罗锅形态日益开始显现，而且身体状况不好，致使他无法像正常的小孩那样游戏和玩耍，大部分时间待在家里，上学也受到影响。父亲对荷马李的这种身体状况十分着急，四处寻找解决的良方。后来将其送到国家外科研究所（National Surgical Institute）接受治疗，荷马李 12 岁到那里，几年之后，的确有一些效果。虽然没有被治愈，但是长高了一些。

在这种残疾和病痛的日子中，荷马李是怎么度过的呢？据后来人们的回忆，这个时候他将许多时间用来读书，其中最喜欢读军事题材的书；此外他还喜欢玩士兵的小人玩具，把他们摆弄成各种阵形。在他和他的妹妹以及其他小朋友玩耍的时候，他总喜欢假装自

① Lawrence M. Kaplan, *Homer Lea*, *American Soldier of Fortune*, University Press of Kentucky, 2010, pp.10—12.

② Harry Carr, *Riding the Tiger*：*An American Newspaper Man in the Orient*, New York：Houghton Mifflin, 1934, p.169.

己是中世纪的统治者或者军队统帅，尤其喜欢发号施令。"谁也不能质疑他的权威，或者与他争论"，他的一个堂妹回忆说。①

　　残疾的外形和病痛的折磨，对一个年幼且失去母亲照顾的孩子，会产生怎样的心理问题或者形成什么样的性格特点呢？相关心理学研究表明，残疾人受到外界环境的影响，较正常人更容易产生心理问题。容易产生的心理症状主要有以下几种：其一，孤独感。由于生理或心理的某种缺陷，限制了残疾人与社会的交流，在其内心会产生孤独感，而且随着年龄的增长，孤独感会逐渐增强。其二，自卑感。生理或心理上的缺陷会使得残疾人产生"异类"、"不如人"的想法，而且会遇到别人异样的眼光，受到别人的嘲笑，会在学习、生活、就业以及婚恋等等方面遭遇更多的困难，如果得不到正确的引导和帮助，可能会产生自卑心理。其三，敏感多疑。与外界交流少以及孤独和自卑心理，使得残疾人在接触外界时更容易在意自己的缺陷，内心会担心别人对他缺陷的评价和看法，因而总是比较敏感和多疑，会产生焦虑和恐惧。其四，自尊心强。由于自身的缺陷，导致残疾人比较在意别人对自己的评价，因此自尊心很强，而且为了弥补自己的不足，试图在另一方面表现出色，用闪光点掩盖自己的弱点。其五，容易产生抱怨和不满的心理。残疾人会遇到更多困难，如果无法解决，就会怨天尤人，甚至产生过激行为。其六，情绪不稳定。残疾人容易受别人看法的影响，导致其情绪产生波动。总之，生理缺陷会对残疾人心理产生影响，容易使其产生焦虑、恐惧、抑郁、自闭等心理问题，帮助残疾人重新建立心

---

① 　Lawrence M. Kaplan, *Homer Lea*, *American Soldier of Fortune*, p.12.

理自信是非常艰难的过程，但积极的应对方式在一定程度上可以缓解甚至抑制残疾人心理症状的产生。[①]

　　童年的荷马李在失去母亲的情况下，身体的缺陷又限制了他与外界的交往，经常一个人独处，极容易产生孤独感。而越是与外界接触少，越是在接触时由于外界的对比和压力而会造成自卑感，会敏感多疑，在意别人对自己的评价，与此同时自尊心也特别强，容易处于受伤害的状态，情绪也会出现不稳定，产生抱怨心理。荷马李幼年生活中的一些事例表明，他已经有了某些心理症状。

　　1890 年，荷马李的生活出现了转机。这一年，荷马李的父亲与艾玛·威尔森（Emma Wilson）再婚。艾玛与荷马李的父亲是年轻时就认识的老朋友。她是一个意志坚强、尽心负责的老师，而且曾经在肯塔基州的丹维尔（Danville）一所聋哑学校工作过，在一定程度上积累了与残疾人相处的经验。她愿意照顾荷马李，她的经

[①]　G. Anne Honey，Eric Emerson，Gwynnyth Llewellyn，"The Mental Health of Young People with Disabilities：Impact of Social Conditions"，*Social Psychiatry and Psychiatric Epidemiology*，2011，volume 46；Heleen Stam，Esther E. Hartman，Jacqueline A. Deurloo，Jaap Groothoff，Martha A. Grootenhuis，"Young Adult Patients with a History of Pediatric Disease：Impact on Course of Life and Transition into Adulthood"，*Journal of Adolescent Health*，2006，Volume 39；丁禹博：《残疾人的心理自信重建和经济能力提升》，《时代报告》，2018 年第 8 期，第 224 页；赵伟：《残疾人心理探索》，《山西青年》，2017 年第 14 期，第 159 页；王倩、张悠然、吴欢云、吕军、陈刚：《残疾人抑郁状况调查研究》，《残疾人研究》，2017 年第 12 期，第 19—23 页；李楠柯、张爽、李祚山、密忠祥：《残疾人的心理症状及相关因素》，《中国心理卫生杂志》，2015 年第 10 期，第 798—800 页；闫洪丰、胡毅、黄峥、陈祉妍、刘正奎：《成年残疾人心理健康现状评估与分析》，《残疾人研究》，2013 年第 4 期，第 5—10 页；吴秀丽、廖昌园、张向霞、吴宜娟、范存欣：《残疾人士的健康、心理和生活状况调查分析》，《疾病控制杂志》，1999 年第 4 期，第 290—292 页。

历也非常适合做这样的事情。荷马李在国家外科研究所接受治疗后回到了家中，他的父亲把家安在丹佛，以利于荷马李的发展。艾玛同荷马李关系很亲密，不像人们印象中的继母与继子的疏离。艾玛的中国学生见到了她们相处的情形就对艾玛说："你不是荷马李的继母。我早上能看到你，晚上也能看到你，你从不打荷马李。你不是荷马李的继母。"①艾玛和荷马李相处融洽，而且艾玛的职业经历使得她能够引导荷马李一步步为进入公立高中做准备。

二、荷马李的求学时代

经过一定准备之后，1892 年 9 月，荷马李进入丹佛东部高中（East Denver High School）。原本荷马李可以将大部分时间沉浸在自己世界之中，不顾他人看法，如今置于完全陌生的环境之中，而且必须得面对别人的眼光，荷马李需要承受的心理压力是很大的。他比别人大两岁，而且身体畸形，可能会成为别人取笑的对象。在这个学校中，他的表现是经常会感到羞怯、灰心丧气、生气、不满。有一位老师回忆说："他似乎总是宁愿自己待着也不愿意与其他学生交往，他总是非常安静、严肃，有时候似乎要陷入忧虑之中。我想，这可能是因为他是一个驼背，无法在体育运动等方面融入其他孩子的活动中。"②荷马李在这个学校已经产生了严重的孤独感。

---

① "The Home Front", *Los Angeles Times*, March 24, 1942, p.A.
② 荷马李的老师赫德（Hurd）的回忆，美国斯坦福大学胡佛档案馆藏鲍尔斯文件（Joshua B. Powers Papers），Box 3, "Subject File" 内的文件夹 "Carr, Harry, Undated"。

这个时候，他的继母艾玛起了很大的作用。为了帮助荷马李走出这种心理状态，找回自信并融入学校生活之中，艾玛制订了一个计划。她同荷马李做了一个交易，如果荷马李能在三十天内听从艾玛的建议，那么就给他买一只丹佛最好的金表。有时，艾玛要荷马李做的事情可能会让其在大庭广众之下遭受更多的耻笑，荷马李便会拒绝，但是艾玛坚持要求荷马李去做。艾玛看着他的眼睛对他说："你是脑子残废了吗？脑子和大腿，哪个更重要？永远不要再自称残废。"①艾玛的做法慢慢起了作用，这成为荷马李一生的重要转折点。

在丹佛高中就读一年之后，或许是因为想为荷马李寻求更好的环境和学校，荷马李的父母把他送到加州圣何塞市的外婆那里。荷马李于 1893 年秋季进入太平洋大学预科学校（The college preparatory academy of the University of the Pacific）的高中就读。

由于经济和身体的原因，荷马李的父亲把家搬到了洛杉矶，荷马李也于 1894 年秋季进入洛杉矶高中（Los Angeles High School）读三年级。荷马李在这里变得非常活跃，积极参加校内外的活动，还交到了几个相伴终生的好友，例如马歇尔·斯蒂姆森（Marshall Stimson）和卡尔（Harry Carr）。卡尔后来写了很多关于荷马李的回忆录等文章。在荷马李积极参加的活动中，需要特别予以叙述的是参加美国辩论社团联盟（Lyceum League of America）和逛唐人街等。在这些活动中，荷马李的性格特点逐步显现出来。

美国辩论社团联盟是 1891 年由《青年之友》杂志社（Youth's

---

① Lawrence M. Kaplan, *Homer Lea*, *American Soldier of Fortune*, p.14.

Companion）创办。"《青年之友》杂志社是总部，当一个辩论社团组建时，由总部发出许可证。整个联盟有一个总章，而每个辩论社团有它自己特殊的组织管理规则。目前已经发出了 1 360 多个许可证，其中 1 200 多个辩论社团处于活跃状态中……这个联盟的目标是通过以下方式在美国青年中提升良好的公民意识：（1）训练他们进行独立思考；（2）让他们意识到美国人民正面临的问题；（3）让他们有公民的责任意识。在辩论社团的聚会中举办写作、演讲、辩论等活动，以达成上述目标。除了特拉华州（Delaware），美国其它所有的州和地区都有联盟的分支，这说明下一代热衷于了解政治问题并将有能力对其做出正确的判断和应对。目前在整个联盟中有 3 万多成员……第 538 号辩论社在洛杉矶高中组建……毫无疑问，这个联盟的影响将会在不久的未来展现。那些是联盟成员的年轻人将会根据他们不久就会面对的问题而获得教育，因此他们将明智地做事，并为他们的祖国谋福利。"①据荷马李的同学马歇尔·斯蒂姆森回忆说，这个组织受到西奥多·罗斯福（Theodore Roosevelt）的资助，全国各个高中都有辩论社，其目的是诱导启发成员就国会法律、政治现状、公民事务管理等方面进行学习和研究，并刺激年轻人产生为公众服务的愿望；这个联盟在南加州有个分支机构，会在不同的城市举行集会。"荷马李总是作为代表之一参加这种集会。他是本地辩论社的主席，而且是社团里最有影响力的雄辩家之一。他那奇怪的说话方式、敏锐的眼神、说话的声调、举起手将那特别

① E. H. Wilson, "The Lyceum League of America", *Los Angeles Herald*, December 29, 1892, p.3.

长的食指向前伸展的招牌动作，将他那敏捷的大脑中产生的观点清
楚地展现出来。"①可见，辩论社这个团体给荷马李提供了一个非常
好的机会，可以借此了解当时国家和社会的状况，可以开拓眼界，
锻炼思维，锤炼辩论技巧，还可以与这个团体中的成员进行切磋，
而荷马李的表现也给人们留下比较深刻的印象。"他在这个舞台上
表现得异常优秀，并树立了持久的声望，人们认为他是一个有技
巧、能使人信服的雄辩家和领导者。"②

　　此时，荷马李已经走出自我，融入其他学生之中，融入学校和
社团生活中，不再有孤独感。荷马李通过演讲和辩论等活动获得了
自信心，其机智和聪明也得到同学的认可。马歇尔·斯蒂姆森提到
过一个突发事件：那时他在竞选一个职位，这个职位与学校校长的
权力相当。荷马李是他的竞选经理人。第一轮投票后，马歇尔·斯
蒂姆森领先，而第二轮投票过后，他落后一票。马歇尔·斯蒂姆森
回忆说：在结果宣布之前，"荷马李走上讲台，用他最引人注目的姿
势说，某位年轻女士的投票被更改了，他要求主持人问问那位女士
她投的谁。据那位女士的回答，她打算投票给我，并这样标记了选
票，但是她看到其中一个计票员在这张选票上做了标记，于是这次
投票被宣告无效，最后我当选了"。对此，马歇尔·斯蒂姆森说：
"我举这个例子是为了展现荷马李的机敏，他有能力掌控局势。"③马

① Marshall Stimson, "A Los Angeles Jeremiah", *The Quarterly*: *Historical Society of Southern California*, Vol.24, No.1 (March 1942), p.6.
② Lawrence M. Kaplan, *Homer Lea*, *American Soldier of Fortune*, p.16.
③ Marshall Stimson, "A Los Angeles Jeremiah", *The Quarterly*: *Historical Society of Southern California*, Vol.24, No.1 (March 1942), p.7.

歇尔·斯蒂姆森的这个例子生动形象地展现了荷马李在演讲中所具有的个人魅力，他的应变能力以及改变局势的能力。这个事情给许多人留下了深刻的印象，对于荷马李的名望以及个人魅力的提升也有一定作用。

　　荷马李此时还非常喜欢做的一件事情就是和朋友一起到唐人街去探索那里的神秘世界。马歇尔·斯蒂姆森回忆说："唐人街距离高中并不远，那个时候，对于那个年纪的我们来说，那里是一个非常别致且让人充满探索欲望的一个地方。荷马李因为残疾的缘故，几乎被中国人用敬畏的眼光去看待，于是我们得以深入到那片中国人居住区最偏远的地方，并对那里的生活有了全面的了解。我们认识了一个名叫列烩（Luie Suey）的中国人，他非常有趣且受过很好的教育。他曾经周游世界，而且英语说得跟我们一样好。他关于在东方尤其是中国生活的故事触发了我们的探险欲望，我俩决心要到那里去。我们参加了洛杉矶郡高级法院审理的各种审判，因此对于中国人脑子是如何运转这个问题有了较多的认识。"[1]唐人街的经历使得荷马李对中国人的生活、中国人的思维方式有了一些了解，而且也产生了要到中国去看看的想法。

　　除此之外，在课余生活中，荷马李还喜欢打牌、露营和打猎。这些活动都具有一定的挑战和冒险性。在野外露营时，他不允许任何人提及他的困难，不让任何人帮他或特意照顾他，他会和其他人一样完成自己该做的事情。对此，马歇尔·斯蒂姆森回忆说："有

---

[1]　Marshall Stimson, "A Los Angeles Jeremiah", *The Quarterly*：*Historical Society of Southern California*，Vol.24，No.1（March 1942），p.6.

一个非常寒冷的夜晚，我们在一个裸露的地方露营，我们的毛毯不足以使我们觉得暖和，他（荷马李）用旧麻袋做了一个睡袋，把烫手的石头放在脚那头，整晚上都睡得很舒服。"①荷马李刻意不让自己的残疾和身体病弱引起别人的注意，他也不允许别人因为这些原因而给予他优待。一个朋友回忆说，他和荷马李第一次见面是在路上，他看到一个瘦弱的身影扛着很重的书，于是打算去帮忙，可是对方拒绝了，交谈中，他发现他们是同学，于是一起去学校，就此成为了好朋友。②这个瘦弱的身影就是荷马李，他以不屈好强的性格给同学留下了深刻的印象。同时，从他的这种做法中，也可以感受到身体残疾导致他自尊心特别强，他尽力去避免别人注意到他的弱点、认为他是一个残废从而产生鄙视、耻笑或者可怜、同情他的心理。为此，一个非常有效的办法就是用他的长处吸引别人的注意，成为一个强者。因此，他爱出风头以吸引别人注意他的长处，喜欢冒险，求胜心强，渴望获得成功，得到别人的认可。在以后的生活中，荷马李经常会用许多方法去凸显自己的长处，吸引别人注意，改变人们一眼认为他是残废的这种想法。

与此同时，美国当时的大众文学繁盛起来，直接迎合了他喜欢冒险和挑战的心理。他除了喜欢阅读诗歌和文学之外，还花大量的时间阅读历史类书籍，尤其热衷阅读军事历史。"正是在这个时期，

① Marshall Stimson, "A Los Angeles Jeremiah", *The Quarterly*: *Historical Society of Southern California*, Vol.24, No.1（March 1942），p.7.

② 纽马克（Newmark）的回忆，美国斯坦福大学胡佛档案馆藏鲍尔斯文件（Joshua B. Powers Papers），Box 3，"Subject File" 内的文件夹 "Carr, Harry, Undated"。

他开始阅读涉及拿破仑生活经历的历史著作，这个历史人物对他有着强烈的吸引力。毫无疑问，这是他进行军事类思考的第一大刺激因素。他在 18 岁之前就已经完全记住了拿破仑所经历战役的每一个细节、每一个战略部署，以及完整保存下来的每一场大作战的历史。"①对于荷马李的军事兴趣，马歇尔·斯蒂姆森回忆说："他非常喜欢阅读和学习历史，尤其喜欢军事历史。在他家的院子里，他将世界上的伟大战役和战斗复制并展示出来，他建造了小型的山脉、河流、桥梁以及堡垒，并标绘和展现了凯撒（Kaesar）、拿破仑（Napoleon）和李将军（General Lee）指挥过的战斗。荷马李极度仰慕他们。"②

荷马李通过参加各种活动，锻炼自己的能力，磨练意志，喜欢挑战和冒险的个性得以形成和发展，同时他也形成了对于未来及职业的想法。他打算高中毕业后，去哈佛大学读法律，并为此进行了积极准备。但是最后由于经济等方面的原因，不得不放弃这种理想，而选择就近到西方学院（Occidental College）就读。荷马李在西方学院比他在洛杉矶高中的表现还要好。他的自信心继续在增强。③第二年，荷马李选择去斯坦福继续读书。

———————

① Lawrence M. Kaplan, *Homer Lea*, *American Soldier of Fortune*, p.19.
② Marshall Stimson, "A Los Angeles Jeremiah", *The Quarterly*：*Historical Society of Southern California*, Vol.24, No.1（March 1942）, p.6.
③ 荷马李在高中时学习了许多古典学以及法语等课程，并通过了哈佛的考试，且尽可能多地修了哈佛新生的课程。荷马李在写给斯坦福校长的自荐信中提到了他上述的学习情况。此外，西方学院的副校长在推荐信中提到了荷马李 1896—1897 学年在西方学院的成绩情况。美国斯坦福大学胡佛档案馆藏鲍尔斯文件（Joshua B. Powers Papers），Box 3，"Subject File"内的文件夹"Carr, Harry, Undated"。

斯坦福大学 1891 年正式招生，到 1897 年刚刚运行 6 年时间，但是这个学校很快就以吸引具有冒险精神、个性强、古怪的学生去就读而出名。这个学校的吸引力在于，它当时获得了比任何大学都要多的捐赠，因此不收学费；而且它的学校资源以及师资都非常好。为了去斯坦福，荷马李给斯坦福校长写了一封自荐信。他的这封信是用美国辩论社团联盟的信纸写的，这样的做法，试图让读信的人了解到他在这个联盟中的作用和声望，从而为自己的申请加分。荷马李的这种做法有自我营销的目的，而且荷马李在以后的生活中，会经常这样做，以提升自己的形象，从而提高成功率。

1897 年秋季，荷马李顺利地进入了斯坦福大学就读。来到了新的环境，面对新的人群，他的外形又引起了人们的注意。他当时的同学威尔·欧文（Will Irwin）后来回忆他那时对荷马李的印象："可怜的驼背，他的躯干就像是绑在腿上的灯泡一样，他的脸是人群中常见的聪明孩子的脸，因病痛的折磨而带有痛苦的表情。尽管如此，他露出高傲、蔑视的神情。他似乎拒绝一切试图亲近的举动，可能是因为他觉得那是因为可怜他而导致的行为。"①在新的环境中，荷马李的外形以及表情神态容易让人产生联想，认为这个人不好接近。而实际上，荷马李有一些爱好是便于他交朋友的，比如说打牌和下棋。威尔·欧文说，他与荷马李结识，就是因为下棋。荷马李的兴趣和爱好还对威尔产生了影响。在下棋的时候，荷马李总是喜欢将下棋与战争做类比，"如果他很聪明地移动了一步他的

---

① Will Irwin, *The Making of a Reporter*, New York：G. P. Putnam's Sons, 1942, p.19.

车，他会说："看，我的重型大炮开始发挥作用了。"于是，我发现他喜欢军事——尤其喜欢美国南北战争。也许那就是我几年之后开始狼吞虎咽地获取那段时期的政治和军事历史知识的原因。"[1]荷马李还喜欢在宿舍挂世界地图，做各种标记，并在脑海中想象各种战争。荷马李的军事兴趣也被校长乔丹注意到了，他说，荷马李"对军国主义和战争达到了痴迷的程度"，在学生中，"他在某种程度上可以称作是有名的'童子军'记者、技艺高超的扑克手，而对于拿破仑的战役以及英德的战争哲学，他是一个嗜好成瘾的学生"；为了消遣，"他常常到能够俯瞰桑塔纳克拉拉山谷（Santana Clara Valley）的山丘中闲逛，设计出各种进攻和防守的方式"。[2]

为了继续锻炼演讲辩论技能，荷马李参加了斯坦福大学最好的辩论社团。此外，他还参加了击剑活动。[3]

然而荷马李的身体状况变得越来越差，严重的头疼病变得越来越频繁，他因为眼睛对光特别敏感而不得不在黑暗的屋子里连续待好多天。一位数月以来一直给荷马李看病的医生在 1898 年 5 月 18 日的一封信中，提到了荷马李的状况："他的眼睛现在很糟糕，以至于他一次只能用眼几分钟。"[4]荷马李不得不经常暂停学习去休养治病。

---

[1] Will Irwin, *The Making of a Reporter*, New York: G. P. Putnam's Sons, 1942, p.19.

[2] David Starr Jordan, *The Days of a Man*, World Book Company (Yonkers-on-Hudson, N. Y.), 1922, vol.2, p.32.

[3] "The Euphronia Literary Society, the Most Prominent Debating Organization in College", *The San Francisco Call*, September 9, 1902, p.3.

[4] 汉萨克（H. W. Hunsaker）写给斯坦福教师的信（1898 年 5 月 18 日），美国斯坦福大学胡佛档案馆藏鲍尔斯文件（Joshua B. Powers Papers），Box 3, "Subject File"内的文件夹"Carr, Harry, Undated"。

因为身体的原因，1898 年 4 月美西战争爆发时，荷马李无法像许多斯坦福的学生一样去参战，而只能看着他们去冒险和获得荣耀。1899 年 5 月初，他因为骑马摔伤，需要紧急治疗。斯坦福的校医认为："荷马李先生因为身体状况极差而需要立即停止他的学业。"①荷马李的校长乔丹甚至说，荷马李的生命只能延续几个月了，"1899 年，生了一场重病之后，他被告知只有 3 个月的寿命了"。②在这种情形之下，对于荷马李而言，按部就班地完成学业已经不可能了。与此同时，中国国内接连发生了戊戌维新和戊戌政变，中国正在发生巨大变革，这引起了荷马李的强烈兴趣。他决定放弃学业，去中国冒险。

第二节　要做中国的拜伦

荷马李在身体状况日渐衰弱的情况下，选择去中国，是因为他骨子里有一种喜欢挑战和冒险、渴望成功的精神，同时也与他从小以来对中国事务的耳濡目染有很大的关系。

一、荷马李中国兴趣的由来

对于荷马李如何开始接触中国人和中国事务这个问题，许多人会感到好奇，于是记者在采访荷马李的继母艾玛时就问："他什么时

---

① 斯坦福大学档案记录，美国斯坦福大学胡佛档案馆藏鲍尔斯文件（Joshua B. Powers Papers），Box 3，"Subject File"内的文件夹"Carr, Harry, Undated"。

② David Starr Jordan，*The Days of a Man*，World Book Company（Yonkers-on-Hudson, N. Y.），1922，vol.2，p.32. 乔丹接着说："于是荷马李决定模仿拿破仑的路子，以最大限度地利用剩下的时间。"

候开始对中国人这么感兴趣呢?"艾玛回答说:"那是在丹佛,我是一个学校老师,有许多中国学生,他们常常会到家里来。我会建议他们进去看看荷马李。荷马李很喜欢跟他们说话。我猜想,这或许就是荷马李对中国人及其事务感兴趣的开始。"[1]艾玛利用其学生到家里来的机会,让他们与荷马李去接触,一方面有助于荷马李克服自身的心理问题,另一方面,也触发了荷马李与中国人接触的兴趣。

此外,还有一个叫伍盘照(Ng Poon Chew)的中国人对荷马李影响很大。参酌关于伍盘照的地方志、字典和相关研究等资料等,对其大致经历可以描述如下:

伍盘照,字于辛,1868 年生于广东台山一个农民家庭。[2]幼时读过几年私塾,后跟随道士当童仆。1881 年随堂兄到美国旧金山,后到圣何塞市(San Jose),边当童工边学习。起初在美以美会英文学校学习,后来进入长老会英文学校,因其勤奋好学而获得牧师的赏识。1882 年受洗为基督教徒。1884 年重返旧金山,跟随美国罗美斯博士,潜心研究宗教及各种基础学科。1889 年 9 月,伍盘照以优异成绩考入长老会神道大学,1892 年毕业,由旧金山长老会委任为牧师,出任太平洋岸长老会第一位华人牧师。同年与曹女士结婚。1894 年,往洛杉矶主持教会活动。在任的 4 年时间里,他为人谦虚,乐于助人,深受教友爱戴。在宣教过程中与侨胞密切联系,深深感到侨胞智识浅陋,为了开启侨民智识,他立志要创办报

---

[1]　"The Home Front", *Los Angeles Times*, March 24, 1942, p.A.

[2]　关于伍盘照的生年存在不同的说法,《华人华侨百科全书·人物卷》认为他出生于 1866 年(杨保筠主编,北京:中国华侨出版社,2001 年,第 553 页),这里采用 1868 年的说法。

纸。1899 年他辞去牧师职务，在同乡伍于衍、伍时雨等人的资助
下，于 5 月 2 日，创办《美华新报》，专心从事新闻事业。1900 年
他将报社迁往有更多华侨聚集的旧金山，并把报纸改名为《中西日
报》，自任总经理，苦心经营，以实现其教育华侨、维护华侨利益、
改良社会的心愿。1904 年 4 月，孙中山自檀香山乘"高丽丸"号
于 4 月 7 日抵达旧金山，被美国移民局拘禁于天使岛的木屋。伍盘
照得知消息后，联络旧金山致公堂首领、台山同乡黄三德，积极营
救孙中山，最终获得胜利，孙中山被允许入境。此后，伍盘照还在
《中西日报》社免费印刷邹容的《革命军》，由黄三德的致公堂将其
分别寄送到美洲、南洋各地华侨，以作革命宣传。此外，伍盘照还
利用自己教徒的身份，邀集教友，请孙中山演讲以进行革命宣传，
并发动与会者购买革命军需券。1905 年，当中国国内为抗议美国
歧视华侨而掀起抵制美国运动的时候，伍盘照和《中西日报》也积
极响应。他在美国国会发表演说，还受到美国总统罗斯福的接见。
1906 年 4 月 18 日，旧金山发生大地震，伍盘照在《中西日报》上
发表《华埠必须重建》的社论，在其努力之下，华埠得以重建并日
趋稳定。1909 年，他被美国政府委任为美国太平洋岸商会代表。
1912 年，宾夕法尼亚州的匹兹堡大学授予伍盘照文学名誉博士学
位。1913 年被委任为中国驻旧金山领事馆副领事。1931 年因病医
治无效，于寓所去世，享年 64 岁。其遗产不多，但藏书很多。①

---

① 台山县侨务办公室编：《台山县华侨志》，台山县侨务办公室，1992 年，第
273—274 页；政协台山市委员会编：《星熠台山》，政协台山市委员会，
2009 年，第 135—138 页；梅伟强、李文强：《五邑华侨与辛亥革命》，北京：
中国华侨出版社，2012 年，第 85—87 页；杨保筠主编：《华人华侨百科全书·
人物卷》，北京：中国华侨出版社，2001 年，第 553 页。

　　从以上关于伍盘照的介绍中可以得知，伍盘照曾在洛杉矶主持教会事务，在洛杉矶、旧金山乃至整个美国华侨界中有较大的影响力。他从一个农民家庭走出来，由童工做起，凭借勤奋用功，慢慢地有所成就。平生喜好读书，这与荷马李、孙中山的喜好相似。而且他与洪门黄三德①的关系非同一般。

　　荷马李是如何与伍盘照结识的呢？上文已经提到，艾玛的学生中有中国学生，而且艾玛夫妇住在丹佛的时候对华人教会非常感兴趣，搬到洛杉矶以后，尽管他们并不是积极参加教会活动，但还是和伍盘照结识了。"伍盘照去过荷马李家中几次，荷马李因此认识了他。荷马李正好处于那样的年纪，伍盘照可以让他对自己产生最大的兴趣，也能对荷马李产生最大的影响。这个高中生经常去唐人街拜访伍盘照，而伍盘照会将荷马李介绍给教会里的其他中国人。荷马李教授其中的几个人英语，而他们反过来教他中文。正如他的朋友后来嘲笑他的军事梦想一样，那时他的朋友也曾对荷马李说他能掌握中文的念头嗤之以鼻。但是他成功了。他曾经拜访邻里的所有中国厨子。那些中国人非常喜欢他。当荷马李去拜访他的同学时，厨子总会找到各种理由闯入前厅，然后荷马李和厨子们就会用他们那奇怪的东拼西凑的语言聊一会天。"②荷马李读洛杉矶高中时，经常和他的朋友去唐人街闲逛。一方面是因为冒险精神的激励，另一方面也有伍盘照的影响。唐人街相当于一个小型的中国社会，其建筑带有中国式样，人们说的是粤语，店铺名也用中文书

―――――――――――

① 下文将对其予以叙述。
② "A Chinese General from Los Angeles", *Los Angeles Times*，April 13，1901，p.A1.

写。这样的经历便于他亲身接触和了解中国社会。当伍盘照搬到旧金山之后，荷马李立即成为旧金山唐人街的一个人物。①

伍盘照与黄三德关系密切。黄三德，字传镒，广东台山人。1863 年②生于贫苦农民家庭，1878 年赴美国旧金山谋生，后加入洪门致公堂，1897 年被推为旧金山致公堂盟长（大佬）。1903 年，在檀香山经孙眉介绍与孙中山相识，从此追随孙中山走上革命道路。他在孙中山加入致公堂、营救孙中山出天使岛小木屋、《大同日报》"易帜"、孙中山改造洪门致公堂、组织洪门筹饷局等事情中均发挥了重要作用。1936 年黄三德口述的《洪门革命史》出版。1946 年，黄三德在洛杉矶病逝。③

黄三德的生平中，有两个词需要做具体阐释。其一是洪门。黄三德被华侨称为洪门大佬。何为洪门？洪门，即天地会，其支派有哥老会、三合会（又称三点会）、致公堂（又称洪顺堂、义兴会）等。"其中哥老会在长江沿岸各省活动；三合会（三点会）在闽广一带活动；致公堂等在南洋、檀香山、美洲等地活动，凡有华侨的地方，几乎都设有分堂。由于洪门是地下组织，为适应生存、发展，它形成了一套礼仪、联络和活动方式，颇具神秘性。它的组织严密、

---

① "A Chinese General from Los Angeles", *Los Angeles Times*, April 13, 1901, p.A1.
② 也有说生于 1864 年，这里以 1863 年为准。
③ 参见广东省地方史志编纂委员会编：《广东省志·华侨志》，广州：广东人民出版社，1996 年，第 352 页；张磊：《孙中山辞典》，广州：广东人民出版社，1994 年，第 677 页；政协广东省委员会办公厅、广东省政协学习和文史资料委员会编：《广东名人故居》，北京：中共党史出版社，2007 年，第 361 页；梅伟强：《黄三德述评——以辛亥革命时期为例》，《五邑大学学报（社会科学版）》，2011 年第 4 期，第 33—36 页。

纪律严明、等级森严，首领或大佬具权威性。洪门成员文化水平普遍不高，但讲义气，守信用，乡情浓厚，也比较保守。"该秘密结社本是为了"反清复明"，但"经过二百余年，'反清复明'意识已相对淡薄，逐渐成为'团结互助，扶老仗义'的组织"。①

其二是致公堂。何为致公堂？致公堂是对旅美华侨洪门团体的称呼，其总部设置于旧金山，在纽约、芝加哥、波士顿、费城等地方，设有分堂，凡是有华侨的地方，都有洪门团体，都隶属于旧金山。"华侨列籍堂内者，占十分之八九。其在大埠者，未入洪门尚可谋生；若在小埠，则非属致公堂会员，则受排挤，故势力伟大，为各团体冠。"②致公堂具有一种互相帮助救济的性质，"有浓厚的社会经济色彩，所以受到海外华人的欢迎，分堂遍布各地，并在旧金山建立了'金山大埠致公总堂'"。③可以说，美国华侨中大多数人都与致公堂有关系。梁启超对此深有感触："致公堂者，三合会之总名也，各埠皆有，其名亦种种不一，而皆同宗致公。虽然，致公之下，复分裂为前表所列之二十四团体者。然则致公之为致公，亦可想矣。全美国十余万人中，其挂名籍于致公者，殆十而七八。而致公堂会员中，殆无一人不别挂名于以下各团体者。"④其中，

---

① 李吉奎：《孙中山研究丛录》，广州：中山大学出版社，2014年，第185页；冯自由：《革命逸史》，北京：新星出版社，2016年，下册，第1038页。
② 冯自由：《革命逸史》，北京：新星出版社，2016年，下册，第1039页。梁启超称："全美国十余万华人中，其挂名籍于致公者，殆十而七八。"（梁启超：《新大陆游记》，《饮冰室合集》，北京：中华书局，2015年，第21册，第118页。）不论具体百分比如何，二人言论都说明了致公堂在美国华侨中的影响力。
③ 邵雍：《秘密社会与中国革命》，北京：商务印书馆，2010年，第15—16页。
④ 梁启超：《新大陆游记》，《饮冰室合集》，北京：中华书局，2015年，第21册，第118页。

"以下各团体"指的是梁启超在其后提到的保皇会、学生会、青年尚武会等。

那么，何为保皇会？保皇会与美国华侨以及致公堂的关系如何呢？梁启超对于保皇会的解释是："保皇会即中国维新会也，己亥冬始成立，有会员约万人，其组织悉依泰西文明国公党之式，为有机体之发达，与各埠相联络。近以支会太多，将美洲划为十一总部，而加罅宽尼省与居一焉。其本部总事务所即在旧金山。"①冯自由说，戊戌政变后，"康有为挟其衣带诏之声威，于己亥（民前十三年）岁渡美，初发起保救大清光绪皇帝会于英属加拿大，华侨以其身受清帝之殊宠，多艳羡之，由是保皇会所遍设于北美各埠，康徒徐勤、梁启田、区榘甲、陈继俨等知洪门大可利用，乃先后投身致公堂党籍，以联络彼中之有力者，洪门中人不知其诈，多为所愚，因此而跨入保皇会籍者，比比然也"。②可见，保皇会成立后，在海外华侨中的影响很大，而且由于梁启超等的运作，致使致公堂成员大量加入保皇会③，"洪门成员普遍转到保皇会旗下的局面出现"④。

从以上关于伍盘照、黄三德、致公堂和保皇会的介绍中，可以

---

① 梁启超：《新大陆游记》，《饮冰室合集》，北京：中华书局，2015 年，第 21 册，第 119 页。所谓"中国维新会"，梁启超说："华人爱国心颇重，海外中国维新会（西名为 Chinese Empire Reform Association）实起点于是。自己亥年此会设立以来，至今蒸蒸日上。温哥华入会者十而六七，域多利则殆过半，纽威士绵士打几无一人不入会者。会中章程整齐。每来复日必演说，每岁三埠合同大叙集一次。近集数万金建总会所于温哥华，俨然一小政府之雏形也。"参见梁启超：《新大陆游记》，《饮冰室合集》，北京：中华书局，2015 年，第 21 册，第 7—8 页。己亥年即 1899 年。
② 冯自由：《革命逸史》，北京：新星出版社，2016 年，下册，第 1039 页。
③ 邵雍：《秘密社会与中国革命》，北京：商务印书馆，2010 年，第 16 页。
④ 李吉奎：《孙中山研究丛录》，广州：中山大学出版社，2014 年，第 186 页。

看到伍盘照在洛杉矶华人中有很强的影响力，而当时的华人又普遍
加入了致公堂和保皇会。结合荷马李在唐人街中的活动，可以大略
推测出荷马李很有可能通过与伍盘照的关系，了解了致公堂和保皇
会，并与之建立了联系。①

　　在伍盘照结识的人中，还有一个叫邝华汰的中国人，这个人的
经历也很奇特，在此需要予以叙述。通过对相关资料的梳理可以发
现，关于邝华汰的资料非常少，人们多根据冯自由的记录去了解他
的情况，相关研究几乎空白，而且对他的情况存在矛盾的说法。下
面将据相关资料，对邝华汰经历做大致分析。与伍盘照一样，邝华
汰祖籍也是台山，而且也是 1881 年到旧金山，后来到过圣何塞市，
受洗成为基督教徒，跟美以美教会有关系。以上经历，跟伍盘照的
非常相似。1892 年，邝华汰从太平洋大学预科毕业，②进入斯坦福
大学读书，1896 年毕业。邝华汰与孙中山早在 1896 年就结识，并
开始跟随孙中山。③1897 年 7 月 6 日邝华汰举办婚宴。④邝华汰的婚

---

① 尤金认为"荷马李似乎两个组织都加入了"。Eugene Anschel, *Homer Lea*, *Sun Yat-Sen and the Chinese Revolution*, New York: Praeger Publishers, 1984, p.7.

② "Realize the Importance of Oriental Languages", *The San Francisco Call*, August 20, 1900, p.7.

③ 孙中山在伦敦蒙难事件之后，接受记者采访时说："它（兴中会）在美国有强大的组织，其核心在旧金山，总部在纽约"；他还说，美国的总负责人是邝华汰（Walter Fong）——斯坦福首位华人毕业生，主要的同志都是耶鲁、哈佛以及其它大学的毕业生。"Chinese Plotters", *San Diego Union and Daily Bee*, December 6, 1896, p.1.

④ 报纸报道，邝华汰会在 7 月 10、13、14 日的下午和晚上做几场讲座，在讲座中，"他会向听众介绍旧金山的华人生活、中国的宗教，以及中国对美国的政策和两国关系"。报纸写到："因为邝先生是斯坦福的毕业生，对他所要演讲的内容非常精通，因此毫无疑问他的讲座将既有趣而且能增长知识。""Bridal Reception", *The San Francisco Call*, July 10, 1897, p.7.

姻受到了报纸的关注，因为与他结婚的是一个白人女子。①邝华汰后来进入加州大学读书，并在该校任教。1900 年，邝华汰在加州大学东方学系担任广东方言课的助教。报章报道："在东方学系，邝华汰已经被任命为广东方言课的新助教。一共有两门课，一门基础课和一门高级课，每门课每次都是 3 个小时。这是广东方言课开设的第二年，而首次由一个中国人教授该课程。"②邝华汰是由傅兰雅（John Fryer）推荐而被任命的。③1904 年，孙中山到旧金山活动，邝华汰帮助孙中山筹款。1905 年应邀回国，担任李升格致书院校长。不久染病去世。④

---

① 报载："其中有一桩婚姻尤其值得一提：太平洋大学和斯坦福大学的毕业生邝华汰（Walter N. Fong）与斯坦福大学的一个女学生结婚了。这一对夫妻已经合法结婚了，因为在丹佛已经领取了结婚证并举办了仪式，那里对于这样的事情并没有法律去禁止。邝先生是一位机智聪明的绅士，他的妻子则是一个非常合适的伴侣。他们似乎非常幸福，希望岁月不会消磨他们甜蜜的关系。""A Distressing Social Condition", *The San Francisco Call*, August 15, 1897, p.21.

② "Realize the Importance of Oriental Languages", *The San Francisco Call*, August 20, 1900, p.7. 这篇文章首先报道了加州大学开设日语课的消息，由一个叫做久野吉（Yoshi Kuno）的日本人讲授。然后报道了邝华汰开设广东语课程的情况，并对邝华汰的经历进行了介绍："邝先生是斯坦福 96 届毕业生，获得了文学学士学位。他 1892 年从太平洋大学预科毕业。他在非常年轻的时候，从中国来到这个国家。他像一个美国人一样，轻松地说着一口流利的英语。"另有报道说："在东方学系，邝华汰已经被任命为广东方言课的助教。""Japanese to Be Taught", *Los Angeles Herald*, August 20, 1900, p.3.

③ "Do not Want Fong to Teach Them Cantonese", *The San Francisco Call*, September 19, 1900, p.12. 该报道说，因为邝华汰接替了加德纳博士（Dr. Gardner）的工作，那些习惯加德纳上课的同学拒绝上邝华汰的课。

④ 邝华汰去世后，其妻子回到加州，嫁给了前面注释中提到的日本人久野吉（Yoshi Kuno）。对此，报道说："一件非同寻常的浪漫事情曝光了，久野吉（Yoshi Kuno）已经与一个白人妇女结婚，她原是这所大学教中文的教员邝华汰的遗孀。久野先生是傅兰雅教授东方语言学系的日语教员。几年前，（转下页）

从邝华汰的经历来看，他英语非常好，而且曾在圣何塞待过，于 1892 年毕业于太平洋大学预科，并于 1892—1896 年就读于斯坦福大学，后与一个白人同学结婚。他应该算是当时在斯坦福就读的学生中比较引人注目的人之一了。而且他与伍盘照同是台山老乡，经历相似，关系应该比较密切。从荷马李与伍盘照的关系，以及荷马李与邝华汰有圣何塞、太平洋大学预科、斯坦福大学这样的共同经历等来分析，荷马李与邝华汰极有可能是相识的。纽马克（Newmark）回忆说："他（荷马李）在斯坦福与一个中国学生关系十分亲密，那个中国人非常强烈地希望能把他的人民从专制统治中解救出来。"①描述中的这个中国人与邝华汰的情况非常吻合，而卡普兰（Kaplan）认为纽马克关于中国学生在斯坦福读书的说法是错误的，因为在 1897—1899 年的斯坦福档案中，并不能查到有中国姓名的学生记录，但是可以找到学校雇佣中国工人的记录。②卡普兰只查了 1897—1899 年的记录，而对于之前的情况没有了解，就认为纽马克说法是错误的。对于这个问题，马歇尔·斯蒂姆森有过相关回忆："在斯坦福时，他（荷马李）与一群中国人变成了好朋友，这些人试图帮助中国皇帝恢复皇位。他在斯坦福组建了一个团体，

（接上页）艾玛·豪斯（Emma House）嫁给了邝华汰，他们都是斯坦福的学生。她来自旧金山。邝后来被邀请去中国南方一个学校当校长。他在这个职位上干得非常出色。邝正在闯出一番事业的时候，突然被瘟疫传染而去世。他的遗孀去年回到了加州。" "Former Stanford Coed Weds Berkeley Japanese", *The San Francisco Call*, August 31, 1907, p.7.

① 纽马克关于荷马李中国使命感的回忆，美国斯坦福大学胡佛档案馆藏鲍尔斯文件（Joshua B. Powers Papers），Box 3，"Subject File" 内的文件夹 "Carr, Harry, Undated"。

② Lawrence M. Kaplan, *Homer Lea*, *American Soldier of Fortune*, p.35. 注释 33。

隶属于保皇会（Po Wong Wui）（该团体的目标是让中国皇帝复位）。"①从这些记录来看，荷马李在斯坦福的确与一些中国人关系密切，而且受这些人的影响，荷马李想去改变中国的现状。

二、荷马李的梦境和使命

荷马李与周边的中国人和事相接触，这样的成长经历，使得他有了强烈的去中国冒险的愿望。荷马李说他反复地做着一个关于中国的梦，他还把这个梦讲给了同学卡尔听，卡尔回忆说："关于他为何会相信他带有使命，他告诉了我一些奇怪的事情。他说：'对你而言我的事业似乎是奇特的，对我而言，它则更加奇特和令人难以置信。'然后他告诉我了一个奇怪的梦，这个梦伴随了他的一生。他说：'我的祖先都是弗吉尼亚人，当我是一个小孩在南方生活的时候，我做了一个奇怪的梦，对我的一生产生了重大的影响。在梦中我看到了悬崖上屹立着一个带有城墙的设防的城市。城墙上是一些奇怪的人，而且我听到了奇怪且很大的噪音。我从未见过这样的人，但是他们的形象在我脑子里非常清晰。到了加州之后，大约18 岁时，我再次做了这样的梦。它和之前的梦一模一样。但是我现在认出了那些人：他们是中国人。但是我还是不明白那些噪音是什么。后来，大约 21 岁的时候，我再次做了同样的梦，24 岁的时候又做了一次。这次我知道了那个声音：它们是中国人的战争号角。我可以看到战场上到处都有人在打仗。'荷马李说，他有一种

---

① Marshall Stimson，"A Los Angeles Jeremiah"，*The Quarterly*：*Historical Society of Southern California*，Vol.24，No.1（March 1942），p.7.

感觉，梦中的要塞与他的命运有某种关系。'如果我在现实生活中看到那个城市，我将知道，我的使命已经完成了'，他说。我问他，是否就这样一个城市的地址问过中国人。他说：'没有，我不想知道它在哪里，因为它可能会导致我改变计划，在正确的时间到来之前就去那里。'"从中国回来之后，荷马李告诉卡尔，他在中国的时候，"有一种强烈的感觉他曾到过那里"。①

后来在1931年，卡尔再次刊文提到了荷马李的梦："他（荷马李）说，当他还是一个非常小的小孩子时，曾经做了一个奇怪的梦。梦中他看到了一些奇怪的人，听到了一些奇怪的声音。10岁时，他又做了同样一个梦，但是这一次他认出了那些奇怪的人，他们都是中国士兵。16岁左右，他又做了那个梦。这一次他知道那些奇怪的声音是什么了：它们是中国战争中的号角声。在他去中国之前，那个梦境又出现了，这次异常清晰。他说他看到了中国士兵从一个很古老的城镇中的街道涌出来，去参加战斗。"荷马李在第一次中国之行后回来，卡尔问他是否寻找过梦中的那个城镇，"他说没有，他并没有去搜寻它。因为他知道当他看到那个城镇时，他的使命就会完成了。对此，他并不着急"。②

对比卡尔的这两次回忆，发现第一次的回忆更加清晰，而第二次与第一次对梦境出现的时间说法存在不同之处，但总体来说，两次回忆所描述的大体事情是一样的，即都提到荷马李一直做着同样

---

① Harry C. Carr, "Death Overpowers Odd World Figure", *Los Angeles Times*, November 2, 1912, p.II1.

② Harry C. Carr, "The Story of Homer Lea", *Los Angeles Times*, November 15, 1931, p.K6.

的梦，而且越来越清晰，逐渐认清梦中的人和声音，而中国的环境
让他觉得似曾相识。需要特别注意的是卡尔第一次回忆中提到的时
间节点。荷马李18岁是1894年左右，这一年他们全家搬至洛杉
矶，荷马李入读洛杉矶高中。荷马李21岁则是1897年左右，这一
年荷马李进入斯坦福大学读书。荷马李24岁则是1900年左右，这
一年荷马李到了中国。从这些时间的罗列可以看出，现实的经历让
荷马李的梦境越来越清晰，实际上也表明荷马李对中国人的了解越
来越深入。儿时艾玛让她的中国学生同荷马李交谈以打开荷马李的
心扉，到洛杉矶后与伍盘照等人接触并在唐人街探索，进入斯坦福
后受到身边中国人救亡图强使命的感召。这些现实的经历对荷马李
的影响很大。荷马李的梦境是童年的记忆以及潜意识的体现。①

　　荷马李通过与中国人的接触以及自己的学习和了解，认识到当
时中国的状况：中国历史悠久，经历了25个朝代的兴衰更替，中
华文明存在了几千年，它之所以能够一直延续下来，是由中国独特
的与世隔绝的地理环境决定的，并不是说她脱离了国家兴衰成败的
规律；中国正处于衰败期，其民众处于官府和传教士的压迫之下，
而民众中存在着秘密会社和各种反抗力量；中国历史上充满了战斗
的英雄故事，也有很多著名的战斗，然而到了近代，战斗精神衰
败，战斗力低下，中国的军官无能且腐败，这都是近代中国一再战
败的原因。通过与中国人的接触，荷马李意识到中国渴望改变落后
挨打的局面，荷马李认为，只要有适当的外国指挥官，且中国的战

① 关于童年和潜意识与梦境的关系，参见（奥）西格蒙德·弗洛伊德著《梦的解
析》（方厚升译，杭州：浙江文艺出版社，2016年）第五章和第七章的相关内容。

斗精神重新被点燃，那么中国就可以抵御外敌入侵，并再次繁盛且建立伟大事业。

同时，从荷马李的梦境来看，荷马李具有某种浪漫主义神秘色彩，这与他喜欢阅读浪漫文学故事有关系。英国 19 世纪初期伟大的浪漫主义诗人拜伦（Lord Byron）的经历（参加希腊民族解放运动，并成为领导人之一）对他产生了影响。荷马李试图效仿拜伦。而荷马李对于军事历史类著作的阅读让他渴望通过军功成就一番事业。

荷马李的这些思想和认识投射到了他的梦境之中，而他的梦境对他形成一种心理暗示，让他认为自己担负了某种使命。同时由于他身体虚弱，喜欢挑战和冒险，这样的身体、心理特点与梦境交相呼应，从而让他更容易"相信自己受到命运的掌控——他的军事天赋也许是从另外一次生命中延续下来的"。[1]罗恩（Van Loan）也提到荷马李十分相信命运："十分明确的是，这个瘦弱的将军坚信命定论，这对他的一生产生了重要影响：他坚信他的未来和中国紧密联系在一起。正是这种命定论驱使着他。"[2]

对于荷马李为何选择终止学业去中国，纽马克进行了总结："首先，荷马李受到拜伦解放希腊浪漫冒险故事的巨大影响。其次，他在斯坦福与一个中国学生关系十分亲密，那个中国人非常强烈地希望能把他的人民从专制统治中解救出来，我认为这个具有最强大

---

[1] Harry Carr，"The Story of Homer Lea"，*Los Angeles Times*，November 15，1931，p.K6.

[2] Charles Van Loan，"Homer Lea's Short Life an Inspiration—His Name Will Rank among Immortals"，*Los Angeles Examiner*，November 4，1912，p.11.

的影响力，促使荷马李从事他的东方事业。而第三个因素与这个决定有巨大关系，即荷马李认为所有伟大的事业都是用刀剑拼搏而创造出来的，他认为他自己也要创造一番这样的事业。就此点而言，我还记得他认为他自己是注定要去完成使命的。他年轻的时候，当一个通神论者告诉他他是某位国王的转世时，这种命定论更加得以强化。"①

不论是梦境还是使命，荷马李都在以这样的方式告诉自己和他人，他一定要去中国做一番事业。在经过一定的准备之后②，荷马李踏上了去东方的征程。

小　结

荷马李身体畸形，这种身体状况给他一·生造成了巨大的影响。由于害怕遭到别人的耻笑，荷马李孩童时不愿与外人打交道，学习

---

①　纽马克关于荷马李中国使命感的回忆，美国斯坦福大学胡佛档案馆藏鲍尔斯文件（Joshua B. Powers Papers），Box 3，"Subject File"内的文件夹"Carr, Harry, Undated"。卡尔曾回忆说，荷马李告诉他，"从斯坦福的学习生活中，他逐渐意识到这个世界上所有伟大的事业都是用刀剑拼搏创造出来的。他决定，无论如何他自己也要开创一番这样的事业。面临的障碍可能会使别人气馁，但不会让他停止脚步。天生的条件已经早就给他上了一课，教他如何克服可怕的障碍。这其中也存在一定的宿命论。我知道，荷马李总是觉得他自己受到命运的召唤。我不确定他是否真的相信灵魂转世，但从他有一天跟我说的话来看，他坚信他前世曾经出现在中国以及中国的重大事件之中。" Harry C. Carr, "Death Overpowers Odd World Figure", *Los Angeles Times*, November 2, 1912, p.II1.
②　其父亲不愿他去，说可以花钱供他上大学，但如果他去参加革命战争，就一分钱都得不到。荷马李坚持他的想法，于是父亲不再每月给荷马李钱花。"Young Californian is Plotting to Become Commander in Chief of Chinese Rebel Forces", *The San Francisco Call*, April 22, 1900, p.7.

成绩也不好。同时生母的早逝也给荷马李造成一定的困扰。其后在继母的引导下，尤其是因家庭的原因而接触到一些华人之后，荷马李的性格发生了改变。当时的中国备受西方列强的欺压，国家贫弱，人民困苦。中国人因为其黄色面孔而受到外国人的贬斥和耻笑，且美国的排华运动正在兴起。这些都使得荷马李与中国人有种同病相怜的感情。他对中国人和中国问题产生了兴趣，并试图为他们做一些事情，同时也成就自己。荷马李变得积极起来，在学习的同时，参加了许多活动，其喜欢冒险和挑战的性格充分展现出来。他加入了辩论队，并成为有名的辩手。而由此得来的荣耀感在某种程度上弥补了由身体畸形导致的羞耻感。荷马李也越来越喜欢获得别人的关注和认同，喜欢将自己的活动通过报纸等方式公开出来。

　　身体的原因使得荷马李将许多时间用于读书。他尤其喜欢军事和历史类书籍，对许多著名的战役有深入研究，对中国的历史也了解得很详细。这些知识的储备为他以后的成就奠定了坚实的基础。他十分羡慕历史上因为军功而获得巨大成就的拿破仑等人，但身体方面的因素使他无法去西点军校学习。他本打算学习法律，而身体的状况又导致他无法如正常人那样完成学业。与此同时，在同华人的接触中，他意识到了当时的中国正在经历沉痛的苦难，迫切需要救国的良方。当时存在改良和革命两种路径。保皇会成立后，在美国华侨中有巨大的影响力。同时，美国华侨中有一些人也存在革命思想。许多华侨都想改变祖国的命运。在与这些人的接触中，荷马李意识到中国充满了挑战，是他实现梦想和成就事业的地方。荷马李要做中国的拜伦，而他关于中国的梦境及使命感更是从心理上引导着他坚持完成其中国事业。

第二章　荷马李与保皇会关系的初步发展

荷马李决定放弃斯坦福的学业而开始其冒险事业。在致公堂和保皇会的帮助下，他首次到中国进行了神秘之旅。他最初的所从事的中国事业与保皇会有很大的关系。

第一节　神秘的中国之旅：荷马李与庚子变局

荷马李放弃学业之后，准备乘船到中国去，而此时的中国正值庚子事变。荷马李的这一趟行程十分惊心动魄，但相关的记载却比较少，只能从蛛丝马迹中窥探荷马李的行踪。

一、密谋的曝光

从现有的资料来看，荷马李此时去中国，目的是为了帮助中国国内的保皇运动。保皇会对于能得到荷马李的帮助非常高兴："能获得这样一个成员的帮助，意义非常重大，身在澳门的保皇会领导人都看到了加州取得的这项功绩……同时，国内的领导成员也觉得他们一定能获得成功——因为如今有一个美国军人帮助他们了。"①康有为对此评论到："堪骂李来助，甚好……今西人来请从者甚多。星坡巡捕官亦愿从征也。"②洛杉矶保皇会的一位领导人谭济骞清楚地意识到有白人相助意味着什么，他拍摄了一张他与荷马李以及另外一名义士张拱胜的照片。8 张这样的照片被分别寄给了夏威夷、横滨、长崎、香港和澳门，同时寄出的信件中写到，荷马李是加州斯坦福大学的学生，对军事事务十分精通，同情保皇会，希望从军事角度去指挥起义并使其获得成功。

接着谭济骞让荷马李赶快行动。他为荷马李提供了重要的文件，包括身份证明、给康有为以及旧金山保皇会领导人的介绍信，还有给东亚最重要的保皇会领导人的 5 封信。介绍信的内容如下：

南海先生赐鉴：

　　敬启者，今有西人名未士叮李，系美国人，现住罗省技利埠，曾肄业于士丹佛大学堂多年，长于兵法。今始卒业游历，言论甚为通达。其先祖父当南北花旗之战曾为总兵元帅者也。他愤中国弱肉强食，心抱不平，自愿教习华人兵法（旨在内地设立武备学堂练兵二千），以图自存。今同义士张拱胜兄（恩平人，亦在本埠大书院学水陆兵法者）游东南洋、港澳各埠，

---

① "Young Californian is Plotting to Become Commander in Chief of Chinese Rebel Forces", *The San Francisco Call*, April 22, 1900, p.7.

② 《致谭张孝书》（1900 年 6 月 27 日），方志钦主编：《康梁与保皇会》，天津：天津古籍出版社，1997 年，第 27 页。

结交帝党诸烈士，愿一见先生言论风采为快。与弟有识面之
缘，特求通函，以便沿途招接。但见他可将立会宗旨详晰告
知，俾知吾党非有异志，一切保皇事务必肯相助为理也。中国
幸甚。尚此敬问

义安！

弟谭济骞上言　十二月廿三日

这封中文信下端有英文标题"给康有为（又名康南海）的介绍
信"。旁边还有一份该信件内容的英文译文，其标题是"Translation
of Mr. Homer Lea's letters of introduction written by Tom Tsai Hin of
Los Angeles to the leading revolutionists"，对照可知，谭济骞的英文
名是 Tom Tsai Hin。①美国报刊中没有查到更多的关于这个 Tom
Tsai Hin 的消息。以谭济骞为关键词进行检索，笔者也没有找到相
关的中文资料，只查到他曾写有《伪经考答问·读书要论》②。据
此推测，谭济骞应该是康有为的弟子。

这封谭济骞写给康有为的介绍信中，清晰地写明了荷马李的身
份及特长，甚至指出荷马李与美国内战时期李将军的关系，同时信
中点明了荷马李去中国是想在内地设学堂练兵，以帮助保皇会的勤
王运动。持有上述介绍信之后，荷马李于 1900 年 3 月份来到旧金
山。荷马李在伍盘照的帮助下找到了旧金山的保皇会。会长谭树彬

---

① "Young Californian is Plotting to Become Commander in Chief of Chinese Rebel
Forces"，*The San Francisco Call*，April 22，1900，p.1.
② 邹振环：《疏通知译史》，上海：上海人民出版社，2012 年，第 187 页。

（Dr. Tom She Bin）非常高兴，①大肆宣传，并于 3 月 16 日晚举行了一次宴会。宴会中，荷马李通过参加辩论社团而得以锻炼的演说能力得以充分发挥。他在宴会上畅谈了自己的计划。他将在香港或者澳门发动一场起义，然后沿河向上游推进，直至福州，建立 3 个基地。如果把所有军队的指挥权完全给他，他会给他们提供武器装备以及全程的军官辅助，以使得这些军队具备专业性。荷马李还告诉这些人，他一直在与美国陆军的查尔斯·怀特（Charles White）通信，通过他，荷马李可以组建一支由 1 200 名退役美军组成的军队到香港去，加入荷马李在那里的军队。此外还有三个白人愿意帮助荷马李，分别是：萨缪尔医生（Dr. E. H. Samuels of Mayfield）将负责战地医院；塔格特（L. E. Taggart）是斯坦福大学市政工程系的一名学生，将负责工程兵；约翰·约克（John York）将管理信号兵。荷马李说，即将进行的战斗将是令人愉快的。他现在只等着和中国人签订最后的合同。②

　　荷马李到中国帮助保皇会，这件事情根据其性质而言，应该是在保皇会内部保密的。然而，本应该秘密进行的事情，却被媒体曝光了。1900 年 4 月 22 日，《旧金山呼声报》在头版头条刊登了荷马李与保皇会合作的消息，并详细介绍了保皇会的发展情况、其宗旨

① “Young Californian is Plotting to Become Commander in Chief of Chinese Rebel Forces”, *The San Francisco Call*, April 22, 1900, p.7. 文中用的是 Dr. Tom She Bin，卡普兰（Kaplan）写他就是 T'an Shu-pin，笔者经过查找，其中文名就是谭树彬。参见 Lawrence M. Kaplan, *Homer Lea*, *American Soldier of Fortune*, p.35。

② “Young Californian is Plotting to Become Commander in Chief of Chinese Rebel Forces”, *The San Francisco Call*, April 22, 1900, p.7.

和领袖，还刊登了荷马李与谭济骞、张拱胜的合影，还有塔格特、萨缪尔、康有为、梁启超、光绪皇帝的照片或画像。旧金山总领事馆也从这份报纸获知了消息，并采取了行动。对此，总领事何祐①写信给报社表示感谢，而报纸也将这封感谢信予以刊登。何祐在信中说："美国和中国国内那些参与密谋的中国人，都已经处于严密的监视之下，然而我们从没想到我们需要担心有野心的美国人会妄自尊大且想获得沾满那些误入歧途的中国反叛者鲜血的财富。如今看来，我们有必要为此做准备了。很不幸的是，一个美国人会成为那些打着改革中国旗号的叛乱者的工具，如今我们已经采取措施来防备此类事情，一旦他们有所行动，他们将会发现每一步我们都有防备。"②

《旧金山呼声报》的新闻刊载之后，立刻吸引了人们的注意，荷马李以及保皇会的活动成为关注的热点。报章继续爆料："《旧金山呼声报》发现洛杉矶的荷马李承担了一项维新会重大任务，即推翻太后统治并让光绪皇帝复位。荷马李先生在这个城市十分有名，他有一个有钱的父亲。他身材矮小，但是头脑发达。他曾就读于斯坦福大学，在那里形成了通过战争改革中华帝国的想法，其目的是让具有进步思想的皇帝复位，以欧洲帝国为模板改革政府，避免中国被瓜分。荷马李得到了谭济骞的支持，后者是这个城市革命派的代表人物。荷马李还声称得到了现身在马尼拉的查理·怀特

---

① 关于"何祐"一名，也有写作"何佑"的。根据国家图书馆藏《最近万国公法提要》（1904 年刻本）上的名字，本文采用"何祐"。

② "Ho Yow Thanks 'The Call' for Valuable Information", *The San Francisco Call*, April 22, 1900, p.1.

（Charley White）的许诺，答应在菲律宾招募 1 200 名美军。荷马李
还获得了尊敬的伍盘照牧师（Rev. Ng Pon Chew）的背书。伍盘照
以前曾住在这个城市，现今在旧金山主编一份中文报纸。约翰·约
克（John York）是洛杉矶的一位律师，报纸中提到他将担任革命
军中信号兵的指挥官。"①

　　本应秘密进行的事情是如何泄漏的呢？尤金（Eugene）指出：
"报道中所暴露的照片以及详细的时间和细节等信息，表明这是荷
马李自曝的新闻。它透漏了这个年轻人急于在起义中起到重要的军
事作用。"②尤金这样分析有一定的道理，因为荷马李很喜欢把自己
的行踪公布于报端，让别人知晓，在斯坦福读书的时候，就经常可
以在报纸上看到关于他离开学校或者回学校的消息。③斯坦福大学
的校长乔丹也认为是荷马李泄漏出去的："基于他一贯的作风，他
通过《旧金山呼声报》的报道将这个计划公之于众，于是立刻被海
关官员拒绝他进入中国境内。"④卡普兰认为消息可能是从荷马李的
一个熟人那里泄漏出去的。⑤这两种猜测都无法找到切实的证据。

　　还有一则史料表明，这件事情与谭树彬有关系："闻谭树彬将
我书漏出登报，罗省技埠亦然，后一切书札，切宜谨密。去年开会
之事，实藉树彬一人不畏强御之力。其时各人皆无书来，但谭一

---

①　"Down the Line"，*Los Angeles Herald*，April 24，1900，p.4.

②　Eugene Anschel，*Homer Lea，Sun Yat-Sen and the Chinese Revolution*，New York：
Praeger Publishers，1984，p.9.

③　Ibid.，p.6. 尤金认为，荷马李同报纸报道他的行踪之间有一定关联。

④　David Starr Jordan，*The Days of a Man*，World Book Company（Yonkers-on-Hud-
son，N. Y.），1922，vol.2，p.32.

⑤　Lawrence M. Kaplan，*Homer Lea，American Soldier of Fortune*，pp.35—36.

人，故我不能不藉其力而复之（何将此情告唐、罗、崔三人？）。自
十二月子肩有书来后，即归总会，谭树彬但经之复之。今唐琼昌、
罗伯棠、崔子肩频书攻谭树彬，云其受何祐主使，泄险事无所不
至，究果然否？据谭树彬前后来书，乃一极粗人耳。若如此，则是
奸人两造相攻，吾无从遥断，汝可密查复我。"①这是康有为于
1900 年 6 月 27 日写给谭张孝的信。信的开篇便写有："得四月三日
书悉。""四月三日"即 1900 年 5 月 1 日。报纸于 4 月 22 日登载荷
马李和保皇会相关消息，并把领事何祐的信件一并刊登，5 月 1 日
谭张孝把相关事情写信告知康有为，康有为于 6 月 27 日回信给谭
张孝。信中提及听闻谭树彬将书信泄漏登报，告诫谭张孝以后有关
书札等一定要谨慎地保存好。谭张孝写给康有为的信虽然看不到，
但是从康有为的回信来看，谭张孝对于谭树彬的行为是有微词的。
然而，康有为指出，谭树彬还有值得称道之处（"不畏强御之
力"），而且需要借助他的力量。康有为希望谭张孝把康有为的想
法和苦衷也告知唐、罗、崔三人。但是对于谭树彬是否受到何祐主
使以及谭树彬为人，康有为也有些难以"遥断"，因而要谭张孝
"密查"。

　　谭张孝是什么人，他与泄密事件有何关系呢？搜索一番谭张孝
的资料后，可以对他形成大略的印象。②谭张孝，即谭良（Tom

---

① 《致谭张孝书》（1900 年 6 月 27 日），方志钦主编：《康梁与保皇会》，天津：天
　津古籍出版社，1997 年，第 27 页。
② 参见谭金花：《开平碉楼与民居鼎盛期间华侨思想的形成及其对本土文化的影
　响》，黄继烨、张国雄主编：《开平碉楼与村落研究》，北京：中国华侨出版社，
　2006 年，第 264 页；潮龙起：《美国华人史 1848—1949》，济南：山东画报出版
　社，2010 年，第 85—86 页；王明德：《草堂万木森　变法维新政　康（转下页）

Leung)，广东顺德人，曾在康有为的万木草堂与梁启超、徐勤同学。1899 年赴美，成为著名的中医。1901 年 12 月回国，1902 年 4 月再次赴美。他对保皇会事务多有参与，任洛杉矶保皇会分会长。梁启超、康有为访美时，他陪同游览。谭张孝一直保持与康有为的书信联系。从谭张孝与康有为等人的往来书信中，可以看出他与康有为关系十分亲近，康有为也非常信任他。根据谭张孝在洛杉矶保皇会中的地位，以及他是康门弟子的身份，谭济筹应该就是谭张孝。笔者后来检索谭张孝外孙女谭精意所保存的谭张孝往来书信时，发现了一封题为"致李济筹书"的信。信的全文如下：

济筹我兄：

横滨一晤，邈隔三秋，顾言之怀，未尝可忘。每从金山大埠各同志函中藉悉吾兄行止，稍慰远想。

顷奉手书，奖厉〈励〉商榷，一一钦佩。国事正当靡聘之时，吾党尤处多难之日，夺心经营，凡在同侪，皆有责□耳。

所示译局办理章程数条，多中肯綮，敬当采纳。此局所印之书，系按部完全出版者，非如《译书汇编》之支离破碎也，勿念，勿念。顷八股已废，此局更当起色。现拟编一入场用之

（接上页）有为和他的弟子》，广州：广东教育出版社，2011 年，第 176—177 页；陈汉才：《容闳评传》，广州：广东高等教育出版社，2008 年，第 279—280 页；蔡惠尧：《康有为、谭张孝与琼彩楼》，《历史档案》，2000 年第 2 期，第 99 页；Louise Leung Larson, *Sweet Bamboo：A Memoir of a Chinese American Family*, University of California Press (Berkeley), 2001, p.24。

书（如《经策通纂》之类，可售数万部，每部售价二十元左右），大约需本钱二万左右，而一年之内，可获利十余万以上，此可操券而决者。但办理必以速乃妙耳，故今者译局股份拟更厚集至十万，则长袖善舞，办理更有把握也。兄意谓如何？

黄君□之通识热心，深可钦敬，望代为致意，千万。此请义安

弟启超顿首八月七日①

此信后附有"编者按：此为亲笔信"。信的抬头是写给"济骞"的，信中提到二人许久没见，梁启超是从旧金山同志的信中得知"吾兄行止"，以慰藉想念之情。梁启超主要在信中谈到了译书局的事情，对于"济骞"提到的建议表示敬佩并要采纳。这封信的抬头并没有提到收信人姓什么，而编者在编辑成书时，在"济骞"二字之前加了一个"李"字。《康梁与保皇会》一书中收录的多为谭张孝个人私信，若是写给别人的信，一般会在信中指明这封信原来写给谁、转发给谁、为何转发等内容。而这一封信，没有写明转发等相关信息，故而应该是写给谭张孝本人的，再联系前面提到的关于谭济骞和谭张孝的一些情况，两相对比，更能佐证谭济骞就是谭张孝，也就是谭良。"济骞"这个名字除了在草堂时期以及上文提到的介绍信中出现过外，就是在这封梁启超的信中了，这个名字之所以慢慢淡出视野，可能与戊戌政变之后的形势有关，需要隐匿行藏，只有非常亲密、知根底的人才知

① 《致李济骞书》（1901年9月19日），方志钦主编：《康梁与保皇会》，天津：天津古籍出版社，1997年，第99页。

道这个名字。①这封信之后，《康梁与保皇会》一书中收录的梁启超写
给谭的所有信，都用的是"张孝"这个名字。

　　关于谭树彬的资料比较少，在"康有为与保皇会"等相关主题
的中文资料和书籍中，可以零星见到他的名字。另外，在《洛杉矶
捷报》（Los Angeles Herald）中搜索到 275 条关于他的新闻，其中
许多是广告，说他的医术非常高明。报道性质的文章多是提到他因
为无照行医而被传讯、被逮捕。②他的家曾几次遭火灾。1907 年
7 月 6 日报纸报道他家遭到火灾。③1915 年 9 月 2 日报纸又报道他家
遭火灾。④笔者根据各种资料，对其简历归纳如下：谭树彬，
1842 年生于开平长沙，1897 年左右独自去美国行医，⑤后成为加州
一个非常有名的中医。⑥康有为在美洲组建保皇会后，谭树彬积极

① 对于这三个名字的区别，谭良的女儿在其书中写到：谭良到美国后，改谭张孝
为谭良，可能是为了方便美国人念他的名字；谭张孝（Tom Cherng How）是
亲朋好友称呼他时候用的名字，而谭济骞（Tom Gee Lin）则是他儿时的名字。
Louise Leung Larson, *Sweet Bamboo: A Memoir of a Chinese American Family*, Uni-
versity of California Press（Berkeley），2001，p.24.
② "Chinese Doctor for Third Time Escape Law's Clutch", *Los Angeles Herald*, Febru-
ary 8，1908，p.5. 文中说，中医（Tom She Bin）无照行医而被指控，这已经是
他去年第 3 次被传唤到法庭中。
③ "Chinese Doctor is Burned Out", *Los Angeles Herald*, July 6，1907，p.7.
④ "Chinese Girl Saves Relatives in Fire", *Los Angeles Herald*, September 2，1915，
p.10.
⑤ 参见谭金花：《开平碉楼与民居鼎盛期间华侨思想的形成及其对本土文化的影
响》，黄继烨、张国雄主编：《开平碉楼与村落研究》，北京：中国华侨出版社，
2006 年，第 265 页。
⑥ "Tom She Bin's Pills", *Los Angeles Herald*, October 18，1893，p.7. 另见 "Chinese
Eager to See Juries Work", *Los Angeles Herald*, June 7，1907，p.7. 文中说："谭树
彬（Tom She Bin）是中国人中最有名的。"又参见 "Chinese Doctors Answer in
Court", *Los Angeles Herald*, June 5，1907，p.7。

响应，并成为加州保皇会的重要领导人。①

从资料来看，虽然谭树彬与泄密事件有很大关系，但是康有为也只能让谭张孝等人体谅他的苦衷，而且要暗中调查谭树彬，也就是说不要声张。然而泄密事件对于保皇会的影响是比较大的。事情泄漏之后，荷马李提到的那些相关美国人立刻在报纸上登载消息，说对荷马李所说的事情并不知情，整件事情完全是荷马李虚构的。4月26日，报章说，约翰·约克（John York）谴责了那个关于荷马李和其他人将去中国推翻清政府的虚假故事。②4月27日，报章刊文说，查尔斯·怀特（Charles White）的父亲指出："那个年轻人荷马李所说的消息，对我而言，似乎充满了最丰富的想象力"，他说已经跟他儿子确认过，荷马李说的不是事实。③可见，领事何祐在报纸上刊登的那封信还是有一定的威慑作用的。中国国内的起义活动因泄密事件也受到很大影响，此外，美洲保皇会重要人物在国内的家属受到波及，对此，康有为称旧金山领事何祐"无端作孽，力攻保皇"④。

事情还有另外一面。泄密事件之后，据报道："自从他（荷马李）的生平以及抱负在《旧金山呼声报》上报道之后，引起了广泛关注。从那时起，他已经收到了来自美国和英国现役及退役军官的

---

① 参见赵立人：《康有为》，广州：广东人民出版社，2012 年，第 243—244 页；何光岳：《秦赵源流史》，南昌：江西教育出版社，1994 年，第 271 页。

② "Won't Invade China", *Los Angeles Herald*, April 26, 1900, p.6.

③ "Down the Line", *Los Angeles Herald*, April 27, 1900, p.4. 这篇文章中的名字写法混乱，用的是 Charlie White。

④ 《致谭张孝书》（1901 年 8 月 22 日），方志钦主编：《康梁与保皇会》，天津：天津古籍出版社，1997 年，第 36 页。

上百封信件，请求被纳入他的旗下。据可靠消息称，他在斯坦福的许多同学，而且至少有一名教授，已经表示如果有需要，他们将随同他一起到中国去。"①荷马李与保皇会合作的故事曝光之后，吸引了更多人的注意，同时报刊也开始关注荷马李这个故事的后续进展。

二、中国之行

泄密事件并没有中断荷马李的行程，但荷马李已经强烈感受到了保密的重要性。在秘密曝光之后，报载："荷马李悄悄地消失了。亲朋好友对于他离开去中国的事情知之甚少。可能是在旧金山帮会的直接资助下，他溜去了东方。"②他于 6 月 22 日乘坐"中国号"轮船出发去往东方。《旧金山呼声报》登载文章称，荷马李此行带着在美国筹集到的 6 万美金，"将用于装备军队，以支持光绪皇帝，推翻如今掌控中国政府的皇太后的统治"。这篇报道同样以头版的形式出现在读者面前，而且，整版以相当大的篇幅刊登的是各国进军中国及在中国的战况，其标题为："2 万外国军队即将登上中国的土地"、"800 美军加入天津的战斗中，据说北京的中国军队要杀死所有外国人"、"列强达成了三点意见"、"英国军队已为远征中国做好准备"。整版配上了一些图片：居中的是天津的照片以及美国

①　"Homer Lea, a Stanford Student, Sails for China With a Big Sum of Money Collected for the Purpose of Raising an Army to Outwit the Dowager Empress", *The San Francisco Call*, June 23, 1900, p.1.

②　"A Chinese General From Los Angeles", *Los Angeles Times*, April 13, 1901, p.A1.

驻天津领事的画像，右上角是西摩尔将军和士兵的画像，左上角则是荷马李的画像，旁边还有一个中国人跪在地上，正在等待外国士兵砍头。①将这些新闻和图片放在一起会引起读者的猜想：荷马李与联军有何关系，与义和团又有何关系呢？这样的谋篇布局，再次体现了当时"黄色新闻"的特点十分突出。中国正在爆发义和团运动，八国派出军队到中国去，而这个时候，加州的荷马李也到中国去了。这份报纸以此形式来博取读者的眼球。

上述报道交代了荷马李去中国时中国国内的重要背景：义和团运动逐步走向高潮。保皇派和革命派等力量当时都试图利用局势进行一番作为。康有为说："此次北乱，中英开仗，吾得随意购械，真天赉也！惟津法租界全毁，英军八百全没，俄调三万入京，北京必倾，中国大分，然或者复辟之事及中国自立之举，即在此乎?"②自慈禧立"大阿哥"事情之后，梁启超等人意识到光绪地位岌岌可危，因此有心借助目前局势，开展勤王运动。唐才常组织正气会，后改名自立会，其军队称为自立军。自立会召开国会（容闳为会长）、联络维新人士，同时也联合会党，遥戴中山。③1900 年8 月，起义事泄，唐才常被害，自立军失败。与此同时，孙中山等人积极谋划惠州起义。10 月 6 日，起义爆发，一度大败清军。10 月 22 日，因粮饷军械问题，义军解散。

---

① "Homer Lea, a Stanford Student, Sails for China With a Big Sum of Money Collected for the Purpose of Raising an Army to Outwit the Dowager Empress", *The San Francisco Call*, June 23, 1900, p.1.

② 《致谭张孝书》（1900 年 6 月 27 日），方志钦主编：《康梁与保皇会》，天津：天津古籍出版社，1997 年，第 27 页。

③ 吴天任：《康有为年谱》，广州：广东人民出版社，2018 年，上册，第 291 页。

　　在庚子勤王中，这一时期的一个重要特点出现，即在这个时期，各派都想趁机谋事，一度出现了互相联合的局面。1900 年 4 月 28 日，梁启超写信给孙中山，提议联合并用勤王的名号起义："自去年岁杪，废立事起，全国人心悚动奋发，热力骤增数倍，望勤王之师，如大旱之望雨。今若乘此机会，用此名号，真乃事半功倍。此实我二人相别以来，事势一大变迁也。弟之意常觉得通国办事之人，只有咁多，必当合而不当分。既欲合，则必多舍其私见，同折衷于公义，商度于时势，然后可以望合。夫倒满洲以兴民政，公义也；而借勤王以兴民政，则今日之时势最相宜者也。"①孙中山尤其支持各派力量联合起来，以图共举大事："在中国的政治改革派的力量中，尽管分成多派，但我相信今天由于历史的进展和一些感情因素，照理不致争执不休，而可设法将各派很好地联成一体。"②孙中山几次试图与康有为联合行动，唐才常争取与张之洞合作，何启与港督商议劝说李鸿章据两广独立，以上这些都是各派力量试图联合的表现。1900 年 9 月 3 日，孙中山抵日本长崎，与容闳会晤。③戊戌维新时期，容闳与康梁关系密切，甚至"由于容闳在自己寓所金顶庙与康梁接触很多，活动频繁，引起了顽固派官僚的注意和监视"。④此时容闳与孙中山的会晤，对于改良派与革命派的联合具有重要意义。惠州起义的时候，报章就有揣测此次起义与康

---

① 丁文江、赵丰田编：《梁任公先生年谱长编》，欧阳哲生整理，北京：中华书局，2010 年，第 129 页。
② 《与横滨某君的谈话》（1900 年 8 月中旬至 21 日间），《孙中山全集》，北京：中华书局，2011 年，第 1 卷，第 209 页。
③ 桑兵主编：《孙中山史事编年》，北京：中华书局，2017 年，第 1 卷，第 287 页。
④ 陈汉才：《容闳评传》，广州：广东高等教育出版社，2008 年，第 255 页。

有为及孙中山关系密切，"闻匪首区姓，系康有为逆党，此次之乱实康有为及孙文二逆主谋，并有粤秀书院监院桂植、羊城书院监院章果与闻其事，大宪已将桂植拿获收禁，惟章果知风逃避，未樱法网耳"。①这一时期，"以孙中山、康有为、梁启超、唐才常、林圭、汪康年等人为轴心，围绕兴中会、保皇会、正气会、自立会及中国议会，形成宗旨、渊源相互交错的派系，在反清变政共识与政见利益分歧的交相作用下，结成既合作共事又角逐争雄的复杂关系"。②

在中国国内混乱纷扰的局势下，荷马李去了中国。"他的军队没有跟他一起。他会在哪里与他的军队汇合，荷马李拒绝予以透露。"③为何选择这个时候去中国，荷马李也做出了解释："我得知义和团运动要发生了，在建议之下，我决定立刻去中国。"④荷马李没明确说出其得到了谁的建议，但建议者中肯定有保皇派。

荷马李乘坐的轮船经过了夏威夷、菲律宾、日本。其后，荷马李到达香港，与当地保皇会接上头之后，去新加坡见了康有为，于7月末又回到香港，在那里作为军事顾问为保皇会的起义提供帮助。⑤

1900年7月30日，报刊上登载了一篇文章，内容是何祐透露的他们了解到的荷马李情况："几个月之前，斯坦福的一个肄业生，

---

① 《匪势渐平》，《申报》，1900年10月26日，第1张第2版。

② 桑兵：《清末新知识界的社团与活动》，北京：生活·读书·新知三联书店，1995年，第83页。

③ "Caught in Passing", *Los Angeles Herald*, June 26, 1900, p.4.

④ "Homer Lee, the Student, Now a Chinese General", *The San Francisco Call*, April 9, 1901, p.12.

⑤ Lawrence M. Kaplan, *Homer Lea*, *American Soldier of Fortune*, pp.40—41.

名叫荷马李的年轻人，出发去中国，据说要领导革命党。发现的材料证实了他的使命的确存在，而且他与保皇会相关。7 月 17 日，那个曾经搭载荷马李这个年轻美国人的轮船的下一班搭载了梁启超（他和康有为都是这场变革的首脑）离开夏威夷，去往中国。荷马李和他那些中国策划者们的计划是在帝国的南方港口召集由 4 万名反叛者组成的军队，然后向北京进军。不久之前，我们成功地在广东截获了 4 000 件试图提供给这支军队的军装。它们是在海峡殖民地制造并从新加坡运来的。"①泄密事件后，保皇派的行动引起中国政府的特别注意。康有为言："自秋冬来，每我辈欲为一事，地方官未有不知；知则即行戒严，即行捉获，险至万分。"②何祐向报纸透露的上述情况，就是在政府密切关注保皇派行动之后，所采取举动的明证。也说明了在这种情况下，保皇会想要有所行动，尤其困难。尽管受到这样监视，但笔者并未在中国档案等相关资料中找到关于荷马李活动的中文记载。

　　清政府的监视及破坏使得保皇会的行动需更加隐秘，荷马李的行动也处于隐秘状态，只能从美国报刊的零星报道去获知一点荷马李此时的相关消息。1900 年 8 月 4 日《洛杉矶捷报》载文提到："《每日快讯》（Daily Express）驻香港的记者称，从旧金山来的荷马

---

① "Consul-General and Reformers", *New-York Tribune*, July 30, 1900, p.3. 美国许多报纸都登载了同样内容，参见："Chinese are Squabbling", *Saint Paul Globe*, July 30, 1900, p.3; "Chinese in Frisco Quarrel", *Omaha Daily Bee*, July 30, 1900, p.1; "Chinese are Quarreling", *Houston Daily Post*, July 30, 1900, p.1; "Word War in Chinatown", *The Salt Lake Herald*, July 30, 1900, p.2.
② 《致谭张孝书》（1901 年 7 月 5 日），方志钦主编：《康梁与保皇会》，天津：天津古籍出版社，1997 年，第 32 页。

李到达了这里，荷马李是中国维新会在美国分支的成员，他带着6 000 元①，据说将用于反抗皇太后的相关活动，该活动在 1898 年之后就处于静止状态，直至最近几周。"②除了上述报章登载何祐透露的消息以及这一篇报道之外，美国媒体关于荷马李在中国期间的消息几乎一片空白，难怪这两篇报道会被各种不同报刊登载，一方面说明报章和公众此时对于荷马李的消息还在关注，另一方面则说明此时相关消息的确太少。

荷马李在中国究竟干了什么？在中国的时候，"他会时不时地给他在这里的一些朋友写信，描述战斗进展情况。他有时候会提到自己的升迁，简单提及中国人很好指挥，他参与的那些战斗很容易就打败了义和团"。③

此外，荷马李回国后还讲述了他在中国的故事。据卡尔回忆，荷马李曾告诉他在中国的经历。"他的军队曾经与皇太后的军队激烈交战过几次，但是这些战役后来都没有结果，可能是因为外国的干涉。"荷马李还尝试去抓住皇太后，卡尔回忆说："荷马李将军告

---

① 原文为"6 000 尤"，应为"6 000 元"。

② "Advance of Allies not Confirmed"，*Los Angeles Herald*，August 4，1900，p.1. 同样的内容也刊载在其他报纸上，参见：*Morning Press*，August 4，1900，p.1；*San Diego Union and Daily Bee*，August 4，1900，p.1；*Santa Barbara Weekly Press*，August 9，1900，p.3；*Richmond Dispatch*，August 4，1900，p.1；*The Daily Morning Journal and Courier*，August 4，1900，p.1；*Houston Daily Post*，August 4，1900，p.1；*Savannah Morning News*，August 4，1900，p.1；*Portland Daily Press*，August 4，1900，p.1；*Semi-weekly Messenger*，August 7，1900，p.5；*Shiner Gazette*，August 8，1900，p.3.

③ "A Chinese General From Los Angeles"，*Los Angeles Times*，April 13，1901，p.A1.

诉我，他曾经做出一个大胆的尝试，试图去抓住皇太后。他得知皇太后试图从'紫禁城的红墙'中逃出来，去往她的避暑行宫——内陆的某个地方。荷马李离开了他的军队，带上了两名本地的副官，试图把那个老太太拦截下来。因为情报的错误，他没有成功，但是他经历了许多冒险。"荷马李还告诉卡尔在寺庙中发生的奇妙事情。因为要躲避暴风雨，荷马李等人躲到寺庙中。在等候暴风雨过去的时候，和尚们通过看手相以消磨时间。其中一个和尚，看了看荷马李的手，突然拜倒在地行问候礼。其他的和尚惊奇地问他怎么回事。那个拜倒在地的和尚小声说，这是一位皇帝的手掌。卡尔说："这让荷马李觉得很好玩，但是我认为这肯定对他的思想产生了重大影响。"荷马李还告诉卡尔，在他冒险的过程中还碰到了一队匪徒，那个时候的中国人见到外国人会把外国人撕得粉碎，荷马李的随从都非常害怕，可荷马李径直走过去面对那群匪徒，结果那群匪徒默默地闪到两旁，让荷马李一行人通过。他的随从听到匪首告诉其同伴说荷马李是一个有强大力量的恶魔。"后来皇太后安全地回到了她的宝位，而荷马李将军因为被悬赏捉拿而不得不逃离中国。"①

　　对于荷马李正在做的事情以及讲的故事，几乎没有人相信，"它太难以置信了：看到那个在学校里坐在你旁边的男生突然成为了东方某个军队的中将（Lieutenant-general），这是对人的一生可能性相关认识的一次巨大冲击"。②

　　荷马李的故事到底是不是真的？威尔·欧文（Will Irwin）记

---

①② Harry C. Carr，"Death Overpowers Odd World Figure"，*Los Angeles Times*，November 2，1912，p.II1.

录了一个故事，可以佐证荷马李在中国的影响力。这个故事是斯坦福的同学矿业工程师威尔森（Wilson）给欧文讲述的。威尔森说，他听到义和团针对所有欧洲人，于是准备去北京。"那天晚上，他在一个十分友善的清朝官员的庭院中借宿。第二天早上，他正在为这段最凶险的旅程装备马车时，从一个门里出来一个驼背白人，他直呼了威尔森的名字。这个陌生人说：'我从未想过会遇到你，我也是斯坦福的学生，我的名字叫荷马李，99 届的，我知道关于你的所有事情。不要对你去北京的行程感到担忧。消息已经传递出去了，你不会受到骚扰。'然后那个驼背，再次向他保证，他去北京的旅途已经打点好了，而且会受到照料，其后他就告辞，消失不见了。"①从这个故事当中，可以看到荷马李对于威尔森的行踪十分清楚，而且已经为他做好了准备，说明荷马李在当时是有一定的影响力的。

对于荷马李在中国的影响力，马歇尔·斯蒂姆森（Marshall Stimson）在文章中提到："法官伍德（Justice Walton J. Wood）去了菲律宾，并在马尼拉待了一段时间，在那里遇到了中国人，他们对于荷马李非常熟悉。法官伍德后来受邀去香港，然后去广东，在那里，中国勤王运动的重要人物宴请了他。据法官伍德说，在保皇党的所有成员中，荷马李享有相当高的声望。"②

荷马李来中国之前，在宴会中提及了他的计划、他对起义的设想，而且假设保皇会给他全权指挥军队，他将会有一番大的作为。

① Will Irwin, *The Making of a Reporter*, New York: G. P. Putnam's Sons, 1942, p.19.

② Marshall Stimson, "A Los Angeles Jeremiah", *The Quarterly: Historical Society of Southern California*, Vol.24, No.1 (March 1942), p.7.

实际到了中国之后，在这些起义之中，没有看到中方资料提及荷马
李这个人，更不用说记载他在起义中起到何种重要作用了。其原
因，一方面是因为事情的机密性，荷马李接触的人未留有相关记
录，另一方面，也与康有为此时对荷马李的定位有关系。康有为认
为："孔马哩未知内情，其说不可行（有一西人摩近大攻孔马哩，
以为西人之学不齿其人）。凡外埠之人亦不知内情。"①康有为等人
比旧金山的同志要理性一些，没有采用荷马李的起义计划，也没有
把荷马李纳入实际的起义活动中。

其间，荷马李在上海待了一段时间，特克斯（Tex O'Reilly）在
上海俱乐部中遇到了荷马李，邀请他去家里住了将近4个月。②因
为荷马李没有钱了，也没有继续留在中国的理由，荷马李选择离开
中国。③他化装成法国传教士以避免被清朝当局察觉和逮捕。④
1901年1月，他已经在横滨了。

三、日本访谈

荷马李来中国途经日本时，正好遇见了斯坦福大学的校长乔

---

① 《致谭张孝书》（1901年7月5日），方志钦主编：《康梁与保皇会》，天津：天
津古籍出版社，1997年，第32页。
② Eugene Anschel, *Homer Lea, Sun Yat-Sen and the Chinese Revolution*, New York:
Praeger Publishers, 1984, p.27.
③ 对于荷马李没钱的窘况以及回国的路费，乔丹回忆："路过葡属澳门，他发现自
己没钱了，向旧金山的华人求助后，成功地回到了家中。"David Starr Jordan,
The Days of a Man, World Book Company (Yonkers-on-Hudson, N. Y.), 1922,
vol.2, p.32.
④ 美国斯坦福大学胡佛档案馆藏鲍尔斯文件（Joshua B. Powers Papers），Box 3,
"Collected Writings of J. B. Powers"内的文件夹"Untitled Manuscript"。

丹。乔丹回忆说："在长崎（Nagasaki），我遇到了荷马李，他是我以前的一个学生。那时他正要去东京见巴克先生（Mr. Buck），希望能够通过他劝说欧洲大国进行干涉，以帮助合法的中国皇帝反抗皇太后的统治。"①

离开中国后，荷马李在日本停留至少三个月的时间。马歇尔·斯蒂姆森说："在日本的时候，荷马李显然有大量的机会去研究日本的制度。他显然与日本的许多政要建立了朋友关系。我曾经见过伊藤侯爵（Marquis Ito）给他写的信。"②荷马李后来拜访了日本的大隈重信伯爵。从大隈那里，荷马李得知了戊戌变法的一些情况，因为"（他）那时是日本首相，并与光绪皇帝持续通信"，为此荷马李对大隈伯爵表示感激。荷马李说："在与那个伟大政治家的私人会谈中，他告诉了我整个计划。这是他根据日本的经验，对中国改革所作出的建议。"对于中国为何会听从日本的建议，荷马李说："也许事情有些奇怪，一个国家的皇帝向另外一个国家的首相咨询建议，而且两国最近刚发生战争。需要记住的是，中日之间的那场战争是一场绝非出自于中国人的本心的争斗……俄国的外交是所有问题的根源，正如它是中国所有困苦的根源一样……在皇帝为了中国的进步而进行改革的所有时间里，皇帝和他的顾问康有为都在不断地与首相大隈重信联系。"在荷马李与大隈的会面中，大隈重信归纳了皇帝所采用的整个计划："第一，废除现有的野蛮刑罚。这

---

① David Starr Jordan, *The Days of a Man*, World Book Company (Yonkers-on-Hudson, N. Y.), 1922, vol.2, p.32.

② Marshall Stimson, "A Los Angeles Jeremiah", *The Quarterly*：*Historical Society of Southern California*, Vol.24, No.1 (March 1942), p.7.

种刑罚是鞑靼人为了维护自己统治，针对那些不服从统治的种族而慢慢形成的。第二，建立西式的义务教育，以便于人们摆脱黑暗的状态。他们一直处于这种黑暗状态中，以便更容易继续被压制。第三，给媒体绝对的自由，于是乡村中现存的会议体制可以借由报纸（它成为人民的论坛）而成为全国性的。第四，逐渐改变现有的科举考试制度，官员的晋升不再只纯粹基于其对于文学和经典的修养，还要包括西式学校中教授的有用的人文科学知识。第五，在政府的掌控之下发展铁路系统，使它们成为人民的公路，给人民带来世界上最好的交通方式。第六，改变现有厘金征收方式，统一整个帝国的关税，税收直接上缴给国家财政，取代现有的征收土地税。第七，重组帝国的军队，使其归中央掌控，将其建立在现代的基础之上，运用西式的训练方式和战略方法。"荷马李说："像大隈重信伯爵那样，用如此少的言语去讲述整个国家政策是非常困难的。而且，因为他用精心选择的词句来讲述，如何准确地将意思转述出来，就更加困难了。但是我已经将我所能记住的他的言论尽量记录了下来，因为我觉得他是除了康有为之外，最能够知道皇帝真正意图的人，而且他还具有帮助同源同种的国家进行相似改革的额外优势。"荷马李看到了日本在戊戌维新中起到的重要作用，甚至认为日本首相是除康有为外最懂得皇帝真正意图的人。荷马李还提出俄国是一切问题的根源。"人们需要认识到，中国已经被划分为两个部分。长江是分界线。江北由皇太后统治，江南由皇帝统治，或者至少是由他的拥护者管理。义和团运动是由皇太后发动的一场暴动。皇太后受到俄国人的哄骗才做这样的事情，而俄国人认为战争和纷乱将使得他们最终牢牢掌控中国"，荷马李认为："为了和平和幸福，皇帝必须立即复位。在他的统治之下，中国人民将获得一个和平、繁荣和现代化的国家。而皇太后当权，将意味着无休止的战争和纷扰。俄国人支持她，因为他们知道，如果她在位，国家的管理将十分混乱，以至于欧洲强国不得不干涉。这样，在将来瓜分中国的时候，俄国人就能获得最大的一块。"①荷马李的这些认识在一定程度上受到了大隈重信等人的影响。三国干涉还辽后，日俄矛盾日渐尖锐。日本意识到与俄国的竞争关系。在义和团运动中，就有帝党倾向于日本，后党倾向于俄国这样的说法。日俄的竞争与争霸体现在了戊戌维新、戊戌政变以及义和团等一系列事件之中。荷马李在中国以及日本的经历，让他感受到了日俄之间的紧张关系。而他在东方的见闻，使其对日本产生了一定的印象。荷马李后来回忆说："当我在中国的时候，我和山县有朋（Baron Yamagato）谈过，这个人曾指挥一支日本军队，在萨摩藩（Satsuma）叛乱中，手拿武士刀（two-handed swords）战斗。想象一下，那个时代的军队发展成为现代的日本军队，会是什么情景。整个世界都知道，在过去的两年里，日本在世界民族之林中，占据了一个什么位置。而且它还会继续爬升。"②随着时势发展，这些经历和印象成为他后来写作《无知之勇》的一种重要资料来源。

对于荷马李的行为，日本媒体并不看好："日本媒体怀疑荷马李是否能够成功。荷马李，一个加州的学生，已经在中国待了一段

---

① "Homer Lee, the Student, Now a Chinese General", *The San Francisco Call*, April 9, 1901, p.12.

② "Gloomy Foreboding of Gen. Homer Lea", *Los Angeles Times*, February 9, 1908, p.II1.

时间，他试图通过与中国南方进步人士的合作，致力于中国真正利益的提升。"①

四、遇见中山

荷马李在中国及其周边活动的这段期间，孙中山也在这一地区。乔丹在其书中写到："在英属香港，他（荷马李）遇到了孙中山——一位聪明的梦想家，他十分喜欢荷马李。"②荷马李的同学马歇尔·斯蒂姆森也写到：当慈禧悬赏捉拿康有为、梁启超和荷马李时，"他们都逃跑了。荷马李跟着孙中山一起到了日本。荷马李告诉我，日本为了自己的目的，秘密地支持这些改良派的活动，而俄国则可能支持皇太后及其拥护者"。③根据乔丹和马歇尔·斯蒂姆森的说法，荷马李在这次冒险中，与孙中山曾经碰面。

孙中山在自己的回忆录中，记录了他与荷马李碰面的过程：

> 那时我又碰到另外一件重要的事情。有一次，我正向一群追随我的同伴演说，看到了一个身材瘦小的年青人，他身高不够五呎，年龄和我相仿，脸色苍白，显得体格纤弱。事后他来找我，对我说："我愿意和你共同奋斗，我愿意帮助你。我相信你的宣传定能够成功。"

---

① "Oriental Notes"，*The Pacific Commercial Advertiser*，May 29，1901，p.8. 这是一份檀香山的报纸。

② David Starr Jordan，*The Days of a Man*，World Book Company（Yonkers-on-Hudson，N. Y.），1922，vol.2，p.32.

③ Marshall Stimson，"A Los Angeles Jeremiah"，*The Quarterly：Historical Society of Southern California*，Vol.24，No.1（March 1942），p.7.

从他的口音，我听出他是个美国人。他伸出手来，我紧紧握着向他道谢。但不知道他到底是什么样的人，我猜想他也许是个传教士或学者。我没有猜错。在他走后，我问一位朋友："那驼背的小个子是谁？"

"噢，"他说，"那是咸马里上校，当今世界上出色的军事天才之一——不，也许就是最出色的一个。他精通现代战争的战略战术。"

我吃惊得几乎合不拢嘴。

"正是他刚刚表示愿意和我共同奋斗。"

第二天早晨，我拜访了咸马里，现在他是将军，而且是《无知之勇》一书的著名作者。我告诉他，一旦我的革命获得成功，而我的同胞又授权于我，我将聘请他为首席军事顾问。

"不必等到你当上中国总统，"他说。"在那以前你就会需要我。没有军队，你既不可能建立也无法维持一个政权。我确信，中国人经过适当的训练就可以组成出色的军队。"①

从孙中山的这段话来看，他与荷马李的初次见面发生在"那时"。根据二人的活动轨迹，可以更精确地说二人会面在 1900 年。对于见面的情景和细节，孙中山回忆得十分详细生动；在怎样的情形之下碰到荷马李，荷马李当时的外貌、双方的对话等一一被记录

---

① 《我的回忆——与伦敦〈滨海杂志〉记者的谈话》（1911 年 11 月中旬），《孙中山全集》，北京：中华书局，2011 年，第 1 卷，第 590 页。

下来。这篇回忆依据的是伦敦英文杂志《滨海杂志》（*The Strand Magazine*）第 43 卷第 255 号上刊登的记者在伦敦采访孙中山的谈话记录，《孙中山全集》的编者根据孙中山的行踪来判断，这篇回忆录产生的时间是 1911 年 11 月中旬。也就是说，10 多年后，孙中山接受记者采访时，能十分清晰地回忆起与荷马李初次见面时的对话等细节，这有点让人难以置信。

人们对于这份回忆录产生了质疑，认为孙中山此说不可信。"这样会晤，确实带有传奇的色彩。但据现有的材料看来，这也许是孙中山为了某种目的而编造的故事。"①布兰德（J. O. P. Bland）认为，孙中山的这份回忆录"是重建的记忆，像音乐剧的剧本一样充满奇幻色彩"。②另外，尤金（Eugene）指出，孙中山在回忆录中用了"军事天才"、"精通现代战争的战略战术"这样的词，让人会产生疑问：这究竟是否是他们初遇的时间和地点。因为"这些赞美之词是在《无知之勇》出版多年后人们才给与他（荷马李）的"。③尤金也提到，因为当时荷马李和孙中山在一起，基于荷马李自我吹嘘的性格以及他们即将回中国去见孙中山的同事和追随者，因此，在这个回忆录的生成过程中，荷马李将他与孙中山的关系做了一定的美

---

① 马庆忠、李联海：《孙中山和他的亲友》，广州：花城出版社，1988 年，第 373 页。另参见广宇主编：《东方巨人孙中山》，呼和浩特：内蒙古人民出版社，1998 年，上册，第 691 页。

② J. O. P. Bland, *Recent Events and Present Politics in China*, Philadelphia: J. B. Lippincott Company; London: William Heinemann, 1912, p.226. 转引自 Eugene Anschel, *Homer Lea, Sun Yat-Sen and the Chinese Revolution*, New York: Praeger Publishers, 1984, p.18.

③ Eugene Anschel, *Homer Lea, Sun Yat-Sen and the Chinese Revolution*, New York: Praeger Publishers, 1984, p.16.

化，以便巩固和提升荷马李在中国革命中的作用。①

　　另外，关于具体二人初次会面的时间，存在各种不同的说法。有认为是 1896 年的："1896 年孙中山游历欧洲，在伦敦被诱执后，经康德黎营救脱险，自此声名大噪。在伦敦他遇见了美国人咸马里上校，从此他们建立了友谊。"②有认为是 1900 年的："（荷马李）1899 年来华支持康有为的变革，并在中国南部担任反满义军的军官。起义失败后，逃往香港，结识孙中山。"③有认为是 1904 年的："孙中山很早就见过荷默·利，也许那就是 1904 年春天在旧金山的时候。"④有认为是 1910 年的："曾被康有为、梁启超委任为'中国维新军总司令'。后因不愿受骗，投入中国革命派行列。1910 年 3 月与孙中山晤面，制订在国中发动大规模武装起义计划，负责掌管军事"⑤；"事实是：咸马里是通过容闳的介绍，和孙中山建立了通信联系，初次会晤，则是在 1910 年 3 月长滩会谈的时刻"⑥；"1910 年，在旧金山，孙中山的军事教官更是从天而

---

① Eugene Anschel, *Homer Lea*, *Sun Yat-Sen and the Chinese Revolution*, New York: Praeger Publishers, 1984, p.19.

② 沈渭滨：《关于孙中山与黄埔军校的若干思考》，江中孝、王杰主编：《跨世纪的解读与审视：孙中山研究论文选辑（1996—2006）》，天津：天津古籍出版社，2006 年，第 239 页。

③ 杨生茂、张友伦主编：《美国历史百科辞典》，上海：上海辞书出版社，2004 年，第 181 页。

④ （美）韦慕庭：《孙中山：壮志未酬的爱国者》，杨慎之译，北京：新星出版社，2006 年，第 87 页。

⑤ 张磊：《孙中山辞典》，广州：广东人民出版社，1994 年，第 566 页。

⑥ 马庆忠、李联海：《孙中山和他的亲友》，广州：花城出版社，1988 年，第 373 页。另参见广宇主编：《东方巨人孙中山》，呼和浩特：内蒙古人民出版社，1998 年，上册，第 691 页。

降。当时，一名瘦小的美国青年，走近正在演讲的孙中山说："我愿意和你共同奋斗，我愿意帮助你。"事后才知道，此人正是美国军事家荷马李。"①

1910年，荷马李和孙中山的确进行了会晤，这一点在后面的章节还会谈到。1904年孙中山经历了木屋被囚事件，由伍盘照出面予以解救，且跟伍盘照交往密切，此时在旧金山，孙中山与荷马李应该也有机会晤面。如果这是二人的初见，孙中山不会对荷马李的美国口音印象深刻。根据前面所述荷马李的经历，1896年荷马李在西方学院就读，没有材料提到他去了伦敦，因此，1896年的说法也不可信。

再回到孙中山回忆录中关于二人初见的说法。荷马李来中国之前，谭济骞已经将荷马李的照片随信寄给了夏威夷、横滨、长崎、香港和澳门等地组织，而且让荷马李随身带着他写的5封介绍信，给东亚最重要的保皇会领导人，其中有一封就是给香港的"Lee Yung Shue of Tuck Wing"，介绍信中提及了荷马李的军事才能。荷马李到达香港后，与当地的维新派人士会面，其中就有容闳。容闳此后在写给旧金山同志的信中就荷马李的表现予以称赞。②因此，容闳是知道荷马李的。容闳当时与维新派以及革命派都有联系，主张并积极推动二派联合起来共同起事。荷马李此时也设想了一个新策略，即建议保皇会与孙中山联合起来，从澳门发动攻击，并雇佣

① 中央电视台：《孙中山中央电视台六集文献纪录片》，北京：当代世界出版社，2002年，第244页。
② "How I Was Made a General in the Chinese Army"，*The San Francisco Call*，April 21，1901，p.1.

美国军官领导军队。港督卜力爵士（Sir Henry Blake）在 7 月 30 日发现，荷马李和孙中山革命派的成员与康有为的代表在澳门会晤，商讨联合行动，但是康梁一派拒绝与革命派进行任何形式的合作。①可以看出，荷马李、容闳、孙中山三人此时都主张联合行动。荷马李极有可能通过容闳认识了谢缵泰、孙中山。②于是孙中山在回忆录中提到的情景就说得通了。因为孙中山和荷马李二人会面的场景发生在东亚，于是孙中山可以从口音中去判断这个人是来自美国。而荷马李因为提倡合作，所以这时他说愿意帮助孙中山、与孙中山共同奋斗也是讲得通的。而经由容闳的关系，孙中山的朋友已经获知荷马李的身份，从而向孙中山介绍，说荷马李是"军事天才"，而且"也许是最出色的一个"，这些用词是符合荷马李自我吹捧的作风的。而且后来的记忆会对之前的记忆产生影响，故而因孙中山在回忆录中提到荷马李的后来才具有的军事名声而作为否定回忆真实性的证据，这种做法是值得商榷的。且如果孙中山的回忆录伪造了荷马李与孙中山初次相识的情景，为何不做得更真实一些，而要留下这种十分明显的纰漏呢？故而笔者认为孙中山回忆录中提到的二人初次相见是可信的。

当孙中山亲自拜访荷马李并会谈之后，发现二人的相似之处很多，一见如故，于是孙中山许诺将聘请荷马李为首席军事顾问，前提条件是"革命获得成功"、"同胞又授权"。荷马李则更会为自己争取机会：提出为孙中山训练组建军队。而这个训练组建军队并不

---

① Lawrence M. Kaplan, *Homer Lea*, *American Soldier of Fortune*, pp.42—44.

② 1900 年 3 月 31 日，谢缵泰、杨衢云在香港开始与容闳密商合作。参见桑兵主编：《孙中山史事编年》，第 1 卷，第 244 页。

是孙中山一人需要的，康梁等人也需要这样做。这实际上是当时中国人认为中国复兴强大的一个非常重要的条件。荷马李与孙中山的这次会谈中提到"中国人经过适当的训练就可以组成出色的军队"。荷马李在中国的经历让他意识到中国人非常爱国，而且中国人是勇猛的战士，前提条件是他们有一个非常值得信赖的军队首脑，如果他们的直接上级不再是力量的凝聚核心，那么他们马上就会没有了士气。荷马李说："这是他们生活方式导致的自然结果。总是生活在乡村里，尽管形成了农耕团体；从未单独个人创业，而总是处于陪伴与合作的状态之中；当他们在田野或作坊里工作时，总是将家人留在身边。互相依赖已经成为他们与生俱来的特性，几个月的军事训练根本无法让他们丢掉这个特性。"[1]对荷马李而言，中国人需要经过适当训练以组成出色的军队。

　　荷马李此次到中国去的目的在谭济筹写的介绍信中说得非常明白，即"自愿教习华人兵法（旨在内地设立武备学堂练兵二千），以图自存"，同时，荷马李在庚子事变中的经历让他更加意识到了训练军队的必要性，而与孙中山的初次见面则进一步坚定了他训练军队的想法。因此，训练军队成为他回美国后急需要做的事情。

第二节　沉隐与蓄势：荷马李归国初期的踪迹

　　1901 年 4 月 7 日，在旧金山皇宫大酒店（Palace Hotel）的登记

---

[1] "How I Was Made a General in the Chinese Army", *The San Francisco Call*，April 21，1901，p.3.

入住名单中，荷马李的名字出现了。①《洛杉矶时报》称："周二他（荷马李）突然出现在了旧金山的皇宫大酒店，正如他一贯的神秘作风一样。"②荷马李回国引起了媒体的注意，一时间他成为了曝光度很高的人物。报纸纷纷评述他在中国的活动，以及他被任命为将军的事情。③荷马李在接受采访的同时，也在为下一步行动做准备。

一、回美总结

荷马李回美国之后，《旧金山呼声报》刊登文章，标题是《我如何成为了中国军队的将军》。文章的引言说："荷马李，一个喜好军事的斯坦福学生，李氏（Lee）家族（这个家族曾经为南方带来一位伟大的将军）的旁系后裔，在中国的皇太后篡权囚禁皇帝之后不久就离开了这里。荷马李去了中国，提出要组建一支军队，帮助皇帝复位。荷马李的建议被接受了。他被授为中将（Lieutenant general），负责南方省份（包括广东，那里现在就有 3 万军队）的事务。他在快速访问华盛顿和伦敦的途中经过这里，然后他将返回中国。荷马李发现在中国有一个机会，可以完成戈登（Gordon）曾经尝试去完成的事情。如果他成功了，将被载入史册。"④引言对荷

---

① "Hotel Arrivals", *The San Francisco Call*，April 7，1901，p.25. 列出的名单中在 "Palace Hotel" 一栏写有 "H Lea, China"。

② "A Chinese General From Los Angeles"，*Los Angeles Times*，April 13，1901，p.A1.

③ 相关报道主要有："Plans to Do Big Things in China"，*The San Francisco Call*，April 9，1901，p.2；"Homer Lee, the Student, Now a Chinese General"，*The San Francisco Call*，April 9，1901，p.12 等等。

④ "How I Was Made a General in the Chinese Army"，*The San Francisco Call*，April 21，1901，p.1.

马李及其正在进行的事情进行了简单介绍，接着正文以第一人称的口吻即从荷马李的角度就光绪皇帝的维新活动进行描述，谈到了大隈重信同情并帮助中国改革。此外文中荷马李还针对各项改革措施并结合中国的见闻进行了评述。荷马李谈到他在中国训练军队时的情况："将军队聚集起来进行训练特别困难。在城镇和乡村中，每一寸可被利用的土地都被使用。房屋慢慢侵蚀街道，直到剩下的空间只能让一个人提着篮子通过。在村子里，农民把作物种到了路的两旁，而这些路根本无法让车通过。"对于这些士兵与军官的关系，荷马李说："在他们信任的将领带领之下，他们可以去任何地方，不在乎生死，就像蚊子为了吸一口敌人的血而可以平静地死去一样。但是，和美国人（美国人不会等着看看他们的指挥官是否来了）不同的是，只要他们的直接上级不再成为聚合力量的核心，那么这些中国人就会士气低落。"[①]在中国的经历，让荷马李对于中国的军事现状有了深刻的认识，并促使他深入地思考如何针对中国人的特性进行相应的军事训练。

　　总体来看，整篇文章是荷马李对中国之行的总结、回顾与思考，而没有围绕该文章的标题即"荷马李是如何成为中国军队的将军"这个话题展开。这篇文章的旁边，登载的是保皇会领导人之一的 Mr. Tong Chong 就荷马李在中国的活动所作的总结。因为荷马李的文章并没有谈到他是如何成为将军的，Mr. Tong Chong 似乎在对这个问题做补充说明。Mr. Tong Chong 说："荷马李是第一个外

---

① "How I Was Made a General in the Chinese Army"，*The San Francisco Call*，April 21，1901，p.3.

国人，愿意帮助中国的皇帝夺回被皇太后篡夺的皇位。他的大学教育、军事兴趣和相关训练，使得他对于我们的任务而言，尤其珍贵。去年在他离开旧金山之前，其使命和任务泄漏了，皇太后的密探为了挫败他而无所不用其极。失败之后，他们向中国使馆告发他，因为害怕他是要发动一场革命而产生了不小的骚动。实际上，他只是要去帮助帝党、帮助皇帝。这个国家是以皇帝的名义被统治着，这是事实。他带有写给那些支持中国维新运动的所有伟大朋友的信件。自从到了中国之后，又从新加坡去了香港、澳门、广东、上海、横滨和南方所有的省份。他在那里得到了很好的接待。为了有助于他重组中国军队的工作，他被授予相当于中将（Lieutenant general）的职位，同时他实际上掌控了两广、云贵的所有军事活动。荷马李将军如今在广东省有将近 3 万人可以调动，在各个不同的省份，总共将近 40 万人愿意为营救他们的皇帝而战斗。在荷马李将军外出的一年时间里，我不断地接到来自保皇会重要人物发来的关于他所获得成就的消息，其中包括澳门的会长容闳，以及这位年轻勇敢的加州人曾遇到过的其他许多人。在他旅行的大部分时间里，他只带着 6 名警卫，还有一些轿夫，以及两名副官（aide-decamp）。他们毕业于中国和外国的大学，同时担任荷马李的翻译。"①Mr. Tong Chong 介绍了荷马李在中国的活动及由此受到的好评，通过 Mr. Tong Chong 的介绍，读者可以大致了解荷马李是如何成为中国军队的将军。

---

① "How I Was Made a General in the Chinese Army"，*The San Francisco Call*，April 21，1901，p.1.

　　整体来看，整篇报道采取了图文并茂的形式，图片中有光
绪皇帝的大头像、刑罚的场面（站笼）、明陵、考试的场所（贡
院）、军队集结的场面以及荷马李穿着中式便装的照片。从整版
内容的布局来看，图片占据整个版面的三分之二，图片的内容
与文字互相印证①，甚至可以说荷马李的文章是对图片进行的
解说②。

　　与一年之前关于荷马李准备去中国的那篇报道相比，两篇报道
有一定的相似性和呼应关系。从发表的时间来看，一篇是在
1900 年 4 月 22 日，另一篇则是在 1901 年 4 月 21 日，两篇都是在
《星期日呼声报》这个特刊中头版头条予以刊登。从形式来看，两
篇都是图文并茂，图片占据整个版面的核心重要位置，文字环绕四
周。1900 年的那篇报道其图片主题展现的是中国的动乱情景，与
当时中国正在发生的混乱情境相呼应，而 1901 年的这篇报道中，

―――――――

① 　文中说到："这篇文章中附上的图片很好地说明了其中一些改革的必要性。"
　　"How I Was Made a General in the Chinese Army"，*The San Francisco Call*，April
　　21，1901，p.3.
② 　例如，荷马李在文章中对中国的考试制度进行了描述。他说："为何科举要变
　　革？人们对其原因可能不太明白，直到人们得知全国有 11 000 个像小盒子一样
　　的房子，正如照片中展示的广州贡院的小房子那样。这些小房子每个大约长
　　5 英尺宽 5 英尺高 7 英尺。房子里什么都没有，只有两块刊入两边墙中的木板。
　　一块的高度正好可当作凳子，另一块则可当作桌子。当考试要开始的时候，
　　11 000 名学生排队进入贡院，分别进入这些房子中（每间房子都有一个号码）。
　　每位学生带着他的书写用品以及足够他吃 3 天的食物。一旦他们进入到小房间
　　中，他们就不能离开。在过道中设置了哨兵，以便监视他们。在这些狭小的空
　　间中待了 3 天，没有机会睡觉或者休息，然后他们可以离开 3 天。此后，他们
　　回来进行第二轮为期 3 天的考试，然后再休息 3 天，回来参加最后的为期 3 天
　　的考试。""How I Was Made a General in the Chinese Army"，*The San Francisco
　　Call*，April 21，1901，p.3.

图片是用几副实景拼成，展现的是荷马李在中国实地考察的见闻。1900 年的那篇文章在报道了荷马李与保皇会合作的消息的同时，还附上了领事何祐的感谢信。而 1901 年的报道，同样在刊登荷马李文章之后，附上了保皇会 Mr. Tong Chong 对荷马李此行的总结和评价。看到 Mr. Tong Chong 的文章，读者可能会联想起他曾经与何祐两人争吵，闹到整个唐人街沸沸扬扬的事情。所以，对比这两篇前后相隔一年的报道，看到其相似的一面，同时也可以看到报纸的态度出现了变化。之前这份报纸暴露荷马李的秘密行踪，刊登领事何祐的感谢信，同时实际上也借报刊宣示领事对于那些参与密谋的美国人的警告。而此时刊登荷马李的见闻，附上保皇会的评价，显示报刊对荷马李中国之行的认可，向读者展示荷马李是在援助中国皇帝而非要革命。

对于荷马李此次中国之行，康有为觉得其花钱太多却没有任何成效。虽然荷马李说，他自己的费用是自己出的："我支付自己的费用，到了中国之后，负责中国南部的事务，军中的军衔是将军。"①但是康有为在信中提到："此次大事，全藉菽园，乃有所举。在各埠一鼓作气之始，已属无多。彼等不知，纷荐西人来，即孔马哩已费数千，而未收分毫之用。假若纷召各埠，则所捐得之款，尚不足养各埠议事之人，况言办事乎？孔马哩及容纯甫辈皆纯乎西风，开口辄问我会千数百万，某军械宜买几百万，某轮船宜买几百万，不知我会大如蚊血，小若蚁旋，即汝所经各埠所捐，多则千

---

① "Homer Lee, the Student, Now a Chinese General", *The San Francisco Call*, April 9, 1901, p.12.

数，小乃数百。以从蚊之血而供大象之一啖且不足矣，如孔马哩所言，不类于梦话乎？外埠不知内地办事之苦，捐钱则不能多，责望则极其大，岂不可笑乎？"①康有为在信中抱怨荷马李和容闳纯粹是西式作风，只是畅想，而没有考虑实际的经济情况。而且康有为认为，国外同志捐钱不多，但是幻想国内能成就很多，这是非常可笑的事情。从这里可以看到荷马李认为自己做了一些事情，而康有为则认为荷马李就是浪费钱而未起到任何作用，且对于荷马李和容闳花钱的要求也不认可。

不管怎样，荷马李对此行已经有所总结。与此同时，他开始进行他认为急需要做的事情。

二、游说与招募

回国后，荷马李马上要做的事情，是向美英政府游说。报纸刊文提到："荷马李，曾是斯坦福的学生，大约一年前去了中国，现在是中国皇家军队中的一位将军，目前住在皇宫大酒店。荷马李最近刚从中国回来，正要去华盛顿和伦敦，劝诱美国和英国政府进行干涉，使中国的皇帝恢复皇位。他说皇太后是中国所有问题的根源，她获得了俄国政府的道义支持。荷马李随身带着许多非常恐怖的照片，展示了现今中国人所遭受的皇太后的野蛮惩罚方式：不仅包括砍头，还包括把手脚砍掉的分尸。荷马李说，中国皇帝在被夺去皇位并被监禁之前所进行的改革之一就是废除这些野蛮的刑

---

① 《致谭张孝书》（1901 年 7 月 5 日），方志钦主编：《康梁与保皇会》，天津：天津古籍出版社，1997 年，第 32 页。

罚……荷马李几天之后就要离开这里去华盛顿。在那里，他将向美国政府展现他所遇到的困难和问题。"①这篇报道介绍了荷马李即将要做的事情，就是将自己的亲身经历、所见所闻及自己的想法告诉美英有关人物，游说美英政府干预中国，从而使光绪复位。这种做法实际上是荷马李去中国任务——营救光绪——的延续。荷马李这次去中国就是为了勤王，结果该运动最终以失败告终。荷马李试图去游说美英政府，从而完成其未尽的使命。而除了口说自己在中国的见闻之外，荷马李还带了实证——在中国拍的照片。这篇文章中虽然没有刊登这些照片，但是大概提到了照片的内容，而随后在4月21日的报道中，该报纸就刊登了一些照片，其中有"站笼"这种刑罚，并没有刊登那些特别恐怖的照片。荷马李此次去华盛顿，还会把自己遇到的难题向政府呈现，以寻求帮助。从后来事情的发展来看，荷马李此时找到了美国陆军部有关人士，让他们推荐军官，以训练中国人从而组建军队。荷马李去英国也带有同样的任务，即在陈述中国状况的同时寻找人脉，为自己解决在招募军官等方面遇到的难题。②

荷马李根据自己在中国的军事活动、起义军的战斗情况以及在

---

① "Homer Lee, the Student, Now a Chinese General", *The San Francisco Call*, April 9, 1901, p.12.

② Carl Glick, *Double Ten*: *Captain O'Banion's Story of Chinese Revolution*, New York: Whittlesey House, 1945, p.21. 卡普兰指出，欧班尼（O'Banion）称，荷马李曾写信给美国陆军部，以帮助他寻找教官对中国人进行军事训练，后来陆军部将该要求传达给了查菲（Major General Adna R. Chaffee）将军，后者推荐了欧班尼。卡普兰在注释中说在美国陆军部的档案中，并不能找到这样的信件。笔者认为，荷马李如果是当面提出请求，那么可能就没有信件了。参见 Lawrence M. Kaplan, *Homer Lea*, *American Soldier of Fortune*, p.64.

中国的见闻，认识到了在中国组建军队的重要性和培训的必要性。这种认识，体现在了他给报章的总结，以及他对孙中山说："在那以前你就会需要我。没有军队，你既不可能建立也无法维持一个政权。我确信，中国人经过适当的训练就可以组成出色的军队。"①荷马李暂住皇宫大酒店的时候，已经开始着手招募军官了。据欧文（Irwin）回忆，荷马李在皇宫大酒店时，曾经约欧文到酒店一见。欧文感觉，"他已经不再是害羞的样子了，而且表现出某种权威和自信"。荷马李让欧文对会面的情况保密，也就意味着欧文不能把这次会面的情况刊登在报纸上。荷马李在会面中直奔主题，他提出可以给欧文一个委任状，"在中国新军中担任上尉（captain），这支军队即将夺取全国（政权），并让中国成为世界中的现代国家"。欧文认为自己的军事知识非常有限，可荷马李说："这不是一个寻常的军事职务，你几乎很少去前线。因为你会射击和骑马，而且你知道如何与人打交道，我们会希望你花两年的时间学习说中文——这个比你想象的容易，然后在欧洲教官的指导下学习军事策略，然后你就可以工作了。而且记住：你是作家和记者，而中国是一片未开垦的处女地。到目前为止，欧洲人所写的关于中国的所有事情都是幼稚而可笑的。"可是欧文认为："这是在浪漫的梦境中才会出现的事情，因此不能当真。于是我谢绝了他的提议，我认识的其他几个斯坦福学生，也是这样做的。荷马李里曾向他们提议，可以给予上尉（captain）或少校（major）的委任状。"②对于荷马李提到的事

---

① 《我的回忆——与伦敦〈滨海杂志〉记者的谈话》（1911 年 11 月中旬），《孙中山全集》，第 1 卷，第 590 页。

② Will Irwin, *The Making of a Reporter*, New York：G. P. Putnam's Sons, 1942, pp.19—20.

情，欧文并没当真。实际上，很多人把荷马李回国后讲述的故事都视为天方夜谭。同学卡尔说："我们都不知道他在做什么，而且老实说，几乎没有人相信他。"①纽马克也提到："在洛杉矶，当荷马李刚开始跟我们讲述他在中国的冒险时，我们觉得他的故事有点难以置信，心想他是否在自欺欺人。然而在那时我们的确听说中国人出于迷信而对驼背非常尊敬，因为这个原因，同时由于荷马李的个人性格特点，他可能真的在中国成为了一个有影响力的人物，尽管几年之间他由一个美国学生成为了中国军队中的中将，的确是具有奇幻色彩的成长故事。"②"然而，荷马李对于是否有人相信他毫不在意"，他还有很多其他的事情要做，"根本不在意别人的看法"。③虽然此后发生的事情，比如梁启超和康有为的访美，使得人们开始相信荷马李在中国事业中的地位，但是这个时候，人们还是会质疑荷马李所具有的权威。

荷马李能提出给予招募的人中国军队中的"上尉（captain）或少校（major）的委任状"，这说明他的这种招募行为是与中方商量过的，而且他有权力去授予任何他想聘任的人相应军衔。据《康有为年谱》："1900 年，保皇会在旧金山、洛杉矶、纽约等地组织'体育俱乐部'，实际上是保皇会的军事组织。他们聘请美国军事家荷马李作将军，为保皇会训练军队。"④然而这一训练中国人并组建

---

① ③　Harry C. Carr, "Death Overpowers Odd World Figure", *Los Angeles Times*, November 2, 1912, p.II1.

②　纽马克关于荷马李的回忆，美国斯坦福大学胡佛档案馆藏鲍尔斯文件（Joshua B. Powers Papers），Box 3，"Subject File" 内的文件夹 "Carr, Harry, Undated"。

④　吴天任：《康有为年谱》，广州：广东人民出版社，2018 年，第 282 页。原文参见马洪林：《康有为大传》，沈阳：辽宁人民出版社，1988 年，第 382 页。

军队的计划，在梁启超和康有为等人此时的文集和信函中均没有提及，故而可以推测，该计划是荷马李向保皇会提出来的。卡普兰写到："在他用来读书和与保皇会领导人商讨的那几个月中，他设计出来一个对保皇会有利的新的军事计划，而且激进和温和派的领导人都会接受。"卡普兰指出，该计划就是在美国训练士兵，等皇帝归位之后，利用这些士兵去领导中国的军队。该计划有几点好处：其一，让这些士兵潜入皇太后的军队中，并充当间谍以给改良派提供消息；其二，可以从敌方内部瓦解他们，并诱使新的力量加入到己方事业之中；其三，当皇帝最终归位之后，这些军官可以掌控部队，并充当皇帝的贴身护卫，从而保证不会发生后续的宫廷政变；其四，这个计划可以给荷马李提供机会以对改良派的胜利作出贡献，而且会让他实现掌控改良派军队的愿望。①

三、从美媒聚光灯下消失

　　去了华盛顿和伦敦之后，荷马李回到洛杉矶，一边等待机会招募人员，一边继续锻炼和发展自己。他此时没有选择回到斯坦福，而是花了大量时间阅读军事战略类书籍。"荷马李用了六七年的时间进行艰苦的阅读。每天都可以看到他在西湖公园（Westlake Park）的草坪上铺上一张印度地毯，堆满了军事策略类的书籍。"②同时，他也到公众场合去发表演说，以继续锤炼自己的演说

①　Lawrence M. Kaplan, *Homer Lea*, *American Soldier of Fortune*, pp.62—63.

②　Harry C. Carr, "Death Overpowers Odd World Figure", *Los Angeles Times*, November 2, 1912, p.II1. 文中提到的"六七年"时间，是从荷马李离开中国之前就算起的。报载，荷马李在准备出国前的那段时间，没有去斯坦福上（转下页）

技巧。据艾玛回忆说："荷马李从中国回来之后，要去一神会
（Unitarian Church）给女士演讲。他说他将会像威廉·詹宁斯·布
莱恩（William Jennings Bryan）一样不准备讲稿。我告诉他，这是
他首次做这样的演讲，他最好将演讲内容写出来，并照着读。他有
所争辩，但还是照着我说的做了。那是我听过的最沉闷乏味的演
讲。那些女士坐了 2 个小时，当荷马李嗡嗡地继续演讲时，她们不
停地看手表。在两次演讲被搞砸了之后，荷马李决定周五在晨间俱
乐部（the Friday Morning Club）演讲时不再准备讲稿。那次演讲
非常精彩，激情四溢。"[①]在成长的过程中，荷马李会遵从艾玛的意
见和引导，但是也会根据实践经验进行修正。回国后的演讲经历使
得他的演讲才能得以进一步提升。

从媒体报道的情况看，除了刚回国时荷马李引起媒体大量报道
之外，其后一段时间就从媒体聚光灯下消失了。直至 1903 年 10 月
前，关于荷马李的新闻非常少。其间有报道说他回到洛杉矶高中：
"荷马李与高中生谈话，他以前曾是当地的一位高中生，后来加入
中国军队。"[②]据称，"洛杉矶高中的星月社区（Star and Crescent So-
ciety）昨天下午举办了一张别开生面的招待会，高中的一位毕业生
在招待会上讲话，他一年之前是中国皇帝军队中的一名中将（lieu-
tenant general）。他就是荷马李，1896 年夏天毕业于洛杉矶高中"。

（接上页）学了，而是"将全部的时间用于学习军事科学"，他没有对亲朋讲他
的计划，只是解释说，这些军事书籍只是斯坦福的功课，"每天下午，他常常和
他认识的一个男孩一起去西湖，然后用好几个小时读军事科学书籍"。参见"A
Chinese General From Los Angeles", *Los Angeles Times*, April 13, 1901, p.A1。

① "The Home Front", *Los Angeles Times*, March 24, 1942, p.A.

② "Local", *Los Angeles Herald*, April 18, 1903, p.1.

校长在介绍荷马李的时候，回忆了"许多美好时光，那时荷马李和他的同学总是让事情对他以及他们，还有与高中有关系的每一个人而言，变得更加有趣"。荷马李在发言的时候，"几乎很少提到他在中华帝国军队服役的情况，但是讲述了他访问日本时的经历"。①自从出国前的泄密事件之后，可以明显感觉到荷马李比较注意保密性。在有关消息缺乏的情况下，人们不禁会问，他与中国的事业还有关系吗？

这个时期，荷马李虽然见报的频率不高，但他与中国的事业还是有比较紧密的联系的，从荷马李与"苏报案"的关系中大略可以窥见这一点。

1903 年 6 月 30 日章炳麟被捕，7 月 1 日邹容投案，苏报案爆发。该案件的审理经历了很长时间，清政府曾要求工部局移交涉事者。对于是否要将涉案诸人移交给清政府，公使团经过了长时间的讨论。最初，多数意见同意移交，只有英、日两国未定。其后发生了沈荩事件，此案件的影响以及英国政府的斡旋，导致反对移交的意见占据多数。②起初美国的态度，"一方面支持清政府的严惩策略，认为租界不应为案犯提供庇护；一方面又主张案犯应在租界内审判、执行"，后来沈荩案发生，美国"国内的舆论压力使其态度转向支持英国"。③

---

① "From High School to Army", *Los Angeles Herald*, April 18, 1903, p.11.
② 陈冰：《隐秘的推手：濮兰德在苏报案中的双重身份》，《新闻春秋》，2015 年第 3 期，第 21 页。
③ 卢晓娜：《苏报案后中西权力抗衡思考——以对章、邹的审判为例》，《太原理工大学学报（社会科学版）》，2012 年第 5 期，第 55 页。

对于苏报案，荷马李曾于 8 月 6 日写信给美国总统西奥多·罗斯福，提请他注意上海一份支持中国改革的报纸《苏报》的编辑的命运。荷马李指出，他知道涉案人员是保皇会的成员；而从他个人1900—1901 年在中国的亲身经历来看，保皇会在义和团运动中力保长江流域和南部省份的和平。荷马李敦促总统遵从英国的态度，拒绝将涉事者移交给太后。同一天，保皇会纽约分会的成员给美国国务院致电，要求美国声援苏报案中的涉事编辑。①荷马李与保皇会在同一天就苏报案给美国总统或国务院写信或致电，这样的做法透露出荷马李与保皇会就苏报案有过交流和协商，并采取一致行动。

第三节　重回美媒聚光灯下：荷马李与梁启超访美

在沉隐了一段时间之后，荷马李再次回归美国媒体聚光灯下，而且他之前讲过的故事、提到他在中国维新事业中的地位也得以证实，人们开始相信他，开始支持乃至加入他的事业中。这些变化产生的原因在于梁启超的访美之行。

一、梁启超访美缘由及目的

1903 年 5 月，梁启超到达美国进行访问。此前，梁启超曾多次收到美国保皇会成员的邀请，但都未能成行。梁启超在写给他们的信中解释说："《新民丛报》握全国议论思想之大权，必须时时出

---

① Lawrence M. Kaplan, *Homer Lea*, *American Soldier of Fortune*, pp.64—65, 233.

色，而主笔事舍弟一人莫属，现已强请孺博来矣。弟所以不能速来美者，因联络海外同志之事固要，而开发海内民智之力尤大。已成之业，万不能遽舍以他行也。此外无甚紧要之事。如大同、同文两学校亦须困住数人，虽曰无紧要，而滨、神两埠同志之期望，又岂可负也？故弟处近日，调派人员，既已穷于应付矣。又如《新广东报》开后，又须牵住数人矣。外省同志又不合外埠之用，奈何，奈何！勉兄何以教我？虽然，弟必竭力觅人也。"①虽然美方同志殷切期待梁启超去美国拓展业务，但梁启超认为固守已成之业也很重要，而他一时之间难以走开，不过，梁启超也表示，会竭力寻觅合适人选，从而能够脱身访美。梁启超还提到容闳两次写信，"促弟速游美"，梁启超同样认为："非俟《丛报》文字接手人交代清楚之后，万不能他行也。同人皆以崔颢题诗为词，恐继之不能如前者，则大减色，故莫肯接任，一也；又同人皆纷纷愿入内地，不欲为文字所困，二也。公等有信去孺博，亦宜以大义责之，不然，束缚弟不能行，误事不少也。"②可见，梁启超对于被《新民丛报》束缚一事也比较着急，希望孺博能早日过来接替他。

在美国保皇会成员的多次邀请和催促下，待手头事情基本料理妥当之后，"正月，先生（梁启超）应美洲保皇会之邀，游历美洲"。③梁启超此次出访目的，"一以调查我皇族在海外者之情状，二以实察新大陆之政俗"④，其所着力从事的事情有以下四种："第

---

①② 《致叶恩李福基等书》（1902 年 8 月 14 日），方志钦主编：《康梁与保皇会》，天津：天津古籍出版社，1997 年，第 101 页。

③④ 丁文江、赵丰田编：《梁任公先生年谱长编》，欧阳哲生整理，北京：中华书局，2010 年，第 157 页。

一在开办美洲各地保皇分会；第二在扩大译书局股分，集股开办商务公司，以树立实业基础；第三在筹款发展会中其他各事；此外并附带为大同学校和爱国学社捐款。"①

二、梁启超到达洛杉矶前的活动及荷马李的相关准备

梁启超先到温哥华，然后去纽约，由纽约直接去哈佛，拜见容闳。梁启超写道："（纽约）全市华人不过百余，而爱国热心不让他埠，举皆维新会中人也。时容纯甫先生闳隐居此市，余至后一入旅馆，即往谒焉。先生今年七十六，而矍铄犹昔，舍忧国外无他思想、无他事业也。余造谈两时许，先生所以教督之劝勉之者良厚，策国家之将来，示党论之方针，条理秩然，使人钦佩。"第二天梁启超演讲，容闳也来了。后来容闳还当导游，带梁启超游览哈佛。"哈佛者，中国初次所派出洋学生留学地也，于吾国亦一小小纪念。容先生导余游其高等学校，实全美国最良之高等学校云。"梁启超此次还会见了中国那些初次出洋留学美国的学生。②

其后，梁启超到了波士顿、华盛顿。在华盛顿拜访了美国外交部长海约翰、总统罗斯福。后至费城、巴尔的摩（波地摩）、匹兹堡（必珠卜）等地。根据梁启超的游记，其具体的行程是：1903 年 9 月 25 日（八月初五日），梁启超由波特兰（砵仑）前往旧金山；10 月 24 日（九月初五日）由旧金山前往萨克拉门托（沙加

---

① 丁文江、赵丰田编：《梁任公先生年谱长编》，欧阳哲生整理，北京：中华书局，2010 年，第 157—158 页。
② 梁启超：《新大陆游记节录》，《饮冰室合集·专集》，北京：中华书局，2015 年，第五册，第 5524 页。

免图）；10 月 29 日（九月初十日）到达洛杉矶（罗省技利）。①

　　梁启超的来访使得荷马李见报频率又猛然增多。早在一个月前，荷马李就开始为梁启超的来访做准备。9 月 24 日，他写信给加州州长帕迪（George C. Pardee），请求其派一支美国国民警卫队（National Guard）从火车站将"中国皇帝陛下的前顾问、尊敬的梁启超阁下（Rt. Honorable）"护送至城里。②州长同意派国民警卫队护送。同时，一个专门的华人接待委员会成立，主要负责照料和招待梁启超。这个委员会的成员有钟艾伦（Allen Chong，西方大学的学生），Ho Lee，Wong Ping，Mock Wau Ping，Yip Pow 以及荷马李。10 月 18 日，美国报纸就透露了迎接梁启超的相关活动。卫队和市民代表在梁启超到来时将予以迎接。然后接待委员会的成员将领着一群人护送梁启超去安杰勒斯大酒店（Angelus），在那里将举行一系列的迎接活动。"招待活动的高潮将是一个精心准备的中式宴会，它将在 2 周后的周三晚上举行，地点是在位于洛杉矶北街的华人商会。"③对于梁启超此行的目的，报纸写道："除了对这个国家的华人进行教育之外，梁启超还试图建立一个轮船公司和一家钱庄（其总部在香港）。"④该报道还提到梁启超未来的影响力："一

---

① 梁启超：《新大陆游记节录》，《饮冰室合集·专集》，北京：中华书局，2015 年，第五册，第 5582—5610 页；丁文江、赵丰田编：《梁任公先生年谱长编》，欧阳哲生整理，北京：中华书局，2010 年，第 163—170 页。梁启超游记中记录到各地的具体时间与美国报刊上报道不一致，报刊上的报道应更为准确。

② Eugene Anschel, *Homer Lea, Sun Yat-Sen and the Chinese Revolution*, New York：Praeger Publishers, 1984, p.35.

③④ "Elaborate Preparations to Receive and Entertain Noted Chinese Fugitive", *Los Angeles Herald*, October 18, 1903, p.5.

且皇帝打败了皇太后，毫无疑问，梁启超将官复原职，成为皇帝的顾问，这样，他会对中国引入先进观念具有重大推动力，而太后强烈反对这样做。"①

10 月 21 日，洛杉矶首屈一指的大报《洛杉矶时报》用大标题醒目地刊登了题为"人们将穿上华丽的丝绸礼服"的文章，写道："商会指定了一个专门的代表委员会，在著名的中国人梁启超阁下到达洛杉矶后，进行迎接招待。昨天中午他们在商会开会，一起的还有荷马李。梁启超停留在洛杉矶期间，荷马李将招待梁启超，且已经安排好明天与他会面。""20 辆马车载满穿着华丽礼服的当地华人，将形成十分壮观的场面，去迎接来自他们古老帝国的名人之一。当地国民警卫队的通信兵（Signal Corps）已经接到命令承担护送工作，同行的还有一支乐队。一架四匹马拉的马车将搭载梁启超和他的秘书（Dr. Bochee）以及市长施耐德（Snyder）、荷马李将军，其后跟随一队侍从。商会的马车将紧随其后，搭载约翰·奥尔顿（John Alton）、约翰逊（G. G. Johnson）、纽曼·艾斯克（Newman Essick）和阿奇博尔德（Archibald C. Way）以及唐人街的代表。"②周五晚上在安杰勒斯大酒店（Angelus）将举行欢迎这位东方改革家的宴会，许多洛杉矶的名人将被邀请出席。第二天晚上谭良医生（Dr. Tom Leung）将在他位于欧利佛第九大街的家中为梁启超举办一个私人宴会。在唐人街还有许多民众的宴会。"下个周六，荷马李将宴请梁启超"，"商会指定的这个委员会还向商会领

① "Elaborate Preparations to Receive and Entertain Noted Chinese Fugitive", *Los Angeles Herald*, October 18, 1903, p.5.
② "Silken Robes to Be Worn", *Los Angeles Times*, October 21, 1903, p.A3.

导委员会建议，举办一个由商会出资的招待宴会，这一建议将在今天的会议上予以讨论和决定"。①

　　在梁启超到达之前，荷马李积极安排谋划，从上述报刊文章中可以看到他在筹办活动时起到的作用，由此可以看到他与保皇会关系的密切程度，以及他在美方人士、美国政府同保皇会等团体之间的穿针引线作用。

三、荷马李全程陪同梁启超

　　22 日梁启超到达洛杉矶。他乘坐的火车晚了两个小时，直到"下午 1 点 10 分才到站"，"等待迎接他的人员有市长施耐德（Snyder）、商会代表委员会成员……荷马李将军……"，这一队人坐上马车，向北驶往中国商会，华人在那里给梁启超接风，其中第一辆马车由四匹马拉着，里面坐着梁启超以及他的私人秘书（Dr. Bockee）、市长施耐德（Snyder）以及荷马李。②《旧金山呼声报》也对这种盛况予以报道："梁启超受到了异常隆重的接待……这位著名的流亡者及其随从在火车站受到了来自当地著名华人（他们穿着华丽的丝绸礼服）的迎接，该城市的政府以及军界名人也加入了欢迎的行列"，市长、商会代表、国民警卫队普雷斯科特上将（General Prescott）以及荷马李等人参加了欢迎仪式。③该文章还把梁启超称

---

① "Silken Robes to Be Worn", *Los Angeles Times*, October 21, 1903, p.A3.
② "Noted Chinese Reformer Addresses an Immense Throng of His Countrymen in Behalf of the Emperor", *Los Angeles Herald*, October 23, 1903, p.5.
③ "Mayor of Los Angeles Greets Chinese Reformer", The *San Francisco Call*, October 23, 1903, p.5.

为继李鸿章之后来美国访问的最尊贵的华人。

对于洛杉矶的欢迎仪式，梁启超在游记中记录了自己的感受："各埠欢迎之盛，以此为最。盖西人特别相敬礼。余未至时，市会长预备行市民欢迎之典，以马兵一队，军乐一队，迎于驿站。市会长陪乘，先绕市一周。所至沿途，西人观者如堵，咸拍掌挥巾致敬。余亦不解其何故，惟一路脱帽还礼不迭而已。"①当地华人还特意为他搭建演说场所："华人之热诚，尤致可敬。以无合式之演说场，特赶盖一彩楼于街心，以供演说之用。"②

23 日（星期五）晚上，在安杰勒斯大酒店，为欢迎梁启超而"举办了一场名副其实的友好宴会……梁启超期望中美两国永远紧握友谊之手"，这次宴会有 30 人参加，"宴会的主持人荷马李坐了主位，他的右边是约克法官（Judge Waldo M. York）以及普雷斯科特上将（General Prescott），左边是梁启超和他的秘书，旁边是加州保皇会主席（Chon Cheung）"，其他宾客还有纽曼·艾斯克（Newman Essick）、Dr. Pau Cheu、谭良医生、钟艾伦等。宴席中依照中国的惯例进行了演说，梁启超对他白天在唐人街的走访表示满意，他拜访了大约 50 名商人，每到一处都受到人们的热烈欢迎。③

24 日晚上，梁启超在万木草堂的同学谭良宴请了他。"许多年前，梁启超和谭良在中国是同学。如今谭良在洛杉矶行医"，他宴请了他的老朋友老同学，"他们已经多年未见了"。他们吃的是中

---

① 梁启超：《新大陆游记节录》，《饮冰室合集·专集》，北京：中华书局，2015年，第五册，第 5609—5610 页。
② 同上书，第 5610 页。
③ "Banquet Given Leong Kai Cheu", *Los Angeles Herald*, October 24, 1903, p.8.

餐。除了被流放的那位政治家以及他的随从之外，参加宴席的人还有：荷马李、George Lem、Mack Wan Ping、Wong Hong Ger、Allen Chong、Lung Fook、Chow Yok、Lew Kin、H. Lin Shuck、Ho Lee、Quong Yu Nam、Yip Bow Yuen、Dr. Lou Gum Yit。晚宴之后，这些人来到一个露天的讲坛，梁启超向一群中国人作演说，主题是他心中最关切的问题，即如何帮助光绪皇帝恢复皇位。①

29 日晚，洛杉矶商会宴请梁启超。许多人参加了这次聚会："最富有的商人、最顽固和保守的实业家、城市的官员以及附近学校的教师，和白色、黑色、棕色皮肤的市民混合在一起。还有一些中国商人穿着华丽的礼服，为这个场面增色了不少。"②在荷马李对当晚的客人表示感谢之后，梁启超发言，他用中文，其秘书将其翻译成英文。在他发言结束时，人们依次来到这两个中国人以及荷马李将军的身边，然后由荷马李介绍给梁启超。"整整 600 人过来与他相见，还有很多人当晚没有机会接近他。"③

30 日下午，梁启超在其秘书以及"荷马李将军的陪同下，正式拜访了市长"，梁启超对于市长所提供的官方便利表示感谢，对于这里的市民以及华人所给予的迎接和款待感到非常满意。在谈到此次来访美国的使命时，梁启超表示，他对这里的工作进展非常满意，"他相信，他的努力终会获得成功"。④

10 月 31 日的晚宴上，梁启超和他的秘书被颁予金质奖章，以

① "Banqueted by His Old Classmate", *Los Angeles Herald*, October 25, 1903, p.11.
②③ "Merchants Greet Liang Chi Chao", *Los Angeles Herald*, October 30, 1903, p.11.
④ "Calls on the Mayor", *Los Angeles Herald*, October 31, 1903, p.11.

表达洛杉矶华侨对梁启超为中国改革事业所做贡献的感谢。在场者有施耐德市长、荷马李、谭良医生等人。①

四、梁启超对荷马李的印象

梁启超在洛杉矶"留九日遂行"。②在梁启超来洛杉矶之前，荷马李非常积极地进行准备，甚至向市长要来了护卫队，以彰显梁启超的崇高地位，提升其在洛杉矶所受到礼遇的规格。23 日晚上在安杰勒斯大酒店的晚宴由荷马李主持，而 29 日商会晚宴是整个招待活动的高潮，荷马李也起到了很重要的作用。从美国报刊的报道来看，荷马李基本参与了所有重大的接待活动，在里面起到了非常重要的联络、接待等作用。荷马李之所以能起到这么突出的作用，首先是与他的身份有很大关系。他是保皇会、洪门致公堂的成员，在洛杉矶华人中有一定的影响力；他还是一个美国人，熟悉美国的制度和情况，与洛杉矶当地美国人也有各种联系。其次，荷马李自己也试图在梁启超这次访问中起到积极作用，从而回应亲朋好友对自己故事的质疑。再次，他个人的特质以及相应的能力，也是他在这次招待中能突出表现的一个重要原因。从小的经历以及身体残疾，使得荷马李很注意也很善于利用机会宣传自己，而他所具有的辩论演讲才能也为他主持这样的活动增添不少助力。

对于荷马李，梁启超在游记中这样写到："西人中有数将官最

① "Liang Given Gold Medal", *Los Angeles Herald*, October 31，1903，p.13.
② 梁启超：《新大陆游记节录》，《饮冰室合集·专集》，北京：中华书局，2015年，第五册，第 5610 页。

相敬礼。其一少将李氏，乃前此南北战争时著名之李将军（南军大将与格兰德将军齐名）之犹子也。其热心于中国，视吾辈殆尤甚。其一皮将军，尝在菲律宾转战二年余，健将也。彼语余云：美国人之克菲律宾，借菲人之力者居其半，盖经彼手尝练八万余之菲兵云。即以菲兵还攻菲人，英灭印度之故技也。由此观之，菲律宾之名誉，不逮波亚矣。岂东洋人之奴性，终不可免耶？皮氏又言：凡菲兵有一美人督队，则全军俱勇，否则甚怯云云。亦一奇也。"①从梁启超的记录来看，他觉得荷马李的接待非常隆重，虽然没有提到荷马李曾经去中国参加勤王运动，只是提到荷马李的光环——美国著名将军的侄子，但是梁启超称赞荷马李对中国非常热心，甚至超过了梁启超等人（"吾辈"）。梁启超这样记录，实际上稍稍点到了荷马李的军事才能：荷马李是李将军的侄子，其军事方面的才能可能传承自李将军。而对于荷马李的热心中国事业，他是非常肯定的，甚至采取自我贬低的手法，来突出荷马李的热心。梁启超为何没有提荷马李庚子时期去中国的活动？他不知道荷马李去中国吗？当时谭济骞（即谭良）给荷马李写的介绍信中，就有一封是给夏威夷的梁启超（Leon Kei Chew）。②康有为多次在写给谭良的信中提到甚至抱怨荷马李，谭良应该对此有一些印象。而梁启超在洛杉矶时，与谭良、荷马李有几次会面的机会。这些都有利地指向梁启超可能会知道荷马李在庚子年中国之行，甚至可能会了解荷马

---

① 梁启超：《新大陆游记节录》，《饮冰室合集·专集》，北京：中华书局，2015年，第五册，第 5610 页。

② "Young Californian is Plotting to Become Commander in Chief of Chinese Rebel Forces", The *San Francisco Call*，April 22，1900，p.7.

李在那时的活动。而梁启超在其游记中一字未提，只说荷马李"热心中国"——用这十分简短的四个字对荷马李的作为进行概括和定位。

梁启超对荷马李的记录很少，从中又可以体会到保皇会所从事的活动具有一定程度的保密性。而梁启超对"皮将军"描述时所用的一些文字具有一些深意。皮将军就是上文提到的国民警卫队普雷斯科特上将（General Prescott）。皮将军是正经的行伍出身，曾在菲律宾转战两年，"健将也"。从梁启超的字里行间可以看到他对这位将军资历的赞赏之情。皮将军对梁启超讲述了自己在菲律宾的经历，其中"以菲兵还攻菲人"让梁启超产生了许多感慨。同时皮将军提到菲律宾士兵必须有美国人当将领，全军才会勇猛。这一点提法，与前面荷马李曾提到中国人的将领对中国人战斗力起决定作用的说法，有某种程度的相似，都指出将领在整个军队中的巨大作用。从梁启超的记述中看出，他似乎认同了美军官训练军队并对提升军队战斗力有重要作用。而聘用美军官训练军队正是荷马李从中国回美后尝试在做的事情。

第四节　保皇会中的将军：训练中国军队

梁启超的访美使得中国国内的形势以及康梁维新派所倡导的活动引起了美国大众的关注，这无异于对康梁的事业做了很好的宣传。而荷马李在迎接和招待梁启超的过程中，显现了自己在中国维新事业中的作用和地位。这些都十分有利于他在回美国之后就着手从事的计划的开展，即在美国训练中国军队。

一、欧班尼的加入

荷马李回国后试图招募美国人加入其事业之中，然而很多人不相信荷马李。后来，有一个美国军官与他结下了长时间的合作关系。这个人就是欧班尼（Ansel E. O'Banion）。欧班尼于 1876 年 2 月 11 日生于内布拉斯加州（Nebraska）诺福克（Norfolk），曾随美国骑兵第四团 A 连到菲律宾参加战斗。①

欧班尼之所以会与荷马李产生联系，起源于在复员之前与其上司的一次谈话。欧班尼说，1902 年 6 月中旬，他接到命令面见卡尔上校（Colonel Camillo C. Carr）。卡尔在了解了一下欧班尼的情况之后，对欧班尼说："我接到命令，在你复员的时候，给你一封介绍信。如果农场生活让你厌烦，拿着这封信去找荷马李。这是非常机密的事情，除了荷马李之外，不要把这封信给任何人看。如果你不想去找荷马李，就把信毁掉，并将所有事情忘记。"②

欧班尼在复员时，果然拿到了卡尔上校所说的介绍信。信是美国陆军少将（Major General）查菲将军（Adna R. Chaffee）写给荷马李中将的，其中提到："持有这封信的人是欧班尼，前美国骑兵第四团 A 连一等中士。我之前已经写信给你提到过他。毫无疑问，他具备了你在写给美国陆军部审计长（the Auditor of the War

---

① Carl Glick, *Double Ten：Captain O'Banion's Story of Chinese Revolution*，New York：Whittlesey House, 1945, pp.13—14.

② Ibid., p.21.

Department）信中所提到的所有条件。"①然而欧班尼并没有去找荷马李，而是去了加州奥兰治（Orange）的一个农场过着闲散的生活，他与荷马李的结识发生在一年之后。

在过了一年的闲散生活后，一个偶然的机会下（1903 年 6 月），欧班尼因感冒去看医生。医生斯科特（Dr. A. J. Scott）看出欧班尼很无聊，在告诫欧班尼要保密的前提下，跟他提及荷马李正在谋划一场革命，需要欧班尼这样的人来帮忙。经过医生的提议，欧班尼抱着试试看的心态给荷马李打电话，并约定在安杰勒斯大酒店见面。

荷马李给欧班尼的第一印象是诗人而不是士兵。为了让欧班尼决定是否加入，荷马李接着斯科特医生提到的"革命"给欧班尼讲述了他所做事情的背景。荷马李认为，世界上唯一正义的战争就是革命，也就是"被压迫民族的起义"。他说："历史上美国的革命是独一无二的，这是第一次整个民族站起来捍卫他们的权益并向世界宣布他们是自由的。法国的革命是下一个，他们受到了我们独立宣言的启发。如今我们在策划第三个革命——中国的革命。我们将好好计划，使这场革命不同于其他革命，它发生的时候将是不流血的。"②荷马李讲述了中国秘密会社、太平天国、戊戌变法、义和团等历史，他说："多年以来，在中国试图推翻满族统治的所有革命

---

① Carl Glick, *Double Ten*: *Captain O'Banion's Story of Chinese Revolution*, New York：Whittlesey House, 1945, p.23. 研究者对于这封信的内容提出质疑，信的原件无法找到，而在美国陆军部也没有找到相关印证。参见 Eugene Anschel, *Homer Lea*, *Sun Yat-Sen and the Chinese Revolution*, New York：Praeger Publishers, 1984, p.39；Lawrence M. Kaplan, *Homer Lea*, *American Soldier of Fortune*, pp.232—233。

② Ibid., pp.27—28.

活动都失败了。从太平天国起义至今，不断出现流血和杀戮。如果
要解救中国受苦的民众，我们这一次一定不能失败。我们只剩下一
次机会，即使是一次孤注一掷的机会，我们也要试一试。如果我们
招募美国华裔并获得他们的帮助和支持，或许还有一定的希望。我
们认为，在这里，如果我们秘密谨慎而明智地行事，我们尚有机
会。我们必须在美国活动，除此以外没有地方可去。"①荷马李说这
份工作十分危险，"在美国有我们的敌人，他们不仅仅存在于那些
仍旧忠于满族的中国人之中，而且存在于我们自己的同志之中"，
一旦被他们抓住，就有可能会付出生命的代价。②荷马李向欧班尼
解释了他们正在从事的中国革命是正义的，其获得成功的唯一途径
是在美国招募华裔进行训练，而无处不在的敌人致使这项工作十分
危险，同时也导致该工作必须谨慎且秘密地进行。

　　欧班尼最终决定加入荷马李的事业之中。荷马李介绍欧班尼加
入保皇会，在宴会上进行了歃血为盟的仪式，后来 40 个穿着军装、
未受过训练的中国人组成的一支军队出现。荷马李告诉欧班尼：
"站在你面前的就是中华帝国维新军（Chinese Imperial Reform
Army）的第一批志愿者。你就是他们的上尉（Captain）！然而，我
们没有书面的委任状，你应该知道为什么。但是保皇会承认这种口
头任命。从现在开始，欧班尼上尉，这些士兵都由你指挥。"③欧班
尼后来成为荷马李的亲密合作伙伴，对荷马李在美国训练华裔的事

①② 　Carl Glick，*Double Ten*：*Captain O'Banion's Story of Chinese Revolution*，New
　　　York：Whittlesey House，1945，p.45.

③ 　Ibid.，pp.50—57.

业知之甚多。①

　　其后又有美国人陆续加入荷马李训练中国人的事业之中。其中，韦斯特（George Whitfield West）是一位工程师，在西部从事港口和铁路的维护工作，曾是西点军校生（West Pointer）。他留下了日记，记录自己是如何加入到荷马李的队伍之中。1903 年 12 月 19 日，韦斯特和另外一位工程师戴瑟利（Floyd Dessery）在安杰勒斯大酒店与荷马李一同进餐，他俩都同意加入荷马李的事业。1904 年 4 月 30 日，韦斯特"在唐人街参加了一个有趣的仪式，观看了一场军事训练，并在保皇会被荷马李将军正式授予上尉职务"。5 月 4 日，韦斯特和普雷斯科特少尉（Lt. Prescott）开始训练中国人。5 月 20 日，戴瑟利被任命为一等少尉。②7 月 7 日，整个队伍穿上了军装，军装"不合身，而且质地不是很好"。7 月 27 日晚间，进行了一场学员之间的对抗赛，"在场的有奥蒂斯上将（Gen. H. G. Otis）、法伊夫上校（Cols. Fyfe）、施里伯上校（Cols. Shriber）、昆兰少尉（Lt. Quinlan）等几个名人"。③

二、西方军事学院成立

　　只有少数人知道荷马李他们在做什么，而"对其他所有人（这些人包括仅仅出于好奇的人、潜在的敌人、试图寻找故事来源的打探记者等）来说，答案很简单。荷马李和欧班尼创办的是一所面向

---

① 卡尔·葛里克（Carl Glick）根据对欧班尼的访谈而写成了《双十：欧班尼上尉讲述中国的革命》（*Double Ten：Captain O'Banion's Story of Chinese Revolution*）一书。
②③ Lee Shippey, "*Leeside*", *Los Angeles Times*, April 10, 1945, p.A4.

中国年轻学生的军校"。①荷马李通过洛杉矶的一位律师朋友，给这个学校办了一个执照，学校名字是"西方军事学院（Western Military Academy）"。对于该学校的成立，报纸专门进行了报道。首先，该文章对荷马李所做的事情进行了定性："在荷马李将军的指导下，洛杉矶的唐人街正快速地转变成为一个文明的社区，而这项进步工作中的一个伟大步骤是在昨天发生的，荷马李将军填报了一些文件，以在唐人街成立一个学校，面向男孩和青年人，将他们培养成为中国未来的政治家。"从报道中看出，荷马李成立这个学校是有利于中国人文明化的，而且是为中国培养未来的政治家。同时，文章指出，该学校得到了商会等人士的支持："在成立该学校的目的等相关表格中，填入了商会董事会，并让董事会成员担任担保人。这一点已经获准，而且因为这个学校得到了富有的中国人和一些有影响的美国人的支持，在不久的将来，它可能会顺利地运转。"文章提到，对于荷马李在做的事情，存在许多猜测："自从荷马李将军来后，他开展了伟大的改良运动，如今在美国所有的华人居住区都如火如荼地开展起来。这个改良运动的目的受到了密切的关注，对于其意图出现了许多猜测。许多人说，这些中国人接受训练，以便在太后死去后中国建立的文明军队中占据重要的位置。"文章还报道了学校的进展情况："在唐人街东边的大围场中，当地的中国人已经在勤奋地工作，荷马李将军和两个中尉任主管，许多说英语的中国人担任副手。于是一个令人称赞的小分队就组建起来

---

① Carl Glick，*Double Ten*：*Captain O'Banion's Story of Chinese Revolution*，New York：Whittlesey House，1945，p.58.

了，而且在当地富人的帮助下，他们有了军装和武器。不久之前，这个学校的军营变成了军械库，将来还要对打靶场进行改善。"为了避免大家的猜测，文章再次提及学校的目的："为了获得大家对这个新学校的认可，荷马李将军说，这个学校的目的是为了教育和训练唐人街的青年人和男孩，让他们学习美国军队中的技巧和策略……中国希望把所有的子民都送到美国学校去，从而使得未来的军队都得到了极好的训练。"文章最后提到学校名称："这个新的学校被称为西方华人军事学院（Western Chinese Military academy），由美国人管理，由说英语的中国人协助。"①

荷马李找到洛杉矶的 5 位名人担任这个学校的理事。其中 3 位是银行家，分别是阿奇博尔德（Archibald C. Way）、纽曼·艾斯克（Newman Essick）、约翰·奥尔顿（John Alton）；一位是律师帕杰（Roger S. Page），一位是交易所主席（President of the Board of Trade）约翰逊（G. G. Johnson）。他们不用负责具体事务，不用因召集理事会和筹措资金等问题而烦恼。而且他们还因此有可能从中国获得某些经济权益。②

该学校位于马尔切索街（Marchessault Street）上的一个旧兵工厂里，这里也是保皇会在当地的总部。学校有两间屋子，前面一间

① "Train Chinese in Military School", *Los Angeles Herald*, November 17, 1904, p.9. 报载："荷马李声称自己在中国军队中拥有委任状，他一直在这个城市的唐人街中对中国人进行训练，他已经获得许可，去配备一个步枪的靶场。" "Protest Against Saloon License", *Los Angeles Herald*, October 5, 1904, p.3.
② Carl Glick, *Double Ten：Captain O'Banion's Story of Chinese Revolution*, New York：Whittlesey House, 1945, p.59；Lawrence M. Kaplan, *Homer Lea*, *American Soldier of Fortune*, p.81.

是放书和执照地方，后面一间足够进行军事训练。为了应付突发检查，学校里面摆放了很多书，"非常多，且涵盖各个学科"，"没人读过，但是当突袭检查的时候，人手一本"。那时，"步枪很快消失不见，每位士兵埋头书堆之中，专心致志地学习。他们已经得到精心指教，从不倒着拿书"。①这个学校还有一个详细的课程表，清晰地列出了要讲授的科目：上午 8 点是英语，然后是代数、化学等等。

该校的学生来自社会各阶层，有商人、店员、农民等。"白天他们忙于各自工作，只有在傍晚才会到军校中参加训练。每天的时间是 8 小时。那些需要早起上班的人可以午夜回家。其他人一直待到一两点钟。"②刚开始训练时，这些学生完全是新兵，"他们对军事训练一窍不通"，一脸无知的表情，有些人还不会说英语。"然而，随着时间流逝，他们开始明白到底在做什么，明白一个好士兵的行为和训练方式，他们的表情也出现了变化。"无知迷惑的表情变成了坚毅的微笑。③

他们每天训练，无分寒暑，只有新年休息一周。而且每个月不用催促，自愿向保皇会缴纳 50 美分。军官们对薪资十分满意。荷马李经常去兵工厂查看，他对事情的进展感到满意。接着，荷马李开始扩张整个学校，"他给欧班尼展示了一张美国地图，在某些城市上，他画了一个红圈"。④通过欧班尼，荷马李又招募了一些军

① Carl Glick, *Double Ten：Captain O'Banion's Story of Chinese Revolution*，New York：Whittlesey House，1945，p.59.
② Ibid., p.61.
③ Ibid., pp.61—62.
④ Ibid., p.63.

官，在旧金山、弗雷斯诺（Fresno）、萨克拉门托（Sacramento）等城市建立分支机构。经过两年时间，学校逐渐遍及美国 20 多个城市，大约 2 100 名中国人接受秘密训练。① "荷马李先生在美国不同的地方已经建立了 20 多个军事学校，以就战争科学知识对中国年轻人进行传授和训练，因为荷马李认为，一旦中国拥有合适的军队，她将在世界大国之中占据适当的位置。"②

三、荷马李被授勋

整个学校能发展到这么大规模，荷马李所起的作用很大。"如果不是荷马李周详的计划，整个计划可能早就彻底失败了。每一个动作，每一个步骤，他都提前精心设计好了。他权衡成功和失败的可能性，永远都清楚地知道他正在做什么。所有的事情都不交由运气决定。"③

1904 年 1 月 2 日，为了庆祝保皇会洛杉矶总部建成而举行了一场隆重的宴会。宴会在一个中餐厅举行，现场有铜鼓等中国传统乐器表演，同时还燃放了烟花。谭良朗诵了一首自己做的诗，"荷马李将军进行了演讲"，"一枚金质奖章被赠给了荷马李将军，以表彰他作为中华帝国军队总司令所做出的卓越功绩"。④奖章由当地保皇

---

① Carl Glick, *Double Ten*: *Captain O'Banion's Story of Chinese Revolution*, New York: Whittlesey House, 1945, pp.66—70.
② "People Met in Hotel Lobbies", *The Washington Post*, June 10, 1905, p.6.
③ Carl Glick, *Double Ten*: *Captain O'Banion's Story of Chinese Revolution*, New York: Whittlesey House, 1945, p.58.
④ "Pong Wong Wuey Has 1200 Members", *Los Angeles Herald*, January 4, 1904, p.8.

会主席 Wong Ping 代表整个保皇会，亲手赠给了荷马李，上面用中文刻着"赠予中华帝国改良军队总司令荷马李将军"，以表彰其在过去 5 年时间里为该事业所做的突出贡献。几个著名的美国人以及许多华人参加了宴会，例如布莱恩·雷顿阁下（Sir Bryan Leighton）、英国副领事莫蒂默（British Vice Consul C. White Mortimer）、普雷斯科特上将（Gen. F. C. Prescott）、纽曼·艾斯克（Newman Essick）、小普雷斯科特上尉（Capt. Frank C. Prescott, jr.）、Wong Ping 和梁启田（Leung Kai Tin）、Ho Lee、Chong Fook、钟艾伦等人。①

这次的宴会上，荷马李为康梁等改良派所做的事情得到了整个保皇会的认可，其"总司令"的身份得以确认，而且很多在场的名士都是见证人。这次宴会办得非常隆重，烟花、奏乐和丰富的宴席，以及多位名人的出席，让荷马李的这个授勋仪式格外引人注目。有流言说，荷马李正在招募一些美国退役军官，到中国进行一场军事冒险性质的远征活动。荷马李向媒体着重强调了这种流言是完全错误的。他说："并没有任何性质的远征军，授命我为中国军队的总司令官的是那群支持皇帝而非太后的一派人……太后已经70 高龄，而且得了癌症，德国公使馆的医生已经说她还有不到两年的寿命。太后死后，毫无疑问皇帝将优先获得统治权。那样，他肯定会对陆军、海军、学校以及财政系统进行改革。据说皇帝会依赖于那些在他复位之前支持他的人们，以进行这些改革。这样我们

---

① "To Revivify the Old China", *Los Angeles Times*, January 3, 1904, p.5; "Pong Wong Wuey Has 1200 Members", *Los Angeles Herald*, January 4, 1904, p.8.

这些人将会负责军队的改组，使其建立在现代军事知识的基础之上，并让英美的军官对其进行指挥。"荷马李指出，他春天可能会到欧洲去，而且承认他曾和许多前军官谈过，告诉了他们中国的情况，如果上述那些变化真的发生了，那么毫无疑问肯定会出现机会让他们进行一些军事活动。荷马李说："如果太后死后，而其同党拒绝皇帝和平地复位，那么我们这些人可能被迫使用武力。然而我们认为这种可能性非常小。"①

四、玫瑰花游行

为了展现学校的成果，让社会认可荷马李的活动，制止流言的产生，荷马李决定让军校的学生参加帕萨迪纳市的玫瑰花游行（Roses Parade in Pasadena）。荷马李在其朋友约翰·约克（John York）的帮助下，获得了参加玫瑰花游行的许可。

1904年12月31日，报章就对荷马李的学校要参加游行的消息予以提前曝光："周一，帕萨迪纳的玫瑰花游行将出现史无前例的事情，即西南军事学院（the Southwestern Military Academy）的欧班尼上尉将带领他的连队参加游行。一队中国士兵在美国的领土上游行，这将是史上的第一次，而那些将荷马李将军建立的学校视为笑话的人将会大吃一惊。这些中国士兵将是游行当中最引人注目的景象之一。"②

在游行的当天，有7.5万人挤在帕萨迪纳的街道上观看整个游行活动。荷马李的这些中国学员引起了巨大的轰动："游行队伍中

① "Homer Lea May Be Called to Lead Chinese Army to Defend Throne of Deposed Emperor", *Los Angeles Herald*, January 30, 1904, p.3.
② "Not a Queue in the Line", *Los Angeles Times*, December 31, 1904, p.6.

最有趣的，也许就是来自洛杉矶的荷马李将军手下的 50 名中国士兵……他们穿着新的军装，看起来非常威严，而且吸引了很多人的注意……他们像西点军校的学生那样整齐地走在大街上，队列整齐，节奏感强，动作笔直得像德国的龙骑兵。"①荷马李则坐在观众席上，观看游行队伍。和他在一起的还有从中国来的使臣黄开甲（Wong Kai Kah）。报章对黄的身份介绍说："一个杰出的中国人、到圣路易斯国际博览会的中国使臣黄先生正在访问洛杉矶"，他此行的目的，"与荷马李将军在当地唐人街建立的中国军事学校有关"，实际上，他此行是为了"拨开关于这个组织的神秘面纱"。文章提到，在中国国内，由于太后的势力，改良派无法建立类似的军事训练学校，而荷马李将军的雄伟计划是在华裔美国人中培养出军官，然后等到时机成熟时，荷马李就会把他们全部派到中国，接管整个军队。而黄开甲此行，"据说相当于替清政府监视这个学校"。黄开甲来到美国之后，首次出现在公众视野之中，就是他此时由荷马李将军陪同观看玫瑰花游行。当时由于黄开甲夫妇的衣着奇特而引起了很多人的注意。②

　　从黄开甲的经历看，他是留美幼童之一，受到清政府的赏识而担任过多个职务。黄开甲此时来美国的具体原因，可从外务部的奏折中略窥一二。③他来美是为了参加美国举办的博览会，而对于这

---

① "Flags and Flowers, Throngs and Glory", *Los Angeles Times*, January 3, 1905, p.2.

② "Envoy Wong Comes to See", *Los Angeles Times*, January 4, 1905, p.2.

③ 《外部奏美国散鲁伊斯城举行赛会请派监督前往折》，王彦威、王亮辑编：《清季外交史料》，李育民、刘利民、李传斌、伍成泉点校整理，长沙：湖南师范大学出版社，2015 年，第 6 册，第 3150—3151 页。

次美国举办博览会的目的，奏折中指出，是为了庆贺从法国购得路易斯安那百年，①且这是"美国立国以来极为重大之事"。外务部认为参加这次博览会，是有利于联络邦交、发展商务的。外务部根据其他各国派员的情况，也建议派正监督一人，副监督二人。正监督由皇帝钦派，并主持一切会务，开会时再去美国；外务部提名副监督为黄开甲和美国人柯尔乐，先行去美国布置经营。奏折中对黄开甲用了"才具干练，熟悉商情"八个字定义。对于费用问题，外务部建议由南北洋大臣及有商务的省份筹集；同时还让他们劝谕工商人士积极参会。针对外务部的这份奏折，皇帝钦定贝子溥伦为正监督，其他都如外务部所请。

清政府对于这次博览会非常重视，资金上予以保障，同时派出一中一美两个人先行赴美国筹备。对于这场联络邦交、发展商务的美国博览会，黄开甲的资历正与任务相符。他的英语能力受到美国报章的赞叹。②他到美国之后，也极尽联络的作用。同时，他也积极与美国的商会人士打交道。

黄开甲出现在玫瑰花游行，可视为其联络邦交的一种表现，而他与荷马李并排坐在一起观看游行，报章解释说是因为黄开甲此行

---

① 1803年，美国以1500万美元从法国手中购得路易斯安那，使得美国的领土瞬间扩大了一倍，这就是著名的"路易斯安那购地"。参见（美）埃里克·方纳：《美国历史：理想与现实》，王希译，北京：商务印书馆，2017年，第380页。
② 报载："使臣是一个非常有趣的人物。他是耶鲁大学1883届毕业生，英语说得很流利。他说起英语就像一个本土生出的美国人一样。因为20年前毕业于耶鲁大学，黄开甲曾在中国政府中担任过许多重要的职务。""China Will Build Palace at St. Louis Exposition", *The Pacific Commercial Advertiser*, June 20, 1903, p.1.

有秘密调查荷马李军队的任务。黄开甲与荷马李这么近距离的接触，的确可以对荷马李所做的事情有所观察。可是荷马李为何会允许身为清政府副监督的黄开甲坐在自己身边观看游行呢？黄开甲究竟通过何种方式联络了荷马李并获得荷马李的准许从而得以近距离观察荷马李和这场游行呢？由于资料的缺乏，无法对上述问题进行解答，只能根据现有资料做出一定的推测。当时荷马李在美国招收华裔办军校的事情已经产生了一定的影响和知名度，由此导致人们对他办学校的目的有所怀疑。荷马李试图做出解释以打消人们的揣测，而如果清政府参加圣路易斯国际博览会的副监督陪同荷马李一起观看游行，就具有一定的澄清作用。报纸称黄开甲是代表清政府来查探或监督荷马李的学校的，也就是说，经过黄开甲观看后的华人队伍及其学校相当于得到了清政府的许可。

此外，黄开甲对于荷马李训练军队的态度，以及他对保皇会人士及其事业的态度也需要做一定的分析。首先，可以从黄开甲与容闳的关系略作推断。黄开甲是第一批留美幼童中的一员，而派幼童留美这件事情的提议以及其后的派遣和监督等事务，与容闳有很大关系。容闳又与维新派人士关系密切。黄开甲曾与容闳合作译书，"证明黄开甲思想开明，赞成容闳的维新主张，并以翻译工作予以支援"。①其次，还可以根据黄开甲以后的行为对上述问题有所判断。博览会结束之后，黄开甲与谭良待在一起达数月之久，而且他

---

① 叶霭云：《大清留美幼童——洋务运动中被遗忘的译者群体》，《中国翻译》，2014 年第 1 期，第 46 页。

还公开出席欢迎康有为的宴会。①鉴于黄开甲的态度以及他所具有
的官方身份，荷马李陪同黄开甲一同观看游行，应是具有一定深意
的做法。

小 结

　　荷马李放弃学业开始从事其中国事业。他在保皇会等的资助下
于庚子事变时期到中国去，目的是"在内地设立武备学堂"，"教习
华人兵法"。出发之前报刊对其行踪的报道使得保皇会的活动引起
了清政府驻美使领馆的注意，荷马李由此意识到了保密的重要性，
并在以后的活动中多加注意。到中国后，荷马李参与到勤王运动
中，并在中国具有一定的影响力。这一次的东方之行让他对中国的
情况有了切实的了解。他见识了中国人的军事素质，从而认为如果
加以训练，中国人会成为优秀的战士。同时荷马李还在日本停留了
一段时间，对日本也形成了一定的认识。荷马李意识到了日本和俄
国在中国的争斗，但此时他认为日本是在帮助中国对抗俄国，他内
心是倾向于日本的，这与当时许多美国人的情感是一致的。荷马李
此行还遇见了孙中山，且荷马李因此更坚定了为中国训练军队的想
法。荷马李的此次中国之行还让他形成甚至确信了命定论。他在中

---

① Jane Leung Larson, "Articulating China's First Mass Movement: Kang Youwei,
Liang Qichao, the Baohuanghui, and the 1905 Anti-American Boycott", *Twenty-
Century China*, 2008, No.1, p.21. 另见黄薇：《困境与无奈——"留美幼童"黄
开甲的世博之旅》，曾军主编：《文史与社会　首届东亚"文史与社会"研究生
论坛文集》，上海：上海大学出版社，2012 年，第 237 页。

国碰到了一个和尚，该和尚说他是君主转世。不论有关和尚的事情是真是假，荷马李在内心中把拯救中国作为他的使命这一点是确定的，他内心中认为自己会成为中国的拜伦，并对自己形成潜意识的暗示，进而引导他自己的行为。

荷马李回美国之后，将自己在中国的见闻刊诸报端，以让美国民众更好地认识和了解中国及中国正在发生的事情，这对于当时因庚子事变而产生的中国人"排外"的形象有一定的更正作用。同时，荷马李试图游说美英政府干涉中国，以帮助中国的皇帝恢复皇位。此外，荷马李还联络相关人士以招募军官，从而进行他为中国训练军队的计划。但此时荷马李的故事还难以让人相信。荷马李从美国媒体聚光灯下消失了，报章偶尔刊登有关他的消息。其间，荷马李为"苏报案"而写信给美国总统，这说明荷马李与中国事务还有着较密切的联系。

梁启超访美让荷马李重回美媒聚光灯下，荷马李在迎接、宴请、陪同梁启超的过程中，展现出了他在保皇会中的地位。他回美国所讲的故事逐渐为人们所相信。其后荷马李为中国训练军队的事业蓬勃发展起来。欧班尼等人加入并成为荷马李的得力助手。西方军事学院注册成立。为了表彰荷马李在军校发展过程中所做的贡献，保皇会召开大会授予荷马李金质奖章。荷马李还组织军校的学员参与了 1905 年元旦的玫瑰花游行，并陪同时任清政府赴美国参加圣路易斯国际博览会副监督的黄开甲参观游行活动。这样的做法对于军校获得社会认可，制止流言产生具有一定的作用。经过这些活动，荷马李与保皇会的关系得以初步发展。

第三章 荷马李与保皇会的蜜月与疏离

正在荷马李积极发展军校事务的同时，康有为访美将荷马李的事业推向顶峰，荷马李在维新事业中的地位和作用更加凸显。而后来发生的事情，又导致荷马李与保皇派渐渐疏离。

第一节 陪同康有为环美旅行

由于康有为在保皇派及其事业中的地位，荷马李在康有为访美活动中的参与和作用，使得荷马李与保皇会的关系发展至蜜月期。

一、迎接及安顿康有为

康有为一直想访问美国，以试图得到当地华人以及美国政府的帮助，但是由于美国《排华法案》以及清政府的阻挠，一直未能成行。经过多年努力，"最终获得美国驻温哥华领事 L.埃德温·达德利（L. Edwin Dudley）颁发的签证，于 1905 年 2 月 11 日自美加边境的苏马斯进入美国，到华盛顿州汤森港其签证再次被核实通过"，随行的有周国贤、奥地利保镖兼翻译罗弼（Rupert H.

Humer）等人。①同日到达西雅图，13 日离开西雅图抵达波特兰。
2 月 15 日荷马李写信给康有为，提议到波特兰陪着康有为一起检
阅西部城市中军校的发展情况，但是康有为于 2 月 18 日回信拒绝
了，原因是因身体不适无法成行，他说："我希望很快就能好起来，
然后就去洛杉矶会见像你这样的老朋友。"②3 月 11 日，康有为离开
波特兰，途经萨克拉门托，12 日到达弗雷斯诺（Fresno）。③

　　荷马李之前有过迎接款待梁启超的经验，而康有为是梁启超的
老师，且是维新运动的领导人，其所受到的欢迎和款待等待遇要更
加优渥一些。因此，荷马李在康有为到达波特兰的时候，便提出去
波特兰陪同康有为访问。康有为本来计划 3 月 13 日到达洛杉矶，
结果因为暴雨的影响，晚了 3 天即于 3 月 15 日早晨到达洛杉矶。
康有为到达时，受到了市长麦卡利尔（Mayor McAleer）、商会代表
团以及当地唐人街重要华人的迎接，报章称这是"一次盛大的欢迎
仪式"，而且"黄种人从未受到过这样隆重的欢迎仪式"。④康有为
坐着敞篷马车，在荷马李训练的中国士兵引领下，径直去往洛杉矶
保皇会总部。在那里有一场宴会，康有为接见了当地的商人。其
后，康有为被护送到位于西湖边的一处房子，作为他在洛杉矶的居

---

① 张启祯、（加）张启礽编：《康有为在海外·美洲辑——补南海康先生年谱
　（1898—1913）》，北京：商务印书馆，2018 年，第 64 页。
② 弗雷德里克·查宾（Frederic Chapin）：《荷马李传记》，未发表，第 92 页，原件
　见美国斯坦福大学胡佛档案馆藏鲍尔斯文件（Joshua B. Powers Papers），Box 4，
　"Subject File"内的文件夹"Homer Lea: Biographies"。
③ 张启祯、（加）张启礽编：《康有为在海外·美洲辑——补南海康先生年谱
　（1898—1913）》，第 68 页。
④ "Chinese Welcome Kong Wu Wei", *Los Angeles Herald*, March 16, 1905, p.12.

住处。当天，康有为接受了《洛杉矶捷报》（Los Angeles Herald）的访问，康有为表示对这个城市以及气候很满意，当地华人的欢迎仪式很隆重；他提到在华盛顿州时，支气管病发作，医生建议他到加州，以利于健康的恢复；他将在洛杉矶待一个月，然后继续去视察维新运动；康有为还对荷马李的军队进行了说明：它的目的是让美国军官训练中国聪颖的年轻人，以待时机来临时运用美国的方法建设中国。报章称康有为在洛杉矶时，会花一些时间与谭良医生（Dr. Tom Leung）待在一起，谭良是康有为以前在万木草堂的学生。①

3月18日，保皇会为欢迎康有为举行了一场盛大的宴会，地点在一个中餐厅，商会人士、军政界人士以及华人精英出席了宴会。康有为从通道中进来时，中国士兵列队整齐地站在通道两边，他们纪律严明，看起来像是"西点军校"的学生。荷马李跟随在康有为之后，他穿着华丽的军装。后面跟着长长的宾客队伍。荷马李在宴会中担任主持人。②

3月21日下午，康有为在荷马李的陪同下，带着一名翻译拜访了市长麦卡利尔（Mayor McAleer），寒暄之后进行了简短的会谈，康有为便离开了市政厅。③

从媒体的报道来看，康有为所受到的迎接待遇是十分隆重的。康有为在对记者的谈话中，就荷马李为何训练中国士兵进行了解

---

① "Chinese Welcome Kong Wu Wei", *Los Angeles Herald*, March 16, 1905, p.12.

② 张启祯、（加）张启礽编：《康有为在海外·美洲辑——补南海康先生年谱（1898—1913）》，第68页。

③ "Kong Wu Wei Visits Mayor", *Los Angeles Herald*, March 22, 1905, p.5.

释。报章还提到康有为会与谭良待一段时间，且写明二者是师徒关系。康有为来美国之前，曾写信给谭良。在信中，康有为称谭良为"张孝仁弟"，信中写到："违离久矣。弟之义心主持一切，吾以[为]至当。顷入加拿大，将到美国，快得至晤。可将罗生技利一切情形告我。且我游各埠，必到各处工厂、官署、学堂游，所关甚大。顺路得一门生至亲者[行]同游之，将来所托事甚多。弟若欲游乎？可电来。"①康有为与谭良以兄弟相称，用"门生至亲"描叙二者关系，可见康有为对其与谭良关系的定位。因二人许久未见，康有为十分期盼能早点会面。信中，康有为还托付谭良帮他买防护用具："美中有反对党（以麦坚尼为鉴），同人多以为虑。闻大埠有弹弓铜甲，又有发甲、纸甲，可代购之，当试过乃可（须以枪试过乃可）。购了即密存弟处，俟吾到美通知寄来，并以此发及纸做一红绒风帽尤妥，为此密告，速办，速办。"②康有为担心有反对党对其不利，因而秘密托付谭良帮其购买护甲并密存，且连续用两个"速办"显示其急迫心情。收到谭良的回信后，康有为于 12 月 22 日回信："来书收悉，知一切。弟难行，作罢论。以股票未发，广智息未到，故候此两了事乃来美，不再往伦敦。孙贼在何所？望随时查访。吾党无谋无力，致彼纵横。甲事无亦可，不过有此正可放心横行耳。"③从康有为的回信中，可以了解到谭良回信的内容。谭良告知洛杉矶的各种情况；对于康有为同游的邀请，谭良因难

①② 《致谭张孝书》（1904 年 12 月 6 日），方志钦主编：《康梁与保皇会》，天津：天津古籍出版社，1997 年，第 56 页。

③ 《致谭张孝书》（1904 年 12 月 22 日），方志钦主编：《康梁与保皇会》，第57 页。

于抽身而拒绝；对于购买护甲一事，似乎有一定难处，故而康有为说如果没有的话也可以，但是康有为还是希望有护甲。二人信中还谈到孙中山的问题，同时谈到革命党当时的影响力已经颇为可观。

由于康有为支气管炎比较严重，谭良、荷马李等人特意给他选了一所西湖边的房子，以利于康有为静养。对于这所房子以及相应的生活，康有为感触颇深，其后写诗表达对该处生活的怀念之情："美国大平陆，风景无可靓。全域遍游历，罗生第一处。近海亦近山，不寒又不暑。花果既具繁，楼阁皆新寐①。香橙大似拳，卖遍全美土。赁宅对西湖，碧漪泻媚妩。持杖日行游，板桥穿隔岛。杂花满阪生，携书藉芳草。小住春两月，养疴忘忧旅。东方惟哈佛，林宅差可语；无山又畏寒，避地非佳所。谭生善择地，干城学创祖。梦游莫忘我，故宅花能数。"康有为在诗后还写到："罗生技利佳胜冠全美，春二、三月游之，门人谭良与保皇会众为吾赁宅西湖，日夕扶杖，枕花藉草。追思故宅，示谭张孝。"②在这封康有为写给谭良的亲笔诗稿中，康有为回顾了住在洛杉矶西湖边的生活，夸赞谭良善于选择住址，且说他创立了干城学校。而从前文论述可以看出荷马李在干城学校的创立中起了非常重要的作用，此处再结合康有为的说法，可见在整个学校的建设中，荷马李和谭良分别在美中方面起了重要作用，一个帮助联络军官进行训练，一个则联络

---

① 原文为"阮"，语意不通，此处根据《康梁与保皇会》第 20 页改为"寐"，参见方志钦主编：《康梁与保皇会》，第 20 页。

② 《追思罗生西湖故宅》（1905 年 9 月 18—24 日），方志钦主编：《康梁与保皇会》，第 90 页。

中国人，负责招收学员等事务。1906 年 3 月 9 日，康有为又赋诗回忆故宅："西湖旧宅应无恙，响屧游廊岂再过。记得好春花月夜，扶筇日日看湖波。"①后在 1906 年周年时又赋诗："两月西湖赁宅居，万花垒放好春余。夕阳楼影黄金射，夜电灯光白月舒。步屧倦行时藉草，绕湖小坐且摊书。度桥穿树吹波夫，泛棹归来问煮鱼。明湖旧宅应无恙，响屧游廊岂再过。记得好春花月夜，扶筇日日看湖波。"诗后题记："光绪乙巳春，门人谭良及莫云屏诸同志为吾赁宅罗生之西湖养疴。每日夕绕湖一周，藉草看花，至乐。今周年矣，追思旧游，寄张孝示云屏故人。光绪丙午三月康有为。"②其中，"摊书"一词与上文提到的荷马李经常在西湖公园铺地毯看书的情景相呼应。康有为多次写诗回忆西湖故宅和当时生活的情景，可见在洛杉矶居住的两个月是悠闲而难忘的。

梁启超来访时，谭良和梁启超曾彻夜长谈，"在梁启超访问的 7 至 10 天里，中医生意被忽视了"，"他们谈到了康有为政治死敌孙中山的优势地位"；③而康有为来访时，谭良则花了更多时间与康有为在一起，"完全忽视了中医生意"。④谭良和康有为在一起探讨时，除了学术之外，当时的政治形势、军校的发展情况、改良派与革命派的竞争关系等是他们探讨的重点话题。康有为访美时，谭良无暇顾及中医生意，还因为他和荷马李一起陪同康有为环美旅行，

① 《思罗生西湖故宅》（1906 年 3 月 9 日），方志钦主编：《康梁与保皇会》，第 91 页。
② 《周年追思罗生西湖故宅》，方志钦主编：《康梁与保皇会》，第 92 页。
③ Louise Leung Larson，*Sweet Bamboo：A Memoir of a Chinese American Family*，University of California Press（Berkeley），2001，p.51.
④ Ibid.，p.53.

视察军校事务。

二、环美旅行

1905 年 4 月 8 日，报纸报道，荷马李和康有为一起开始环美旅行，"他们的旅行远至东部的圣路易斯。在每个地方，他们都会受到人们的欢呼和隆重接待"，途中，荷马李将视察各地的军校。①在整个旅行所到之处，康有为及其事业、军校还有排华法案等问题，都会成为当地等媒体关注的热点。

5 月 13 日，康有为等人到达堪萨斯。②5 月 15 日下午，康有为一行到达圣路易斯。③康有为受到了维新军圣路易斯支队的迎接，"他们全部穿着军装，军装的样式与美国骑兵正规军的极其相似，仔细看扣子，会发现二者不同——用龙取代了鹰"；媒体称，"康有为在美国旅行，给他的国人传输改革的思想，并建立其所谓的'训练团'"，陪同出行的有洛杉矶的荷马李将军，他"是军事总顾问，衣服上有华丽的穗带和徽章"。④16 日晚，康有为一行在圣路易斯参

---

① "Wei Stops the War between Chinese Generals", *Los Angeles Examiner*, April 8, 1905, p.14. 实际上，荷马李和康有为真正开始旅行的时间是 5 月 10 日，参见 Eugene Anschel, *Homer Lea, Sun Yat-Sen and the Chinese Revolution*, New York: Praeger Publishers, 1984, p.71.

② 张启祯、（加）张启礽编：《康有为在海外·美洲辑——补南海康先生年谱（1898—1913）》，第 71 页。

③ "'Modern Sage of the Flowery Kingdom' Gathering Mighty Force to Hurl Against Walls of Stagnation and Retrogression in China", *The St. Louis Republic*, May 21, 1905, p.1.

④ "Former Chinese Premier", *The Bee*, May 18, 1905, p.3.

加了当地商人举办的晚宴。①19 日，美国浸礼教联合会召开年度大会。②康有为在周国贤、荷马李的陪同下，参加了浸礼会（The American Baptist Missionary Union）的集会。康有为在会上发言 30 分钟，"高度赞扬了传教士在中国的作用，并称他的同志们都希望能在中国引入西方的文明，希望能获得美国人的帮助"，"他描述了目前的移民法案给那些希望到美国接受教育的年轻人、那些希望到美国旅游并吸收美国文化的上层中国人带来了不公正待遇"。康有为的演讲在听众当中产生了巨大的影响，他们最终通过了一个决议，用强烈的言辞要求美国政府修改法案，以使得美国的教育机构、教育方法以及基督教会能够在中国获得一个长久的立足点。该会议给美国国会提交一个备忘录，要求其撤销移民法案中强加在学生和游客之上的禁令以及刁难行为。③

5 月 21 日，《圣路易斯共和报》（The St. Louis Republic）用了整整一个头版的版面报道康有为的事业及其人。文章首先谈到康有为目前正在做的事情："整个美国 90% 的华裔都在为教育和军事社团的建立贡献精力和金钱，而教育和军事是救赎中国的最重要的因素"，"通过他（康有为）的努力以及改良运动支持者的帮助，成千上万的中国人正在军校中接受训练，以准备返回他们的祖国，从而为皇帝服务，在军队中担任军官"。文章后来介绍了康有为的主张，

---

① "By Education Kang Yu Wei Hopes to Reform China", *The St. Louis Republic*, May 17, 1905, p.1.

② 张启祯、（加）张启礽编：《康有为在海外·美洲辑——补南海康先生年谱（1898—1913）》，第 71 页。

③ "Baptists Favor Modified Exclusion Laws at Chinese Reformers Request", *The St. Louis Republic*, May 20, 1905, p.3.

概述了戊戌维新及戊戌政变、康有为流亡海外并游历世界各国。文章称，"只是康有为到达圣路易斯之后，人们才意识到了那个为了拯救中国而日益集聚力量的强大运动"。"人们对这个运动更加感兴趣，是因为一个美国人——加州洛杉矶的荷马李中将，将在中国未来的军事中扮演非常重要的角色。""荷马李将军带着他的几个军官，陪同康有为一行到达圣路易斯。他与遍布美国的这个组织保持密切联系，因为他是康有为的军事总顾问，终将成为皇帝的军事总顾问。"①

　　这篇文章还关注了荷马李在维新运动中的地位，以及中国维新会（The Chinese Empire Reform Association）的目的，报章称，荷马李将军"上个星期就什么是中国以及将来会怎样做了明确的论述，该论述比所有出版的著作都要精辟，因为这些书的作者根本没有触及该问题的核心，没有通过亲身经历去研究中国的状况"。文章写道，荷马李首先是一个旅行家，"他在香港就像在家里一样"，荷马李花了很多时间考察香港和东方。他在多方了解他所研究的对象之后，才声称自己了解中华帝国及其人民。他研究了中国的商业、电报、铁路，更重要的是，他研究了中国人、他们的习惯以及生活状况。荷马李在非常年轻的时候就开始去中国旅行，那时他才是斯坦福大学的学生，"如今他作为美国上百个军事学校的负责人，教授中国人战争的科学和艺术，其年纪才30多岁"。在谈到为何会对中国的事情产生兴趣时，荷马李对记者说："为了美国，出于纯

---

① "'Modern Sage of the Flowery Kingdom' Gathering Mighty Force to Hurl Against Walls of Stagnation and Retrogression in China", *The St. Louis Republic*, May 21, 1905, p.1.

粹的爱国主义,我才去为中国的维新运动贡献自己微小的力量。"基于生活的经验,荷马李认为,由于新条件下中国商业的发展,旧金山将成为纽约,而加州将成为美国最大的州,"相比于世界上的其他国家而言,中国提供了最大的机遇和可能性,美国是——而且应该是——中国的朋友","美国会从中国的每一个进步中直接获益"。荷马李谈到了维新会的目的,说教育是其中的一个主要方面。荷马李试图澄清关于美国华裔军事学校的传言,指出这些学校并没有违背各州的法律。荷马李指出,这些士兵和组织的目的不是为了革命,是为了拥护中国真正的统治者——皇帝。荷马李说,皇太后已经 73 岁了,还得了重症,等她去世后,皇帝归政,康有为就会拥有大权,改革就会随之发生,而"在这里的军事学校接受训练的士兵,将去中国帝国军队中服役",这支军队将成为"世界上最强大的军事力量"。那样,中国就能避免被瓜分,而且随着其教育和改革的发展,中国将成为东半球的掌控力量,"我希望我能活着看到美、英、中三国签订协约,成为新的'三国同盟',他们绝对会统治整个世界"。①

在这篇文章中,荷马李向读者介绍他对于中国的认识:"中国是建立在哲学基础之上的国家……当我开始对这个美丽之国(Flowery Kingdom)着迷时,我想尽办法找到所有有关孔夫子的书籍……我看到中国人的理念非常美好,于是决心尽可能深入地研究他们的习俗和国家状况。我发现,中国人是一个非常好客、有礼

---

① "'Modern Sage of the Flowery Kingdom' Gathering Mighty Force to Hurl Against Walls of Stagnation and Retrogression in China", *The St. Louis Republic*, May 21, 1905, p.1.

貌、诚实的种族。在此我不禁回忆起我曾经在北京与一个非常有名的中国人的会面。我们把不同种族的特点进行对比，我的朋友总结说，不知道你是否发现，当你的祖先居住在洞穴之中，一丝不挂，互相扔石头时，中国人正居住在庙宇之中，探讨着社会、伦理和政治方面的问题。这使得我在进行比较时变得更加小心谨慎。一个中国人的另一个辩驳，同样教会我用更多的尊重和敬意去对待他们。"

荷马李认为，"没有一个种族像中国人这样受到如此严重的曲解"，荷马李认为中国人可以像日本那样，通过教育和改革完成转变，从而震惊世界，"然而当中国醒来时，将会比日本给世界带来更大的震惊"，"在所有的自然资源方面，中国都比日本强。中国地大物博，成为世界上最富有的国家。但由于奇特的税收系统，中国政府现在并不富有，如果税率涨至与美国的相当，那么财政税收将会达到数十亿"。在谈到他与中国改革事业的关系时，荷马李说，最终他希望能在帝国的军队中任职，"中国人可以成为很好的战士"，"他们学得很快，而且最终证明了那个认为中国人没有爱国心的论述是错误的"。"荷马李将军极度信任康有为"，认为康有为是当今最有影响力和权力的中国人。"相对于其他种族而言，康有为最崇拜美国人"，他将自己的女儿送来美国接受教育。在谈到美国的军事学校时，文章说，"荷马李将军在管理他的军事学校时，就像美国陆军部（War Department）管理西点军校（West Point）一样，事无巨细，都予以处理"。军校的军装与美国正规军的相似，荷马李说这样做会使得这些门外汉看起来更有精神，但是这些军装与美国的还是存在不同。文章还介绍了军校的旗帜，"该旗帜如今在世界的每个国家里飘展"。文章最后说，康有为即将去南美洲，以向处于西半球最深处的国人带去改革的思想，"整个华人世界正在被唤醒"，那些曾经为这个事业牺牲的人的呼声——"每一个死去的人之后会有成千上万的人站起来，为了自由和改革而奋斗"——在现实中回响。①

5月23日早晨，康有为一行人到达芝加哥。②他们同样受到了当地中国人以及军校的热烈欢迎。康有为做了演说，并同荷马李一起检阅了当地的军校。③24日下午，受约翰·亚历山大·杜威（John Alexander Dowie）的邀请，康有为一行人访问伊利诺伊州宰恩城。当晚出席了在宰恩大教堂举行的例会，"康有为被邀请做演说，并和杜威博士一起发表有关反对美国排华法案、支持各地拒约活动、反对美国和列强要求中国单方口岸开放政策"。康有为等人第二天返回了芝加哥。④

6月8日，康有为到达华盛顿。第二天上午接受《晚间星辰报》（The Evening Star）记者的采访，该报登载长文介绍了康有为的情况及采访的内容。当记者问及康有为何时回国时，他摇了摇头，并露出了中国式的微笑。其随从的人员中除了他的秘书和翻译周国贤、奥地利保镖兼翻译罗弼外，还有"洛杉矶的荷马李先生"。

---

① " 'Modern Sage of the Flowery Kingdom' Gathering Mighty Force to Hurl Against Walls of Stagnation and Retrogression in China", *The St. Louis Republic*, May 21, 1905, p.1.

② "Empress Caused War", *The Minneapolis Journal*, May 24, 1905, p.2.

③ "Says Tsi An Was Bribed", *Ottumwa Weekly Courier*（Ottumwa Iowa），May 5, 1905, p.1; "Empress Caused War", *The Minneapolis Journal*, May 24, 1905, p.2.

④ 张启祯、（加）张启礽编：《康有为在海外·美洲辑——补南海康先生年谱（1898—1913）》，第73页。

报载，康有为将在华盛顿住几天，参观政府部门和感兴趣的地方，下周初将去巴尔的摩。①康有为到达美国首府华盛顿特区的第二天，当地的报纸就登载了长文介绍康有为本人的情况、他所从事的事业以及中国国内的情况（包括对于慈禧太后的评价）。从这篇报道的长度，以及关注的问题，可以大略窥探出当时美国媒体对于康有为的关注度，以及对于保皇会事业的了解情况。这篇文章并没有太多文字提到荷马李的作用，只是提到人名，并冠以"先生"而不是"将军"。

6月11日，《纽约论坛报》（New-York Tribune）登载了一篇长文介绍纽约军校的运转情况。报纸称，如果明天人们在街上听到号角和锣鼓声，看到龙旗飘展，不要害怕，不要认为纽约发生了"黄祸"，这只是为了迎接中国维新运动的领导人康有为。"他由加州洛杉矶的荷马李中将陪同。荷马李是这个华人军事组织的首脑，纽约的连队就是该组织的一个分支。"文章介绍了这支队伍的训练负责人麦克维克少校（Major McVicker）以及其他教官，并称，纽约连队训练非常刻苦，"在训练这些中国人成为士兵的过程中，需要克服的最大的难题是，这个种族习惯碎步走路"，如何让他们学会正规军的行进步伐，并不是一件容易的事情。教官说还有许多其他的障碍需要克服，但是他们认为这些学员学习能力很强，而且一旦他们掌握了动作的细节就不会再忘记。麦克维克少校称四年前开始在这个城市组织并训练中国人，一开始只有 36 人，后来快速增多。"如今在整个美国接受训练的中华帝国军队大约有 6 000 人"，"该

---

① "Progress in China", *The Evening Star*, June 9, 1905, p.7.

军事组织的一个主要目标是，从中找到适合担任教官的一些人，并让他们做好准备，以送回中国去训练当地的军队"。麦克维克少校还有一个委任状，证明他的确是中华帝国军队的军官，该委任状写到："荷马李将军任命麦克维克少校为教官……"①《纽约论坛报》登载的这篇文章透露了中华帝国军队在纽约训练的情况，其中已经明确提到了荷马李在整个学校组织里面的地位，而且纽约负责训练的教官，还是由荷马李颁发的委任状。

　　康有为一行在华盛顿最引人注目的，是与美国总统罗斯福进行了几次会谈。在等待与总统会面的过程中，康有为一行先到巴尔的摩等周边地方参观游览。6月15日，荷马李先行与总统会面，16日，荷马李陪同康有为拜见罗斯福总统，就排华法案进行了会谈。24日，康有为第二次拜见了罗斯福总统，参加者还有国务卿（Secretary of State）海约翰（John M. Hay）、容闳等。②双方就排华法案再次进行了会谈，同时还谈到了存在于美国的维新军。"康先生说他告诉罗斯福总统，在美国各个不同的城市中，中国人正在接受军事训练，并通过这样的方式教授他们英语。对于所说的这些，总统说：'好（good）'。"③据荷马李说，当时总统说的并不是"good"，而是"bully"这个词，但是荷马李将其翻译成了"好（good）"。④

　　与总统的会面可以说是康有为一行这次游历美国的高潮，康有

---

①　以上引文参见："New-York Chinamen Trained to Fight"，*New-York Tribune*，June 11，1905，p.8。

②　Lawrence M. Kaplan，*Homer Lea*，*American Soldier of Fortune*，p.115.

③　"Chinese Reformer Here"，*New-York Tribune*，June 28，1905，p.3.

④　Carl Glick，*Double Ten：Captain O'Banion's Story of Chinese Revolution*，New York：Whittlesey House，1945，p.133.

为、荷马李等人受到更多的关注。与此同时，他们在美国训练的军队也更引人注目。就在康有为等人与总统再次会面的第二天，即6月25日，《洛杉矶捷报》（Los Angeles Herald）在头版登载了一幅维新军的照片，并用整版最大的字号突出显示标题《美国有15 000名武装起来的中国人》，副标题是《在美国的土地上准备征服之战》。正文提到，在美国、墨西哥、加拿大存在的这个华人组织，其目的是"推翻现有的中国政府，终止美国的排华法案，规避对于整个世界而言非常重要的其他问题"。①报章说，"为了规避排华法案的严格要求，这些中国士兵声称自己是军校学生"；而且该组织还高薪引诱一些美国军官退役以帮助他们进行训练。"该维新军有许多领导人，其中荷马李在洛杉矶建有总部，中国前首相（曾担任废帝的首相）康有为是整个运动公认的领袖。目前他和荷马李正在东部照管他们的军队。"②文章提到，纽约的州长希金斯（Higgins）已经要求政府官员去调查这个中国人的组织，理由是该组织违反了现有条约以及排华法案，而且针对该组织，出现了许多相关的疑问：因为这些华人都是美籍，于是随之产生的问题是"美国公民是否可以武装起来并密谋推翻一个友好的外国政府"？另外，这些军队如果被解散，枪支将如何处理？③在同一个版面上，该报纸还同时登载了其他相关内容：维新军法律顾问约翰·约克认为这些士兵只是学生④；一个曾被保皇会用高薪引诱

---

① "15,000 Armed Chinese in the United States", *Los Angeles Herald*, June 25, 1905, p.1.

②③ "Mobilizing Great Army", *Los Angeles Herald*, June 25, 1905, p.4.

④ "Contends Soldiers are Merely Students", *Los Angeles Herald*, June 25, 1905, p.4.

的美国军官的言论①；荷马李对训练中国人的解释②；普雷斯科特上将（General Frank C. Prescott）的说法：称他是保皇会的名誉会员，但是已经与该会没有联系了。③这份报纸用第 1 版和第 4 版整版篇幅登载维新军相关内容，且配图予以说明。除了第 1 版刊登的维新军照片之外，第 4 版还刊登了康有为、太后、光绪皇帝等的照片。奇特的是，太后和光绪的照片都是西方人的样貌。在第 1 版还穿插刊登了美国以及加州的法令。就是以这样一种"多彩斑斓"的形式，该报纸向读者展现了一个纷繁复杂的非常吸引眼球的维新军。这样的报道，再次体现了"黄色新闻"的特点。该报章抛出来的关于维新军的话题，引起的反响也可以从荷马李和康有为日后的相关回应中有所窥测。

6 月 26 日晚，费城的唐人街张灯结彩，燃放烟花爆竹，进行了舞龙表演等活动，以欢迎康有为的到来。康有为在接受记者采访时说，中国已经在觉醒，在过去的几十年中已经出现了进步，中国定然会新生。在谈到他与总统罗斯福的会谈时，康有为说："罗斯福总统是世界上最伟大的政治家，他已经决定减轻排华法案，对此我非常高兴。这对中国和美国而言都是有利的。"④就在媒体刊登康

---

① "Government Official Offered Big Inducement", *Los Angeles Herald*, June 25, 1905, p.4.

② "Homer Lea Tells of Training the Chinese", *Los Angeles Herald*, June 25, 1905, p.4.

③ "Speaker of Legislature Po Wong Wuey Member", *Los Angeles Herald*, June 25, 1905, p.4.

④ "Chinese Reformer Talks to Weaver", *The Washington Times*, June 27, 1905, p.12.

有为到访的消息并配上康有为的大幅肖像还有迎接盛况照片的同时，还在同一版面刊登了题为《梁诚阁下嘲笑有关中国军队的传闻》的文章：中国驻美大使梁诚收到了一封电报，该电报称，"在美国有一支中国的军队组建起来，并接受了训练，提供了现代武器，其目的是推翻现有的中国政府"；对此梁诚说："我已经听过类似的报告，但是我认为，它毫无意义而且根本不可能，所以我对其不予考虑。在一个像美国这么友好的国家之中组建一支用以针对中国的军队，这种想法是荒谬的。在和平时期，这个国家不会容忍这种军队的组建，而是会立即将其制止。"①此处，报章同样将图片、争议性话题摆在一起，以博取读者的眼球。

6 月 27 日，康有为在市政厅拜访了费城的市长韦弗（Weaver）并与其会谈了半小时。中午离开费城去了纽约。②

康有为于 27 日下午两点到达霍博肯（Hoboken）。当时有一个欢迎委员会正在等着他的到来，还有两队士兵拿着中美国旗排队等候迎接和护送。康有为及其随从人员走下火车，其中有"统帅维新军的那个美国人荷马李将军"。"费城的军校生和纽约的军校生并排在一起。康有为和荷马李将军走过来，接受军队的敬礼。该军队的队列一直延伸到渡船那边。"其后，他们去了保皇会的总部。一支美国的乐队演奏乐曲，走在队伍的最前面，其后跟着军校生，紧接着是康有为和辛格尔顿（Singleton）乘坐的马车，以及康有为的女

① "Sir Liang Cheng Ridicules Stories of Chinese Army"，*The Washington Times*，June 27，1905，p.12.

② "Chinese Reformer Talks to Weaver"，*The Washington Times*，June 27，1905，p.12.

儿和荷马李乘坐的马车。在荷马李检阅了军队之后，康有为发表了演说，引来人们的尖叫和欢呼声。康有为说："我经历了千辛万苦来到你们这里。保皇会如今正在发展壮大，我们已经有了几百万会员，遍布于五大洲，正在为建设一个新的中国而奋斗。"康有为后来对记者说："中国的状况正在改善，我们明确地希望通过改革在几年之内建成宪政政府。整个帝国存在着一股很强的进步的大众意识潜流。就在最近，6 个大使和 7 个总督已经向皇帝提议建设宪政政府。中国的统治者清楚民众的想法。如今只存在一个巨大的障碍，那就是太后。"①

对于康有为随从人员中的荷马李，6 月 28 日的《太阳报》第 2 版有一篇专门的文章作了介绍。文章说："当康有为昨天抵达城里时，他的随从人员当中有一个人比中华帝国的前任首相、改革家吸引了更多人的注意力……这是一个穿着将军军装的驼背，帽子上有一条中国龙……当他沿着队列前进检阅维新军时，他的头才到那些士兵肩膀处。然而每一个中国人，不论是士兵还是平民，都对他表示了最大的敬意。他的名字是荷马李，他是在美国的中国维新军的将军，他是一个神秘的国际知名人士。在过去的 6 年里，他两次环游世界，他曾到过其他任何白人从未去过的地方……"文章接着介绍了荷马李的成长历程，谈到了他钻研军事理论以及对中国事务的兴趣。对于荷马李正在做的事情，文章写到："荷马李将军昨晚说：'将我说成是革命党的首脑，这完全是胡说八道。这不是革命。恰恰相反，我们正在训练这些年轻人，以帮助中华帝国。她如果要

---

① "Head Chinese Reformer Here", *The Sun*, June 28，1905，p.7.

进行自我救赎，真正需要的就是一支军队。这可能需要 10 年的时间，也可能我无法活着见到，但是一旦中国需要，我们将准备好提供大量的华人军官，他们懂得军纪和军事策略。这就是我们在做的所有事情。没有军队，中国将不能进步。她需要用军队去维护帝国的完整。'"对于中国人的特点，文章展示了荷马李的看法："我觉得我比任何白人都懂得中国人，我敢担保说，黄祸是一个神话。中国人天生是爱好和平的，他们不具有侵略的精神。正如戈登将军发现的那样，中国人同最勇猛的人一样勇猛，但是他们只是出于防御才会战斗。"①

6 月 29 日，康有为在女儿康同璧以及周国贤、荷马李的陪同下，到市政厅拜访纽约市市长麦克莱伦（McClellan），"除了女儿之外，所有的人都穿着中国的服饰"。周国贤"在荷马李将军的帮助下"，担任翻译。市长同每一个人握手，对康有为在中国改革中所面临的机遇表示祝贺，并说他对所有改革家都示以最大的敬意。②市长给康有为一封介绍信，让他可以参观城市的任何公共机构。③

7 月 4 日，荷马李在华尔道夫酒店（Waldorf）就在美国训练军队的问题对《纽约论坛报》的记者说："保皇会会员有 800 到 1 000 万中国人，在美国大约 30 个城市中进行军事训练。""我指导其中的一些人将来成为军官。如果中国的政府将来要我提供一些胜任的军官，我将会推荐这些人。我致力于帮助中国去保存她古老的

① "White Leader of Chinese", *The Sun*, June 28, 1905, p.2.
② "Kang Yu Wei Goes to City Hall", *New-York Tribune*, June 30, 1905, p.4.
③ "Kang Sees the Mayor", *The Sun*, June 30, 1905, p.6.

权力。谁是中国政府的首脑，对我而言是不重要的。如果皇太后说帝国遭受了攻击，我也会慷慨地给她提供帮助，正如帮助年轻的皇帝那样。我不受制于中国任何党派。太后一派认为，我是反对政府的，这不是事实。尽管我的确认为，年轻的皇帝归政，将会使得能干的大臣得以任命，从而会产生一个强有力的政府，但是如果中国现有政府寻求帮助，我手下这些人也会予以回应。"荷马李强调了中央集权对于中国的重要性，中国必须要有一支真正属于国家的军队，"这支军队不仅能让中国保持领土完整，而且能让她抵抗俄国、德国和法国的侵略"。荷马李说："我为了中国的利益而做出的所有努力，被美国人民和中国政府误解了。我这样做同样是为了我自己国家的利益。美国不能允许中国被瓜分，不能允许其贸易被破坏，因为总有一天中国会为美国带来比菲律宾群岛更多的贸易额。"对现有中国政府，荷马李说："现有中国政府正变得日益进步，它正慢慢意识到通过国有化可以实现的成就。如果年轻的皇帝被归政，那么将会带来全方位的改革。"对于革命，荷马李说："中国不能通过革命获得救赎。革命将意味着损耗其所有的资源。对于中国而言，没有什么比革命更能带来灾祸。"文章最后再次强调：荷马李训练军队的这种行为不对任何人或党派负责；"将军认为，各国如果要求太后隐退，这对整个世界而言都是好事情"。①从荷马李这一次对记者的发言来看，他主要针对当时的舆论做了一些回应：他试图缓和其军校与慈禧太后的关系，甚至说，如果太后需要帮助，他也乐意提供。但是荷马李也强调，年轻的皇帝比太后更有利于中国

---

① "China's Greatest Need", *New-York Tribune*, July 5, 1905, p.4.

和世界。另外，荷马李否认了军校与革命的关系，并且认为革命对中国没有好处。

7月5日，康有为到达波士顿，随行的有康同璧、周国贤、荷马李、谭良等人，受到当地保皇会热烈迎接。①7月10日，康有为会见波士顿市长。7月15日，康有为一行到达哈特福德。7月17日，康有为父女到柯尔特公司（Colt）参观。7月19日康有为访问耶鲁大学。

三、保皇会大会

因纽约在筹开保皇会大会，康有为一行赶回纽约参加大会。7月23日住华尔道夫酒店，24—28日召开大会，修订了《保皇会公议改定章程》。②在会议召开之前，"康有为已经知会北美很多地方的保皇会，各地已经先有准备，所以各地代表才可能在会上拿出上百份提案，康有为与他们才可能高效率地开会商讨8次之多"。③会议在《保皇会公议改定章程》的基础上，吸收各方意见，最后形成了《保皇会公议改定新章》。该《新章》不仅对保皇会的

---

① 张启祯、（加）张启礽编：《康有为在海外·美洲辑——补南海康先生年谱（1898—1913）》，第82页。
② 张启祯、（加）张启礽编：《康有为在海外·美洲辑——补南海康先生年谱（1898—1913）》，第84—86页。另有学者认为会议日期是24—26日，参见高伟浓：《二十世纪初康有为保皇会在美国华侨社会中的活动》，北京：学苑出版社，2009年，第73页，注释1写到："康有为在《保皇会公议改定新章》第二十七章'废旧'中有'光绪卅一年六月廿二至廿四日众议定章'之语。"核对《保皇会公议改定新章》，原文应是"光绪卅一年六月廿二至廿六四日"，所以时间应为1905年7月24—28日。
③ 高伟浓：《二十世纪初康有为保皇会在美国华侨社会中的活动》，第81页。

纲领、目标、组织、机构、活动、程序、纪律等进行了规定，还包括保皇会加强自身凝聚力的一套行动计划，"它既可以被看作是保皇会经过一个时期的发展历程后的阶段性回顾与总结，也是保皇会组织改造、理念刷新和行动准则的集中体现"。①

该会议无法绕开的话题及内容之一是当时在美国舆论界引起重大反响的军校问题。保皇会将军校称为"干城学校"。"干城"取自《诗经·周南》："赳赳武夫，公侯干城"，指能御敌而尽保卫责任的人，而"干城学校，比喻培养军事人才的学校或曰讲武学堂"，初创时，"干城学校"就是正式的名称，并一直沿用，同时该学校也有时候被称为"体育俱乐部"。②干城学校的创设，是与保皇会提倡"中国积弱，以自强为本"相关联③。保皇会认为："中国之弱，由于无兵。德日以兵致强，由其国民皆以兵为责任，我国不可不师。今广东全省人数千万，仅有一武备学堂，学额仅一百人，何以治兵？今本会于美国各埠设立干城学校，延请美国教习，佩剑持枪，戎容山立，气豪凛然。又多有教测量、电筒语者，今已有廿余学校，日有进步。"④保皇会设置干城学校，就是源于对中国积弱的思考，将其原因归结于中国无兵。当时的强国德国和日本都是以武力见长，保皇会认为，"我国不可不师"。而当时中国的情况是，广东

① 　高伟浓：《二十世纪初康有为保皇会在美国华侨社会中的活动》，第 81 页。
② 　同上书，第 236 页。
③ 　同上书，第 105 页。
④ 　第二十二章"尚武部"，《保皇会公议改定新章》，第 17 页，Chinese Empire Re-form Association Documents（1899—1948），Box 3，Ethnic Studies Library，University of California at Berkeley。另见高伟浓：《二十世纪初康有为保皇会在美国华侨社会中的活动》，第 265 页，该书中个别文字有出入。

全省人口数千万，仅有一个武备学堂，不能满足需求。于是，保皇会在美国设立学校，以培养学生。

在保皇会大会召开前，康有为曾为大会起草过一份《议事宗旨》，其中"学校部"一节指出："我国急于育才，亟在尚武。顷已在广东开办公学。美中各埠，皆办干城学校。然资养游学，亦今日最要之图。如何兴学育才，筹款之法，此案当议。"①此次会议经过几天讨论形成的《保皇会公议改定新章》对于干城学校做了相关规定。其中，在第十四章"职员"中规定"设武学所干事员，专司干城一切事务"；②该章程第二十章规定设立"尚武部"，专门管理干城学校事务。该章写到，干城学校的建设，已经取得了一定的成绩："美国干城学校学生已请有总教习，由总局出经费。其各埠皆有分教习，戎服器械，操室皆备"；③但同时还有需要推进的地方，"其不备或未设者，望会员各商家，赞成、奖引、资助之。有志少年，皆当今学。入学者，必当勇猛发扬，期他日为国御侮，众人当敬待之，切勿有始无终，半途而废。若有此者，当记过，或发报示薄惩"。④对于学员的去向，该章程提出："其有功或精进者，三年

① "议事宗旨"，《保皇会公议改定新章》，第3页，Chinese Empire Reform Association Documents（1899—1948），Box 3，Ethnic Studies Library，University of California at Berkeley。另见高伟浓：《二十世纪初康有为保皇会在美国华侨社会中的活动》，第264页，该书中个别文字有出入。
② 第十四章"职员"，《保皇会公议改定新章》，第12页。另见高伟浓：《二十世纪初康有为保皇会在美国华侨社会中的活动》，第106页。
③ 第二十章"尚武部"，《保皇会公议改定新章》，第18页。另见高伟浓：《二十世纪初康有为保皇会在美国华侨社会中的活动》，第242页，该书中个别文字有出入。
④ 第二十章"尚武部"，《保皇会公议改定新章》，第18页。另见高伟浓：《二十世纪初康有为保皇会在美国华侨社会中的活动》，第247页，该书中个别文字有出入。

后总局与该埠校长择其可造者选入美国兵学，以备将帅之选。总局给其费，各商亦当竭力助之。其详细章程由各埠自议。"①虽然美国干城学校已经有 20 多所，但保皇会对这种状况仍不满意，认为"然非开一整然陆军学以教志士，难于大成。今虽资历未足，然若人人认定此为要务，自能成就。就近在美国开此学，选干城学生充之，其事至易，成功至大，各当留意。"②

章程中还列出了《干城学校歌》，这首歌是要"学生同诵"，目的在于"发挥人心，鼓舞士气"。③歌词如下：

> 临睨太平洋兮，回望神州。兵气不扬兮，虆国是忧。强敌磨牙而争噬兮，瓜分日谋。我同胞被鱼肉兮，逐辱可羞。我恐为奴隶马牛兮，夜沉沉而神愀。相彼犹太兮，如丧家之狗无所依。噫！视彼波兰印度兮永奴之。噫！我若无国兮，被逐何归！噫！我不急时奋起兮，既落难复飞。噫！
>
> 视小日本兮，我种我徒。地大如吾四川兮，人短不高。能舍身家兮卫国土，能习武士兮习兵韬。能胜强俄兮，万国敬其英豪。岂有他哉？武明是号。嗟呼！处竞争之世兮，有兵则文明，无兵则蛮奴。
>
> 况我万里之广土兮，五万万之人民，五金万宝之咸备兮，

---

① 第二十章"尚武部"，《保皇会公议改定新章》，第 18 页。另见高伟浓：《二十世纪初康有为保皇会在美国华侨社会中的活动》，第 258 页，该书中个别文字有出入。
② 第二十章"尚武部"，《保皇会公议改定新章》，第 17—18 页。另见高伟浓：《二十世纪初康有为保皇会在美国华侨社会中的活动》，第 265 页，该书中个别文字有出入。
③ 第二十五章"演说"，《保皇会公议改定新章》，第 19—20 页。

万国无伦，我可以选千万之民兵兮，为一大军。舞我黄龙旗兮，横绝地球春。

我奋我武，我警我心，誓言学兵，执剑森森。我买戎衣，不惜兼金。我持铁枪，步伐岑岑，山立扬休，蹈厉不侵。

酷日侵我，操于兵场。汗透重衣，不敢怠惶。校长有令，夜走大荒。日言速赴，急衣戎装。岂不爱我工？岂不畏劳伤？我决卫国，贫苦皆忘。

惟我惰伍，或中道弃。我心伤之，力不宏毅。彼恋之赀，乃忘国事。国既不保，家于何寄！愿言谏止，我傪奋厉！

既已学兵，以国自荷。马革裹尸，誓死所得。何况劳苦，其何以躲。铜像峨峨，他日视我！

我先辈之韩信兮，半岁而平八国。班超之灭鄯善兮，以三十六人而敢作。郭侃郭宝玉之父子兮，百日扫灭波斯之城郭。环大地无此将才兮，惟我华人之岳岳。我后起之英杰兮，当追步其先觉。

仅学兵伍，我岂自安？当入武学，将才桓桓。兵工如水，兵法如山。阅历变化，大敌乃单。西定东征，威震瀛环。勿笑我为卒，请看田单。振我中华，视我忠肝。荣我华民，视我忠肝。[①]

从这次会议的章程来看，保皇会对于干城学校的产生和发展状况是引以为傲的，同时还就职员、资金、学员深造等方面进行规

---

① 《干城学校歌》，《保皇会公议改定新章》，第 22 页。另见高伟浓：《二十世纪初康有为保皇会在美国华侨社会中的活动》，第 267—268 页，该书中个别文字有出入。

划，且还暗示要成立一个大的军校将各地学校统一起来。

保皇会大会之后，康有为继续进行访问，而荷马李在去了加拿大之后，便回到洛杉矶。[①]

第二节　闹剧与疏离

荷马李陪同康有为环美旅行，借着康有为的光辉，荷马李及其正在从事的事业受到媒体极大的关注，处于媒体的聚光灯下，他与保皇会的关系处于蜜月期。然而，就在这样的蜜月期中，出现了一场令人唏嘘的闹剧，这显示出荷马李与保皇会的关系中隐隐地存有一股潜流。其后这股潜流慢慢显现出来，最终，荷马李与保皇会出现了疏离。

一、真假总司令

当康有为在洛杉矶休养的时候，曾于 3 月 23 日接受洛杉矶霍奇基斯上校及其夫人（Mr. and Mrs. A. B. Hotchkiss）的宴请，参加了一场午宴，出席的有谭树彬医生（Dr. Tom She Bin）、康有为的秘书周国贤等。[②]3 月 27 日，霍奇基斯上校及其夫人再次宴请康有为，参加的还有周国贤、法尔肯伯格将军及其夫人（Gen. and Mrs. R. A. Falkenberg）、黛西·多尔蒂小姐（Miss Daisy Dougherty）、旧金山的谭树彬医生以及陆军中将帕尔芒捷（Lieut. Gen. F. Par-

---

① Lawrence M. Kaplan, *Homer Lea*, *American Soldier of Fortune*, p.123.

② "Chinese Diplomat Entertained", *Los Angeles Times*, March 25, 1905, p.2.

mentier)。①谭树彬的情况，已经在前面的章节中有所论述，他在旧金山华人中比较有名，康有为对他还是给几分面子的。因为康有为从俄勒冈进入美国到达洛杉矶，特意绕开旧金山，于是"保皇军首领"法尔肯伯格将军"专程从旧金山来此会见康有为"，他是"数年前由梁启超正式任命的"。②宴会在霍奇基斯上校家里进行。报载，宴席上，康有为承认了梁启超授予法尔肯伯格将军委任状的有效性，承认后者是总司令，康有为表达了"对梁启超聪明才智的极度信任"，还说："我对我们的总司令法尔肯伯格将军作为一位战士和战略家所具有的才能同样信任，我觉得，在法尔肯伯格将军的帮助下，中国将成为世界顶尖国家之一，其所用时间将比日本成功晋级为一流国家所用的时间短得多。"报章还刊载了康有为和法尔肯伯格将军的合照。③

《洛杉矶时报》刊载康有为承认法尔肯伯格将军为总司令的新闻，并刊登二人合影，而不久之前报纸才报道荷马李的军校以及玫瑰花游行。根据媒体报道的内容，是否可以由此判断，法尔肯伯格将军是所有军队的总司令，而荷马李位居其下呢？实际上，此前法尔肯伯格将军就曾向荷马李的军校提出接管要求。他先拿着梁启超给的委任状接管了旧金山、萨克拉门托的军校，接着要去洛杉矶。这两地的领导人立刻写信告知荷马李。荷马李把两封信都给欧班尼看了，他们等待法尔肯伯格将军的到来。一天晚上，欧班尼正在像

① "Social Diary and Gossip", *Los Angeles Herald*, March 28, 1905, p.6.
② 张启祯、（加）张启礽编：《康有为在海外·美洲辑——补南海康先生年谱（1898—1913）》，第68页。
③ "Distinguished Guests Dined", *Los Angeles Times*, March 29, 1905, p.10.

往常一样训练军队，法尔肯伯格将军带着帕尔芒捷将军（General F. Parmentier）出现在门口，要求接管军队，并命令欧班尼听从他的命令。欧班尼告知对方，他只有一个上级，那就是荷马李。而法尔肯伯格将军则说，荷马李是一个冒牌货，他没有委任状以证明他是中华帝国维新军（The Chinese Imperial Reform Army）的总司令。欧班尼拒绝听从法尔肯伯格将军，并将其拒之门外。其后，他和荷马李就看到报纸上登载康有为承认法尔肯伯格将军的新闻。①

荷马李看到新闻之后，立即给一个记者朋友打电话。该记者去见康有为，试图问几个问题："为何洛杉矶有这么多被认可的中华帝国军队总司令？如果法尔肯伯格将军是总司令，那么荷马李将军是什么？这两个将军中有一个是假的，究竟是哪一个呢？中华帝国军队真的存在吗？"②这些问题，应该是康有为与法尔肯伯格将军一同就餐并承认其地位这件事情见报之后，一般读者都会存在的疑问。该记者并没有见到康有为，因为秘书周国贤称康有为病了，不宜见客。记者于是问周国贤：是否康有为真的承认法尔肯伯格将军为总司令？周国贤称他并不清楚。记者追问：周国贤就在宴会中，怎会不清楚？周国贤试图回避问题，称当时太多人说了太多事情了。③

当记者离开之后，康有为立刻让周国贤给荷马李和欧班尼打电话，让他们过来与康有为会面。康有为显得非常不安，说今天早上

---

① Carl Glick, *Double Ten：Captain O'Banion's Story of Chinese Revolution*，New York：Whittlesey House, 1945, pp.137—141.
② Ibid., pp.143—144.
③ Ibid., pp.137—143.

有个记者来见他，问他关于法尔肯伯格将军的事情。康有为说，整个事情不幸地发生了，他被骗到霍奇基斯上校家里去吃晚餐，根本不知道其目的是什么，他已经被置于极度难堪的境地。康有为说，他被曲解了。荷马李让康有为放心，说这件事情不会影响他们之间的关系。但荷马李并不相信康有为所说的话，他在想康有为为何这么快变脸。欧班尼后来趁康有为不在家的时候，找到留在家里看守的保镖奥地利人罗弼（Rupert H. Humer）了解情况。罗弼提议欧班尼把保皇会筹集到的资金拿走而不让康有为带到南美去。欧班尼回来告知荷马李罗弼的提议，但荷马李并没有那样做。①

周国贤后来与法尔肯伯格将军面谈，最后法尔肯伯格将军同意否认与所有军校的关系，但是仍旧认为康有为已经承认了他是维新军的总司令。②

上述记者在离开康有为住宅之后，接着去采访法尔肯伯格将军。报载，法尔肯伯格将军说："他（荷马李）是这些军事学校的首脑。我与他们没有任何关系。而他们只是童子军学校，与军队没有任何关系。"当被问及荷马李将军是否有军衔时，法尔肯伯格将军说："这个我不知道，我想他可能被称为上尉（captain）或者少校（major）甚或上校（colonel）；这些军事学校相当于7到8个连队。对于中华帝国维新军的所有军队，我拥有最高指挥权。我是唯一一个拥有委任状统率他们的人。"③

后来荷马李的士兵专门跑到康有为的住宅去讨要说法。康有为

① Carl Glick, *Double Ten：Captain O'Banion's Story of Chinese Revolution*, New York：Whittlesey House, 1945, pp.145—149.

②③ "Whose Army Falkenberg's", *Los Angeles Times*, March 30, 1905, p.1.

解释说：梁启超告诉过他关于荷马李将军的任命，但是没有提到过法尔肯伯格；在那个众所周知的宴会上，他从未说过法尔肯伯格是总司令；法尔肯伯格提出给维新运动提供 1 000 万美金的贷款。①

在事情的发展过程中，霍奇基斯上校于 4 月 1 日病逝，②而康有为一行也于第二天离开洛杉矶，以躲避这个真假总司令的风波。③

4 月 7 日，媒体载文称，法尔肯伯格将军受到了勒索，这个消息使得整个真假将军事件达到了高潮："所谓的中华帝国军队两个派系之间在本地的争斗，在昨晚出现了一个戏剧性的高潮。一派由荷马李将军指挥，另一派由法尔肯伯格将军指挥，后者称有人试图勒索他们，并引起了警方的注意。"该文称，警方被告知，两个人试图勒索法尔肯伯格将军，称如果他不支付一定的金钱，其秘密就会被曝光。在警官的陪同下，法尔肯伯格将军来到约定地点，去与勒索者会面。但是勒索者并没有出现，其中之一后来打电话告诉法尔肯伯格将军在当晚 7 点去他家见面。在约定的时间，那个人来到法尔肯伯格将军家门口与他面谈。然后，那人离开。跟踪的警官说，那人后来遇见另外一个人，并与他交谈。拜访法尔肯伯格将军的那个人就是塞杰（William R. Sager），而其后塞杰遇见并交谈的那人就是欧班尼。8 点钟后不久，塞杰再次拜访了法尔肯伯格将军。警官说听到塞杰让法尔肯伯格将军给 1 000 美金，否则将在报纸上把秘密曝光。法尔肯伯格将军说，他被告知要付 5 000 美金，以让所有洛杉矶报纸封口。然而，法尔肯伯格将军并没有给钱，于

---

① "Whose Army Falkenberg's", *Los Angeles Times*, March 30, 1905, p.1.

② "Col. Hotchkiss Dead", *Los Angeles Herald*, April 2, 1905, p.2.

③ "'Excellency' Shakes Dust", *Los Angeles Times*, April 3, 1905, p.4

是塞杰转身要离开。警察现身将其带到警察局调查整件事情。在警察局，塞杰、欧班尼、法尔肯伯格将军三人进行对质。塞杰说他与欧班尼一起密谋了勒索的事情，但是欧班尼说他雇佣塞杰是为了让他查找法尔肯伯格将军对于保皇事业的意图。荷马李也被叫到警察局，他的说法与欧班尼的说法一致。后来，因为没有金钱的交易，于是塞杰和欧班尼都被释放了。①荷马李和欧班尼派塞杰去调查法尔肯伯格到底持有何种目的，结果引来警察介入，且被视为是勒索案件，使得荷马李与法尔肯伯格的闹剧更加引人注目。

　　事到如此，只有康有为的声明能将一切流言止住。在荷马李的要求之下，康有为登报声明："敬告美国人民：我真诚地宣布，洛杉矶的荷马李将军是唯一一位被我承认并由我任命的美国所有华裔军校的将军，而且，我从未任命任何人为所谓的'中华帝国维新军（Chinese Imperial Reform Army）'的'总司令（General Commanding）'，也从未任命任何人为该军队的军官，因为该军队根本不存在，任何人如果声称具有这样的军衔或者是'帝国维新军（Imperial Reform Army）'军官，可以被视为是骗子。"②这份声明

---

① "'Blackmail', Says Gen. Faulkenberg", *Los Angeles Herald*, April 7, 1905, p.1；"'Generals' in Tangle Web", *Los Angeles Times*, April 7, 1905, p.2, p.12.

② 其英文原文为："To the American People：I desire to announce that Gen. Homer Lea of Los Angeles is the only one recognized and appointed by me as the general of all Chinese military schools in America, and furthermore, I have appointed no one such as 'general commanding' or any officer of the so-called 'Chinese Imperial Reform Army' which is not in existence, and any person claiming such rank or position in the 'Imperial Reform Army' is considered an impostor." "Wei Stops the War between Chinese Generals", *Los Angeles Examiner*, April 8, 1905, p.14；"Tries to Sort Out Generals", *Los Angeles Times*, April 8, 1905, p.6.

刊登于当地报纸以及美国和亚洲的中文报纸上，并在洛杉矶的唐人街张贴布告。①

　　法尔肯伯格质疑该声明的真实性。他对记者说：因为康有为的秘书周国贤与荷马李是朋友，因此周国贤在没有与康有为商量的情形下写了那个声明。而周国贤当时恰好正在法尔肯伯格的家里，他说，这份声明是真的，表明了康有为的态度。周国贤说他们并没有说法尔肯伯格是骗子，只是说那个自称为帝国维新军总司令的人是骗子。可法尔肯伯格称，那就是他本人。最后法尔肯伯格承认，帝国维新军并不存在，是要等慈禧太后去世之后，才会组建，以保护皇帝。"他承认荷马李将军是散布于美国各地的军队的司令。他说他自己只是一个尚不存在的军队的总司令。"②

　　法尔肯伯格找到康有为，试图向康有为表明他曾经为中国的维新和保皇事业提供了许多帮助，为此付出了许多，而且他表示可以为保皇会提供 1 000 万的贷款。而康有为此时已经确定了自己对于法尔肯伯格的认识，对他失去了耐心，直接将其视为骗子。③

　　在法尔肯伯格与荷马李争夺总司令的整个事件中，法尔肯伯格来到洛杉矶，试图接管荷马李的军队，并通过与康有为的宴会，让

①　该声明的中文版为："美国人民公鉴：本人兹愿意声明，荷马李将军为本人所任命而承诺之所有在美华人军事学校之唯一将军。本人并未任命有所谓'中华帝国改革军'之总司令将军或其他军官，此'中华帝国改革军'并不存在。如有冒称该军之总司令将军，或其他名位之人，应被视为诈骗者。"落款为："中华帝国改革会会长康有为，1905 年 4 月 7 日于洛杉矶。"参见姜义华、张荣华编校：《康有为全集》，北京：中国人民大学出版社，2007 年，第 8 集、第 136 页。

②　"Tries to Sort Out Generals", *Los Angeles Times*, April 8, 1905, p.6.

③　"'Gen.' Falkenberg Packs His Traps", *Los Angeles Times*, April 11, 1905, p.2.

媒体报道其总司令的地位已经得到康有为的认可。媒体的曝光，让荷马李和康有为都有些措手不及。荷马李试图通过一个记者去采访康有为，以了解真实的情况，比如康有为是否真的承认法尔肯伯格是总司令等。但康有为避而不见，让秘书周国贤出面去应对记者。康有为找来荷马李，试图解释，而荷马李的士兵也找康有为讨要说法。勒索案使得整个司令争夺剧到了"高潮"。康有为的一纸声明，使争夺战到了鸣金收兵的时候。在整个事件中，法尔肯伯格都采取主动挑战的方式，而且因为其有委任状，后来又在宴会上获得康有为许可，故而法尔肯伯格对自己的目标信心满满。而荷马李在应战的过程中，多方打探了解，并动用他在洛杉矶当地的各种关系，最后迫使康有为发布声明，从而最终赢得了这次争夺战。康有为本是想借此让保皇会获得更多的人脉和资金方面的帮助，却不想反而弄出了真假总司令的丑剧，这让美国民众对于他以及整个保皇会的活动有了更多的了解，而且这种了解是偏负面的。旧金山的谭树彬一开始便卷入事件中，洛杉矶的谭良因为与康有为关系密切，对整件事情也应该有一定的了解和参与。

为什么会出现法尔肯伯格拿着委任状去争夺总司令这样的事情呢？有一种说法认为，梁启超给法尔肯伯格委任状，但是要求后者不要公之于众，直到证明荷马李正如所怀疑的那样是孙中山的奸细。待到 1905 年康有为访美时，时机似乎成熟了，于是法尔肯伯格试图在康有为的默许下夺取保皇会军校的控制权。然而最后荷马李胜利了，法尔肯伯格甚至将梁启超告上美国的法庭，但最后也是不了了之了。①

---

① Carl Glick, Hong Sheng-Hwa, *Swords of Silence*, *Chinese Secret Societies—Past and Present*, New York：Whittlesey House, 1947, pp.167，183—184.

在整个闹剧中，《洛杉矶时报》予以跟踪报道。这样著名的报纸跟踪报道该事情，说明了荷马李、康有为当时所带有的光环及所具有的影响力，另外一方面，也说明了当时的媒体试图寻找博人眼球的素材，而中国总司令的争夺剧目正好满足了人们的窥探欲望。

二、军校解散

法尔肯伯格争夺军校总司令的闹剧对保皇会和荷马李正在美国从事的军校事业是一个不小的丑闻。尽管最后以康有为的一纸声明结束了闹剧，但给军校的声誉蒙上了阴影。荷马李在出游之前，曾试图举办一次宴会，以做一些补救工作。他想邀请美国陆军准将、加州陆军总指挥官芬斯顿将军（General Funston）参加宴会。一个姓黄的教官去送请柬，他当时穿着的军装与美国正规军的军装一模一样。芬斯顿将军看到黄教官穿着美国陆军中尉的军装，感到非常震惊。他非常愤怒地断然拒绝了宴会的邀请，并想弄明白谁授权黄教官穿上了美国军装的仿制品，但是黄教官只知道这是学院的正式军装。为此，芬斯顿将军责骂了荷马李及其西方军事学院。[①]宴会就此作罢。芬斯顿由于没有找到足够的证据，事后只能寄希望于州长去采取有效的措施。

后来在康有为环美旅行的过程中，凡是有军校的地方，都会由军校迎接和护送，这样的场面，使得军校问题一而再再而三地被提起来。康有为、荷马李也试图进行解释。在圣路易斯时，康有为对媒体解释说，因为"教育和军事是救赎中国的最重要的因素"，这

---

① "Funston Calls Down Homer Lea", *The San Francisco Call*, May 3, 1905, p.16.

为军校的设置提供了合理性。而荷马李则对媒体说，他是出于纯粹的美国爱国主义才帮助中国的，因为"美国会从中国的每一个进步中直接获益"；荷马李指出，教育是中国维新会的一个主要目的，而美国华裔军事学校并没有违反各州的法律，且军校不是为了革命，而是为了帮助中国的皇帝，等皇太后去世、皇帝归政之后，军校生将去中国军队中服役，使其成为"世界上最强大的军事力量"，中国就能避免被瓜分，而且通过美、英、中三国协约，三国"将统治整个世界"。①

到达华盛顿后，康有为在接受采访时再次强调他所领导的不是革命的政党，并不想推翻清王朝，而只是想推翻皇太后，因为她阻碍了中国的发展进程。②6 月 11 日，《纽约论坛报》登载介绍纽约军校运转情况的文章，向读者展现了军校的训练情况、军校的目的、荷马李在军校中的地位等内容。③而康有为一行在同罗斯福总统进行第二次会面（6 月 24 日）的过程中，跟总统谈到了军校问题。康有为的说法是通过军事训练教授中国人英语，对此，总统说了一个"好"字。这样的一种做法，实际上是借总统之口，以取得美国政府对军校存在的默许。康有为在后续接受记者采访时，描述了会见总统并提及军校时总统的回复，也有借媒体向外界传递总统态度

---

① "'Modern Sage of the Flowery Kingdom' Gathering Mighty Force to Hurl Against Walls of Stagnation and Retrogression in China", *The St. Louis Republic*, May 21, 1905, p.1.

② "Progress in China", *The Evening Star*, June 9, 1905, p.7.

③ "New-York Chinamen Trained to Fight", *New-York Tribune*, June 11, 1905, p.8.

的意图。①可是 6 月 25 日，就在访问总统之后的第二天，《洛杉矶捷报》刊载文章"美国有 15 000 名武装起来的中国人"，认为军校的目的是"推翻现有的中国政府，终止美国的排华法案，规避对于整个世界而言非常重要的其它问题"，同时提到纽约州长派人调查军校、军校带给社会很多问题等。②总体而言，这篇报道对于军校是不利的。后来的报章再次提到康有为与总统的会谈，对军校的形象有一定的修正作用。而梁诚"嘲笑有关中国军队的传闻"的报道，实际上展现了梁诚的外交手腕，如果这支军队目的是推翻现有政府，那么美国应该立即予以制止。③基于此，康有为、荷马李等人后来在提到军校时也改变了自己的说法。康有为对《太阳报》记者提到中国正在试图通过改革建成宪政政府，大使和总督"已经向皇帝提议建设宪政政府"，但仍旧认为"如今只存在一个巨大的障碍，那就是太后"。④荷马李接受《太阳报》记者采访时，否认了自己是革命党首脑的这种说法，指出军校的目的是"训练这些年轻人，以帮助中华帝国"，且认为"没有军队，中国将不能进步"，军队对中国非常重要，"她需要用军队去维护帝国的完整"；对于由此隐射到的"黄祸"问题，荷马李指出中国人是爱好和平的，"他们只是出于防御才会战斗。"⑤

---

① "Chinese Reformer Here", *New-York Tribune*, June 28, 1905, p.3.
② "Speaker of Legislature Po Wong Wuey Member", *Los Angeles Herald*, June 25, 1905, p.4.
③ "Sir Liang Cheng Ridicules Stories of Chinese Army", *The Washington Times*, June 27, 1905, p.12.
④ "Head Chinese Reformer Here", *The Sun*, June 28, 1905, p.7.
⑤ "White Leader of Chinese", *The Sun*, June 28, 1905, p.2.

7月4日，荷马李在接受《纽约论坛报》记者采访时说，军校是为了给中国政府提供一些足以胜任的军官，而至于谁是中国政府的首脑，并不重要的，甚至说如果皇太后需要帮助，他也会慷慨地予以提供；荷马李还谴责革命，认为革命会给中国带来祸患。①7月23日，《洛杉矶捷报》再次提到有关军校的传言，而这时康有为的表态非常有意思，他仅仅是付诸一笑，认为军校的做法是"一个非常笨拙的方式，或许还有更好的途径"。②

7月24日开始在纽约召开的保皇会大会，是保皇会历史上一次重要的会议。它对军校的现状感到满意，并对其未来进行了规划。在纽约大会之后，康有为继续旅行，而荷马李因为"事务缠身"，不能陪同康有为旅行。对于二者的分离，《洛杉矶时报》写到："当到达东部，并视察完中国人在东部建立的所有军事学校之后，荷马李与康有为分开，去完成特殊的使命，并到国外去了一段时间。具体为了什么不得而知。"③此后，康有为与荷马李的关系逐渐冷淡下来，军校的相关报道也日渐稀少。

1905年12月30日，《旧金山纪事报》（San Francisco Chronicle）登载一篇报道，使得荷马李及其军校的事情再次引起人们的关注。文章开篇就写到："荷马李已经失去了其作为美国保皇会军队总司令的职务。中国的改革家康有为已经停发其薪水，并将其革职。"文章接着提到了真假总令事件以唤起人们的记忆和阅读的兴趣："无需提

① "China's Greatest Need", *New-York Tribune*, July 5, 1905, p.4.
② "The Man of the Week Prince Kang Yu Wei", *Los Angeles Herald*, July 23, 1905, p.31.
③ "Let Bygones be Bygones", *Los Angeles Times*, December 6, 1906, p.17.

及太多令人不快的细节，人们就应该能记起来中国维新军在今年春天时曾有两个总司令：荷马李和法尔肯伯格，他们两人都穿着挂满金穗带的军装，都有委任状，职务是将军或者类似军衔……"文章提到，针对法尔肯伯格的挑战，荷马李想出了一个非常好的计策，以辨出真假。他试图举办一个宴会，邀请著名的人士参加，其中就有加州陆军总指挥官芬斯顿将军。当荷马李派人去邀请芬斯顿将军时，后者质问来人"荷马李是谁"以及他们的军装怎么回事，于是维新军引起了政府的注意。根据该篇文章的写作逻辑，正是上述事件之后，导致康有为写信给荷马李，免去其职务："如今，荷马李收到了来自康有为的信件"，"信中的部分内容如下"："由于我不停地转移住所，所以我有段时间没给你写信了。在那期间，我努力地从事你那个营地建设的项目。但就军校来说，我非常遗憾地告诉你，因为你曾汇报过的最近发生在加州的麻烦，那些资助军校的商人实际上已经遣散了军校。如果不是上述那些麻烦，中国的商人和学生不会如此灰心丧气，那么我们所追寻的目标就能顺利地达成。尽管我反复劝说他们继续工作，但是他们不敢。你花了这么多心血的工作，就这么不幸夭折，令人十分遗憾。如今那些军校不复存在了，于是无法继续获得收益。在这种情形之下，我内心无比难过地履行我的职责——向你宣布你被免去美国军事学校总司令（chief）的职务，你每月获得的津贴也从这个月（11月）停止发放。基于我个人的努力，你上个月的津贴从各个城市寄给你。"①康有为信中对于免

① "Homer Lea Loses His Peacock Feather"，*San Francisco Chronicle*，December 30，1905，p.14；张启祯、（加）张启礽编：《康有为在海外·美洲辑——补南海康先生年谱（1898—1913）》，第95页，该书根据前引同一份史料写到："11月30日，康有为自菜园致函荷马李，免去其美国干城学校总司令职务"。

去荷马李职务的解释，与报纸的解释一样，也是因为加州发生的麻烦，使得中国的商人和学生害怕了，于是军校渐渐失去了生源和财源。据该报章显示，这封信是 11 月 30 日康有为从墨西哥写给荷马李的。它于 12 月 30 日在荷马李居住的洛杉矶见报，昭告天下，荷马李再也不是美国干城学校的总司令了。从 1905 年的 4 月 7 日，康有为发表声明，承认荷马李为干城学校的总司令，到 1905 年 11 月 30 日康有为写信给荷马李告知撤销其总司令职务（12 月 30 日《旧金山纪事报》登载该信），不到 8 个月的时间。

康有为撤销荷马李职务的这篇报道后来被其它媒体转载，同时报章还报道了荷马李在卡尔斯巴德（Carlsbad）筹建军校失败的消息。①有报章甚至以《军校项目失败》为题报道了荷马李解职的消息："准备在卡尔斯巴德成立的华裔军校可能不会实现了，至少目前是这样。负责在美国为保皇会组建军校的荷马李已经被撤职停薪。这些军校曾受到整个美国华裔商人俱乐部捐款的资助，如今这个俱乐部解散了，资助没有了，军校也解散了。"②

荷马李的撤职和卡尔斯巴德筹建军校失败的消息被媒体联合起来报道，揭示了军校由盛到衰的转折点。曾经热热闹闹引起媒体大量报道的军校慢慢销声匿迹。对于军校具体消失的时间，并没有记

----

① "Carlsbad School Fails Through"，*San Diego Union and Daily Bee*，January 8，1906，p.7. 这篇文章开篇提到，3 个月前卡尔斯巴德传言要建立保皇会军校，如今可能永远没法实现了。"提议建立该军校的荷马李已经丢掉了美国干城学校总司令的职务，原因是没有足够的经费供学校运转。荷马李军校中的职务终止被《旧金山纪事报》描述如下……"，然后一字不差地转载了《旧金山纪事报》报道荷马李被撤职的文章。

② "Military Academy Scheme Fails"，*Blade Tribune*，January 13，1906，p.3.

录予以确切的显示。1907 年 5 月 27 日，麦克维克少校在纽约军校
解散时举行了一个毕业典礼。媒体对此予以报道，并称："去年，
据说大约有 4 000 名中国人，接受了军校毕业的中国人的训练之
后，已经回到中国去教授中国人美国的军事战略策略"，而现在该
军校解散后，所有学员因为已经"在军校接受了 3 年的学习和训
练"，从而已经具备资格回到中国去教授美国军事策略。①这篇报道
没有提到纽约军校为何解散，但表明了纽约的军校一直存续到了
1907 年的 5 月底。而在 1908 年 11 月 29 日媒体的报道中，保皇会
大楼的墙上还悬挂了荷马李的照片："讲台的后面悬挂着由纽约州
务卿颁发的该组织执照。旁边是一个美国人荷马李的照片，他已经
是中国革命家孙中山的帮手。"②

　　从后来康有为对于巡视军校的回忆来看，他对于军校的评价是
积极肯定的："吾于美国有干城学校，凡二十二，布在纽约、芝加
哥等二十二都邑，教吾宪政会人之兵学者，每校有数教习，教习有
大有分，统合各校，有总教习，皆延美之武官为之，其礼节并如行
阵，等级俨然，威容恪肃。学生之事教习，下级教习之事大教习，
分校教习之事诸校总教习，礼容至敬，奉命惟谨，吾时巡视之，亦
以兵容相敬。"③而从 1905 年 7 月底在纽约召开保皇会大会对于干
城学校的相关计划和规章来看，保皇会对军校也是肯定的，且对其
未来也有发展计划。可是为何在是年年底就宣布撤销荷马李的总司

---

① "Chinese Reformers to Celebrate", *New-York Tribune*, May 24, 1907, p.14.
② "Hot Debates in Chinatown", *The Sun*, November 29, 1908, p.9.
③ 康有为：《中国颠危误在全法欧美而尽弃国粹说》，汤志钧编：《康有为政论集》，
　　北京：中华书局，1998 年，下册，第 900—901 页。

令职务，而军校也慢慢销声匿迹了呢？

对于荷马李的撤职以及军校的消亡，康有为给荷马李的信中提供了一定的解释，即真假总司令等事件之后，军校引起美国政府等的注意，华商（其捐助是军校收入的重要来源）和军校学生由此灰心丧气且产生害怕心理，康有为由此撤销了荷马李职务，军校也由此解散。然而，军校的命运如此迅速地急转直下，康有为急不可耐地撤职荷马李，并将消息曝光，对军校更加产生负面影响从而加速了军校的解散。这一切除了总司令争夺事件带来的负面影响之外，还有其他因素需要予以考虑。

首先是革命运动的发展以及孙中山的影响。康有为检阅军校，使得媒体对军校曝光度增加，与此同时，对军校的作用也存在传闻和猜测，故而荷马李在接受媒体采访的时候，会刻意强调其军队是为了保护皇帝，不是为了革命推翻清政府，荷马李甚至在采访中对革命行为进行了谴责。荷马李的这种做法实际上透露出了一些信息。当时中国国内的确存在两种变革的路径，这两种路径引起了美国媒体的注意和报道。其中一条路径是以光绪、康有为、翁同龢等为首，他们颁布了一些自由的法令，"如果成功执行，将奇迹般地改变中国"。然而由于李鸿章等人的干预，并支持太后，慈禧太后"宣布法令无效，让皇帝自行退位，将其幽禁在宫中，自己继续管理政府"。康有为"逃到新加坡，等待慈禧去世"，而"慈禧的去世将不会让人等待很长时间，因为不久将会有人去刺杀她"。另外一条变革路径以香港为中心，由民间党派倡导，得到英国人的积极同情。其追随者由推崇欧洲文化的中国人组成，位于香港、新加坡、菲律宾、夏威夷、旧金山和日本等地。他们赞成推翻满洲统治，拟让广州成为首都，其政府将"仿照大不列颠和美国"。"该派的首领是孙逸仙（Sun-yat-sen），他已经进行了三次不成功的革命。"①

　　梁启超和康有为在美国进行宣传，扩张保皇会影响的同时，孙中山也曾到北美访问并做革命宣传。梁启超于 1903 年 5 月到达美国进行访问，10 月 22 日到达洛杉矶，在洛杉矶待了近 10 天时间。12 月 11 日，由北美返回日本。②梁启超的北美之行，对于保皇会在当地的发展起到了积极的促进作用。几个月之后，孙中山也来到了美国进行访问。1904 年 4 月 7 日孙中山抵达旧金山，受保皇派的陷害，被美国移民局拘禁于天使岛的木屋。当时伍盘照、黄三德等人设法积极营救。12 月 14 日，孙中山离开纽约赴英国伦敦。③孙中山的此次美国之行，对于宣传革命思想，筹备革命组织等方面起到了积极作用。其后，康有为于 1905 年 2 月 11 日，自美加边境的苏马斯进入美国，到达华盛顿州，开始对美国进行访问。梁启超、孙中山、康有为这三人前后来到美国进行宣传和鼓动，两派的竞争关系表现得非常明显。梁启超的访问对美籍华裔产生了比较重大的影响，而孙中山随后加入致公堂在黄三德陪同下游历美国进行革命宣传，此后康有为作为保皇运动的领导人踏上美国的领土，继续在梁启超等弟子已有的工作基础上进行宣传，强化保皇派的影响。

　　对于孙中山为代表的革命派的发展，康有为等人非常警惕。在梁启超访美时，曾经就孙中山问题与谭良长谈："这两个人彻夜长

---

①　"Reform in China", *The Evening Star*, September 10, 1905, p.16.

②　李喜所、元青：《梁启超新传》，北京：商务印书馆，2015 年，第 637 页。

③　尚明轩：《孙中山传》，北京：西苑出版社，2013 年，第 648 页。

谈……毫无疑问，他们谈论了康有为的政敌孙中山的崛起。"①而康有为在其来美之前，曾于 1904 年 12 月 6 日写信一封给谭良要其代为购买护甲。收到谭良回信，在紧随其后写给谭良的第二封信（12 月 22 日）中，康有为写到："孙贼在何所？望随时查访。吾党无谋无力，致彼纵横。甲事无亦可，不过有此正可放心横行耳。"②信中称孙中山为孙贼，希望谭良能密切关注孙中山的行踪，且检讨因为自身党派发展无力才致使孙中山一派蓬勃发展。信中随后提到"护甲"的事情，将其与孙中山并提，使人不禁由此联想到一个问题，即康有为想购买护甲所主要针对的对象到底是谁。梁启超在 1906 年 12 月写给康有为的信中，还提到了革命势力的发展对改良派保皇运动产生的影响："今日局面，革命党鸱张蔓延，殆遍全国。我今日必须竭全力与之争，大举以谋进取，不然将无吾党立足之地。"③可见，康梁与革命派竞争的想法一直是存在的。革命派一直要做的就是，通过发动起义，推翻清王朝的统治。起义中，具有高素质的军事人才，对于起义的成功显然有比较重要的作用。荷马李所建设的军校，其学员学成回中国后所要做的事情，与孙中山所领导的革命派做法有一定的重合度。所以媒体在采访荷马李时，会就"革命"问题进行采访，而荷马李因为其与保皇派的关系，也极力否认"革命"。尽管康有为也在接受采访时，提到干城学校不

---

① Louise Leung Larson, *Sweet Bamboo*：*A Memoir of a Chinese American Family*, University of California Press（Berkeley），2001，p.51.

② 《致谭张孝书》（1904 年 12 月 22 日），方志钦主编：《康梁与保皇会》，天津：天津古籍出版社，1997 年，第 57 页。

③ 《梁启超致康有为》（1906 年 12 月），张荣华编校：《康有为往来书信集》，北京：中国人民大学出版社，2012 年，第 601 页。

是要推翻清政府，可是这些军官、士兵被培养起来之后，很难确保他们究竟是支持清政府还是试图革命。

1904 年孙中山的访美，凭借致公堂的影响力在美国进行宣传。此时的孙中山与伍盘照、黄三德关系密切。在前面的章节中，曾经描述过荷马李与伍盘照、洪门的关系，虽然没有明确材料去证明荷马李在此次孙中山访美时到底与孙有无直接接触，但是可以猜测，此二人极有可能此时见面。尚明轩的《孙中山传》甚至写到："1904 年，孙中山在美国与美国军事家荷马里结识，此后，荷马里追随孙中山近十年之久。"①关于孙中山与荷马李的结识问题，前面已经有所论述，这里引用这则材料，只是为了表明，在这次访问中，孙中山极有可能与荷马李有过会面。

荷马李的军校极有可能会被孙中山革命派利用，康有为和梁启超肯定认识到了这一点。所以为了阻止革命势力的扩张，康梁宁愿放弃军校这个项目，以免被敌人所利用。而此时正好中国国内出现了新的动向。"6 个大使和 7 个总督已经向皇帝提议建设宪政政府。"②其后，1905 年 7 月 16 日清政府颁布上谕："方今时局艰难，百端待理。朝廷屡下明诏，力图变法，锐意振兴。数年以来，规模虽具，而实效未彰，总由承办人员向无讲求，未能洞达原委，似此因循敷衍，何由起衰弱而救颠危？兹特简载泽、戴鸿慈、徐世昌、端方等随带人员，分赴东西洋各国考求一切政治，以期择善而从。嗣后再行选派，分班前往。其各随事谘询，悉心体察，用备甄采，

---

①　尚明轩：《孙中山传》，北京：西苑出版社，2013 年，第 142 页。
②　"Head Chinese Reformer Here", The Sun, June 28, 1905, p.7.

毋负委任。所有各员经费，如何拨给，着外务部、户部议奏。钦
此。"①清政府下诏派五大臣出洋考察政治，并准备进行切实的改
革，这让一直主张变法改革的康梁等人意识到他们的目标或许可用
另一种方式实现：不需要武力勤王，而只需等着皇太后寿终正寝、
皇帝归政即可。所以康有为在接受记者采访时，会说军校是一个笨
拙的方式，或许还有更好的途径。②康有为对这一点越来越有信心，
因为他曾两次"电查"北京的情况，得到"北京信语"："顷那与上
极和。第一，是那畏外国干预，近年无此心，不敢复提废立事；第
二，上极谨慎，那绝不忌之；第三，近来，那一切问上，故上能参
预。今至变法，皆行戊戌之旧，及决停科举、决立宪，一切皆上持
之，那拉听焉，故有此。上又欲出游欧洲，但未成，那未肯耳。那
近多病忧心，甚至神气甚短，九月还宫甚棲皇，故太监皆谓恐其不
久。皇上精神无恙，左右有几个好太监甚忠心，有拳力，出入保护
皇上甚紧。今不必将姓名写出。计从此上渐有权，新政渐行，中国
或可补救也。"③

　　考察政治大臣出洋是清政府进行其后重大变革的第一步。戴鸿
慈与康有为都是广东南海人，同乡的关系更容易让康有为拉近与考
察政治大臣乃至整个考察使团的距离。而9月24日正当考察使团
从正阳门出发准备出洋考察时，却意外遭遇炸弹事件。事后查明，

① 《光绪宣统两朝上谕档》，桂林：广西师范大学出版社，1996 年，第 31 册，第
　　90 页。
② "The Man of the Week Prince Kang Yu Wei", *Los Angeles Herald*, July 23, 1905,
　　p.31.
③ 《致谭张孝书》（1905 年 12 月 26 日），方志钦主编：《康梁与保皇会》，天津：
　　天津古籍出版社，1997 年，第 68 页。

炸弹事件是由革命党人吴樾实施的刺杀，它对整个考察活动产生了很大影响。考察大臣及人员都出现了变动，起行的日期也被推迟，而爆炸事件使得中国国内的改良与革命之争引起了国际社会的关注。①戴鸿慈等人遭遇革命党人的刺杀，使我们联想到此前康有为买护甲的行为，康有为与戴鸿慈等人"同命相怜"，从而更加有助于拉近康有为和考察使团的距离。

考察使团最后于 12 月 7 日出京，开始到各地访问，其中戴鸿慈、端方一行于 1906 年 1 月 13 日到达旧金山。②为此，康有为于 12 月 26 日写信给谭良，要其布告各埠："端、戴将到各埠，宜以厚礼迎待。上奉寄保会相与之，请其复辟立宪（依此意作稿，勿误。速发之稿，寄我一看尤妥）。约以此一二义详晰造稿，印寄各埠（出我名发公函）。"③

中国国内形势的发展使得康梁等人认识到可以不用通过武力的方式达成改革的目的，与此同时，革命派势力的发展，荷马李的干城学校有可能走向革命一途，这两个因素对康有为撤销荷马李军校总司令并任由军校消亡也起到了一定的作用。虽然没有证据证明，是否康有为这时已经发现了荷马李与孙中山存在秘密关系，从而导致他撤销荷马李的职务。

此后荷马李与康有为再也没有见面。但荷马李对康有为的行踪

① 参见陈丹：《百年前北京正阳门车站爆炸案的反响》，《北京社会科学》，2008 年第 2 期。
② 参见陈丹：《清末考察政治大臣出洋研究》，北京：社会科学文献出版社，2011 年，第 151 页。
③ 《致谭张孝书》（1905 年 12 月 26 日），方志钦主编：《康梁与保皇会》，第 68 页。

有一定了解。例如 1908 年 4 月 7 日，当查尔斯·B·布思（Charles
B. Boothe）询问康有为的行踪时，荷马李告诉他，康有为或许会来
西海岸，时间是"春末或者夏季，但我不太确定"。①1909 年 6 月，
荷马李为了联系康有为，还得通过查尔斯·B. 布思作为中介，②这
件事情说明了荷马李与康有为关系的疏远程度。而这种疏远中，康
有为的主动成分更多一些。上面所述的康有为撤销荷马李的干城学
校总司令职务可以体现出康有为在这种疏远关系中采取主动。撤职
之后，康有为和荷马李的关系到了冰点。康有为曾经试图找到一个
银行家，以替代荷马李的作用。他询问谭良："罗生银行之美人与
堪马利凭比否？"对于康为何这样问，汤铭三解释说："佛甚欲用西
人，罗生银行家可用否？乞细查复佛。"③曾经热情向康梁等人推荐
荷马李的谭良，其女儿在有关家庭的回忆录中对于荷马李是这样描
述的："荷马李是军事冒险家，他声称自己是中国维新军的将军，
在改良运动中很活跃。然而，他被视为一个机会主义者，总是为自
己探寻最大利益。后来，当康有为和孙中山成为敌人，孙中山慢慢
占据上风之后，荷马李抛弃了康有为，并成为孙中山的亲密朋友。
当孙中山被任命为中华民国总统时，他真地陪伴孙中山去中国。尽
管妈妈从未提过荷马李，但爸爸显然认识他。可惜的是，我们从未
听爸爸自己谈过他在这些历史事件中的作用。我们并不是很关心，

---

① 荷马李写给布思的信（1908 年 4 月 7 日），美国斯坦福大学胡佛档案馆藏布思
文件（Boothe Papers），Box 2，Folder 4，No.75。
② 布思写给康有为的信（1909 年 6 月 14 日），美国斯坦福大学胡佛档案馆藏布思
文件（Boothe Papers），Box 2，Folder 6，No.86。
③ 《致谭张孝书》（1906 年 6 月 3 日），方志钦主编：《康梁与保皇会》，第 72 页。

同时因为我们知之甚少，所以我们没有就此询问他。"①从这段文字看出，谭良女儿印象中的荷马李是个投机分子，起初在改良运动中很活跃，而在孙中山占据上风之后，荷马李便转向了孙中山，而谭良再也没有提过荷马李。在谭良女儿的回忆里，荷马李与改良派的疏离是因荷马李主动抛弃了康有为，但从上文的分析来看，原因应是康有为撤掉了荷马李的职务，即康有为主动弃用荷马李。

曾经轰动一时的军校就此落下帷幕，荷马李与保皇会的关系也随之疏离。此后荷马李的名字再次成为焦点，是因为他的写作，而他也因此获得了"军事天才"等名声。

小　结

荷马李在继续从事军校事务的时候，康有为的访美使得荷马李与保皇会的关系发展到蜜月期。鉴于康有为在保皇会中的地位，此外再加上之前梁启超访美时积累的有关迎接招待的经验，荷马李在康有为访美时的相关接待、宴请和会晤方面更显高规格，其中与美国总统的会晤是此次康有为访美活动的高潮。荷马李紧密陪同康有为巡游美国，并视察各地军校情况。康有为在接受采访时谈及中国正在进行的变革以及创办军校的目的。召开保皇会大会是康有为此次访美的重要日程，该大会对于整合保皇会力量具有重要意义。

康有为在访美时还特别注意到了孙中山革命派力量的发展，对

---

① Louise Leung Larson，*Sweet Bamboo：A Memoir of a Chinese American Family*，University of California Press（Berkeley），2001，p.51.

革命派力量尤其警惕，在与谭良的长谈中也提及孙中山的相关情况。在接受美国媒体访问时，康有为强调军校不是要革命以推翻清政府。真假总司令闹剧以康有为发布对荷马李的委任状而告终，而军校也由此引起美国政府的注意，最后康有为因此而撤销了荷马李总司令的职务，军校也由此解散。其中缘由除了军校引起美国政府注意之外，孙中山革命派力量的发展以及中国国内新政的进展对其解散也有一定的影响。荷马李与保皇会的关系就此疏离。

第四章　天才预言家

当荷马李与康梁等保皇派的关系日渐疏离，其军校事业也走向落寞，曾经处于媒体聚光灯下的荷马李一度再次沉隐。此后的一段时期里，他根据以前的经历、钻研过的军事等方面的知识，结合自己的思索，开始从事写作，其著作甚至让他获得了"天才预言家"的名声，他因而又以另外的形象受到媒体的关注。

第一节　初试写作

荷马李有军事梦想，他渴望能建立军功，获得军事成就，他为康梁等保皇派训练军队、建立军校，并成为总司令，可以看作是他朝着军事梦想迈进所作出的努力。同时，他喜欢读书，喜欢阅读浪漫的文学故事和军事方面的书籍，在军事梦想受到挫折时，他根据当时国际形势的发展，又尝试以著书立说的方式朝着梦想迈进。

一、中国的战斗力

1792 年马戛尔尼使团访华，整个使团用了一年的时间来到中国，其目的是想扩大中英之间的贸易，并向中国索要一处岛屿作为长途补给之用。乾隆皇帝面对这一队不知从何处来的使臣，将其认为是为了庆贺皇帝生辰而来的贡使，因而对自己的德功感到更加自豪。当得知英使真正的目的后，乾隆没有答应英使的要求，并在完成觐见之后，立即让其回国。马戛尔尼使团虽没有完成其使命，但使团对于中国的记录在欧洲传开，中华帝国的繁华让其艳羡，同时也让他们看到了中国军事的落后，中国这艘破败的战船如果由一个指挥不当的将领掌舵，不久就会沉没。

马戛尔尼使团给中国带来了西方先进的武器，但被放在了圆明园的仓库里。这一次的东西方碰撞让西方看到了中国的富有且缺乏防御力，而中国将英国使臣看成是普通的贡使，却没有看出他们背后的驱动力。

到了 1840 年鸦片战争，英国人终于通过炮舰打开中国的大门。中国本来依据自然的屏障偏安于东方，如今却由于科技的发展，被西方叩开了大门。自此再也无法保存其"天圆地方"的"天下"，宗藩体系土崩瓦解，甚至宗主国自身也难保全，被西方蹂躏、瓜分。在中国与西方签订不平等条约，日益深陷半殖民地半封建社会深渊的同时，日本也受到来自西方的冲击。日本看到中国在鸦片战争战败后被迫签订条约，于是在 1853 年 6 月美国佩里舰队到来后，没有经过抵抗而直接与美国签订条约，打开国门。其后日本积极向西方学习，于 1868 年进行明治维新，大力发展资本主义工商业。日本这个东方岛国的饥饿天性被激活了。①日本面对西方的压力进

---

① Homer Lea, *The Valor of Ignorance*, New York and London: Harper & Brothers publishers, 1909, p.121.

行一系列改革，却受到岛国这个自然条件的限制，由于经济的发展以及传统历史文化的影响，其武士道精神在特有的背景之下得以改造和复兴，并与国家的发展密切结合起来，日本逐渐走上军国主义的道路。①为了自身发展的需要，日本提出主权线和利益线的说法。1890 年日本内阁总理大臣山县有朋认为："仅仅防守主权线，已不足以维护国家之独立，必须进而保卫利益线。"②对于什么是主权线和利益线，他后来又进一步解释说："何谓主权线？国家之疆域也。何谓利益线？即我主权线的安全紧密相关之区域。"③日本为自己的扩张做舆论上宣传的同时，在军事、财政上也进行了相应的准备。日本一步步除去自己扩张道路上的绊脚石。通过 1894 年的甲午战争，日本这个曾经的学生打败了中华帝国，一跃成为东方令人瞩目的国家，逐渐挤入西方列强之列。而 1904 年的日俄战争更让世界对日本刮目相看。

还在日俄战争进行之时，各国便给予密切关注，"自日俄开战以后，世界各国之报纸所记载者，皆此事也"④。美国甚至出现了因报道该战争而报纸畅销的情况："自日俄开战以来，美国各报纸

---

① "在明治维新以后，近世武士道理论为明治政府制定《军人敕谕》和《教育敕语》，对军人和全体国民实施军国主义教育提供了思想来源，日本军国主义者正是利用这些思想向军队和国民灌输尚武精神和效忠意识，从而使日本人民自觉地为军国主义发动的对外侵略战争服务。"参见王志：《日本武士道的演变及其理论化》，《东北师大学报（哲学社会科学版）》，2007 第 4 期，第 31 页。

② ［日］信夫清三郎编：《日本外交史》，天津社会科学院日本问题研究所译，北京：商务印书馆，1980 年，上册，第 153 页。

③ 日本近代研究会编：《近代日本人物政治史》，日本东洋经济新报社，1955 年，第 174 页。

④ 《论近日众论之无定》，《东方杂志》，1904 年第 5 期，第 89 页。

销场骤增，各造纸场所出纸料不敷应用，故从各国运来者为数不少，洛阳纸贵洵不须言。"①

对这场在中国领土上发生的战争，中国人自然更加关注，许多报纸都出现了关于日俄战争的专栏，大量报道和讨论这场战争，紧密地关注战争的动态和走向。战争最后以日本人的胜利告终。对于这种结局，当时的中国人将其解读为"黄种人"的胜利、"立宪政体"的胜利。他们之所以这样解读，是与当时中国人的政治诉求密不可分的。②在鸦片战争之前，中国一直是东方文化的龙头。她有着强大的自信心，自认为是世界的中心，认为"普天之下莫非王土，率土之滨莫非王臣"。她是宗主国，周边的国家是藩属国，从属于中华文化圈。而在鸦片战争之后，中国遭受一系列打击，宗藩体系日渐崩塌，中国面临亡国灭种的危机，自信心日益崩溃，寻找各种途径试图救亡图存。而近代在开国方面有相似经历的日本，居然能打败白种人的老大帝国，从而打破了黄种人不如白种人的魔咒，让中国人内心突然有了信心，同时对日本人的成就产生羡慕之情，试图学习和模仿日本。

日本打败俄国再次证明了日本的战斗力，同时，人们也意识到黄种人并不比白种人差。那么在日俄战争中采取局外中立政策的中国是否也有战斗力呢？荷马李基于对中国的兴趣，且对于中国的情况有一定的了解，他开始尝试结合自己的思考就相关问题进行写作。

---

① 《国外纸贵》，《时报》，1904 年 8 月 19 日，第 6 页。
② 参见陈丹：《百年前中国人对日俄战争的认识》，《文史知识》，2005 年第 8 期，第 31—37 页。

1907 年 2 月的《今日世界》刊载了荷马李撰写的《中国拥有战斗力吗?》(*Can China Fight?*) 一文。这篇文章展现了荷马李对中国历史和当时现实的思考。中国自从鸦片战争的半个多世纪以来,经历了八次战争,"失去了好几个藩属国,外国军队曾经两次占领她那古老的首都"①。在西方人眼中,中国就是不堪一击、没有任何战斗力的国家。而且在新近刚发生的日俄战争中,日本和俄国两个国家在中国东北开战,而中国宣布"局外中立",这样的事实,更让许多人怀疑中国是否有战斗力。荷马李认为,这种认识在很大程度上是源于"西方人对这个古老国家军事历史的无知"②。荷马李列举了中国历史上著名的战斗,认为"正如同其他国家一样,中华帝国的演进也是在战场上完成的","统治过中国的二十五个朝代中的每一个朝代都是由成功的将军所建立的;每一个朝代在崩溃的前夜,都从围困它的军队那里听到了丧乐声,预示着即将到来的悲惨结局"。荷马李说,在 1791 年廓尔喀入侵西藏时,中国的将军在艰苦的环境下进行了卓越的战斗,其能力让人十分惊叹。而且在中国历史上,曾经两次重挫日本,一次是公元七世纪的白江口之战,一次是十六世纪的万历朝鲜战争(又称壬辰之战),这两次战争都给日本带来沉痛的教训。荷马李认为:"武器和军力是在不断地发展变化的,但是一个民族的英勇气概却是恒定不变的。中国现在需要做的仅仅是弥补自己在前者中存在的缺陷。"③荷马李认为,近代中国之所以在武器和军力方面如此落后,是因为她犯了一

---

① Homer Lea, "Can China Fight?", *World Today*, February 1907, pp.137—138.
② Ibid., p.138.
③ Ibid., p.141.

个所有国家都会犯的错误，那就是轻视外国的军力。这种轻视，"是爱国主义的一种表现，更确切地说，它是一种全民性的愚昧。正是这种无知和愚昧，导致无数生命白白牺牲，同时给国家带来巨大灾难。帝国乃至整个民族因此而走向灭亡。"荷马李认为，中国要做的是把军事力量的控制权集中到国家手中，对各个军事院校进行统一划归管理，慢慢地就会像西方那样建立起来一支团结、统一、有效的军事力量，以用于战争之中。

荷马李在文中说，中国人更适合成为士兵。中国人具有超强的忍耐力，非常能吃苦耐劳、任劳任怨，平时表现得温文尔雅，而战时则可以异常勇猛和不顾生死。"他们非常聪明，能够迅速地掌握和记住最复杂的技术指令的每一个细节，他们的沉着冷静在现代战争中尤其难能可贵，而他们对长官的敬畏成为了军队的纪律，这是军队构成的基础，且使得军事任务容易被完成。"①荷马李对于中国人更适合成为战士的上述特点的总结，应该与他参与军校建设的活动相关，而且在一些与媒体的谈话中，荷马李也曾经表述过类似观点。这篇刊登在《今日世界》的文章中，也配有许多军校训练的图片，包括"行军"、"占领制高点"、"迂回"、"以马匹做掩体"等。这些图片一方面与文章的主题相呼应，也从一个侧面在回答"中国拥有战斗力吗"这个问题，另一方面，也告诉读者，荷马李是以自己的亲身经历为依据来写这篇文章，从而让自己的文章更有说服力。

荷马李在文章最后说，任何爱好和平和正义的人都乐于见到中

---

① Homer Lea，"Can China Fight?"，*World Today*，February 1907，pp.145—146.

国军事力量的复兴，"它作为一个毫无防御力的国家，已经导致许多战争的爆发，如果再这样下去，还会导致更多战争的爆发"，但是，"一个强大的中国则有能力捍卫自己的权益，从而会有效地遏制由其军事衰弱而诱发的野心"。①

这篇文章是荷马李对中国所持有情感的再次表达（他以前在接受媒体采访时也表达过这样的观点），也是其中国观的很好呈现。荷马李从当时中国面临的现实情况展开分析。当时的中国军事十分落后，一再遭受来自西方的打击。所有人都在质疑中国人是否拥有战斗力，是否能抵挡住外国的军事攻击。荷马李回顾了中国历史上存在过的伟大战役，认为中国人具有英勇的战斗精神，只是由于无知和忽视，现今其军事力量十分弱小，而中国需要做的就是对士兵进行训练，使其掌握现代的军事技能，进而提高整个国家的战斗力。而荷马李一直以来所从事的事情就是训练中国人。荷马李相信中国人经过训练能够成为很好的战士。这种看法是对中国人孱弱形象的一种抗击。在近代历史上，中国的形象是贫弊的，其国民是羸弱的。荷马李的这篇文章是对当时"弱国弱种"中国形象的一种回应，而且也拿出了自己军校训练的实证。荷马李相信中国人的军事素质，并认为中国可以成为有军事实力的国家。

他认为，中国的强大有利于世界的和平，对美国也是有利的。他正是出于爱国心才希望中国强大。中美同属于太平洋地区的国家，中国可以成为美国的盟友，以抵御来自他国的进攻。荷马李希望美国能帮助中国强大起来。需要注意的是，荷马李的这篇文章在

---

① 　Homer Lea，"Can China Fight?"，*World Today*，February 1907，p.146.

美国刊物上发表，其读者是美国人，荷马李这样写有迎合读者的意图，但若把这篇文章放置于日俄战争之后日美关系紧张的局势之下，荷马李的这些观点就具有很强的时代性和合理性。这样的观点还会继续出现在他的后续著作里。

同时，在这篇文章中，荷马李还表达了他对美国当时军事的看法："无视军事科学的基本规律，极度轻视国家的士兵，这是古往今来所有国家普遍存在的显著特点。从这一点来看，美国与那些在勇气方面被我们鄙视的国家相比，没有任何不同的地方。"①荷马李认为美国也存在对他国军力的轻视，这与频频被外国打败的中国存在相似之处。荷马李认为和平是武装的和平，只有保持合理的军备水平才能获得和平，这种观点也在其后续著作中再次体现。

二、浪漫小说《硃笔》及其影响

除了根据参与军校建设的经历以及相关思考进行写作之外，荷马李还依据他在中国的见闻，完成了一部浪漫小说《硃笔》（*The Vermilion Pencil*）。

这部小说的基本情节很简单：一位采茶女因美貌被巡抚发现，后来却嫁给总督成为了总督夫人，慢慢地与总督和主教安排给她的家庭教师———一位来自布列塔尼的神父产生感情，二人私奔，其后采茶女被抓并被凌迟处死。

这本小说中对于浪漫的爱情故事、中国的风土人情以及秘密会社的描写，会给读者留下深刻的印象。

---

① Homer Lea, "Can China Fight?", *World Today*, February 1907, p.137.

采茶女是故事的女主人公。书中对于这位女子的面貌描写较少，而较多地刻画了其声音，她那动听的歌声吸引了巡抚找到她，她动听的笑声会让人如痴如醉。同时，采茶女的个性是率真而高傲的，即使嫁给了总督也保持不变。她的魅力使得总督十分听她的话，从而为百姓做了许多善事。故事的男主人公是采茶女的外国家庭教师——一位来自布列塔尼的神父。小说中的这位神父没有具体的姓名，只是用布列塔尼人来指代他。其性格中带有忧郁、自闭的特点，为人善良。他和采茶女渐渐产生感情之后，对二人性格、人生走向都带来很大的影响。整本小说的情节安排让读者看到，采茶女没有对巡抚、总督产生真情，而最后对布列塔尼的神父产生了真情，这样的安排在一定程度上满足了西方读者对于东方女性的想象和欲望，满足了西方人自觉优越的心态。

小说中有许多对于中国地理环境的描写。采茶女出现时，作者对于茶园环境、采茶场景的描写，让西方读者能够"目睹"和想象与"茶"相关的故事。书中还对广东地区的风景名胜进行了描述，如罗浮山地区的景观，介绍了与其相关的历史传说故事，使得整本书充满了东方的迷幻色彩。书中有许多对于台风去来的刻画，非常精细，使读者仿佛亲眼见证了整个过程。台风初来时候的征兆，其间所具有的破坏力量，台风离去时天空的变化，等等这一切，其描述的精细程度，不是光靠想象或者道听途说就能得来的。这也体现了荷马李观察力和文字表述力。

书中还有许多关于中国风俗习惯的描写。小说开头描写了几个妇女在河边祷告的场景，使小说蒙上了奇幻的色彩。书中对端午节的盛况描写，展现了龙舟竞渡、彩带飘展、人流如织的场面，对西方人而言充满了异域风情的诱惑。

对天地会的详细描述，也是这本小说的一大特点。书中讲述了天地会的历史、相关的行话，还提到了天地会的宝藏。由于天地会的影响力，书中加入这样的因素，对于吸引读者也起到了一定的作用。①

整本小说可以说是对荷马李自身经历的一种体现，他将自己在中国的见闻写入小说中，所以才会写得那么真切和有感染力。反过来，这部小说也证明了荷马李曾在中国生活过，并有过细致的观察。

荷马李在小说中还展现了自己对于晚清官府和传教士的认识和看法。小说中的巡抚是一个好色之徒，他在旅途中听到了采茶女曼妙的歌声，就决定要见到这位女子，见面后更是决定要娶她。而且在对话中，这位巡抚只会以官衔压人、用官衔来解决一切问题。可后来采茶女却嫁给了更高级的官员总督。但不论是巡抚还是总督，都被采茶女迷倒。尤其是总督娶了采茶女后，对其百依百顺。本是蛮横、残暴的总督，在采茶女面前，就如同三岁小孩般，对夫人唯唯诺诺，甚至经常被揪耳朵也不生气。

传教士是小说中着力刻画的另一类人物。小说中，传教士可以出入中国的大街小巷，还可进入总督的后花园。普通民众的住宅被

---

① 《西方孙中山研究的历史考察及其学术流变探析》一文认为，该书"虽看似是本小说，但内容涉及晚清南方地区的会党概况，其中就有孙中山与洪门的关系"。笔者认为，这本小说的确谈到了会党情况，但很难看出书中明确提到了孙中山，更不用说孙中山与洪门的关系。不能因为荷马李后来曾担任孙中山的顾问就牵强地认为该小说涉及了孙中山与会党的关系。参见崔华杰：《西方孙中山研究的历史考察及学术流变探析》，《安徽史学》，2018 年第 4 期。

传教士索去，在风暴的夜晚无处躲雨，而只得任由狂风暴雨肆虐。同时，小说还反映出传教士觊觎中国的宝藏。小说对主教的刻画最能反映出传教势力对中国产生的黑恶影响。主教看到总督夫人对总督的影响力，趁机派那位布列塔尼人去当总督夫人的家庭教师，并暗示其通过夫人对总督产生影响。主教还暗中派一个女仆去监视那位布列塔尼人和夫人的行为。

那位布列塔尼人和总督夫人的私奔，使得总督和主教坐在一起进行商谈。总督希望主教能帮着抓住二人，主教就此提出想要总督的花园。在清政府的管辖范围内，总督抓人，还要主教帮忙，这在一定程度上说明了某种问题，即清政府得顾及外国人的意见才能行事。总督基于愤怒，答应了主教的要求，说只要能抓住二人，并且提出要将夫人凌迟处死。可是当那位布列塔尼人和总督夫人被抓住后，夫人要被执行凌迟时，总督后悔了，但主教执意行刑，总督竟然昏死过去。这里反映出总督似乎还有一点人情味，而主教则更加狡猾和凶残。

在荷马李的小说中，官府和传教士是中国具有特权的两派势力，二者勾结起来，鱼肉百姓。荷马李对二者的评价都不好。但是男主人公又是传教士中的一员（虽说是传教士中的例外），荷马李把自己的某些特点加之于那位神父之上，用这个人物完成他的某些想法，体现他自己的某些性格特点。这反映出荷马李痛恨传教士在中国的作为，但是另一方面，他也认识到传教士中的某些人在中国还是起到了一定的积极作用。荷马李对清政府的官员以及教会的认识，与当时中国大众对二者的普遍认识是一致的。

这本小说充分体现了荷马李对于中国及其民众的感情。采茶女曼妙的歌声以及迷人的景色，让人们对那片土地充满喜爱和想象。而中国民众的苦难也在书中得以描写和刻画，荷马李试图拯救他们的心也在小说中展现出来。

当然，这部小说也用一些元素去吸引西方人的眼球，比如中国的酷刑、西方人与中国女性的爱情故事、秘密会社及其宝藏等。

《硃笔》于 1908 年 3 月由麦克卢尔公司（McClure Company）出版。报刊上登载了相关的广告。实际上，早在 1907 年 11 月，麦克卢尔公司就为荷马李的这本书做了广告。书的名字是《凌迟》（*The Lyngchee*），广告写道："如果我们告诉大家这本小说的作者是中国维新军（The Chinese Reform Army）中的一位中将（Lieutenant General），那么至于他是否有能力写作一本关于中国的真正的小说，我们就不用多说什么了。李将军因为亲身的经历故而十分了解中国和中国人。他给我们带来了一个奇特的浪漫动人的外国故事，里面充满了戏剧化和激情的元素，近来的小说没有能超越它的。"广告接着透露了小说的内容："其男主人公是一位年轻的法国神父，他爱上了一位富有的满清官员的年轻貌美的妻子，并同她私奔"，最后那个犯错的可怜女子差点被施以凌迟的酷刑。[①]在小说正式出版之后，书名变成了《硃笔》（*The Vermilion Pencil*）。相关的广告中继续宣传作者真正了解中国："《硃笔》是麦克卢尔公司出版的又一部极好的浪漫故事。其作者是荷马李。他把小说的场景设置在中国，他曾在那里生活了多年。"[②] "李将军是中国维新军的司令，由

---

① "Advertisement", *McClure's Magazine*, November 1907, p.230.
② "Literary Chat", *Vogue*, March 19, 1908, p.426.

于他几乎毕生都与中国人关系密切，因而非常了解中国人，并将其展现在了这本极度浪漫的小说的字里行间。"①

　　小说出版后不久，报刊就出现了对该书的正面评价。《旧金山纪事报》评价说："这本书十分具有教育意义。它描绘了浙江省美妙的自然风光，那里的花丛、河流、森林、群山、洞穴，还有可怕的暴虐的季风。它讲述了当地的风土人情、法律的本质特点及实施情况、官员和政府的特权及缺陷。"②这篇报道对该书的评价可以说是中等偏上，它觉得小说的主题老套。但有些评论则对该小说进行了高度赞扬。《纽约时报》评论说："荷马李即将声名鹊起。这绝不是因为他的出版商费尽心力让读者了解他曾经历过的无数奇特冒险活动，也不是因为他曾经是一支中华革命军的'将军'，几年前差点推翻了皇太后，而是因为他是《硃笔》（麦克卢尔公司出版）的作者。""这本书是至今为止最棒的小说。难以用语言去形容和描述它。它讲述了在中国的生活和经历……东方的景色、声响、气味在书中到处都是……""这本书不仅仅是小说，它是对人类历史的记录……荷马李为中国所做的事情，就如同拉迪亚德·吉普林（Rudyard Kipling）和阿尔弗雷德·爱德华·伍德利·梅森（A. E. W. Mason）曾为印度做过的那样，即让人们感知它、触摸它。"该文章指出，这本小说展现了不为西方人所知的世界，"它十分有趣，其对人物深入的刻画以及体现出作者所具有的描述功力，必然会使

---

① "Display Ad 21", *New York Times*，March 14，1908，p.140. 还有的广告与该篇内容相似，并有所扩展，参见 "Advertisement"，*The Bookman*，August 1908，p.681。
② "Short Reviews of New Books"，*San Francisco Chronicle*，April 11，1908，p.7.

得小说受到广泛的关注"。①《纽约时报》因为其在报界的地位，其刊文如此高度地评价了《砾笔》，一方面反映了《砾笔》的特点和价值，另外一方面也会对《砾笔》销售起到积极正面的作用，从而也有助于荷马李名声的积累和传播。

由于这本小说中描述的内容，也有人认为它是一本恐怖小说，荷马李的大学校长戴维·斯塔尔·乔丹（David Starr Jordan）在介绍荷马李时，就认为他是恐怖小说的作者："他是一部出色的恐怖小说《砾笔》的作者，它针对的是在中国的那些传教士。"②从乔丹的文字中，可以看到他认为这部小说是出色的。然而荷马李的继母艾玛在评价这本小说时说："它没有意思，但是从其开头到结尾，行文越来越好，越来越顺畅了。你写的下一本书将会不错。"③艾玛对这本小说不是特别满意，并鼓励荷马李继续进行写作。而荷马李写的下一本书，让荷马李获得了世界的盛名。

第二节　日美争斗与天才声誉的获得

荷马李根据自己在中国的经历和见闻，发挥自己在文学方面的天分，写出了《砾笔》一书，书中充满了他对中国社会的细致观察和思考，他对教会和清政府的态度也淋漓尽致地展现出来。与此同时，他一直都在钻研军事战略方面的书籍，其军校的创办经历也有助于他进一步就军事战略问题进行思考。日俄战争的爆发及随后对

---

① "Novelist Writes of Chinese Life", *New York Times*, March 14, 1908, p.138.

② "Military Fiction", *The San Francisco Call*, February 18, 1912, p.69.

③ "The Home Front", *Los Angeles Times*, March 24, 1942, p.A.

世界产生的影响给他带来机遇和挑战，他迎着这次机会，终于创作出一本惊人的著作。

一、日俄战争后美日矛盾的凸显

日俄战争后，中国人对日本充满羡慕，意图模仿，而大洋彼岸的美国对日俄战争的解读却与中国人不一样。本来美国人对于日本人是赞赏的，因为"小小的日本显示了它战胜北方巨熊的决心和能力，这正符合美国人民的想象"。①而且美国在日俄战争之前的对日政策是支持日本，以对抗俄、英、德在远东的野心。但是由于美国在日俄和谈时坚持不涉及战争赔款，这种做法引起日本国内舆论的谴责，进而导致其国内出现了反美情绪，这反过来又促使美国对日本的看法发生改变。日本的崛起让美国感受到了威胁。从 19 世纪90 年代以来，美国与世界其余地区的关系发生了重大的变化，美国人日益感受到他们是一个崛起中的世界性强国。②"在 20 世纪的曙光来临之时，美国看上去已经做好准备，随时加入世界强国的行列。国内外的作者充满信心地预测美国的影响将很快扩展到全球"，参议员阿尔伯特·贝弗里奇认为，美国的贸易从此必须与亚洲联系在一起，甚至说"太平洋是我们的海洋"。③对于日俄战争的结局，他们认为："最令人吃惊的是日本在日俄战争（1904—1905）中意外

---

① 《顾维钧回忆录》，北京：中华书局，2013 年，第 1 卷，第 30 页。
② （美）埃里克·方纳：《美国历史：理想与现实》（下），王希译，北京：商务印书馆，2017 年，第 825 页。
③ （美）埃里克·方纳：《美国历史：理想与现实》（下），第 837 页。

地取得了胜利，此后便以强国的姿态出现于世界。"①美国人意识到："日本对俄战争的胜利生动地表明它引人注目地成为了全球强国，并以一个帝国主义者的面貌出现……19 世纪 90 年代，日本使用它现在令人惊叹的军事力量加入了帝国主义者的游戏。1894 年与中国开战，1904 年与俄国开战，结果日本夺取了台湾和朝鲜，并扩大了日本在满洲的经济影响。"②虽然美国在日俄战争进行的过程中坐收渔利，利用向战争双方贷款而谋取利益，而且最后通过调停展现了美国的外交政策和国家实力，但是透过战争的结果及由其导致的世界局势，美国人意识到了日本力量的增长对美国的威胁。与此同时，日本也认识到了美国对日本扩张所造成的威胁，于是不顾刚跟俄国开过一战，便立即在缔结合约之后与俄国联合起来，共同对抗美国。而这种举措，反过来又更加地让美国认识到了日本的威胁。

故而日俄战争之后，美国对日本政策急速地发生变化。③美日关系日益紧张起来。④1906 年秋，美国加州发生了虐待日本移民的事件，致使美日之间的紧张关系发展到了一个新高度。《华盛顿邮报》登载题为《武装防备日本》的文章指出："尽管总统和他的顾

---

① （美）詹姆士·柯比·马丁等著：《美国史》，范道丰等译，北京：商务印书馆，2012 年，第 928 页。
② （美）布莱恩·莱瓦克等著：《西方世界——碰撞与转型》，陈恒等译，上海：格致出版社，2013 年，第 454 页。
③ 直到 1905 年日本战胜俄国之前，美国乃至整个西方对日本的态度都是友好的。参见 Richard Hofstadter, *Social Darwinism in American Thought*, University of Pennsylvania Press, 1944, p.163。
④ William L. Neunann, *America Encounters Japan: from Perry to MacArthur*, Baltimore: Johns Hopkins Press, 1963, pp.121—127。

问采取了最严格地措施，不让消息传出去，但事情已经泄漏：日美关系已经到了一个最危险的时刻。根据总统的某位顾问所说，这两个国家似乎快速地朝着战争的方向迈进，为了应对可能导致战争的新态势，必须采取灵巧而积极的外交手段。"①由于日本在亚洲的扩张，且宣扬要从西方殖民者手中解放亚洲，与此同时，美国的扩张也导致其与亚洲的关系日益密切，美国和日本都朝着同一个目标前进，美国人担心二者会因太平洋问题而发生冲突，"黄祸论"在美国的影响力日益增强。

这样的时局该如何应对？不同的人提出了不同的见解。有些人试图以和平或仲裁的手段解决紧张的局势。在美国国内，一直存在着抵制军国主义的传统。"在共和国成立之初开始，国家的军事作用一直被缩小到最低限度"，独立战争时期的重要原则之一是反对常备军，"任何大规模的永久性军事设施都被看作是对人民自由的威胁，是同自由人民的本质水火不相容的"。②因为美国在地理上与世界列强相隔离，且当时的交通运输工具不完善，同时美国民众在心理上害怕常备军或者说害怕任何一个强有力的政府会危害自由的传统，所有这些因素结合在一起，使得有关和平的哲学和政策在美国很容易得到发展。尤其是在这个时期，许多政治家和学者详尽地阐述并发展了和平主义的哲学。当时出版的一本有关和平主义的书籍《大幻想》③十分畅销，据说卖了超过一百

①　"Arm against Japan"，*The Washington Post*，January 31，1907，p.1.
②　（美）梅里亚姆：《美国政治思想（1865—1917）》，朱曾汶译，北京：商务印书馆，1984 年，第 151 页。
③　Norman Angell，*The Great Illusion*，New York and London：G. P. Putnam's sons，1910. 该书于 1910 年首版，其后多次再版，并在多国畅销。

万册。对于《大幻想》一书所呈现出来的幻境，英美都十分乐意地接受了，因为他们需要被说服去认同这样的观点，即为战争做准备是没有必要的。①此外，斯坦福大学的校长也是著名的和平主义的提倡者。

那时，美国"各种反对发展政府战争功能的意见联合一致，大规模地致力于成立各种组织来防止国际冲突"。②美国国际调停联合会于 1906 年成立；美国司法解决国际争端协会于 1910 年成立。当时美国还大力支持海牙会议。第一次海牙和平会议于 1899 年 5—7 月在荷兰海牙的王宫里举行。第二次海牙和平会议则于 1907 年6—10 月召开。

与这种潮流相对，这个时期有关战争和战略的思想也有一定程度的发展，最重要的代表人物之一是马汉，他著有《海上力量对历史的影响》，提出"海权论"。他持"社会达尔文主义"，认为一个国家如果不扩展领土，就必然会走向衰亡。他对未来的军事发展进行了大胆而准确的预测，认为日本将是美国在太平洋和远东地区的主要对手，他预见了日美海军发生冲突的可能性，冲突的地点是夏威夷。被称为陆军"马汉"的埃默里·厄普顿总结了美国军事体制存在的四大弊端，认为美国从未有一个系统的军事政策；弊端的根本原因在于：文官治军、过分依赖民兵、对常备军抱有偏见等。他主张放弃传统的正规军和民兵的双重军事体制，

---

① W. D. Puleston, "Homer lea, the valor of ignorance (Book Review)", *Far Eastern Quarterly*, 2.2 (February 1, 1943), p.212.

② （美）梅里亚姆：《美国政治思想（1865—1917）》，第 149—159 页。

建立一支强大的德国式正规军，并由正规军领导志愿军和民
兵。①马汉和厄普顿的思想在当时十分具有代表性，并对思想界和
政界产生了影响。

　　此前已经提到，荷马李花了大量时间阅读军事战略方面的书
籍，并研究与之相关的问题，荷马李在一定程度上受到了这些思想
的影响。在荷马李的军事思想中，可以看到与上述二人观点相似的
地方。

　　日俄战争之后，荷马李对于日本的认识进一步深化。在义和团
运动时期，荷马李曾经在日本进行过实地考察，并拜访了日本的知
名人士，"他显然有大量的机会去研究日本的制度"②，从而对日本
的情况有了一定的了解。他对日本的尚武精神有了切身的感受，并
曾经设问过"那个时代的军队发展成为现代的日本军队，会是什么
情景"，他也意识到日本力量的爬升："在过去的两年里，日本在世
界民族之林中，占据了一个什么位置。而且它还会继续爬升。"③那
时，他认识到日本支持中国的戊戌维新，对维新派及其所推行的改
革有一定的影响力，而且他认为皇太后是受到俄国支持的，俄国是
中国一切问题的根据。荷马李认识到了帝后党争在一定程度上是日
俄冲突在中国国内政治斗争中的体现，从他的表述中可以看到，他
心中是希望帮助维新派的日本能够压倒帮助太后的俄国的。等到日

---

① 陈海宏：《美国军事思想史》，北京：人民出版社，2014年，第179—218页。
② Marshall Stimson, "A Los Angeles Jeremiah", *The Quarterly*：*Historical Society of Southern California*, Vol.24, No.1（March 1942）, p.8.
③ "Gloomy Foreboding of Gen. Homer Lea", *Los Angeles Times*, February 9, 1908, p.Ⅱ1. 参见本书第二章的内容。

俄战争日本胜利后，荷马李看到了日本力量已经达到了惊人的地步。这时他对日本的崛起产生警惕。顺着日本发展的轨迹，荷马李意识到美日之间必然会发生争斗。同时他对于美国自身的军事状况有一定的了解，他为美国的军事状况感到担忧，认为美国现存的状况就是"无知之勇"。

荷马李在进行理论思考和研究的同时，还通过实地考察以发展和完善自己的理论。荷马李自己坦言，他"花了将近七个月的时间从军事的角度考察了圣哈辛托（San Jacinto）、圣贝纳迪诺（San Bernardino）、圣盖博（San Gabriel）以及特哈查比（Tehachapi）山脉、莫哈韦沙漠（the Mojave）及其附近的沙漠，在1到2 000英里的范围里来回考察"。①虽然荷马李有丰富的野营经验，但是在考察的过程中，有一次险些丧命。据马可·纽马克（Marco Newmark）回忆："为了这些考察和探险，他特意买了一头驴子，并为它起名'宝贝'。这些旅行中的干粮一般由提子干、麦片粉、甜巧克力组成，而且他总是喜欢带一瓶（大约一升）的威士忌以作应急之用。这一次在旅行中，他吃了一些沾了过多芥末的火腿肉，导致食物中毒。他独自一人在沙漠里待了3天。在这些天里，那头驴子依偎在他旁边，一刻也没有离开他。他最终卸下了鞍囊，从中拿出了那瓶威士忌，打开瓶子，把一整瓶喝了下去。他认为就是这样他才存活了下来。"②

---

① Homer Lea，*The Valor of Ignorance*，New York and London：Harper & Brothers Publishers，1909，p.344.

② 纽马克关于荷马李的回忆，美国斯坦福大学胡佛档案馆藏鲍尔斯文件（Joshua B. Powers Papers），Box 3，"Subject File"内的文件夹"Carr，Harry，Undated"。

经过这些实地考察，荷马李熟悉了这些地方的地形和地貌，结合他已有的军事战略知识，脑子里形成了对未来可能会发生的战争的认识。最终他将这些想法写到了《无知之勇》中。

二、《无知之勇》的内容

1909 年，《无知之勇》由哈珀兄弟出版社（Harper & Brothers Publishers）出版，荷马李在该书的前言中说："在《朴茨茅斯条约》（Portsmouth Treaty）签订之后不久，这本书便基本上完成了。但是我把它放到一边，以便有足够的时间去验证或者反驳它的假说和结论。除了一些无关紧要的细节外，大部分内容保持最初的原貌。后续发生的事件已经证实了我当时的想法，所以我认为现在是时候将这本书呈献给大众。"[1]

整本书分为上篇和下篇两个部分，在第一个部分中，荷马李主要阐述了自己的军事哲学思想，论述了战争的本质。荷马李将国家的兴亡与个人的生命过程相类比，这是他军事哲学思想一个非常重要的基础和出发点。[2]而且，荷马李指出，许多哲学家在其著作中都认为，国家的生命过程与个人的生命过程是一样。[3]正如身体的活力展现了人在为生存所做的斗争中所拥有的力量一样，军事活力构成了国家的力量，而理念、法律、宪政都只是短暂的光辉，它们

---

[1]　Homer Lea，*The Valor of Ignorance*，New York and London：Harper & Brothers publishers，1909，Preface.

[2]　美国历史学家霍夫斯塔特认为，荷马李的军事思想直接建立在生物学理论之上。参见 Richard Hofstadter，*Social Darwinism in American Thought*，University of Pennsylvania Press，1944，p.164。

[3]　Homer Lea，*The Valor of Ignorance*，p.8.

只有在军事活力保持存在的时候才能存在。人的生命没有静止状态，国家的生命也没有。国家的存在受到这个不变规律的掌控：一个政治体的边界绝不会处于静止状态，它们要么扩张，要么萎缩。正是依据国家扩张和萎缩的这个定律，人们标示国家的兴起和衰落。[1]

由于国家需要成长和扩张，其发展会相应地有一个轨迹和轨道。荷马李认为，没有两个国家或部族是在平行的轨迹上移动的，尽管他们可能在许多个世纪的时间里表面上保持平行。在漫长的时间里，环境和形势发生着改变，极细微地改变国家沿着轨道发展的倾向性，并加速或延缓国家前进的速度。由于这些会聚着的发展轨迹是从单个国家的政治体中发出来的，所以这个国家的政治体本身，包括民众及其欲望和需求、国内政治经济的不同阶段或衰败程度、好战性或重商主义的优势地位、政府的集权化或分散化，以及无数的其他因素，就决定了会聚的倾向性和运行的速度。据此，国家急剧或匍匐地朝着它们理想的目标以及它们伟大性的巅峰迈进。[2]这就是荷马李关于国家发展的理论。

荷马李认为，科技的研发致使交通工具等获得相应发展，世界变得如此紧凑，在未来，国家扩张的涟漪必定会侵害或破坏来自其他国家的类似涟漪。[3]在这种情况之下，战争就出现了。军事对国

---

① Homer Lea, *The Valor of Ignorance*, pp.8—17.

② Ibid., pp.80—81.

③ 因为近代交通的发展，日本的海上防线将向东延伸到夏威夷，向南延伸至菲律宾。参见 Homer Lea, *The Day of Saxon*, New York and London: Harper & Brothers publishers, 1912, p.92.

家强大具有重要意义。①火药和武器的发明使常规军成为必备。而常规军使其他人解放了，能够安心从事和平活动。随着科技越来越多地运用到军事中，裁军变得更加不可能。"未来的和平，如同过去的和平一样，必定是武装的和平。"②

在这样的理论之上，荷马李对真正的爱国主义进行了定义，从而对当时美国国内的爱国主义思潮做出回应。③他认为，正如人死后无法区分胆小鬼和英雄一样，国家战败之后，也无法辨别究竟是什么导致了战败。胜利者们以及整个世界都不会关注战后的解释。从实用性的目的来看，如果一个国家由于未做防备而导致战败，如同战场上的懦弱者导致的战败一样糟糕。所以，和平时期反对为战争做适当准备的人，同那些在战争中逃避责任、放弃岗位的人一样，都是不爱国的、对国家有害的。和平时期要注意军事防备问题，是荷马李一个非常重要的观点。如果不注意防备，就是无知之勇。

荷马李还针对日俄战争前后出现的相关流行观点进行了批驳。对于重商主义，他认为，工业及商业只是国家富强的手段，而不是目的。这种无目的的暴饮暴食，作为民族工业发展的结果，就是重商主义。重商主义的危害，就是它控制了整个美国，阻挡并且要毁掉这个国家的伟大抱负以及全球大业，它甚至要毁掉整个共和国。荷马李认为，一旦一个国家变得过分地富裕和自大，同时又没有相

---

① Homer Lea，*The Valor of Ignorance*，pp.21—24.
② Ibid.，p.96.
③ 美西战争在美国掀起爱国主义浪潮，参见（美）埃里克·方纳：《美国历史：理想与现实》，第 837 页。

应的军事力量以捍卫它的富有或支撑它的自大，那么它将处于危险的境地。①财富对于一个国家的军事力量，只有从属性的辅助作用：可以建造战舰，但不能打败战舰；可以购买武器，却不是勇气；可以生产弹药，却不是爱国主义。"一旦财富在一个民族的生活中变得如此至高无上，而且成为个人努力的主要抱负时，那么那些构成军事力量的因子就消失了。""只有当民族的财富整个地从属于公众荣誉和抱负时，它才能有利于增加民族的伟大性。"②荷马李十分强调战斗精神的重要性。

对于当时比较流行的国际仲裁，荷马李也进行了批驳。他认为，民族国家的诞生、活动和消亡，是由控制所有生命或国家的同样规律所掌控的；试图取代自然规律的国际仲裁这种理念，不仅根源于对自然规律的否认，而且根源于对战争的原因和意义的完全误解。仲裁只是自我满足的哲学，它源于人们因亲信而产生的胆怯。荷马李说：可能看似比较矛盾的是，尽管人们不能通过仲裁带给世界和平，但是却可以通过备战而延长和平的时间。③

荷马李从地理、种族和政治三个方面来讨论军备问题，他认为，一个国家的军备，必须由这个国家在地理、种族、政治等方面与世界平均水平的关系所决定。其一，从地理方面来考察。欧洲、日本、美国的领土占有量极端不平衡：欧洲在其领域内有着世界上最伟大的民族，以及近四分之一的人口，仅占有世界土地的十二分之一；日本比英国的人口还要多，但仅占有二百五十分之一的土

---

① Homer Lea, *The Valor of Ignorance*, pp.26—28.

② Ibid., pp.62—66.

③ Ibid., pp.76—84.

地，而美国的疆域占四分之一。文明及科技的发展，需要开发新的资源。欧洲和日本不会对自己拥有的土地和资源感到满意，如果美国自己不武装自己，那么肯定会受到侵略。其二，从种族方面来考察。随着美国历史的发展，外族逐渐增加。战争的起因，不仅源于这些外族在数量上超过盎格鲁-撒克逊族，还在于他们特殊的地理分布。因为美国外族很多，故美国不可以否认战争的可能性。其三，从政治方面来考察。民众控制的政府会诱发战争。选民的意志有三个特点：自私、无远见、易冲动。民众掌权，不可能签订重要的条约，它只会导致战争。国际关系搞不好，原因在于政客为了讨好选民意愿。因要服从民众意志，故而政客的资质平庸。高智商的人都不愿进入政界。当外交不能解决问题，战争就会随之而来。如果知道民主政治的这个弱点，相应的增加军备和军事效率，战争的可能性将会降低。①

在阐述军事哲学思想的基础之上，《无知之勇》的下篇着重论证太平洋局势发展的方向以及美日冲突的必然性，并对美日之间的战争做了预演。荷马李指出太平洋的重要意义：掌控太平洋，将关系到整个世界；正是这里众多的人口以及挥之不尽的财富，才是太平洋的重要意义所在；谁掌控了太平洋，谁就掌控了整个世界。②

荷马李认为，在争夺太平洋的霸权中，所有国家都或多或少的感兴趣，但是日本和美国对此最感兴趣，以至于世界上其他所有国家的兴趣合在一起都不会超过这两个国家。这是由日本通过三个重

---

① Homer Lea, *The Valor of Ignorance*, p.144.
② Ibid., p.189.

大事件导致的：一是通过 1894 年的战争，将中国从太平洋大国中
淘汰。二是通过 1904 年的战争，将俄国从太平洋大国中淘汰。三
是通过 1905 年的十年攻防协定，将大不列颠从太平洋的争夺中淘
汰，并保持欧洲的平衡。欧洲国家在太平洋的兴趣只是暂时的。除
了中、日、美三国之外，任何国家都不可能在太平洋上集中力量，
因为这样做意味着将这些力量抽出并远离这些国家的政治和军事利
益。然而，中国尽管在地理上是一个太平洋帝国，却不能够被认为
是对太平洋宗主权的一个可能的索求者，这不仅仅是因为她被日本
打败，而且还因为目前其政府的虚弱和分散化。[1]通过以上分析，
荷马李认为，在当时的条件下，最有可能争夺太平洋霸权的就是美
国和日本。对于日本扩张的轨迹，荷马李评论说，美国更可能跟日
本发生战争，而对此，美国应该负责任。[2]

　　荷马李认为，战争的根源（sources）和原因（causes）是不同
的，一旦一个国家不能或者不屑于对战争的根源和原因做出区分，
那么它将进入无准备的冲突之中；日美战争的根源在于国家的扩
张，而战争的原因则会归罪到美国头上，因为她破坏了日本通过条
约所获得的权利、特权和豁免权。[3]荷马李指出了美国存在的种族
问题，它会成为战争的原因并加速战争的爆发。种族不同并不会产

[1]　Homer Lea, *The Valor of Ignorance*, pp.156—158.
[2]　Homer Lea, *The Valor of Ignorance*, pp.152—153, 美国将个人物质利益凌驾于国家利益之上，故而更容易招致战争。荷马李将美日两国进行对比，认为美国更注重私人利益，而日本更具有战斗性，个人利益都从属于国家利益，参见 Homer Lea, "Legacy of Commodore Perry", *The North American Review*, Vol.197, No.691 (Jun., 1913), p.745。
[3]　Homer Lea, *The Valor of Ignorance*, pp.173—174.

生不平等，但是当一个种族被剥夺了政治公民权及特权和利益，而这些权益都给了这个种族所居住地区的其他所有人，这些人立刻被打上弱者的烙印。东方人在美国受到歧视，这会成为战争的借口。与中国人相比，日本人缺少服从的特质。当日本向世界展示她所受到的侮辱，世界会站在她那边。"日本以美国违反条约作为借口，向世界抱怨，指出战争是为了捍卫旧世界在西半球的公共利益，那么日本，而不是美国，将获得世界的赞许和同情。"①

对于美日之间战争的可能性，荷马李认为，国际关系中存在两个主要方面，可以调整国家间的敌对竞争，以减小战争的可能性。其一是国家之间的关系（此为政治方面的因素），与之相伴的是在宗教、伦理和社会状况等方面所具有的相似性。其二是经济依存性（此为经济方面的因素）。

首先，从国家之间的关系等方面来看，日本的伦理和市民理念与美国截然对立。日本在伦理、社会、宗教等方面与美国没有任何共同点。这些因素都不能阻止日美之间的战争。这两个国家同其他国家的政治关系，以及两国之间的经济依存关系，可能对维持和平有一定的作用。国际关系对一个国家的野心具有遏制作用，可用来阻止战争。日本通过中日甲午战争、日俄战争，把中国和俄国成为太平洋大国的可能性排除了；1905 年同英国签订了 10 年的共同防御协定，通过这个协定，日本在北亚那些没有防御的边界就不存在被攻击的可能性了。这样她可以毫无顾虑地考虑与美国的战争，而

---

① Homer Lea, *The Valor of Ignorance*, p.184, 此处，荷马李指出了日美战争比较吊诡的地方：日本发动战争，但却会为此得到世界的同情和赞许。这一点为后来的历史所证明了。

且，这场战争将给日本带来更大的荣耀。①

其次，从经济依存性方面来看，荷马李指出：那种经常被人们所表述的信念认为美日不可能发生战争，它是根源于对两国经济依存性的虚构且错误的认识。这种信念误解了国际贸易的真正意义以及掌控贸易的规律。日本天皇的私人顾问金子男爵（Baron Kaneko，金子坚太郎）就是持有这种信念的代表。男爵认为，美国人非常依赖日本商品，日本人也非常依赖美国商品，"没有美国的供给，日本人一个小时也活不下去"，所以战争是不可能的。②对此，荷马李说，现代战争中，商品交换仍旧与和平时期一样，受到供需规律的掌控，这是因为存在不同的贸易路线以及复杂的国际交换；战时，日、美不能从对方得到的商品，可以从中间国家或者其它线路获得，普通民众的生活不会受到影响；男爵所说的"没有美国的供给，日本人一个小时也活不下去"以及"如果日本茶叶被逐出了美国市场，美国普通民众将无法喝茶"这样的观点，都是错误的。男爵说，所有的国家都在为自己的工业寻找新的市场，现在仅存的可供开发利用且有利可图的市场就是亚洲了，日美在开发这个市场时存在合作。对此，荷马李则认为，美日合作开发亚洲市场的同时，也会存在对这个市场的霸权之争。③

① Homer Lea，*The Valor of Ignorance*，pp.159—162. 通过同美国作战，日本将为她的伟大性奠定真正的基石。参见 Homer Lea，*The Day of Saxon*，New York and London：Harper & Brothers publishers，1912，p.92。

② Kentaro Kaneko，"Japan and the United States：Partners"，*The North American Review*，Vol.184，No.611（Mar. 15, 1907），pp.631—635；Homer Lea，*The Valor of Ignorance*，pp.163—169.

③ Homer Lea，*The Valor of Ignorance*，pp.163—169。

故而，荷马李作结论说："日美之间种族特征差异明显，没有任何和谐的相似性存在；他们的国际政治关系里，没有任何抑制性的因素可以延缓未来某个时候可能出现的战争。"①

荷马李指出，日美之间不仅存在战争的可能性，而且日本已经为此做了大量准备。20 年前，日本已经意识到为争夺太平洋霸权，必然会有战争。正是由于有这样的先见，所以在美国建立对夏威夷群岛治权的 5 年后，日本天皇严正地表达了他的反对意见。战争的根源在于日本预先注定要成为太平洋的霸主，她走向战争的步伐是有序的，她为战争所做的准备是一贯的。日本不仅可以根据自己的准备的不足或者充足，去延缓或者加速战争，而且她能选择一系列行动的战场，以利于她为整场战争所作的全盘计划的实施。每一步都是有计划的，每一个紧急状态都有所考虑；美国的军事状况都被列成表格，显示它所有的发展阶段：美国的地形、气候、河流、山脉、粮食供应情况、交通运输工具及依存情况，都根据军事行动的可能范围和区域，进行了仔细地调查，并做了相应的准备。"日本为战争所做的准备，不是为了同美国开战，而是为了战胜美国。"② 而与此同时，美国却否认战争的可能性。

既然美日之战不可避免，那么战争怎么打？荷马李详细地描述了想象中的日美战争。首先，日本会夺取美国在太平洋的岛屿，这些岛屿对于日本夺取霸权具有非常重要的意义，其价值在于这些岛屿所拥有的资源以及其战略位置。菲律宾、阿拉斯加、夏威夷都是

①　Homer Lea，*The Valor of Ignorance*，pp.163—169.
②　Ibid.，p.176.

日本觊觎的对象。①

　　战斗中的日美实力对比如何呢？荷马李认为：其一，美国的指挥系统很差，而日本整体是好战的，其军事体系发展到了一个很高的程度。其二，相对于美国的逃兵比例而言，日本没有逃兵现象；日本的士兵更加健康，而战场上，美国士兵因病死亡者人数更多。其三，军队运输力方面，这场战争的特点是战场非常广阔，军队的运输能力成为一个很重要的因素。日本军队有着非常完善的海洋运输系统，可以轻易地把广大的陆军运往太平洋的任何部分。②

　　由于力量对比是这样的，故而荷马李认为，日本占领菲律宾非常容易，夏威夷上有很多日本移民，导致日本占领夏威夷也非常容易。荷马李预演了一场日美之间的攻守战，他认为，如果美国要保卫菲律宾，需要将陆海军统筹起来，而且要提前进行准备。③

　　在攻占了太平洋的岛屿之后，日本将攻占美国在太平洋沿岸的领土。荷马李继续描述日美之间的这场战争，而他的描述似乎在指点日本，把美国军事情况告诉给了日本。他指出，美国西部沿岸的铁路不畅通，分为两条线；军队运输成为严峻的问题，该问题甚至比俄军在日俄战争中所面对的还要严峻；人民依靠铁路存活，所以美国战时军队运输会比俄国更加困难。④

①　Homer Lea, *The Valor of Ignorance*, pp.192—205.

②　Ibid., pp.236—246. 美日军事对比，还可参见 Homer Lea, "Legacy of Commodore Perry", *The North American Review*, Vol.197, No691 (Jun., 1913), pp.746—758.

③　Homer Lea, *The Valor of Ignorance*, pp.254—255.

④　Ibid., pp.263—264.

荷马李还指出哪些地方具有战略意义。例如，他认为，日军的第一个目标是两个小城市：奇黑利斯（Chehalis）和桑塔利亚（Centralia），以它们为中心点，形成了势力范围圈。波特兰（Portland）为日军的右翼中心，通过哥伦比亚河（Columbia River）以及两条平行的铁路线，与东部的俄勒冈和华盛顿州相连。西雅图（Seattle）和埃弗雷特（Everett）为日军的左翼中心，通过三条平行铁路线，与华盛顿州东部以及俄勒冈相连。这样，日本不仅可以从军事上占领这些州，同时也从经济和政治上占领了它们。日本控制了所有交通的线路、港口，实际上也占领了个人财富总和比日本整个帝国都要富裕得多的区域。如果日本占领华盛顿（Washington）和俄勒冈（Oregon）很容易，那么占领南加州（southern California）则更加容易。①

荷马李指出，旧金山海湾是美国在太平洋上最重要的海军基地，如果失去它，将绝无恢复太平洋海军控制权的希望。一旦旧金山海湾被日本控制，那么整个地区将落入到他们手里。战斗中存在供水问题，且从刚发生的地震和火灾造成的破坏和士气的消沉来看，如果从山羊岛（Goat Island）或者索萨利托（Sausalito）炮轰旧金山，那么一天内就能将其摧毁。②

荷马李对整个日美攻防战的描述，非常详细地展现了双方作战的形势，就像是见过这场战争的人穿越到战前去给别人描述战争场面一样。

----

① Homer Lea, *The Valor of Ignorance*, pp.268—271，见该书附图三。
② Ibid., p.306.

三、虚构小说与天才预言

早在《无知之勇》出版之前，荷马李常在报纸上零散地阐述
自己的军事观点。《无知之勇》是其军事战略观点的一次集中
展现。

他的观点引起了和平主义者的批驳，诺曼·安吉尔就是其中之
一。在《大幻想》中，诺曼·安吉尔深度地讨论了荷马李的《无知
之勇》这本书。他不是试图去挑战荷马李的军事观点，而是试图挑
战这些观点所根源的那些原理。他认为，正是这些原理，反映了荷
马李对于进化法则的巨大误解。[1]诺曼引用了太多荷马李书的内容，
为此受到一些和平主义者的批评，因为这种行为在某种程度上是变
相地在为荷马李做宣传。1912 年，斯坦福校长戴维·斯塔尔·乔
丹（David Starr Jordan）向诺曼指出了这一点。乔丹是当时世界和
平基金的领袖人物之一，他在批驳荷马李的时候，尽量避免提到荷
马李。有意思的是，乔丹曾经是荷马李的校长和老师，他对荷马李
及《无知之勇》的态度一度比较温和，可是当荷马李名声越来越大
的时候，乔丹将批驳荷马李作为自己的使命，甚至到了一种执拗的
状态。所以，当乔丹反复提醒诺曼在其书中去掉"荷马李将军"的
神话时，诺曼对这个老朋友的建议并没太当真。[2]

乔丹认为荷马李根本不是将军，他没有专业的军事知识背景，

---

① Norman Angell, *The Great Illusion*, New York and London: G. P. Putnam's sons, 1913, pp.161, 213—14, 223—24, 转引自: Thomas C. Kennedy, "Homer Lea and the Peace Makers", *The Historian*, 45. 4（August 1, 1983）, p.487。

② "Homer Lea and the Peace Makers", pp.489—496。

他的著作只能是小说。在荷马李的影响日益增大的时候，他多次在各种场合反复地试图"更正"人们对于荷马李的认识，报纸是他用得最多的一种方式。乔丹在报刊上登载公开信，描述他对于荷马李的了解："这个年轻人，于 1875 年出生在丹佛（Denver），有一个非常有趣的职业——军事冒险家，但是据我所知，他与美国军队（或者任何其他被承认的军队）没有任何关系。1900 年他在斯坦福大学读二年级，就在那一年，他去了广东，参加了中国的革命。在中国待了几个月，经历了一些不为人知的冒险之后，他回国了，带着某个中国秘密会社给的头衔，译作'中将（lieutenant general）'。他是一部出色的恐怖小说《硃笔》的作者，它针对的是在中国的那些传教士；同时也是一部学生气的鼓吹军人精神的著作《无知之勇》的作者，书中赤裸裸地展现了日本攻占加州的计划。这本书，和《硃笔》一样，完全是虚构的小说。"①这封信是乔丹在 1911 年12 月 28 日写的，同样的内容多次出现在各种报刊上。②由于乔丹经常跟日本人接触，对日本存有一定的好感。乔丹和荷马李，一个是和平主义者，一个是军事爱好者；一个是校长、老师，一个是学生；一个偏好日本，一个认为日美之战不可避免。由于两个人这样不同，于是我们可以从一个侧面去理解，为何乔丹一直对于荷马李

---

① "Military Fiction", *The San Francisco Call*, February 18，1912，p.69.
② "'General' Homer Lea", *The Evening Standard*（Ogden City，Utah），May 4，1912，p.8. 该篇引用 Jordan 的信的内容与上面提到的 "Military Fiction" 内容一样。其他内容相同的报道还有："'General' Homer Lea", *San Francisco Chronicle*，January 3，1912，p.6；"'General' Homer Lea", *Arizona Republican*，January 28，1912，p.5 等。

批判攻击，直到其去世也不放过①。

赞赏《无知之勇》的人认为，这本书让美国人意识到了即将发生的战争危险，意识到了美国军事防御的薄弱，对美国人起到了一定的警醒作用。②于是在该书出版之后，有请荷马李去做讲座的，有请他去实地调查指导军事系统的③。荷马李被称为是"军事天才"，他的书是"引起轰动（sensational）的著作"。而人们提到荷马李时，则冠以《无知之勇》的作者的名号。

无论从正反两方面的意见来看，《无知之勇》出版时已经具有了一定的影响力，但是有评论认为，该书并没有达到应该达到的效果：只有 18 000 册卖出去了。但结合美国当时整体的思想舆论环境，这种销量也是让人感到惊奇的。④

相比于美国，欧洲（尤其是英国、德国）的反应则更为热烈一些。《无知之勇》在英国出版后立即引起了不小的反响，之所以如此，似乎是因为"英国人害怕德国的入侵"⑤；有人认为"荷马李

---

① "General Homer Lea", *The San Francisco Call*, January 25，1913，p.22. 该篇文章中写到："斯坦福大学的校长戴维·斯塔尔·乔丹在一封给《纽约晚间邮报》（The New York Evening Post）的信中，大量引用了旧金山中国改良派的一位领导人写给他的信，以证明荷马李同中国改良运动的关系大部分都是想象的，而且，当他接受来自该运动的财政援助时，他阻碍而不是促进了该运动。荷马李的遗孀对此做出回应，在同一份报刊上登载了一份通讯，为她的丈夫辩护。她刊登孙中山寄给她丈夫的书信和电报，以证明荷马李将军受到中华民国临时大总统的信任。"

② "The Army Mobilization", *The Salt Lake Tribune*, March 14，1911，p.4.

③ "Mayor Inspects Sites for Forts near Harbor", *Los Angeles Herald*, August 25，1910，p.14.

④ W. D. Puleston, "Homer lea, The Valor of Ignorance"（Book Review），*Far Eastern Quarterly*, 2.2（February 1，1943），p.212.

⑤ *The Sun*（New York），June 15，1910，p.7.

将军对于军事性和非军事性国家的特点的描述，完全适用于德国和英国"，他的书甚至成为英国竞选当中的一个议题①。英国罗伯茨爵士（Lord Roberts）非常赞赏这本书，并向身居高位的人推荐，②还邀请荷马李到英国去访问，并请他专门就英国的军事问题写一本著作。③德国由于其自身的军事特点，对荷马李的书也非常感兴趣。报载，德皇威廉（Emperor William）和普鲁士的亲王亨利（Prince Henry of Prussia）于1911年夏天读了荷马李的《无知之勇》后，亲自向他们的美国友人大加赞赏该书。④据说德皇还大量购买《无知之勇》这本书，命令其军队中的每一名军官去阅读。⑤加拿大人对《无知之勇》更加感兴趣，因为日本对北美的入侵，对加拿大而言，确实是一个非常现实的问题。⑥

作为假想敌的日本如何看待《无知之勇》以及荷马李的思想呢？荷马李的书出版后，有一个日裔的美国作家写了一篇很长的文章，讨论美日之间不可能存在战争。他说："年复一年，英文的关于美日战争的故事在日益增加，这些故事非常具有娱乐性，尽管有一定的有害性。1908年，当罗斯福先生派一支舰队环游世界时，

---

① *The Salt Lake Tribune*, December 25, 1910, p.16.
② "Lord Roberts's Approval of General Homer Lea's 'the Valor of Ignorance'", *New York Times*, January 1, 1910, p.6.
③ *The San Francisco Call*, October 1, 1911, p.23, "他的《无知之勇》使他成为罗伯茨爵士、汉密尔顿将军以及其他一些人的朋友。"
④ "Kaiser Likes Lea's Book", *New York Times*, August 20, 1911, p.C2.
⑤ 参见ホーマー・リー：《日米戦争》，斷水樓主人訳，東京博文館，1911年，第5页；Harry Carr, *Riding the Tiger: An American Newspaper Man in the Orient*, Boston and New York: Houghton Mifflin Company, p.172。
⑥ *The Sun* (New York), June 15, 1910, p.7.

一个匿名的德国作家在英国出版了一本名为《1908 年太平洋霸权争夺战》(*The War of 1908 for the Supremacy of the Pacific*) 的小册子。其后不久，一个阐述得更加详尽的关于日美战争的故事《无知之勇》出自于荷马李之手，他自封为一个无人知晓的军队的'将军'。""纽约出版的《无知之勇》以及相类似的其它书，是否暗示美国将对日作战？如果是这样，那么东京出版的《日美战争之梦》(*The Dream Story of the Japanese-American War*) 一定是在暗示日本准备与美国开战。事实上，荷马李的异想天开，代表了美国人民的一种白日梦，正如他们的日本兄弟一样。""然而，非常重要的一点是，日美战争的故事，起源于德国，是一种有组织的宣传，其目的一方面是离间日本和英美的关系，另外一方面是让英美的关系变得疏远。"①这种论点，暗含的意思是荷马李是不负责任的，他的书是荒谬的。但非常有意思的是，这本书在日本受到了热捧。在短短三十天的时间里，日文版已经出了二十版次，那里的出版商预计在六个月内，它会出一百版次，"这在那个国家绝对是空前的"。②

《无知之勇》在世界上产生了影响，尤其受到日本的关注，其日译本的畅销与孙中山有一定的关系，这在后文将会提到。荷马李持续关注中国问题，对军事战略和地缘政治有深入研究，其军事理论和见解与日俄战争后的时局相结合，写出了《无知之勇》这本

---

① "Kawakami Declares Sensational Book Work of Irresponsible Man", *Honolulu Star-Bulletin*, October 21，1915，p.7.

② "Japanese Study 'Valor of Ignorance' ", *Arizona Republican*, March 12，1912，p.5. 此外还有多篇报道提到荷马李的书在日本的畅销情况。例如：*The Tacoma Times*, February 23，1912，p.4；*The Seattle Star*, February 21，1912，p.4；*The Tacoma Times*, February 23，1912，p.4 提到书在日本，30 天内出了 20 版。

书，在书中对太平洋地区的地缘政治进行了精辟的分析。荷马李认为：美国当时的无知与中国的无知相似，中国的无知已经导致了严重的后果，而美国正要面对由其无知造成的相似结局；美国必须正视当前的局势，而中国的强大对美国是有利的。正是在这样的分析和认识中，荷马李积极努力地去帮助中国。

小　结

荷马李与保皇会疏离之后再度沉隐，他没有因此消沉，而是转向写作。近代中国屡遭战败，甲午一役中国败于日本，日俄战争中清政府宣布局外中立，世界质疑中国是否有战斗力，于是，荷马李就中国的战斗力问题刊登文章发表看法，并介绍了他在"干城学校"训练中国人的相关经验。荷马李的第一本书是以中国为背景的浪漫小说《砾笔》，其中国观以及在中国的经历在这本书中得以很好的展现。

同时，荷马李敏锐地觉察到了日俄战争之后的世界局势的演变以及美日矛盾的凸显，他根据长久积累的军事历史等方面的知识，结合自己对世界和太平洋地区局势的思考，写成了军事战略著作《无知之勇》。在书中，荷马李分析了战争的根源，认为美日之间必将一战，而日本在积极地做准备，其目的不是为同美国作战而是为了战胜美国。该书引起世界的关注，在日本尤其畅销，荷马李由此获得"军事天才"、"天才预言家"的盛名。书中荷马李很好地阐述了他的地缘政治观，而他的这种观念与其帮助中国的实践是统一的。

第五章 荷马李转向中国革命

荷马李尝试与康梁的保皇会合作，在军校计划终止之后，他花了一段时间从事写作出版事业，与此同时，他密切关注中国政局的发展，并根据中国局势的演变进行相应的谋划，后来与革命派建立了联系。

第一节 红龙计划的酝酿与演变

当荷马李沉浸在写作之中并一本一本地出版著作时，中国国内的形势继续发展，光绪皇帝与慈禧太后先后去世给中国政局带来巨大影响，这些变化被荷马李等人敏锐地捕捉到，他们顺应时势提出了新的行动计划。

一、布思的推动

正忙于写作的荷马李收到了美国纽约退休银行家布思（Charles B. Boothe）的来信。布思听说康有为近期要来美国，写信向荷马李打听康有为的行踪。荷马李于 1908 年 4 月 7 日给布思回信："您的来信于一些时日前收到了。很高兴收到您的来信。康有为（Kang Yu Wei）或许于春末或夏季来美，但我不太确定。如果他真的来了洛杉矶，我会通知您的，而且我相信他会很高兴由您招待他。您是否读过我的新作《砵笔》？据说一周前有一批已经运抵洛杉矶销售了。我目前正在撰写另外一本书，预计于六月末完成。在那之前，我或许一直待在这里。希望您能经常给我来信，当我回城后，我会去拜访您的。代我向布思夫人和孩子们转达问候。"①在斯坦福胡佛档案馆收藏的布思文件中，这是现存的荷马李与布思之间的第一封通信。从通信的内容看，荷马李与布思很久没有联系，荷马李突然收到布思的来信，过了"一些时日"之后，荷马李才给布思回信，而且荷马李连布思的名字都写错了（写成了 Mr. C. D. Booth）。荷马李在信中提到了布思家庭的成员，说明荷马李对布思还是有一定熟悉度的。荷马李在回答了布思关于康有为的提问之后，提及他的第一本书已出版，且一批新书已运抵洛杉矶销售。荷马李还指出他最近因为忙于第二本书的写作而无暇抽身，且预计六月末能写完。荷马李为何过了一些时日才给布思回信呢？或许是因为他觉得布思的这封信不是非常紧急，或许是因为他忙于写作，或许是因为他需要时间打听康有为的行踪。无论是什么，这封信说明荷马李在与布思许久未联系之后又开始了联系，而布思的活动推动荷马李萌生了新的计划。

　　在斯坦福胡佛档案馆收藏的布思文件里，荷马李与布思之间的

---

① 荷马李写给布思的信（1908 年 4 月 7 日），美国斯坦福大学胡佛档案馆藏布思文件（Boothe Papers），Box 2，Folder 4，No.75。

第二封通信是 1908 年 8 月 26 日荷马李写给布思的信（这次把布思的名字写成 C. B. Booth）。在这封信中，荷马李告知布思，自己仍旧很忙，所以会一直待在家中，他新近搬到了长堤（Long Beach），欢迎布思到家里作客。①布思在 9 月 11 日（星期五）的信中告知荷马李因下周三（16 日）将去东部，故而希望在之前能见荷马李。布思仍旧在打听康有为的行踪："您知道康先生的行踪吗？他现在是否在东部，如果是，您能告知我他的地址吗？以便我在旅行的途中去拜访他。他不久会来洛杉矶吗？如果您能给我任何相关消息，我将非常高兴。"布思还在信中邀请荷马李周日（13 日）去他的办公室，并共进晚餐。②布思此时多次给荷马李写信向其打听康有为的消息，是因为在布思的眼中，荷马李与康有为的关系密切，荷马李应该会更清楚康有为的行踪。布思与康有为的相识，源于康有为 1905 年 5 月中旬在荷马李的陪同下游览圣路易斯。③但实际上此时的荷马李与康有为的关系已经十分冷淡，后来荷马李甚至通过布思来联系康有为，而屡次试图通过荷马李打探康有为行踪的布思直至那时才直接给康有为写信联系。④

　　荷马李在得知布思要去东部的消息之后，在其往东部之前夜，

---

① 荷马李写给布思的信（1908 年 8 月 26 日），美国斯坦福大学胡佛档案馆藏布思文件（Boothe Papers），Box 2，Folder 4，No.76。
② 布思写给荷马李的信（1908 年 9 月 11 日），美国斯坦福大学胡佛档案馆藏布思文件（Boothe Papers），Box 2，Folder 4，No.77。
③ 布思写给康有为的信（1909 年 6 月 14 日），美国斯坦福大学胡佛档案馆藏布思文件（Boothe Papers），Box 2，Folder 6，No.86。
④ 荷马李要布思写信给康有为，以帮助荷马李获得美国驻华公使职务。参见布思写给康有为的信（1909 年 6 月 14 日），美国斯坦福大学胡佛档案馆藏布思文件（Boothe Papers），Box 2，Folder 6，No.86。

二人见面，交谈了彼此的近况、想法和计划。①从布思多次向荷马李打探康有为的消息可以看出他对于康有为以及中国的事情存有兴趣，而荷马李通过与布思的这次会谈，两人在某种程度上达成了共识，布思在某种程度上成为了荷马李实现自己梦想的辅助者。在其后的很多场合中，都可以看到布思站在荷马李一边，帮助荷马李达成目标。眼前一个具体的目标是荷马李想当美国驻广州领事，他将该想法告诉了布思，并请他帮忙。荷马李要趁布思这次去往东部的机会，让其帮助游说相关人士，以获得领事这一职务。当布思出发之后，荷马李身在加州长堤的家中，心却惦记着在东部的布思。为了能有助于布思的游说，荷马李于 9 月 21 日给身在华盛顿特区的布思写信。荷马李说，因为总统希望能找到学识和经验都堪当此任的人，而荷马李觉得自己正好具备这样的特点。他说在大学期间，其主修专业是社会经济学，并跟着罗斯教授（Prof. A. E. Ross）学习，而总统对该教授很熟悉；他还说："另一方面，我对于中国人的了解，从各个方面来说，与那些在东方待了很长时间并拥有复杂经历的任何美国人都几乎是相当的，而从个人以及社会关系角度来说，我认为美国中没有谁比我在政治和种族层面更了解中国人。"荷马李说，他就职后，打算采取措施把美国的贸易恢复到抵制美货运动前的水平。对于中国的这场运动，荷马李曾经写了一篇文章《联合抵制——中国的强大武器》，文中荷马李分析了"该运动爆发

---

① 荷马李写给布思的信（1908 年 10 月 5 日），美国斯坦福大学胡佛档案馆藏布思文件（Boothe Papers），Box 2，Folder 4，No.79。信中写到："恐怕在你收到这封信之前，你已经见过容闳并离开了。不过没有关系，因为在你出发前的那天晚上，我们已经非常透彻地交谈过了。"

的原因以及迄今为止为了恢复正常的贸易而做出的所有努力"。荷马李只想担任广州的领事，他认为，只有获得那里的职务才有助于他完成任务，"广州是所有反美运动的中心，所有的抵制运动都起源于那里。广州的商人在中华帝国中最为活跃；他们的会馆（Guide-house）遍布从满洲里到新加坡的每一个大城市，他们在东方的商业利益和影响力将无穷无尽"。荷马李认为，美国在华南的商业利益，以棉花、棉纺织品及跨大陆跨大洋运输公司最为重要，荷马李建议布思拜访棉纺织品协会会长等人。荷马李还说，如果需要，他将拜访乔丹教授、奥蒂斯上将（Gen. Otis）、议员、州长，他还将设法获得南方州长们的背书。同时，荷马李告知布思，他已经写信给容闳，提到布思将去哈特福德拜访的大致时间。①需要注意的是，当时抵制美货运动的中心在上海，而且上海在中外贸易中的地位已经超越了广州，而荷马李只想获得广州的领事职位，一方面的确是因为广州在近代中国对外贸易中的地位非常重要，另一方面，康梁和孙中山都是广东人，荷马李 1900 年来到中国时，在广州待的时间很长，他对广州应该是相当熟悉的，这在他的小说《砵笔》中有所体现。鉴于这些原因，他想谋取广州领事的职务，一方面的确是为了解决中美贸易纠纷，努力使美国在华贸易恢复到抵制美货运动之前的水平。另外一方面，他如果能获得广州领事一职，将有助于他借着美国官方的身份更好地在中国从事促进中国变革的相关活动，以完成他的梦想。

---

① 以上引文参见荷马李写给布思的信（1908 年 9 月 21 日），美国斯坦福大学胡佛档案馆藏布思文件（Boothe Papers），Box 2，Folder 4，No.78。

身在华盛顿的布思写信给荷马李，告知事情在向着有利的方向发展，这让荷马李很高兴。[①]对于布思此行，荷马李还安排了一件事情，即让其会见哈特福德的容闳。尽管荷马李知道，在布思临行前，他们已经就相关问题进行了详细地讨论，而且可能布思已经和容闳进行了会谈，但是荷马李还是于 10 月 5 日给布思写信，叮嘱他要弄清楚两件事情：其一，"他（容闳）是否会支持我的任何提议，也就是说，我是否获得了他以及其他领导者的信任，并到了这样一个程度，以至于他们相信我做的事情都是为了帝国的最终利益"；其二，荷马李建议布思问容闳："您是否认为荷马李会为其想从事的事业而成功地获得资助？通过获得这样的职位后，他是否能获得华南最有实力的潜在力量的支持？"荷马李最后在信中给布思总结说："我觉得，从他那里你所想知道的就是，在我就任我所尝试获得的那个职位之后，我是否有能力去做我提议的事情。"[②]荷马李试图让布思去打探容闳以及他身后的力量是否还相信、信任荷马李。荷马李曾经在义和团运动时期参与到康梁等人的行动中，后来还帮助保皇派在美国训练士兵，并一度成为了干城学校的总司令，梁启超和康有为访美时，荷马李成为了媒体的焦点，但不久之后，荷马李即被康有为登报撤销了总司令的职务。由于当时保皇派的影响力，荷马李职务的撤销意味着他被中国变革运动抛了出去。此后他投身于写作之中，并慢慢地又受到了媒体的关注。荷马李让布思去打探容闳的态度，实际上也表明了荷马李在担心是否还能被变革

---

① ② 荷马李写给布思的信（1908 年 10 月 5 日），美国斯坦福大学胡佛档案馆藏布思文件（Boothe Papers），Box 2，Folder 4，No.79。

中国的力量接受，以再次加入到中国的变革运动中。

容闳从荷马李9月的来信中得知了布思来访消息，于10月9日写信给布思，欢迎布思第二天下午来访，并说会去车站迎接。①从容闳的这封信大略可以看出其态度。而且后来容闳听布思说荷马李准备采取行动时，他感到很高兴。②

荷马李运动各方，为争取自己心中的那个职位而努力。他试图谋取该职务，主要是为了再次加入变革中国的事业中，并就此向容闳进行了试探。在这个过程中，布思多次给荷马李写信联系和询问情况，并告知荷马李要去东部，这些做法对荷马李采取行动起到一定的推动作用。不久之后，中国发生的一件大事情让荷马李加紧了行动。

二、光绪去世与红龙计划的初酿

1908年11月14日，光绪皇帝去世。保皇派因而失去了其活动的借口。两宫先后离世对中国政局产生重大影响。荷马李得知该消息之后，急迫地寻找布思进行商议。这个消息对荷马李的影响，从其写给布思的信中可以体会出来："鉴于最近几天发生的状况，如果你能找到某个下午或者晚上过来与我讨论形势，我将非常高兴。我本想去城里看你，但因特别忙，未来几天找不到机会。已经试过

---

① 容闳写给布思的信（1908年10月9日），美国斯坦福大学胡佛档案馆藏布思文件（Boothe Papers），Box 2，Folder 1，No.1。
② 容闳写给布思的信（1908年10月21日），美国斯坦福大学胡佛档案馆藏布思文件（Boothe Papers），Box 2，Folder 1，No.2。信中说："我们的将军写信告诉你他准备开始行动了，对此我很高兴。"

多次用电话联系你，但恰巧都没能碰上你在办公室。"在信的末尾荷马李把自己的电话告诉对方，并希望布思打电话告诉自己能来会谈。①荷马李多次尝试联络布思，但是都没有成功，不得已给布思写信，希望他能给自己打电话，而且荷马李还再次将自己的电话写在信中，实际上这个号码荷马李在 1908 年 8 月 26 日的信中已经告诉过布思，荷马李为了方便，直接附上号码，以便于布思尽快联络他，这也反映出荷马李的急迫心情。故而从整封信的内容可以看出荷马李的焦急程度。

第二天（1908 年 11 月 18 日）布思和荷马李联络上了，二人进行了长时间的商谈。会谈一结束，布思便急忙给他的朋友银行家艾伦（W. W. Allen）写了一封信：

> 我刚和荷马李将军（Gen. L.）进行了长时间的会谈。你一定已经从报纸中知晓了上一周在中国（the old country）发生的事情，它一方面极大地改变了形势，另一方面它无疑对这里正在进行的计划十分有利。荷马李将军（The Gen.）今天将给 Y 写信，并通过他联系 K 以及其他人，以组成顾问委员会（Advisory Board），这些人将尽快地聚集在这里。我从东部回来后，经过仔细地审视形势以及权衡计划会导致的结果，荷马李将军相信，在顾问委员会集合之后，如果手中有了 X 元资金，或者在 12 个月内筹集到这笔钱，另有 X 元以应对紧急情

---

① 荷马李写给布思的信（1908 年 11 月 17 日），美国斯坦福大学胡佛档案馆藏布思文件（Boothe Papers），Box 2，Folder 4，No.80。

况，那么我们的计划可以立即予以开展，并最多用 18 个月的时间成功。K 手中据说有 1—2 个 X 元，其中 X 元他要交给金库，以增加资金。请对这一点保密。

能给你们这一派人提供的最合理保证是，在极短的时间内，现有的清政府（Jingo）将被彻底推翻，因为顾问委员会是由那些有能力做这样事情的人组成。可以保证的是，任何筹集的经费，不论其意欲获得现金还是特权，在实际行动开始后的六个月内将得到满足。这是如何实现的，我们会详细地跟你说明白。当然，对于那些组成顾问委员会的人的名字，你不能提及或者进行任何暗示。如果你想大力推进这个计划，并让其成功，你一定会明白保密的重要性。如果你需要让某人加入，你必须小心谨慎，对于你所知道的关于这个团体的所有事情守口如瓶，这样我们就不会反对你这样做。如果你要联系我在这封信附带的文件中提到的那些人，我将把他们的详细信息寄给你。

这就意味着立即开始行动。事情跟不上形势的迅速发展。全盘计划只待委员会的同意。L（荷马李）正在准备一个密码本，几天之内将弄好。

随信寄给你的是我的私人密码本，只供我们之间临时使用。我需要提醒的是，从法律以及习俗来说，矿产资源绝对是属于政府的，只有政府才能有权赋予或剥夺与之相关的特权。还有许多其它相关的问题，我希望能谈谈，但现在没有时间写在信里。现在对我而言最重要的事情是，一旦你下定决心之后，立刻承担我给你提议的工作，而我拥有的相关信息将会寄送给你。①

在这封信中，布思主要谈了三个问题：其一，中国形势急速发展，对他们的计划十分有利，如果有相应的资金支持，便可以在 18 个月内成功。其二，对于那些贡献资金以帮助计划成功的人，其相应要求将在实际行动开始后的六个月内满足。其三，整个事情必须严守秘密，已经在准备密码本，在此之前，布思和艾伦先用临时的密码。

这封信所展现的就是红龙计划的雏形。从这封信的内容来看，荷马李等人对于光绪帝去世之后中国形势的发展是持乐观态度的，认为对他们的计划非常有利，也就是说这个时候他们已经有计划了。相应地，他们还有一个顾问委员会作为决策机关，全盘计划也只等待委员会集中讨论批准。计划中一个关键的因素就是资金问题，如果有相应的资金，他们认为至多需要 18 个月的时间就能成功，而对于那些提供资金的人，其相应的要求会在实际行动开始后的半年内予以满足。"18 个月"、"半年内"等这些时间概念的出现，应该是布思试图让艾伦说服那些有钱人给这个计划提供资金，但是说得这么确定，反而让人怀疑其是否真的能实现。而这又体现出了对于这个计划而言，资金是一个非常重要的因素，荷马李等人急于获得资金援助。此外，这封信中还有一个重要的特点是要求艾伦保守秘密，在荷马李准备好正式密码之前，布思要求艾伦与他之间用临时的密码，而且信中已经开始使用类似密码的代称了。例

① 布思写给艾伦的信（1908 年 11 月 18 日），美国斯坦福大学胡佛档案馆藏布思文件（Boothe Papers），Box 2，Folder 2，No.27。

如，用"the old country"指称中国，用"Gen. L."或"L"指代荷马李，用"Jingo"指代清政府等。布思在信中也一再提醒艾伦注意保守秘密，尤其是顾问委员会的相关信息。

荷马李等人为何这么注意保守秘密呢？他在 1900 年曾去中国帮助康梁等人就是因为泄密而受到很大影响，甚至康有为也叹息说："堪骂李来助，甚好，惜已泄耳!"①曾经的经历让荷马李等人充分认识到了泄密对于计划的破坏力。②他们如此注意保密，还因为荷马李和布思经过长时间的讨论，制定了一个非常大的计划，希望能立即行事并取得预想的结果。

除了荷马李自己在准备密码之外，艾伦也为密码一事献计献策。他给布思等人提供了一套"世纪密码"（Century Code）。艾伦说他已经和这套密码的作者面谈过，并拿到了全套密码以供检测。他向布思解说了这套密码的原理，并认为它是迄今为止在美国出现过的最好的密码。艾伦说，在国外还有一两套密码系统，他正在与相关的所有者联络，所以需要等一段时间才能做最后决定，到底选用什么密码系统。③12 月 7 日，艾伦写信给布思，说以前推荐的密码不好，他又发现了另外一款密码，认为该密码是现今最好的密码，而且密码本适合装在口袋里，艾伦提议买一本密码本给布思。④从艾

---

① 《致谭张孝书》（1900 年 6 月 27 日），方志钦主编：《康梁与保皇会》，天津：天津古籍出版社，1997 年，第 27 页。
② 参见本书第二章内容。
③ 艾伦写给布思的信（1908 年 11 月 19 日），美国斯坦福大学胡佛档案馆藏布思文件（Boothe Papers），Box 2，Folder 2，No.28。
④ 艾伦写给布思的信（1908 年 12 月 7 日），美国斯坦福大学胡佛档案馆藏布思文件（Boothe Papers），Box 2，Folder 2，No.30。

伦和布思就选密码事情多次写信协商的这种做法中，也可以看出荷
马李等人对于信息保密的关注程度。

　　艾伦收到布思 11 月 18 日的来信以及密码后立即于 11 月 25 日
回信。艾伦在信中说，他一收到信就对其内容进行了非常慎重的考
虑。通过分析数据艾伦认为，清政府对于工商贸易的影响并不大，
因此建议，筹集资金的对象应该是银行家而不是实业家。对于荷马
李谋求领事职务这件事情，布思说，经过调查后发现，那个碍事者
已经获得了现任驻华公使的支持，而且获得了纽约参议员们（the
Senators from New York）的支持，故而似乎稳坐钓鱼台了，于是
荷马李谋取领事的这个计划可行性不大。至于光绪去世对形势产生
的影响，艾伦认为灾祸并没有出现，新的继任者适应得很好。也就
是说，艾伦认为现在并不是实行计划的最佳时机。艾伦根据信息和
数据分析得出了上述看法，他觉得如果布思等人不同意，又不便在
信中讨论，他可以立即动身去洛杉矶或者某个地方，以便委员会碰
头当面进行讨论。①从信中看出，艾伦对于光绪去世后中国形势变
化的判断与荷马李、布思二人的不一致，且他认为筹集资金的对象
应该是银行家，而且他认为荷马李想获得领事职务的计划也不可
行。艾伦给荷马李、布思的激情浇上了一盆冷水。

三、容闳的加入及提议

　　荷马李和布思还把相关的计划告诉了容闳，容闳的反应要更积

---

① 艾伦写给布思的信（1908 年 11 月 25 日），美国斯坦福大学胡佛档案馆藏布思
　文件（Boothe Papers），Box 2，Folder 2，No.29。

极一些。容闳在 11 月 27 日收到了荷马李的来信，前一天收到了布思的来信，容闳说这些信改变了他对事情的看法，让他"对未来重新充满了希望"。他认为布思非常适合现在的任务，荷马李选择布思为他们管理财政方面的事务，是具有"独到的眼光（keen eye）"，并说在中国拿下第一个省份后，如果他有权的话，他将让荷马李担任总督、授予布思男爵头衔。容闳说，他非常赞成荷马李和布思经过长时间会谈后得出的结论，它与容闳在几个月前曾经向一个中国朋友表述过的观点不谋而合，即为了中国的未来，必须让中国现有的各个不同政治派别的领袖抛弃偏见和分歧，联合起来，对付共同的敌人。容闳赞成荷马李和布思所设计的计划，即成立一个高级议事会（Grand Council）以作为临时政府的基础。荷马李请容闳发函邀请这些不同党派的首脑到美国来以组成高级议事会。容闳说，关于这个计划还有几点不明白的地方，"在邀请这些首脑来这里组成高级议事会（Grand Council）之前"，他希望能对"临时政府（Provisional Government）的顾问委员会（Advisory Board）"有一个清晰的认识。容闳在信中询问荷马李，是否这些首脑来这里之后，就成为了高级议事会（Grand Council）的成员，是否也就同时成为了顾问委员会（Advisory Board）或者临时政府（Provisional Government）的成员。容闳希望荷马李在信中能将以上几点予以说明，并告知邀请那些人来美的具体时间和地点，他将发出邀请信，并附上了邀请信的草稿。①

---

① 容闳写给荷马李的信（1908 年 12 月 4 日），美国斯坦福大学胡佛档案馆藏布思文件（Boothe Papers），Box 2，Folder 7，No.88。这封容闳写给荷马李的信出现在了布思文件中，说明在这件事情上，荷马李与布思保持沟通，做到（转下页）

　　紧接着第二天（12 月 5 日），容闳又写了一封信给荷马李和布思。他认为邀请信中将展现荷马李等人对于高级议事会（Grand Council）、顾问委员会（Advisory Board）和临时政府（Provisional Government）的认识，所以应该在信中向对方解释清楚他们来这里到底要做什么。容闳说："尽管这封邀请信很长，但还不足以向他们描述清楚目前确切的形势。"容闳建议荷马李和布思对邀请信做修改之后，打印出来再寄给他。对于信最后的落款，容闳故意写成"代理总统（Acting President）"，他认为这样做更有利于对方接受邀请，让他们有机会可以被选举成为临时政府的总统。容闳说："我没有成为总统的野心，除非他们和你们都一致地要求并希望我接受该职务。"容闳希望在这个计划中，能让两个儿子跟他一起参与进去。①

　　12 月 6 日，容闳又给布思写了一封信。信的开头便提到："周六早上，我给你和将军寄去了一封信，信中我完全同意你们那次长谈的结果。"其后，容闳谈到了他对于高级议事会（Grand Council）职能的理解，据此草拟了一封邀请信，如有需修改之处，留给荷马李和布思去做，这也是他"给两人都寄了邀请信草稿的原因"。容闳再次就为何在信的落款署名为"代理总统（Acting President）"进行解释，称他故意这样做，是为了让这些头目找不到借口拒绝来这里。容闳还指出，临时政府所有部门的职位都是空置的，但财政部和陆军部（Treasury and War Departments）在十年内都不能由中国

　　（接上页）信息共享。容闳应该也是清楚这一点，在这个计划中，把荷马李和布思当作一个整体对待，有时候一封信的内容是同时写给这两个人的。

①　容闳写给荷马李的信（1908 年 12 月 5 日），美国斯坦福大学胡佛档案馆藏布思文件（Boothe Papers），Box 2，Folder 1，No.3。

人担任部长。容闳在信中再次提及他曾写过一篇关于两宫去世后中国形势的文章，并曾将其寄给布思等人。[①]

　　荷马李和布思在得知光绪和慈禧先后去世的消息后，觉得中国的形势发生了巨大变化，于是两人聚在一起，进行了长谈，并设计了一个让中国各派势力联合在一起密谋起事，最终建立一个政府的计划。容闳在得知荷马李、布思二人长谈中谋划的内容之后，非常认同，内心难以平静，他称赞荷马李二人让他对两宫的去世之后中国的前景有了新的认识，产生了新的希望。容闳连着写了几封信给荷马李和布思，足见容闳此时的心情。容闳对荷马李等人设计的这个计划非常感兴趣，并积极配合草拟了邀请各派首脑来美国的信件，且自己署名为"代理总统（Acting President）"，还在新政府中将财政部和陆军部部长的位置留给了布思、荷马李，以感谢两人为中国事业所做的贡献。容闳还想让自己的两个儿子也加入到这个大事业中。

　　容闳草拟的这份邀请信是写给当时中国最有势力的四大组织的首脑的。这四大组织是：保皇会（Pao Wong Hwui）、革命党（Ka Ming Tang）、哥老会（Kao Lao Hwui）和正气会（Chee Chi Hwui）。邀请信内容如下：

　　尊敬的阁下：

　　　　最近，一个辛迪加成立了，它可以聚集一大笔资金，从而

――――――――――

[①]　容闳写给布思的信（1908 年 12 月 6 日），美国斯坦福大学胡佛档案馆藏布思文件（Boothe Papers），Box 2，Folder 1，No.4。

为我们提供大量武器，只要我们能遵循正确的路径。什么是正确的路径呢？这种路径能让我们把旧中国迅速转变成新中国，并在很短的时间里让她成为第一等的国家。

我们作为伟大的中华民族的一份子，有责任和义务在团结一致、广大且稳固的基础上建立起一个中国。为了完成这个目标，有着爱国精神的每一份子，每一个具有高贵本性的人，必定会受着本心的驱动和召唤，为解救被剥削和压迫的国家贡献力量。

我们作为各个政治组织的首脑和头目，在这个危急存亡的关键时刻，用最大的忍耐和耐心对待彼此，放下所有的分歧、好恶以及偏见，组成一支强大的军队，集中力量对付共同的敌人。如果每个个人和组织，都遵循这样的路径和方式，那么我们就能拯救中国，否则就不可实现这样的目标。力量、实力和强大来自于团结、一致和统一，如果我们成为了这样的一个整体，我们就拥有了强大的力量，那么中国将是我们的。

因此，我被授权诚恳地邀请您于 1909 年＊＊月＊＊日尽快地赶到加州洛杉矶，以便成为高级议事会（Grand Council）中的一员，该议事会将承担临时政府（Provisional Government）顾问委员会（Advisory Board）的职能。您将在临时政府的各个机构中担任重要职务，有权推选其所有官员。一旦该临时政府组成之后，所有融合在一起而形成的新政治组织都将找到合适的位置；一旦这些完成之后，辛迪加立刻就能筹集 150 万美金，并交给临时政府的财政部，十二个月之内，还将付给 150 万总额的资金，以此类推，直到这些新的政治组

织获得足够资金，并开始行动。接到这封邀请信后，请立即表
态是否接受。如果您本人不能来，可以指派一个全权代表替您
行事。

您的兄弟

容闳①

在这封邀请信的草稿中，列出了中国国内当时存在的四大重要
团体，写明了辛迪加可以为他们提供资金，只要他们融合形成团结
统一的组织，来到美国组成高级议事会，为临时政府行使顾问委员
会的职能。一旦他们达到要求之后，便可以获得大量资金以行事。
容闳的这封邀请信草稿上有诸多修改的痕迹，这种修改从容闳
1908 年 12 月份的信件中看，是符合容闳的意愿的。草稿经过修改
之后，有一份打印的邀请信，与容闳草拟的那份相比，除了个别用
词及语句有些改动之外，大意基本保持不变，此外，新邀请信中更
明确地指出这些首脑来洛杉矶后具体要做的事情："就这个事情相
关的所有问题进行商讨，成立一个由上述四个组织首脑以及辛迪加
指定的三人组成的高级议事会（Grand Council）。高级议事会的职
能是安排计划以便成立一个临时政府，待临时政府成立后，该议事
会则对临时政府起到顾问（advisory）的职能。"该信中还有一段大
写的文字："因此，每一个组织派来参加这个会议的代表必须拥有
全权，而他的行动必须是遵从其组织的领导及成员与高级议事会就

---

① 容闳草拟的邀请信，美国斯坦福大学胡佛档案馆藏布思文件（Boothe Papers），
Box 2，Folder 10，No.94。

所有事情达成的协议及意愿。"新信中没有提到具体的来美日期。同时新旧邀请信中都没有出现容闳提到的"代理总统"的字眼。①

新的邀请信被复制后寄给容闳，然后寄往各个组织的首脑。当艾伦写信询问事情的进展情况时，布思于 12 月 23 日的回信中提到目前正在等待各个首脑的回复，可能需要 30 天的时间。②

事情本来会按照这样的预想发展，但容闳在经过仔细思考之后，认为邀请各个组织的首脑来美国共商大计的确是一个非常宏大的计划，但这个计划应该换一种方式实施，他将自己的想法于 12 月 14 日写信告诉布思。容闳在信中说，相比于请首脑们过来，派一个合适的代表过去要更好一些。这个代表逐一拜访各个首脑，与其商谈，判定其到底能给事业做出多少贡献，然后以此为基础把其引入到事业之中。容闳认为，如果把这些人邀请到美国畅所欲言，那么只会陷入无穷无尽的讨论之中，而无法达成一致行动。对于派谁去游说各个首脑，容闳说他本人很适合，而且可以让大多数人都参与到行动之中。但是他又指出其弊端："一旦我本人担任此任务，将会立即处于北京的怀疑与监视下，还会引起如今在政府就职的我的某些学生的关注，会因为报纸风传我的行动而导致我们的计划提前曝光。"因此，容闳推荐他的一个儿子担任这项工作，既可以完成任务，又能避免引起怀疑。这个儿子是耶鲁大学的毕业

---

① 邀请信，美国斯坦福大学胡佛档案馆藏布思文件（Boothe Papers），Box 2，Folder 10，No.94。

② 布思写给艾伦的信（1908 年 12 月 23 日），美国斯坦福大学胡佛档案馆藏布思文件（Boothe Papers），Box 2，Folder 2，No.31。由于信是由容闳负责寄送的，从后来容闳的建议来看，这些邀请信极有可能并未被容闳寄出去。

生，现在做生意，是轮锉机公司（the Rotary File & Machine Co.）的总裁，容闳这封信用的信纸就是这个公司的。容闳说，派这个儿子去可以用最有效、经济的方式完成这项伟大事业，"如果你俩都同意我的计划和建议，并支持它，请给我拍电报，我将立即建议我的儿子马上以合适的方式料理好他的生意，并准备立即动身去中国"。①

容闳的提议对于荷马李等人而言，应该说具有很大的挑战性。布思到了 12 月 28 日才给容闳回信。对于这么晚回信的原因，布思在信中解释，是因为信件在运输中出现延误，他直到 23 日晚上才收到，而那时他又忙于过节和生意的事务，故而回复迟了。布思说，他一有机会就立刻与荷马李进行商谈，他们认为该计划有很多优点，但也存有一些问题，比如如何让资助者密切地跟踪中国形势的发展，以及如何向资助者保证各个不同势力会愿意合作等。经过慎重考虑之后，他们认为，最好的方式就是让容闳和纽约的资助者直接联系。布思在信中向容闳介绍了艾伦的情况，说他是一个头脑冷静务实的商人，值得身边的朋友信赖，他俩从孩童时就是朋友，艾伦不轻易许诺，但是可以依赖他做事情。布思说会向艾伦提议陪同容闳的儿子一起完成这项任务。而容闳最好去纽约与艾伦面谈，同时还得思考怎样对资助者提供的资金进行返还的问题。②

在给容闳回信的同时，布思还给艾伦写了一封信。在信中，布

① 容闳写给布思的信（1908 年 12 月 14 日），美国斯坦福大学胡佛档案馆藏布思文件（Boothe Papers），Box 2，Folder 1，No.5。这封信写在以轮锉机公司（the Rotary File & Machine Co.）为抬头的信纸上。布思文件中，容闳的信基本是手写的，这封信却是打印的。
② 布思写给容闳的信（1908 年 12 月 28 日），美国斯坦福大学胡佛档案馆藏布思文件（Boothe Papers），Box 2，Folder 1，No.6。

思用"红龙"（the Red Dragon）指代他们正在进行的这个计划的名字。从这封信中，可以得知，在该计划开始之后，布思每隔一两天就要给艾伦写信简要汇报该计划的进展情况。而在 12 月 28 日的这封信中，布思提到一位绅士（该信中没有提到绅士的名字，但从前后文来看，这位绅士指的就是容闳）来信，当天布思和荷马李经过商议后，决定让艾伦和那位绅士直接当面沟通更为便捷。布思提到容闳对计划做了修正，即不是邀请首脑们到美国，而是派容闳的儿子去拜访各个首脑。布思在信中写到，他已经给容闳写信，建议容闳和艾伦面谈，艾伦需要劝说资助者为这次中国之行提供经费。布思还提到，他已经建议容闳按照艾伦指定的时间和地点见面。为了这次会谈的顺利进行，布思还在信中给艾伦介绍了容闳，说容闳寡言少语，但是能力特别强，曾被日本的伊藤侯爵（Marquis Ito）誉为中国那一代人中最伟大者；布思还建议艾伦在容闳阐述他的计划时多一些耐心，因为虽然容闳在思想行为方面基本上已经美国化了，但骨子里还遗留有中国人的某些特性。[1]

从以上内容判断，荷马李得知光绪和慈禧相继去世的消息之后，急迫地找到布思，两人商谈许久之后，设计了一个"红龙"计划，即为了将中国由被欺压的状态转变成为一个强国，需要将中国现有的各派力量联合起来，共同谋事，为此，需邀请各大组织首脑来洛杉矶，组成一个高级议事会（Grand Council），在其基础上形成临时政府（Provisional Government），而高级议事会就转变成为顾问委员会对临时

---

[1] 布思写给艾伦的信（1908 年 12 月 28 日），美国斯坦福大学胡佛档案馆藏布思文件（Boothe Papers），Box 2，Folder 2，No.32。

政府起辅助的作用。荷马李和布思把该计划告诉了艾伦和容闳，艾伦帮助该计划筹集经费，而容闳则主要负责联络各个组织的首脑。艾伦对这个计划持保守的态度，但也密切关注该计划的进展。容闳认为荷马李等人给他带来了新的希望，虽然对于荷马李和布思的构想并不是特别明白，但容闳积极地草拟邀请信，并让荷马李和布思在其上修改，从而成为正式的邀请信。布思等人将修改后的邀请信寄回给容闳，由容闳将邀请信发出。在布思等人正等待各组织首脑回复的时候，容闳突然提出了一个建议，要派他的一个儿子作为代表到中国去——拜访各个头目，达成力量融合的目的。在整个计划中，容闳是中国国内各派势力的知情人和联络者，他否定了要求各派首脑到美国商议的做法，代之以派代表（他的儿子）到中国去联络。容闳的这种做法，有隐藏其所知的会党信息的嫌疑，而让自己的儿子加入进来的做法，也有一定的私利性隐含其中。荷马李和布思经过考虑之后，认为对于容闳的提议，可让艾伦和容闳面谈资助的事情以及该次中国之行需要达到的目的。布思为了二人面谈的顺利进行，在写给二人的信中，分别介绍了对方的情况以及性格特点，并对双方的能力进行了夸赞，布思希望二人能将会谈的内容与他及时沟通。

四、艾伦与容闳的初步会谈

艾伦收到布思的信后，按照约定于 1 月 4 日给容闳写信，[①]并十分期待与容闳的会面，希望从容闳那里探听到一些内部的消息。

---

① 艾伦写给布思的信（1909 年 1 月 4 日），美国斯坦福大学胡佛档案馆藏布思文件（Boothe Papers），Box 2，Folder 2，No.34。

当时荷马李、布思和艾伦都非常关注中国国内局势，①但都是从报纸上获得消息，如果能从中国内部获得消息，那将是令人期盼的。但是直到 1 月 6 日艾伦都未收到任何回复。②1 月 11 日，艾伦写信给布思，说他仍旧没有收到容闳对 1 月 4 日信件的回复。③

容闳之所以没有与艾伦联系，是因为中国国内形势又出现了重大变化。1909 年 1 月 2 日清政府发布上谕："军机大臣、外务部尚书袁世凯，夙承先朝屡加擢用，朕御极后，复予懋赏。正以其才可用，俾效驰驱，不意袁世凯现患足疾，步履维艰，难胜职任。袁世凯着即开缺回籍养疴，以示体恤之至意。"④袁世凯的开缺引起巨大

---

① 根据这一时期荷马李等人往返信件可知，荷马李得知光绪、慈禧去世的消息之后便立即找布思会谈，布思与艾伦来往信件中会就中国局势交换意见，互相寄送相关剪报。1909 年 1 月 2 日，布思在写给艾伦的信中说，报纸上登载的消息都是来自于北京的电报，消息中提到摄政王进行了一些改革，其中一项是那些被皇帝接见的人不用再被迫下跪了。布思在这封信中评论说："如今那个新的摄政王无足轻重，他完全处于袁世凯的掌控之下，而那个无辜的小皇帝只是一个傀儡，好像改革实际上都是由满族统治者实施的。尽管这样，中国的基本形势实际上与我上次跟你在纽约谈过的样子并没有多大变化。两宫去世，新势力登场，并没有对以前的状态产生实际影响，只是我们在处理事情时可能会有稍微的不同。"参见布思写给艾伦的信（1909 年 1 月 2 日），美国斯坦福大学胡佛档案馆藏布思文件（Boothe Papers），Box 2，Folder 2，No.33。
② 艾伦写给布思的信（1909 年 1 月 6 日），美国斯坦福大学胡佛档案馆藏布思文件（Boothe Papers），Box 2，Folder 2，No.35。
③ 艾伦写给布思的信（1909 年 1 月 11 日），美国斯坦福大学胡佛档案馆藏布思文件（Boothe Papers），Box 2，Folder 2，No.36。在这封信中，艾伦说他及时收到布思 2 日的信，艾伦请布思不要在意他的言论，因为这些都是根据捕风捉影的信息，艾伦说："然而，似乎摄政王真的解雇了那个据说要掌控他的人。摄政王好像真的要当首脑了。"对于容闳迟迟不回复 1 月 4 日的信的原因，艾伦猜测说："可能是由于那个卓越的人的解职，实际上打乱了目前正在谋划的所有计划。当然也有可能是我的信件还没到达目的地。"
④ 《光绪宣统两朝上谕档》，桂林：广西师范大学出版社，1996 年，第 34 册，第325 页。

反响。容闳于 1 月 4 日在写给布思的信中，就谈到了他对于该事情的看法和态度。在这封信中，容闳首先提到 1 月 2 日他的儿子就已经收到布思和荷马李的来信，然后第二天信就被送到了他这里。容闳希望他的儿子能参与到这项计划中，而且在他与艾伦会谈时，容闳希望他的儿子也能出席，并积极地参与讨论。容闳建议布思如果方便的话也能来与他会谈，原因是"从中国传来了袁世凯被突然开缺（sudden dismissed）的惊人（astonishing）消息"，容闳认为袁世凯是"中国过渡时期的一个强有力的人物"。容闳写道："鉴于此，将军也应该过来，因为这种极端状况使得我们必须对之前的计划做出实质性的改变。因为我是这个国家中唯一一个能对中国新政府的摄政王此举做出理性解释的人，用简短的无需做进一步解释的话来说，我认为我们必须将康有为从我们的联合对象中去除。我不会再与他发生任何关系。在我们这个大事业中，他不是一个值得信赖可供合作的人。"①

　　袁世凯开缺事件发生在 1 月 2 日，而容闳于 1 月 4 日便给布思写信，就此事情进行谈论。容闳认为袁世凯是突然被政府解职，这个消息太惊人了。为此，他觉得荷马李等人谋划的红龙计划需要相应地进行改变。这个改变就是将康有为从联合的对象中去除，不再依赖康有为。在容闳草拟的邀请信中，保皇会是作为第一个需要联络的对象，故而可以推知康有为在荷马李等人心目中的重要地位。而袁世凯开缺事件发生之后，容闳立即向布思等人提出，不再将康

---

① 容闳写给布思的信（1909 年 1 月 4 日），美国斯坦福大学胡佛档案馆藏布思文件（Boothe Papers），Box 2，Folder 1，No.7。

有为作为可信赖的联合对象。在容闳的心目中，袁世凯是中国在过渡阶段中一个强有力的人物，而他突然被解职，导致容闳修改计划，要去除康有为这个联络对象。那么康有为与袁世凯的解职有什么关系呢？为何会让容闳因解职事件而对康有为给出这样贬斥的评价呢？事情的起因还得追溯到光绪皇帝的去世。康有为"突闻光绪噩耗，悲病万分。光绪幽囚以来，并无大病，忽撄不治，传说纷纭。嗣闻为袁世凯所毒杀，乃由海外上摄政王书，请诛袁世凯以谢天下，并发布讨袁檄文"，在檄文中，康有为文字酣畅淋漓，历数了袁世凯的过错：其一，"致割辽台土地"；其二，致使戊戌政变后光绪被囚；其三，"袁世凯势倾中外，遂为国望二百年来所未有"；其四，"舍身救国之圣主，遂毒弑于逆贼袁世凯之手"。康有为请摄政王一定要为骨肉报仇。①梁启超也随他师傅一起积极讨伐袁世凯："以彼贼诬君误国之罪，虽明正典刑，殊不为过，但监国仁慈，必不忍出此，且持之太急，或恐外人疑及今上皇帝宽仁之度。则以鄙见策之，虽最轻亦宜加以革职，交地方官严加管束字句，既宣布其罪状而特恩赦之，则真所谓仁至义尽，为天下万世所共谅矣。"②由于康梁具有一定的影响力，他们所代表的保皇派在海外的影响力尤其大，其言论对当时的舆论有很大的推动作用，在一定程度上对袁世凯的罢免产生了影响。③

袁世凯在容闳的眼中是过渡时期的能人，而其罢免在国际上也

① 康有为：《康南海自编年谱》，北京：中华书局，1992 年，第 142—144 页。
② 丁文江、赵丰田编：《梁任公先生年谱长编（初稿）》，北京：中华书局，2010 年，第 250 页。
③ 参见马勇：《晚清笔记》，广州：广东人民出版社，2017 年，第 198—201 页。

产生了一定的影响。容闳由此事情更加看清了康有为的本质，故而再也不想与康有为有任何瓜葛，并要求荷马李等人在红龙计划中将康有为的名字去掉。

在容闳给荷马李等人写信的同时，焦急等待容闳回信的艾伦终于接到了容闳儿子打来的电话，对此，艾伦非常高兴，立即于当天（1月12日）写信告知布思，因为容闳身体不适，所以他的儿子将代表容闳与艾伦会面。艾伦提到："很明显，袁世凯的解职对我们这个并不明朗的事业是一个重大打击。我很清楚地表达了我个人想和容闳会面的愿望，可以是任何时间地点，最好是两三天内。"①

直至1月16日，容闳还没有跟艾伦会面，但他打算18日会面，并写信告诉布思和荷马李关于会面的想法。此外，容闳还将自己对于红龙计划的新想法在这封信中予以表达。他建议放弃以前设计的委员会，而找个强有力的人去联合。他认为袁世凯已经展现了强大的政治才能，是一个合适的人选。容闳希望能将袁世凯争取过来，并正在等待唐绍仪来访。唐绍仪与袁世凯关系密切，且是容闳的学生。通过唐，容闳将了解整个情况，并"联系袁世凯"，容闳说："袁世凯非常了解我，而且非常想与我相识，但是我目前的状况不允许我这样做。"容闳认为："他（袁世凯）比康有为强千百倍。他赢得了驻北京所有外国使节的好感和尊敬。如果他能加入我们的事业，那么我们这场为了拯救中国的战争就已经打胜了。他才是中国真正的改革家，作为一个政治家，他已经赢得了整个人民的

---

① 艾伦写给布思的信（1909年1月12日），美国斯坦福大学胡佛档案馆藏布思文件（Boothe Papers），Box 2，Folder 2，No.37。在该信中，艾伦说："我不喜欢共和的想法。"

好感。人民对他的评价很高。"容闳说，袁世凯和康有为是宿敌，当康有为给北京写信，建议因袁世凯毒死了光绪帝而将袁世凯暗杀，即使是康有为一派的人也认为康有为太荒谬。容闳认为"康有为再也不可能恢复他以往的地位，即作为一个安全的可信赖的改革家"，等他和唐绍仪见面之后，将写信告诉荷马李等人会面的结果。①

布思收到容闳1月4日的信后，于16日回信，说容闳的信很有意思，尤其是关于康有为的评价那一部分。布思说，通过唐绍仪，的确可以很好的了解目前中国国内的状态，但是布思也提醒容闳，要注意唐绍仪的立场，因为唐绍仪是袁世凯一派的。布思说，他们通过瞬息万变的报纸信息了解局势，同时指望容闳能提供信息并指引前进的方向。布思从当天的报纸中了解到，英美公使都向中国外务部提出要求，让其解释为何袁世凯会被解职。布思认为这种做法是非常无理的，它或许是柔克义（Rockhill）和同僚们基于中国利益保护国的身份而做出的行为。同时，布思认为，英美的这种态度或许对容闳而言是有利的。②

1月12日，艾伦与容闳之子会面。1月18日，艾伦又和容闳父子会面，其"谈话内容散漫"，艾伦把从容闳那里了解到的信息进行了归纳并写信告诉布思等人："袁世凯是一个非常有影响力的人（a tower of strength），被所有国家认可，能对那些他组建的军

---

① 容闳写给布思的信（1909年1月16日），美国斯坦福大学胡佛档案馆藏布思文件（Boothe Papers），Box 2，Folder 1，No.8。
② 布思写给容闳的信（1909年1月16日），美国斯坦福大学胡佛档案馆藏布思文件（Boothe Papers），Box 2，Folder 1，No.9。

队行使绝对的控制权。鉴于这个民族保守的特性，袁世凯解职的最终结果是什么还得继续观察。他的解职据说与戊戌政变之前他的行为直接相关，而日本人可能与他的解职也有某种关系。据说他可能会被争取过来，从而使得整个事业获得成功"；"康有为正饱受质疑。他来美国的时候，似乎从洗衣工等人那里筹集了 80 万美金，并将其挪作己用，在墨西哥购买了房产并置于其女儿的名下，这个女儿是纽约哥伦比亚大学巴纳德学院的学生。不管怎样，人们要康有为做出解释和说明，但他至今都没这样做。据信，他自己将自己'限于不利之地'"；"广州的孙逸仙被认为是最值得信赖的。在他尝试发动的革命起义中，曾有两次差点攻下广州。在广州，他被认为是有影响力、值得信赖的人，尽管有时候可能有些善变，而且总喜欢在时机到来之前行事。他目前在新加坡，而且是三个人之中仍旧被清政府通缉的。"艾伦说，目前最重要的是"立即行动"，容闳建议派他的儿子去中国。艾伦计算了旅费加上枪弹等的费用，需要 900 万美金。在写信的前一天，艾伦与一个非常有经验的人谈了很长时间。艾伦根据自己了解的情况，制订了一个计划，附在这封信中。艾伦信中还说，容闳非常希望荷马李、布思过来会谈，而且容闳建议给袁世凯发一封邀请信，让他带着家人以送孩子来美国上学的名义过来会谈；另外，容闳说他有信心掌控他在中国国内的学生。[①]

---

① 艾伦写给布思的信（1909 年 1 月 21 日），美国斯坦福大学胡佛档案馆藏布思文件（Boothe Papers），Box 2，Folder 2，No.38。这个计划是艾伦制定的，后来艾伦又对其进行了修正。该计划应该是"红龙计划"的发展和一种具体的展现。艾伦在其后的信件（详见后文）中说该计划以及其修正案都是出自他（转下页）

在随信发出的计划中，艾伦列出了筹款的方式、步骤及相应的行动和要达到的效果。先筹集一万美金，用于容闳的儿子在某人的陪同下到中国内地视察，根据视察的情况，组建一个"国外的辛迪加"（Outside Syndicate），要为后续的计划筹集 500 万美金。国内的秘密会社要筹集 400 万美金，与国外的辛迪加组成"联合辛迪加"（Combined Syndicate），提供资金和武器，进行后续的计划。为了对筹集的资金进行偿付，该计划就出让铁路、银行、矿山等权益进行了罗列。最后该计划写道："据信，根据东方人的思维和习惯，他们不会认可共和形式的政府。对长久形成的习俗进行改变需要很长的时间，即使是那时，实际行动也要根据人们的思想和习俗进行改变。""任何计划要获得成功，必须考虑周全，至少要与人们的愿望相符，而且不会受到外界的强烈反对。"①其后，艾伦的计划被做了一定的修改，原计划基本没有改动，只是对割让的权益做了更细致的补充。②

1 月 25 日，容闳写信给布思，告知最新进展。容闳本来等待唐绍仪来访，从而可以获知一些袁世凯解职的内幕消息，但最后唐绍仪在容闳不知情的情况下"悄悄地溜走了"，故而容闳没法得知

（接上页）一人之手，与容闳没有任何关系。有人认为该计划是容闳提出来的，这种看法似乎值得商榷。参见桑兵主编：《孙中山史事编年》，第 2 卷，第 717—718 页，书中写道："1 月 21 日艾伦致函布思，讨论容闳提出的中国红龙计划……艾伦称容闳提出了一个需要五百万美元、十万枝枪、一亿发子弹等的计划。后命名为 Red Dragon-China，即'中国红龙计划'。"

① 一个计划（1909 年 1 月 21 日），美国斯坦福大学胡佛档案馆藏布思文件（Boothe Papers），Box 2，Folder 10，No.96。

② 修改的计划（1909 年 1 月 27 日），美国斯坦福大学胡佛档案馆藏布思文件（Boothe Papers），Box 2，Folder 10，No.97。

袁世凯失势的真正原因。于是容闳立即去纽约见艾伦，并给了艾伦
一份中国各个帮派的名录，除了康有为、孙中山的名字外，他无法
提供其他首脑的名字，因"不知道他们是谁"。容闳在信中仍旧建
议争取袁世凯。容闳说，指控袁世凯毒死光绪，是官场上嫉妒袁世
凯的人寻找的借口，他们之所以嫉妒，是因为"袁世凯在民众以及
外国人中的声望日益增长，而他的改革措施和成就损害了康有为一
派立足的根基，导致他们不再是改革的领军人物"，"康是袁最首要
的敌人之一，从槟榔屿给北京发了一封电报，建议将袁暗杀"。容
闳说，几天之前，中国一个高级官员告诉他，康有为指控袁世凯毒
杀光绪是没有根据的，而且康有为这样做自贬身价，损伤了自己在
其追随者心中的地位，而这位高级官员就是其中之一。容闳说，就
目前的形势判断，袁世凯绝无可能再回到官场上，因为嫉妒和敌对
势力太强大了。容闳建议说服袁世凯以送孩子来美国上学为借口逃
离中国，一旦他来到美国，就想尽办法让他认同并加入他们的事
业。容闳说，无论袁世凯曾经犯过什么错误，"他是一个诚实的有
能力的改革家，而且已经向世人展现了其卓越的政治才能"，而康
有为是"不切实际的充满幻想的改革家"，让光绪帝最终陷于囚徒
的境地。①

从容闳这封信的内容看，他本来盼着能从唐绍仪那里获得内部
信息，并以其为媒介联系上袁世凯，但最终计划落空。后在跟艾伦
的会谈中，仍旧极力夸赞和推荐袁世凯，甚至不惜为袁世凯开脱，

---

① 容闳写给布思的信（1909年1月25日），美国斯坦福大学胡佛档案馆藏布思文
件（Boothe Papers），Box 2，Folder 1，No.10。

以让荷马李等人把袁世凯作为主要的联合对象，而对于以前的主要联合对象康有为，容闳仍旧是极力贬低。

　　同一天（1 月 25 日）布思给艾伦写信，说收到了 1 月 12 日的来信，同时还收到了容闳 1 月 16 日的来信，得知 18 日艾伦和容闳即将会谈，而且事情都在往有利的方向发展，于是布思认为："延迟看来对结果是有利的，而非不利的。"对于上周已经结束的会谈，布思很期待能得到相关信息，他对于四人（荷马李、容闳、布思、艾伦）不能聚在一起会谈而感到遗憾，鉴于容闳与他们对细节问题有不同意见，所以他建议艾伦在做出许诺之前，先跟荷马李和他商量一下，同时他也强调容闳与他们"毫无疑问在总体上是一致的"。就容闳对康有为的评价，布思说："我觉得这种认识是对的，尽管我在写信给容闳时，在这个问题上有些模糊其辞。毫无疑问，康在某些问题上是冲动和不明智的，就目前形势的变化来看，跟另外一个对象联合很可能（quite possible）会产生好的效果。"①布思在给艾伦的信中，就容闳一再推迟见面做出了某种解释，并似乎在安慰艾伦，说延迟也是有好处的。同时，对于容闳针对康有为的评价，布思虽然认同，但持有保留意见，而对于容闳联合袁世凯的建议，从布思的语气中可以看出，他也持有一种不是特别确定的态度。

　　经布思的牵线，艾伦可以直接与容闳会谈。虽艾伦期盼见面，但容闳一直未露面。其间中国政局又发生一件大事，即袁世凯开缺，其性命甚至受到威胁。容闳试图与访美的唐绍仪联系以拉拢袁

---

① 布思写给艾伦的信（1909 年 1 月 25 日），美国斯坦福大学胡佛档案馆藏布思文件（Boothe Papers），Box 2，Folder 2，No.39。

世凯，但唐绍仪显然在躲避。尽管容闳的计划落空，但在与艾伦的会谈中，容闳仍旧提出抛弃康有为而以袁世凯为主要联合对象。艾伦根据容闳派其儿子回中国联络的提议，对红龙计划进行了修正。艾伦和容闳的会谈有了一些初步的进展，但后续的会谈让艾伦对容闳越来越不满。

五、嫌隙的日益产生

1月29日，艾伦给布思写信，称他昨天与容闳一起午餐并会谈了四个小时。艾伦说这次会谈是"非常富有启发性和令人满意的"。艾伦说，他与容闳的观点几近趋同，主要分歧在于容闳认为，起义应该先在某些地点爆发，然后扩展至全国，而艾伦应该与中国重要人物进行谈判，等待时机成熟之后，在全国范围内约定时间起义，然后迅速获得胜利。艾伦说，那些提供经费的人应该有权而且必定会要求起义计划需征得他们的同意。当然，艾伦同时指出，对于起义的方案，现在还不需要做决定。其后，艾伦把和容闳会谈时获知的信息告诉给了布思，主要的内容有：太平天国起义导致某些地方人口锐减；中国的秘密会社情况，就此，艾伦还想让布思告诉他《砗笔》中提到的秘密会社是否真的存在；鉴于目前的计划并没有出现任何有利的进展，因而筹款是一件非常困难的事情；中国的民众不适合共和形式的政府，但大部分人希望能有这样的政府；厘金是为了镇压太平天国而开始征收的，但现今仍旧存在。艾伦总结了与容闳会面获得的信息后，提出了自己的一些想法和意见。艾伦认为容闳离开中国时间太长了，没有有效渠道以获得中国相关信息，且艾伦认为容闳虽"是诚实的，但只有有限的爱国心"。艾伦说，他修改了之前提到的计划，并给容闳审视，容闳可能对计划的某些部分并不是特别满意。艾伦希望布思和荷马李能就该计划给出意见。艾伦还提到会寄给二人一份中国官员的名单，并将其中的一部分编入密码本中。艾伦最后在信中说，虽然他和布思是坦诚相见的，但他希望布思不要把有关言论告诉他人。①

　　2月1日，艾伦又给布思写了一封信，继续29日那封信所谈的内容。艾伦说："那个东方人就像个女人，他总是在信的附言中才露出最重要的观点，或者只有当你拉开门要离开的时候，他才说出谈话中最重要的观点。"艾伦还认为容闳是"精打细算的精明的"，因为容闳在进行红龙计划的同时，"意识到这项伟大的计划可能进行不下去，或者会失败"，于是还在关注广西银矿以及苎麻纤维的提取等相关发明，以给自己准备了另外两条路走。艾伦在上一封信中已经道出了容闳对修改后的计划存在不满的地方，而在这封信中，艾伦进一步予以点明："我非常肯定，那是第二页的条目f，谈到了'外部的辛迪加'对所有计划都有最高的掌控权。"艾伦说，因为容闳忙于写自传，故而不会就会谈的内容写信给布思，而艾伦是按照约定写信告知会谈内容。艾伦又在信的附言中写道："我希望说清楚的是，我是'A计划'和'修正案1'的唯一作者，它们与容闳一点关系都没有。"②

---

① 艾伦写给布思的信（1909年1月29日），美国斯坦福大学胡佛档案馆藏布思文件（Boothe Papers），Box 2，Folder 2，No.40。
② 艾伦写给布思的信（1909年2月1日），美国斯坦福大学胡佛档案馆藏布思文件（Boothe Papers），Box 2，Folder 2，No.41。艾伦在29日的信之后接着写这封信是因为他在1月30日（周六）收到了布思1月25日寄来的信件，觉得还有些问题需要说明，于是接着写了这封信。

　　艾伦连着写了两封信，信中充满了他对容闳的质疑和不满，并坦诚地将这些想法告诉了布思。布思在收到这些信件之后作何反应呢？

　　此时的布思在收到容闳 1 月 25 日的信后于 2 月 2 日给容闳回信，说他觉得那是一封非常有意思的信。布思建议容闳通过唐绍仪或者其它渠道，与袁世凯建立实质性的联系。因为没有时间详写，故而布思说等以后有时间再就信中涉及到的问题写信详谈。①布思此时是真的没时间写信呢，还是没想好怎么给容闳回信呢？从布思第二天（2 月 3 日）给艾伦的回信内容来看，后者的可能性要多一些。

　　布思于 2 月 3 日就艾伦 1 月 21 日信件的内容作出回复，这封信有 3 页纸（近 600 字）。在信的开头，布思说："你在 1 月 21 日写来的那封非常有趣的信已于两三天前收到了。在给你回信之前，我一直等着找机会跟 L（荷马李）会谈。他在仔细看过你的计划之后，说该计划与他的观点整个是吻合的。"布思说，荷马李仔细地盘算了起义过程中的消费情况，并粗略估算需要 450 万美金。至于详细的数据，布思说不能在信中说。布思提到他收到了容闳 1 月 25 日的来信，并称这封信表露了容闳对事情的看法。布思建议，如果唐绍仪还未去欧洲，那么可以敦促容闳安排艾伦与唐绍仪及容闳的三人会谈。布思说："你有必要跟容闳强调，为了执行他的计划，必须首先与袁世凯建立实质性联系，这样才会有资金愿意予以

---

① 布思写给容闳的信（1909 年 2 月 2 日），美国斯坦福大学胡佛档案馆藏布思文件（Boothe Papers），Box 2，Folder 1，No.11。

资助。"在这封信的末尾，布思提到荷马李已经完成了《无知之勇》，并请查菲中将（Lientenant-General Adna R. Chaffee）和斯托里少将（Major-General J. P. Story）阅读了书稿，二人都给予了高度评价。斯托里少将建议请总统写一份序言，但是布思觉得总统给太多的书写过序言，因而失去了价值，故而建议由两位将军写序言。同时，布思提到想让纽约的出版社来出版这本书，《砾笔》的出版社麦克卢尔公司（McClure）不适合出这本书。①

当天（2月3日），布思在收到艾伦1月29日的信后，又回了一封2页纸的长信（因行距很密，整封信近800字）。布思觉察到了艾伦对容闳的埋怨，因而劝慰他："按照东方人的思维习惯，他们总是非常谨慎小心地表露出自己的真实目的，所以你会发现，我早先就提醒过你不要期望能通过一两次会面就完全了解整个形势。很明显，'纪念物'②没有顾及你的想法，没有给你提供有效的信息，以对他的能力和计划的可行性做出合理的判断。"布思说："他（容闳）之所以不愿意提到各个帮派，是因为他不愿意抬高一个打压另一个，也不愿意得罪任何一个。"针对艾伦说容闳不勇敢、爱国心有限等认识，布思进行了澄清：容闳在中国的行动已经充分说明了他的勇气，而"他的爱国精神是宏大且不容置疑的"；"他之所以自称领袖，是因为在这个关头，形势让他觉得这样做是必要的且是人们所希望的。他与自己国内的运动保持最密切的联系，在提到这些运动以及消息来源的时候，他非常谨慎，其目的是为了保护线

---

① 布思写给艾伦的信（1909年2月3日），美国斯坦福大学胡佛档案馆藏布思文件（Boothe Papers），Box 2，Folder 2，No.43。

② 这封信中，用"纪念物（Memento）"来指代容闳，这是一种暗语。

人。我有大量的证据表明，他根本没有个人野心，只想完成对他的民众而言最有益的事情。"布思说，容闳得到各个派别的信任，具有极高的声望，因此建议艾伦"必须要有耐心，推进与容闳的关系，他并不是对你个人不信任，而是出于行事必须小心谨慎这方面的考虑"。布思说："我之所以急着给你写信，是因为我希望就此问题表达我的看法，让你从我的视角来想想这个问题，这样你就不会因为信息的缺乏而得出错误的结论。"布思随信列出了重大帮派的名字，但是他说他无法给出艾伦提到的组织的所有信息，并希望艾伦不要想从容闳那里获取相关消息，而是直接通过他去了解，而且要注意保密。在这封信中，布思列出了几个名字的代码，希望在通信中使用，并将其加入密码本中。①

在艾伦收到布思 2 月 3 日满含焦急的劝慰信之前，他已经给布思去了多封信。在 2 月 6 日给布思的信②中，艾伦说："2 月 2 日我拜访了一个大人物（a big man），他的名字不方便说。从这个人的基本特点来看，他就是万中挑一的那个人，我希望他能做我们事业的后盾。他有一个名声是'一旦出手绝不回头'。当你们知道他的名字后，一定会感到满意，因为我找到了最好的那个。"这个大人物在听了艾伦的讲述后，他的答复是简短而清晰的："我乐意跟世界上任何一个已经成立的政府打交道，但我却不能帮着去成立一个

---

① 布思写给艾伦的信（1909 年 2 月 3 日），美国斯坦福大学胡佛档案馆藏布思文件（Boothe Papers），Box 2，Folder 2，No.42。布思在信中列出的名字及其代码分别是："记住（Memorize）"指代袁世凯；"记忆（Memory）"指代容闳的儿子；"威胁（Menace）"指代康有为；"威胁着（Menacing）"指代唐绍仪。这封信还随信列出了中国官职的含义，以及赞成改革的主要秘密会社名录。

② 这封信手写，有 5 页纸。

政府以跟其打交道。"艾伦认为对方的回答是积极的留有空间的。
2月4日，艾伦再次拜访了这个大人物，艾伦说："他（大人物）对类似这样的事情有许多成功的经验，而且他与许多的财团关系密切。"艾伦在信中又谈到了容闳，说容闳已经在美国生活了8年，从那时起已经远离了公众的视野，并不拥有任何组织力和行动力，可能只对几个学生有影响力，而这种影响力甚至可能是容闳自己想象的。艾伦接着在这封信中谈到了"那个最近被谈论的人"，认为如果他能来这里，并加入事业之中，那么形势将会大大地予以改善。从上下文判断，这个人就是袁世凯。艾伦谈到容闳的提议：以孩子上学的名义，邀请袁世凯来美，然后跟他和盘托出。对此，艾伦说："可能这是唯一可行的法子。"接着艾伦谈到了联合抵制美货问题，说根据容闳的说法以及从政府那里得到的消息，该运动已经过去了。关于从哪里筹集资金的问题，艾伦说，如果银矿的消息属实，那么只需六个月就可以将准备工作就绪。此外，艾伦谈到，如果《硃笔》中的秘密会社真的存在，而且情况真如小说所描述的那样，那么"整个工作就可以在一夜间完成"，但实际上，这些人很可能只是乌合之众。艾伦说，整个计划中所需要的是一个胆大的脑子来指挥，一支忠诚的军队去执行任务，一个稳重的性情去掌控和管理那些已经攻下的地方。艾伦在信的末尾说："如果我们不能获得我们想要的所有条件，我们仍可以就手头所拥有的条件行事，只要这些条件足以让我们获得胜利。"①

---

① 艾伦写给布思的信（1909年2月6日），美国斯坦福大学胡佛档案馆藏布思文件（Boothe Papers），Box 2，Folder 2，No.44。

当天，艾伦又手写了一封信给布思，告诉对方上一封信中提到的信息还未跟容闳说，如果布思要他说时，他就会照做。①

2月10日，艾伦又给布思写了封信，是为了把容闳在艾伦建议下就"中国的需求"所写的备忘录寄给布思看，尽管艾伦认为文中内容并没有完全达到艾伦的要求。②

2月11日（周四），艾伦写信给布思，说感谢布思就1月29日艾伦的信所做出的回复，信的内容让艾伦内心获得很大宽慰，并说会在周六（13日）或者下周一（15日）回复，因为"明天是假日"。③艾伦的这封信并没有太多的内容。但是从这封信中，可以看出艾伦体会到了布思写这封信时带有的急迫心情——布思急于劝慰艾伦，于是艾伦及时给对方回复确认收到了信件，并说过几天再详谈。信中所说的"明天"是周五，艾伦说是假日，但1月29日也是周五，他却写了一封长信给布思。可见"假日"是艾伦拖延回信的借口。

就在艾伦准备给布思写信期间，布思于2月12日给艾伦写了一封信，对艾伦2月1日信中提到的事情一一进行回应。首先，布思谈到了容闳已经明确表态不参与整个行动中的财政事务；至于银矿和苎麻等相关事务，容闳早就开始对其展开研究，为的是开发母国的资源。针对艾伦信中第四段的内容，布思说，容闳并不一定像

---

① 艾伦写给布思的信（1909年2月6日），美国斯坦福大学胡佛档案馆藏布思文件（Boothe Papers），Box 2，Folder 2，No.45。
② 艾伦写给布思的信（1909年2月10日），美国斯坦福大学胡佛档案馆藏布思文件（Boothe Papers），Box 2，Folder 2，No.46。
③ 艾伦写给布思的信（1909年2月11日），美国斯坦福大学胡佛档案馆藏布思文件（Boothe Papers），Box 2，Folder 2，No.47。

表现的那样对目前发生的事情无知，他只是出于谨慎而已。接着布思谈到荷马李的新书问题，说两位将军对这本书的评价都很高，并愿意为其写序言，而且"他们认为它会是一本非常畅销的书，在整个国家中会引起广泛讨论，且不只是限于军事圈子里，还会引起整个民众的热切关注"。最后，布思在信中提议给来往信件编号，因为时势急剧变化导致信件往来频繁，编号后可以方便沟通和联络。①

　　2 月 13 日，艾伦写信给布思，就他于 2 月 3 日及 6 日的来信统一作出回复。艾伦说愿意为《无知之勇》的出版做任何事情。针对筹款问题，艾伦建议："通过帮派或者其他方式，要求当地人至少要捐助一点钱，这样就可以确保他们与我们的利益一致，而且还要让他们相信，我们不会因此而挣一分钱，反而愿意与当地的捐助者按比例分配收益，从而让他们也有机会享受胜利的果实。"对于唐绍仪来访一事，艾伦说："他在哈特福德待了几天，访问旧友，但是没有与容闳会面，甚至联系都没有，实际上，容闳确信，唐绍仪刻意地躲避二人之间的联系及相关可能性。自然，这伤害了容闳的感情，同时，容闳意识到唐绍仪这样做是为了确保自己在国内的地位。"因为艾伦收到信的时候，唐绍仪已经离开了，否则艾伦会向容闳转达布思有关三人会面的提议。其后，艾伦就布思 2 月 3 日的第二封信内容做回复。艾伦说："你之前的来信谈到了东方人的特点，我已将其铭记在心，而且我已对东方人有了足够的了解，因而

① 布思写给艾伦的信（1909 年 2 月 12 日），美国斯坦福大学胡佛档案馆藏布思文件（Boothe Papers），Box 2，Folder 2，No.48。

知道你的看法是正确的。然而，按照你的要求，我在给你的信中将所有的信息、想法都原原本本地表述出来，毫无隐瞒，时刻坦诚相待。"在这封信中，艾伦继续就厘金问题表达了自己的看法。艾伦从布思的信中得知容闳"有一颗真正的爱国心"，为此，艾伦感到非常高兴。艾伦谈到摩根已经去欧洲了，而之前与摩根的接触可以算作敲门砖。艾伦在这封信中，用了代码去指称容闳、唐绍仪等人。①

2 月 13 日，布思给容闳写了一封信，说自从 2 月 2 日给容闳写信之后，已经收到了来自艾伦三封信中的两封，从信中看，形势并没有多大变化。因为艾伦即将在洛杉矶做生意，故而布思建议容闳能来洛杉矶进行会谈。②

2 月 19 日，容闳给布思写信。在信中容闳提到：他和艾伦的会谈并没有什么实质性的进展；有个中国的辛迪加在专营广西的一些蕴藏量丰富的银矿，而这个辛迪加的成员"都是属于保皇会的——如今已经变成了宪政会，康有为是该组织的首脑"。对此，容闳说："对于让哪些中国人参加我们的会议，我们必须特别小心；也不要对新来的人提及我的名字，除非得到我的同意。"对于布思邀请去洛杉矶会谈一事，容闳说，因为他目前忙于自传的收尾工作，故而不能成行，等到 3 月或 4 月初应该就可以了。在这封信的附言中，容闳说他的儿子已经接受了那个中国辛迪加的邀请，去广西的银矿担任总监督，可以借此机会一方面调查两广的形势，一方

---

① 艾伦写给布思的信（1909 年 2 月 13 日），美国斯坦福大学胡佛档案馆藏布思文件（Boothe Papers），Box 2，Folder 2，No.49。

② 布思写给容闳的信（1909 年 2 月 13 日），美国斯坦福大学胡佛档案馆藏布思文件（Boothe Papers），Box 2，Folder 1，No.12。

面探查那里的矿藏。为此需要筹集 10 万美金，用于旅费以及开发苎麻生意。容闳在附言中提到他已经长时间地关注苎麻业，并和相关技术的拥有者一直保持联系，容闳还详细地盘算了苎麻的投入与收益，认为可以借助苎麻产业成就事业。容闳计划在广东和上海各成立一个公司经营苎麻生意。在附言的最后，容闳特意强调附言中提及的内容布思不能让第二个人知道。①

2 月 22 日，容闳再次就苎麻项目写信给布思。容闳说，19 日的信写得很仓促，充满错误和疏漏；苎麻计划是他个人向布思的提议，不会妨碍那个主要的计划。如果布思能为容闳筹集 10 万美金，容闳便可以借着苎麻项目到中国去偷偷地彻底地刺探那些有可能组成委员会的人的态度。容闳指出，苎麻业这一步棋可以达成几个目的：其一，给 10 万美金偿本付息；其二，利用获取的利润，去影响舆论，从而推动中国的改革；其三，为重大的政治活动提供资金。在附言中，容闳补充说，去了中国后，"我们将有大量的时间去弄清楚大众的真正态度、政府的政治形势、两宫去世后可能导致的结果、袁世凯的解职及其对京师内外各政治势力的影响、新任摄政王的态度和倾向"，这个附言中提到的上述事项应该是当时容闳等人特别关心、特别想知道但是又无法获取确切信息的问题。容闳说，弄清楚整个形势之后，他们就可以决定是否继续他们的计划、采取什么样的步骤等。②

---

① 容闳写给布思的信（1909 年 2 月 19 日），美国斯坦福大学胡佛档案馆藏布思文件（Boothe Papers），Box 2，Folder 1，No.13。
② 容闳写给布思的信（1909 年 2 月 22 日），美国斯坦福大学胡佛档案馆藏布思文件（Boothe Papers），Box 2，Folder 1，No.14。

　　3 月 1 日，艾伦写信给布思，提及容闳说 4 月才能去西部，艾伦说他争取那个时间之前去洛杉矶。信中谈到从报刊上获知有关袁世凯（信中用了暗语 Memorize）的一些消息，似乎与从其它渠道得到的消息相吻合。信中还提到，艾伦在最近的晚报上看到，年幼的皇帝颁布了一个法令，命令所有的督抚及时对各种革命活动予以严厉镇压。艾伦从这些报道的字里行间判断"整个帝国或许普遍存在对政府潜在的严重不满"。艾伦随信寄给布思许多剪报以供布思参考。①

　　布思在收到容闳 2 月 19 日和 22 日的信后，于 3 月 6 日回信。信中首先谈到了欧（Ou Gai Gop）这个人，说在洛杉矶这个人为人所熟知的名字是 Ou Gai Gop，但容闳可能知道的是他的另外一个名字 Ou Wen Chau，这个人是保皇会的副会长，几年前与梁启超在一起，最近荷马李得知他在温哥华（Vancouver）处理矿产事业，布思说曾听到荷马李邀请欧来洛杉矶。布思说："你担心在谈判的事情中会向别人提及你的名字，对此我表示理解，但是我向你保证，对于这一点，你完全不需要担心，我们至今没有向任何相关的人提过你的名字。"在谈到为何艾伦和容闳的会谈没有进展时，布思说必须进行密切会谈才会让事情有进展，而这取决于容闳何时能来洛杉矶。容闳在信中提到 3 月或 4 月初可能会成行，布思说届时艾伦也会来。布思说："我觉得，你和艾伦先生似乎还没有特别熟悉并正确评价彼此，但是我相信最终会这样的，你会发现他在我们的事

① 艾伦写给布思的信（1909 年 3 月 1 日），美国斯坦福大学胡佛档案馆藏布思文件（Boothe Papers），Box 2，Folder 2，No.50。

业中具有非常重要的价值。艾伦在行业中的评价非常高，有许多非常具有影响力的朋友。"布思接着谈到苎麻计划，说苎麻在洛杉矶、墨西哥以及世界任何地方都可以种植，最近有另一伙人来加州开发苎麻业，而布思自己也穿着该材质的内衣有两三年时间，但是那伙人并没有因此而做出什么成就。布思认为，整个苎麻业还处于试验阶段。对于筹钱在广西设置工厂，布思认为非常难，建议容闳亲自来谈这个事情，而不是通过第三方。在信的附言中，布思谈到了康有为和保皇会。布思认为，康有为已经在美国失去了非常多的支持者，他们都是保皇会的成员，并称："我得到确切消息，保皇会很大一部分会员已经转向了致公堂（Chee Kung Tang），我觉得这个致公堂就是革命党（Ka Ming Tang）的别称。"布思认为，除了收集情报外，没有必要跟这些帮会的普通会员打交道，而与他们的某些上层保持联系就可以得到相关信息。最后，布思写道："据信，因为康有为未经同意动用了保皇会的经费，所以将康从该会剔除应该不存在大问题。"①

　　3月19日，艾伦就布思来信中提到的一些问题进行回复。首先，艾伦说他没能按照布思的要求给信件连续编号。其后，艾伦提到报刊上登载了日德之间的协议，认为这与他们的利益并不一致。就苎麻项目一事，艾伦说收到了容闳的来信，该信中讲述了苎麻的收益十分巨大。艾伦说这两天就会给容闳父子回信。关于《无知之勇》，艾伦注意到了布思的评论，并等待下一步指示。就墨西哥的

---

① 布思写给容闳的信（1909年3月6日），美国斯坦福大学胡佛档案馆藏布思文件（Boothe Papers），Box 2，Folder 1，No.15。

矿业公司，艾伦说不久就会将相关信息告诉布思。①

　　艾伦在 1 月 29 日及其后写给布思的信中逐渐表露出他对容闳的日益不满，而布思则以容闳的性格特点等尽力开导；容闳对艾伦也有微词，他开始转向银矿和苎麻事务，并要求布思保守秘密，不要向外人提及他的名字。荷马李此时则忙于《无知之勇》的出版工作。艾伦和容闳的会谈没有实质进展，布思认为必须进行密切会谈，故而邀请容闳来洛杉矶。而容闳则说 3 月底或 4 月初才能成行。从会谈的情况以及计划参与者之间的通信来看，红龙计划已经很难有新进展。

六、红龙计划陷入僵局

　　3 月 19 日艾伦写给布思的信是布思文件中保存的荷马李、布思、艾伦和容闳之间这几个月频繁通信中的最后一封，此后收存的信件日期就到了 6 月 5 日了。这一天，容闳给布思写信，开头便提到："从我们上次就那个伟大计划进行通信后，很长时间已经过去了。"容闳说，就该计划做进一步考虑之后，他觉得需要做进一步的彻底研究和调查，才能继续该计划。容闳指出，该计划牵涉到非常多的责任和义务，成千上万人的生命和命运会受到影响。容闳说："除非迫不得已，否则绝不能在中国进行革命，而在采取决定性步骤之前，我提议去中国仔细研究那里的整体形势。"他认为，新闻和期刊呈现出来的可能并不是真实的，只有弄清楚情况之后，

---

① 艾伦写给布思的信（1909 年 3 月 19 日），美国斯坦福大学胡佛档案馆藏布思文件（Boothe Papers），Box 2，Folder 2，No.51。

才能决定到底该做什么。于是，容闳说，他已经决定不再就该问题
与艾伦商谈，"并不是因为不信任他"。容闳计划秋天去中国，并顺
道拜访布思等人。容闳希望荷马李能跟他一起去中国。[①]

布思收到容闳 6 月 5 日信后于 6 月 11 日回信，开头便说"收
到邮件非常高兴"。对于容闳提到的确保以和平的方式解决问题，
布思表示完全同意，并说："那些对我们的南北战争有些许认识的
人，都会明白如果任何国家再经历那样的事情会是多么的可怕。"
对于中国目前的改革能否确保获得最终的胜利这个问题，布思跟容
闳的观点一致，都认为需要对其进行密切详细的调查才能做出判
断。布思提到最近在报纸中有关于五位大臣被派去拜访袁世凯的消
息，此外，布思私底下获知康有为计划秋季在北京居住，"因为他
是光绪帝的强有力的支持者，很自然现任摄政王会理所当然地将其
视为顾问。如果我的推测变成了事实，那么康有为今后将很可能指
导后续的改革"。布思说，艾伦 6 月中旬会在纽约，不久便会来洛
杉矶，布思希望届时他能遇见容闳，布思劝说容闳在去中国之前，
一定要来洛杉矶看他。其后，布思谈到了荷马李，他已完成了他的
军事著作《无知之勇》，而布思已经安排该书由哈珀兄弟出版社出
版。在此之前，布思将著作给了查菲中将（Lieut. Gen Adna R.
Chaffee）和斯托里少将（Major Gen. J. P. Story），布思说："他们
每人都给这本书写了一个书评，在其中，他们极度赞扬了这本书，
而且他们每一个人都亲自向我表达了对于荷马李将军的评价，认为

① 容闳写给布思的信（1909 年 6 月 5 日），美国斯坦福大学胡佛档案馆藏布思文
件（Boothe Papers），Box 2，Folder 1，No.16。

他是最优秀的军事天才。这种评价不只是来源于他们读过的那本军事著作，还来源于我安排的他们与荷马李将军之间进行的几次会谈。"布思说，荷马李将军目前身体很好，而且在写另外一本书。当布思收到邮件时，荷马李正好也在场，于是也读了该邮件，并说："没有什么能比跟您一起去中国旅行更愉快的了。"布思提到荷马李有一些朋友正敦促他申请驻华公使的职务，而且一些有影响力的朋友正在尽其所能地帮他朝那个方向努力。布思认为如果荷马李能担任那个职务，对于中美都是具有重大价值的。最后布思希望容闳能再给他写信，而且希望在不久的将来能够与容闳长谈。①

从布思写给容闳的这封信内容来看，容闳还没有去中国，正打算去中国进行他多次提到的详细调查，而荷马李等人所策划的武力革命似乎被搁置起来。布思分享了对中国时势的认识：袁世凯仍旧引人注目，而康有为得到摄政王的信任。布思还提到荷马李此时正忙于写书和出书，并在试图谋求驻华公使的职务。

1909 年塔夫脱成为美国新一任总统，美国驻华公使柔克义（William W. Rockhill）即将卸任，荷马李趁此时机多方努力，试图获得美国驻华公使职务。此时，荷马李《无知之勇》的书稿获得查菲中将（Lientenant-General Adna R. Chaffee）和斯托里少将（Major-General J. P. Story）的高度称赞，这两位已退休的将军答应给《无知之勇》作序。在这样的情境下，荷马李和布思希望这两位将军能够向塔夫脱总统推荐荷马李担任美国驻华公使职务。但是最

---

① 布思写给容闳的信（1909 年 6 月 11 日），美国斯坦福大学胡佛档案馆藏布思文件（Boothe Papers），Box 2，Folder 1，No.17。

终他们拒绝这样做，查菲于 1909 年 5 月 18 日写信告知荷马李，他和斯托里都认为，他们二人的身份都是美国前军官，而推荐美国驻华公使这样的事情属于政治事务，不能由他们二人挑头向总统推荐，他们建议荷马李去寻求相应的政治家去推荐；一旦有人挑头，他们二人将非常愿意去证明荷马李"与那些因为以前的功绩而被推荐担任此职务的人相比要更加胜任"。①

荷马李还向《洛杉矶时报》的老板奥蒂斯将军（Gen. Otis）寻求帮助，希望他能予以推荐。奥蒂斯于 1909 年 5 月 24 日写信告知荷马李，在荷马李上次打电话提出这个请求之后，他便做了一些努力，但是最终发现这个计划无法实现，并将这个结果告诉了查菲将军。奥蒂斯说自己几乎没有帮上忙，但荷马李还是致谢，为此奥蒂斯表示感谢。②

荷马李不只是在美国这边进行联络，他还试图从中国那边推进自己的计划。中国此时的情况是两宫相继去世，年幼的溥仪继任皇帝，由其父亲载沣担任摄政王。正如布思 6 月 11 日给容闳信中所透露的那样，传闻康有为对摄政王有一定的影响力。于是荷马李请布思给康有为写信，游说康有为帮助荷马李获得驻华公使（Minister to China）职务。从布思写给康有为的这封信看，布思自从在圣路易斯见过康有为之后便再没联系了，布思在信中说："我

---

① 以上内容见查菲写给荷马李的信（1909 年 5 月 18 日），美国斯坦福大学胡佛档案馆藏鲍尔斯文件（Joshua B. Powers Papers），Box 1，"Correspondence of H. Lea and E. Lea"内的文件夹"Chafee, Gen Adna R."。

② 以上内容见奥蒂斯写给荷马李的信（1909 年 5 月 24 日），美国斯坦福大学胡佛档案馆藏鲍尔斯文件（Joshua B. Powers Papers），Box 1，"Correspondence of H. Lea and E. Lea"内的文件夹"Otis, H. G."。

时常从朋友那里获知您（康有为）的行踪，总是期待着您能来加州，以便我能有这个荣幸在家中招待您。"他在信中对光绪皇帝去世一事表示沉痛哀悼，并相信康有为心中那个要给中国造就一个最合适政府的驱动力仍旧存在，而且康有为还会为提升人民的福祉而继续奋斗。布思解释说，因为担心康有为事务繁忙，所以一直没敢叨扰他，现在写信给他，是因为布思觉得有些消息康有为需要知晓："我们共同的好友荷马李将军（General Homer Lea）刚完成了一部军事著作，美国一些最伟大的军队指挥官看了该书以后，对其评价很高；他们预测这本书将在军事类书籍中排行很高。李将军的朋友们都知道他对于中国人民的友好感情，都认为他最适合担任如今已经空缺的美国驻华公使职务。熟知他的人都认为，鉴于他的能力以及他对于中国传统和民众性情的了解，由他担任美国政府驻北京的公使，将对两国都是有利的。"①布思多次从荷马李那里打听康有为的行踪，但是直到 1909 年 6 月 14 日才亲自给康有为写信，从这封信的内容可见布思与康有为的关系一般，布思只是作为荷马李的传话人，将荷马李最近因一本军事著作而获得盛名的消息告诉康有为，并道出其真实的目的是让康有为帮助荷马李获得美国驻华公使的职务。

荷马李此次谋求美国驻华公使职务的努力，和 1908 年谋求驻广州领事的努力一样，都以失败告终，这是他在写书出书并试图获得军事界认可的同时，希望近距离参与中国变革事业的尝试。然而

---

① 布思写给康有为的信（1909 年 6 月 14 日），美国斯坦福大学胡佛档案馆藏布思文件（Boothe Papers），Box 2，Folder 4，No.86。

容闳却对荷马李此时的工作颇有微词，觉得荷马李没有积极进行红龙计划。

在沉默了 3 个月后，容闳于 9 月 14 日给布思写信。首先，容闳就长期没有联络向布思等人表明自己的态度："不要因为我最近一直沉默，或者从我上一封信的内容，就推断我已经放弃了为中国做现今她真正需要的事情。"容闳说他一直在忙着一本书的相关工作，等完成之后，会寄一本给布思。对于荷马李，容闳说："我想，荷马李将军仍旧在忙于写书，他可能觉得写书比策划在中国的起义要更加有成效一些。一旦他完成了他的文学创作，并准备好了担任陆军元帅，那么请一定通知我，因为我知道我可以在民事事务方面帮助他。"容闳还谈到了当时中国的形势，说尽管中国目前貌似平稳，但很难判断明天会发生什么。容闳提到了《纽约先驱报》（New York Herald）关于中国国内局势的报道：袁世凯据说被召回担任东三省总督，而唐绍仪被任命为直隶总督。对此，容闳说："《先驱报》在报道时总是喜欢耸人听闻。"他说，据《先驱报》的报道，摄政王曾要求袁世凯自缢，而唐绍仪已经辞职退休。因此，容闳说，这些报道都是自相矛盾的。[①]容闳在这封信中主要解释了长久没联络的原因，表达了自己对荷马李将军的埋怨，并谈论了《纽约先驱报》上关于中国现状的报道。其中容闳向布思抱怨荷马李没有专心进行与中国相关的计划，这一点很值得玩味。

布思在收到容闳的信后于 10 月 2 日回信，说"感谢寄来这封

---

① 容闳写给布思的信（1909 年 9 月 14 日），美国斯坦福大学胡佛档案馆藏布思文件（Boothe Papers），Box 2，Folder 1，No.18。

非常有趣的信"，因为在海边进行必要的休假，所以耽误了回信。布思期待能早日收到容闳的书。他说，荷马李将军的书由哈珀兄弟出版社出版，会在这个月与公众见面，而布思获知荷马李已经将提前印出来的书给容闳寄了过去；在出版社的周刊上已经登载了这本书的节录。布思说："当评论家看到这本书时，我觉得肯定会引起轰动；书中有许多新鲜的观点，我相信书中最后的结论必定会让大众读者惊叹。"布思说，几个星期前，荷马李的父亲去世，父子二人本来计划去夏威夷做一两个月的旅行，结果父亲的突然去世让荷马李措手不及而处于萎靡状态中。至于中国的新闻，布思说，艾伦经常从纽约给他寄来《先驱报》的剪报，有关中国的新闻的确不是太准确。艾伦当时已经在洛杉矶待了几个星期，并与荷马李将军进行了两三次长谈。艾伦对荷马李、布思等人给他展现的计划感到非常兴奋，并认为如果按计划推进，最终肯定会取得成功。布思说："一旦计划的某一部分进展到足够吸引你的注意时，我将会很乐意地告知你。"同时，布思还在信里提到曾读到容闳儿子的来信，信中描述了他初次踏上父亲母国的感受。布思最后还是希望容闳能来加州和他们一起畅谈。①从这封信的内容看，布思针对容闳来信的内容一一进行回复，其中尤其对于荷马李的状况着重予以介绍：书的进展以及父亲去世的打击。而且从布思的言语中透露出荷马李等人仍旧在进行他们的计划，只是容闳暂时退出了，布思于是说等计划获得实质进展，再告知容闳。另外，荷马李由于父亲去世的打击

① 布思写给容闳的信（1909 年 10 月 2 日），美国斯坦福大学胡佛档案馆藏布思文件（Boothe Papers），Box 2，Folder 1，No.19。

处于低谷期的时候，艾伦正好在加州与他们在一起，而且荷马李通过亲自与艾伦的会谈，似乎让艾伦对于计划的信心大增。

容闳收到布思 10 月 2 日的信后，于 10 月 20 日回信。他对荷马李父亲的去世表示非常悲痛，并希望这件事情不要影响荷马李的身体。容闳接着说他对于荷马李书的感受："他的《砾笔》证明了他能写作。而他的新作对于这个国家的军事事务会产生怎样的轰动效应，已经超越了我的想象力。"但是容闳说，荷马李在世界上的声名，将不是由他的书带来的，而是由他能在战场上成为伟大战士的能力带来的。对于布思和荷马李所策划的事情及可能获得的成就，容闳说，艾伦先生都能如此兴奋，故而他将耐心地等待该计划的相关消息。容闳接着谈到了中国的局势，谈到了中日之间的条约，认为和平地完成中国由旧式向新的国家转变是不可能的，因为清政府已经阻碍了中国的发展和进步。最后，容闳谈到他不知道自传何时能出版，但一旦出版后，会立即送给布思和荷马李。容闳认为那本书只是对中美生活的一本简单的回忆录，故而荷马李和布思"可能会感到极度失望"。①容闳是从布思的来信中得知荷马李父亲去世的消息的，而基于该事情对荷马李的影响、艾伦和布思当时都在荷马李身边等事情来判断，容闳与荷马李的关系很微妙。对于荷马李在写作上获得的成就，容闳表示赞叹，但与此同时，容闳期望荷马李能在实战也就是中国的起义和革命中获得更大的成就。这封信中，容闳抛弃了和平改造中国的梦想，认为当时的清政府必须被

---

① 容闳写给布思的信（1909 年 10 月 20 日），美国斯坦福大学胡佛档案馆藏布思文件（Boothe Papers），Box 2，Folder 1，No.20。

推翻，才能让中国向着新国家迈进。

荷马李等四人之间就中国进行谋划的事情似乎陷入一种停滞和僵局之中：艾伦与容闳的会谈没有产生结果，最后致使容闳退出会谈，并对红龙计划态度日趋冷淡；荷马李忙于出书，容闳也忙于出书，双方都没有时间到对方所在地面谈，容闳抱怨荷马李没有将全力放在与中国相关的活动上，布思等人似乎对容闳专注于自传的写作也有不少微词。这种停滞和僵局后来被孙中山来美打破了。

第二节　长堤计划的提出与失败

由于中国局势的发展，保皇派的影响力日趋下降，红龙计划中的主要联络对象出现了演变。孙中山成为红龙计划谋划者试图主要联络的对象之一。荷马李等人与当时正在访美的孙中山会谈，红龙计划的僵局被打破，取而代之的是长堤计划。孙中山在中国变革运动中的地位上升，这与日俄战争之后中国革命运动的发展密切相关。

一、日俄战后中国革命运动的发展

日俄战争在国际上导致日美矛盾日益凸显，与此同时，它在中国国内也产生了重大的影响。1840 年以来，中国饱受西方国家的侵略压榨。这一时期的东亚其它国家的境况也是如此。这些备受欺凌的国家在面对西方冲击的同时，也在探索应对冲击、挽救危亡的途径和方式。其中，日本通过明治维新，国力逐渐提升。1894 年的甲午战争，日本证明其实力已经可以打败东方大帝国。而

1904 年日俄战争，日本进一步挑战白人的帝国，从而打破了白种人优于黄种人的这个神话。日俄战争之后，在日本和中国等东方国家中，黄种人的自信心油然而生。

除了从种族角度去解释日俄战争结果之外，中国国内还从政体方面去检讨为何日本能打败老牌的俄罗斯帝国。人们意识到立宪政体是日本取胜的重要原因，于是，中国国内的立宪运动由此高涨。另一方面，晚清中国局势的发展，尤其是日俄战争的爆发及其结局，使得一些人更加意识到清政府是中国积贫积弱的根源，他们认为必须推翻清政府，中国才能免于亡国灭种。革命运动也借着日俄战争的影响而蓬勃开展起来。1905 年 8 月，中国同盟会在日本东京召开成立大会，其章程中确定了"驱除鞑虏，恢复中华，创立民国，平均地权"的十六字纲领。孙中山一面宣传革命、联络同志，一面筹集资金、策划起义。其中重要的起义有：1906 年 12 月萍浏醴起义、1907 年 5 月潮州黄冈起义、1907 年 6 月惠州七女湖起义、1907 年 12 月镇南关起义、1908 年 3 月钦州马笃山起义、1908 年 4 月云南河口起义等等。1908 年 7 月，孙中山为日人池亨吉所著《支那革命实见记》作序。这本书是孙中山请池亨吉所做，是想让他像西方人记录太平天国那样记录革命党人的事迹[1]，孙中山说：

---

[1] 孙中山邀请池亨吉前往中国参加起义活动，让他作为证人前往，将亲身见闻自始至终地记录下来。孙中山说："幸有另一英国人吟唎，以其非凡的侠骨，将目睹事实著成珍贵无比的史书，如实将洪秀全之辈的人格及其理想予以恳切说明，反过来又将支持镇压他们的戈登将军及英国政府的无人道和野蛮无理加以痛斥。任何人读到他所著的《太平天国革命史》都无不沧然而泣。洪秀全、李登成等豪杰实赖此书为之辩护，才得脱去逆贼的恶名，作为庄重的革命殉国者而为后世识者所悼念。我以这种精神嘱望于君，望你能在此时以日本的吟唎（转下页）

"今君以其亲历者著之于书，余知君必能明揭吾党得失利钝之迹，以示天下也。余尤企君不徒叙述吾党得意之事而已，必详举其困厄与失败之原因，俾吾党之士得以自儆，抑亦将使天下之人恤其孤厄而为之助焉。"①孙中山在序言中回顾了从潮州起义到河口起义的历程，对革命前途充满信心："吾党经一次失败，即多一次进步。然则失败者，进步之原因也。盖失败而翻然气尽，其不摇落者几希矣；惟失败之后，谨慎戒惧，集思补过，折而愈劲，道阻且长，期以必达，则党力庶有充实之时。历观前事，足以气壮，此固吾党之士所宜以自策励，即池君作书之本恉亦不外是。"②

孙中山屡败屡战，革命者的起义活动前仆后继，慢慢形成一定的影响力。在惠州七女湖起义之后，外界舆论于 1907 年 6 月 15 日发表文章，"开始对革命党近期起义给予肯定，亦对今后革命活动寄以希望"③。河口起义失败之后，孙中山称河口起义为其"第八次之失败"，他总结经验，"开始放弃以运动会党为主的方略，转而集中力量运动新军"，并认为"诸役虽无成，然影响已不细"。④为了起义的顺利开展，孙中山多方奔走，积极募集资金，而且起义形势越是紧要的时候，筹款活动越是急迫⑤。除了起义需要资金外，

（接上页）自任。更有嘱望于池君者，务将天下人有所误解之处，为我革命志士阐明，并使他们的值得赞颂地方为世所知。"见《与池亨吉的谈话》（1907 年 1 月 5 日），《孙中山全集》，北京：中华书局，2011 年，第 1 卷，第 351 页。

①② 《〈支那革命实见记〉序》（1908 年 6 月），《孙中山全集》，第 1 卷，第 398 页。

③ 桑兵主编：《孙中山史事编年》，北京：中华书局，2017 年，第 2 卷，第 578 页。

④ 桑兵主编：《孙中山史事编年》，第 2 卷，第 657 页。

⑤ 1907 年 10 月 1 日，孙中山写信给何佩琼，嘱其设法筹集巨款接济："设法速筹巨款，接济军需。"（《孙中山史事编年》，第 2 卷，第 612 页）镇南关（转下页）

革命报刊的运作、宣传的费用、旅行费用等，都需要用到资金。因此，有研究者指出，孙中山"壮年的绝大部分时间里，募集革命资金的工作，明显地成了他的主要职业"。①从孙中山募集资金的来源来看，向南洋华侨募集捐款是孙中山筹集革命资金的一个重要方式；此外还有来自革命人士、中国海外留学生的捐款，外国政府及个人的赠款②或者贷款等。孙中山除了亲自筹措款项外，还发动同志筹款，甚至委任外国人帮其筹措资金。1907 年 12 月 12 日，孙中山发给池亨吉证明书："兹证明日本友人池亨吉先生由我授予全权执行为中国革命事业筹款事宜，并为同一目的募集粮秣和军需品。池亨吉先生曾与我合作多年，为我党事业贡献其时间、精力及才能。1907 年 12 月 4 日当我率领党人炮击镇南关炮垒时，他曾与我并肩作战。并此证明。"③

　　起义与筹款是互为因果的。一方面起义的顺利进行需要有资金的保障，也就是筹款工作需要顺利地完成其任务；另一方面，筹款

　　（接上页）起义之后，孙中山于 1907 年 12 月 23 日写信给张永福："因西事日有进步（破南关后，复破水口关及思州），而待款至殷也。"（《孙中山全集》，第 1 卷，第 372 页；《孙中山史事编年》，第 2 卷，第 625 页）云南河口起义时，为支援起义，孙中山曾数次致函邓泽如，嘱其劝侨商捐款。1908 年 5 月 20 日致函邓泽如等，再称："吾党财政之困难，真为十余年来所未有。"（《孙中山史事编年》，第 2 卷，第 662 页）从 1905—1911 这段时期《孙中山史事编年》（第 1—2 卷）的记载来看，"筹款"、"促汇款"、"捐助"等词经常出现。

① （美）韦慕庭：《孙中山：壮志未酬的爱国者》，杨慎之译，北京：新星出版社，2006 年，第 48 页。

② 1907 年 3 月 4 日，孙中山应日本当局要求离开日本，行前曾接受日方赠款，这些赠款来自日本政府以及日本个人。参见《孙中山史事编年》，第 2 卷，第 556 页。

③ 《给池亨吉的证明书》（1907 年 12 月 12 日），《孙中山全集》，第 1 卷，第 371 页。

的顺利与否又与起义进展情况有很大关系。"自云南起事以来，革命声势日涨，似可为募捐增添把握。"①革命党人深知这个道理。为了能顺利筹措到资金，孙中山于 1908 年 5 月 9 日电告池亨吉云南起义军进展时，告知他一切按计划顺利进行，然而实际情况却不是这样。孙中山这样做是因为"此前委池氏在日本筹款，此项通告可能是供筹款宣传之用"。②

革命形势虽然有所发展，但是起义屡次失败也有一定的负面影响。1909 年 5 月 19 日，孙中山启程赴欧洲，专任筹款事宜。在提及赴欧的苦衷和分工安排时，孙中山说："予自连遭失败之后，安南、日本、香港等地与中国密迩者皆不能自由居处，则予对于中国之活动地盘已完全失却矣。于是将国内一切计划委托于黄克强、胡汉民二人，而予乃再作漫游，专任筹款，以接济革命之进行。"③然而孙中山在英法两国的筹款未能成功，因为恰好当时法国内阁变动，同时在英国的筹款也没有眉目。这种情况与章太炎、陶成章等人发动第二次倒孙风潮有一定的关系。④10 月 30 日，孙中山由英国启程赴美国，他对美国的情形似乎有一定的期望："惟于美国有势之人，有数路可通，不可不一往，以观机局。"⑤

二、孙中山与荷马李的会谈及长堤计划的提出

11 月 8 日，孙中山抵达纽约，洪门老友黄溪记到码头迎

① 桑兵主编：《孙中山史事编年》，第 2 卷，第 662 页。
② 同上书，第 659 页。
③ 《建国方略》，《孙中山全集》，第 6 卷，第 245 页。
④⑤ 桑兵主编：《孙中山史事编年》，第 2 卷，第 751 页。

接。①在纽约期间，孙中山应哥伦比亚大学中国留学生邀请，到该校演说。孙中山还会见了当时在该校就读的顾维钧，与其探讨国内形势，向其宣传革命思想。②11月25日，孙中山在写给吴稚晖的信中，提到他在美东宣传革命的效果："自弟抵埠以来，似觉渐有动机，或能有渐入佳境之望。"③

　　容闳得知孙中山来访的消息，于12月22日给布思等人发电报，邀约荷马李和布思到纽约或者哈特福德与孙中山会谈。23日早晨，布思回电报说，荷马李生病不能成行，布思建议容闳和孙中山来洛杉矶。当天布思又给容闳写了一封信。在信的开头，布思便说他两三个星期以来一直想给容闳写信，后来荷马李的秘书在布思的口述下帮其写信，而由于荷马李从这月初开始一直生病，所以布思很难见到荷马李的秘书。此后布思提到了容闳9月份信件中有关荷马李所承担角色的质疑，布思说，写作对于荷马李是次要的，他随时可以响应召唤，"如果那是来自于他的朋友和完全可以信赖的人"。此后，针对与孙中山会谈的事情，布思重复了给容闳电报的内容，同时告知容闳，他自己此时忙于生意，也无法离开。如果容闳或者孙中山不能来，布思请容闳在信中详细告知情况，以便布思等人掌握形势，做好未来的计划。④

　　1910年2月10日，孙中山抵达旧金山，继续进行革命宣传和

---

①②　桑兵主编：《孙中山史事编年》，第2卷，第754页。
③　《复吴稚晖函》（1909年11月25日），《孙中山全集》，北京：中华书局，2011年，第1卷，第454页。
④　布思写给容闳的信（1909年12月23日），美国斯坦福大学胡佛档案馆藏布思文件（Boothe Papers），Box 2，Folder 1，No.21。

筹款工作。此时的筹款主要用于广州新军起义。①孙中山本来试图借用华人长老会教堂进行演说，并已经发布通知，结果"伍盘照牧师爽约"，只得另找地方开会。

当孙中山在加州忙于宣传和筹款时，荷马李写信邀约孙中山会晤。2月24日，孙中山在收到荷马李2月21日的信后回复说，等把这个地方的事务料理好之后，便去见荷马李和布思，并将提前几日通知。最后，孙中山说："非常感谢你对我们事业的深情厚谊（Many thanks for your noble feeling towards our course）。"②孙中山到加州后，并没有把与荷马李、布思等人的会晤作为首要的事情，而是先进行演说和筹款等工作，并说等把该地的事情办妥之后，再去与荷马李等人会晤。而容闳于3月4日写给布思的信中提到，孙中山2月21日写信说与荷马李等人进行了两次会谈，尽管没有达成实质的可供行动的方案，但是孙中山对荷马李等人的热情接待感到非常满意。两相对比，孙中山与荷马李会晤的时间存在矛盾之处。有观点认为，他们一共会晤了两次，分别是在1910年的2月和3月。③笔者倾向于同意这一观点。④

据容闳说，孙中山在其21日的信中除谈到与荷马李等人的会

---

① 桑兵主编：《孙中山史事编年》，第2卷，第773页。

② 孙中山写给荷马李的信（1910年2月24日），美国斯坦福大学胡佛档案馆藏布思文件（Boothe Papers），Box 2，Folder 8，No.89。该信寄件人地址写的是加州旧金山。参见《复咸马里函》（1910年2月24日），《孙中山全集》，第1卷，第469—470页。

③ Lawrence M. Kaplan, *Homer Lea*, *American Soldier of Fortune*, p.160.

④ 笔者认为，2月份孙中山到达旧金山后，与荷马李等进行了短暂的接触，而3月份孙中山到长堤的住所与荷马李等人会谈，达成了实质性的内容，拟订了长堤计划。

晤之外，还告知容闳广州新军起义已经失败①。容闳对于这个结果早已完全预料到了。②容闳根据从孙中山的信中获知的信息，于3月4日写信给布思说，布思等人已经失去了护送孙中山回广州进行远征的机会，但不要再有任何的迟疑和犹豫，如果他们真的想做一些事情以决定中华帝国未来的发展方向。容闳说："如今你们已经见过孙中山了，听他亲口讲述了他做过的事情以及打算做的事情，了解了他手下同志的构成和特点，以及如果配备齐全后他可能会达到的成就。我想问问你们对他的看法。"容闳认为，他们如果真的想在一起做点事情，首先第一步是确保向银行贷款150万美金现金，另有200万作为应急费用。③他已经将这一内容在2月16日写给孙中山的信中向其提了出来。④容闳最后向布思请教，在不丧

---

① 1910年2月12日，"广州新军起义，事败，倪映典牺牲"。参见桑兵主编：《孙中山史事编年》，第2卷，第774页。

② 容闳写给布思的信（1910年3月4日），美国斯坦福大学胡佛档案馆藏布思文件（Boothe Papers），Box 2，Folder 1，No.22。

③ 这里的总额是350万元，与后面"长堤计划"的贷款总额是一致性。这是巧合，还是刻意为之？

④ 容闳随信一起将他2月16日写给孙中山的信的副本寄给了布思等人。在2月16日的这封信中，容闳认为，除非做好以下四点准备，否则不要进行革命：其一，向银行贷款至少150万，并获得另外的250万作为应急资金；其二，成立由能人组成的临时政府，管理攻下的省市；其三，让整个军队处于一能人的掌控之下，此人深刻懂得如何根据现代军事理念组建训练军队；其四，组建海军。《孙中山史事编年》中记载了相似的内容："2月14日致函容闳，论革命的筹款及计划，谓：自美国银行借贷一百五十万至二百万美元，作活动经费；二、成立一临时政府，任用有能力人士，以管理光复省区城市；三、任用一有能力之人统率军队；四、组织训练海军。"对比上述两封信的内容可知，这四点应该是容闳向孙中山提出来的。参见桑兵主编：《孙中山史事编年》，第2卷，第776页。

失国家主权的情况下，怎样才能获得贷款。①

　　容闳在得知孙中山来美的消息后，立即发电报给布思，试图启动会谈，并希望荷马李等人在了解孙中山掌握的革命力量之后能切实落实贷款事宜。容闳在 3 月 16 日写给布思夫妇的信中再次表达了他对贷款及会晤结果的期待。在这封信中，容闳首先就布思夫妇对自己所写传记非常感兴趣而致以谢意，说："你们二人所给予的极度赞美，十分出乎我的意料。"其后，容闳写到，布思在 3 月 8 日的来信中提到了可以获得资助的 2 种途径，"因为孙博士即将到达洛杉矶"，容闳很想从孙的信中获知他对于资助者可以采用的有实效且有收益的捐助方式的看法。最后，容闳表达了自己对孙中山与荷马李、布思会晤结果的期待。②

　　实际上，孙中山与荷马李等人已经于 3 月 10 日至 14 日进行了多天的会谈，其内容涉及中国国内现存的革命力量、资助中国革命可获得的回报、革命的步骤和计划等。荷马李等人多次试图从报刊以及容闳那里获知中国革命力量的发展情况，而通过与孙中山的会谈，荷马李等人比较清晰地了解到了中国国内现存的革命力量：

　　　　革命力量的第一个构成部分是秘密会社，其主要由以下几部分构成：

　　　　天地会（Tien Ti Whui），可以分为 5 个分支，即长江流域

――――――――――

① 容闳写给布思的信（1910 年 3 月 4 日），美国斯坦福大学胡佛档案馆藏布思文件（Boothe Papers），Box 2，Folder 1，No.22。

② 容闳写给布思的信（1910 年 3 月 16 日），美国斯坦福大学胡佛档案馆藏布思文件（Boothe Papers），Box 2，Folder 1，No.23。

的哥老会（Kao Loa Hwui）、福建和浙江地区的白莲会（Pak Ling Hwui）、华南地区的三合会（Triads）（其在美国的分支称为致公堂〔Che Kung Tong〕）以及华北地区的大刀会（Ta Toi）和小刀会（Sui Toi）。

这些秘密会社的总人数大约是 1 000 多万人。

第 6 支力量是革命党（Kah Ming），由 3 万最聪慧的人组成，他们是中国国内的学生或者国外毕业的中国留学生。

革命党的总理（President）也是所有这些秘密会社的总理。这些秘密会社分布在包括从北方的满洲里到南方的两广和云南、从东海的东部省份到西部的土耳其斯坦在内的广大区域。

革命力量的第二个构成部分是处于革命党的总理领导下的由革命党控制的以下力量：

其一是满洲里一个师（Division）的新军（一共 12 000 人），以及满洲里被称之为黄胡子（Hung Hu Yze）的 20 000 非正规骑兵；

其二是长江流域 4 个师的新军、广东 2 个师的新军（尚未建成）、广西 2 个师、云南 2 个师、四川 2 个师。后 6 个师尚未建成。当它们建成之后，每一个师都有 12 000 人。

旧军队中也存在革命力量，广东西南部有 30 000 人、广西有 20 000 人、云南有 10 000 人、湖南有 10 000 人。

中国目前总共有 13 个师的新军，革命派总理控制了其中的 5 个，当广东、广西、云南、福建的师建置完成之后，革命派的总理将控制 8 个师。

以上就是革命力量的第二个构成部分。

第三个构成部分是民众，广西有1 000万，广东有3 000万，云南有3 000万。这些民众都支持革命。其他省份民众中所有的高级知识分子（大约占人口比例的50%）也同情革命。①

在孙中山的描述中，革命的力量显得十分强大，如果配以足够的武器，最后的结果可想而知。而孙中山与荷马李等人会晤的目的也是为了给革命活动筹集足够的经费，也就是说为中国革命筹款。那么资助中国的革命，究竟有何收益呢？荷马李从与孙中山的会晤中，大概了解了资助中国革命可以获得的回报：

首先，金融家资助的经费将在其使用期间获得法定的利息，而且因承担的风险而会三倍偿还。

另外，根据新政府的需求，这个辛迪加有权给其提供为期一段年限的贷款；当该政府需要修筑任何铁路时，这个辛迪加可以为其提供所有的贷款；如果该政府认为需要贷款以建设海陆军时，该辛迪加同样有权提供贷款；换言之，为革命事业提供资助的辛迪加，将在革命期间以及革命完成之后拥有与该政府谈判所有贷款的权利。

铁路权益无法割让，因为铁路穿越了民众赖以生存的土

————————

① 参见美国斯坦福大学胡佛档案馆藏布思文件（Boothe Papers），Box 2，Folder 10，No.99。

地，而民众目前的思想状态，他们很难接受由辛迪加出资修建铁路。清政府对中国所有的矿山拥有使用权，该权利将转给新政府，因此它有权给出特许权，为了自身的发展，在适当的情况下会给辛迪加以一定的特许权。

辛迪加在革命起义开始之时需提供资金援助，为此将指定一人担任财务主管，以掌管所有钱的收支，并采购所有的物资。在总理以及总司令的要求下，辛迪加可以任命其他类似的代理人。

此外，在新政府成立之后的一段特定时期里，所有海陆军物资的采购工作将由该辛迪加的一位代理人经手。在任何重要省份的总督职位被拿下之后，立即组建临时政府，并偿还辛迪加在革命之初提供的资金，还包括利息及三倍的增加额。贷款的本金及其盈余，或者其中任何一部分，辛迪加都可以选择将其转化为给临时政府的贷款。

在辛迪加的代理人与革命派总理全权授权的财务代办（Financial Agent）之间达成并签署一个令人满意的协议之后，辛迪加的财务主管需向上述财务代办支付：

第一笔资金，在 2 个月内支付 50 万美金。

第二笔资金，在 8 个月内支付 68 万美金。

第三笔资金，在 11 个月内支付 72 万美金。

第四笔资金，在 17 个月内，支付 60 万美金。[1]

---

① 参见美国斯坦福大学胡佛档案馆藏布思文件（Boothe Papers），Box 2，Folder 10，No.99。原文中，第三笔资金的期限和金额因改动而不清晰。

由上述材料可知，为了筹集革命经费将成立一个辛迪加，该辛迪加指派一人担任财务主管，专门负责资金的收支以及物资的采买，而总理和总司令可以任命其他类似代理人。对于所筹集的资金，除了获得法定的利息之外，还会三倍偿付，所有这些资金都可以再次转化为给新政府的贷款。辛迪加可优先获得为新政府提供所有贷款的权利，同时还可获得矿山开采特权。1910 年前后，中国国内正在涌现因收回路权矿权而兴起的风潮，在这份文件中可以看到，孙中山等人为了避免路权引起不必要的麻烦，因而回避了路权出让的问题。

其次，双方之间商议了一个"长堤计划"，其具体内容是①：

（一）中国革命党暂行中止长江流域及华南地区准备未周的起义，改为厚蓄实力，充分准备，集中人力、财力，发动大规模起义的策略。

（二）以"中国同盟会总理"的名义，委任布思为"海外财务代办"（Foreign Financial Agent），赋以全权，俾向纽约财团洽商贷款，供应大规模革命起义的需要。并由中山先生准备一项中国国内各省革命代表签署的文件，以为贷款的依据。

（三）运送在美训练的中国军官若干人，为中国内充实革

① 参见桑兵主编：《孙中山史事编年》，第 2 卷，第 782—784 页；"备忘录"（1910 年 3 月 14 日），美国斯坦福大学胡佛档案馆藏布思文件（Boothe Papers），Box 2，Folder 10，No.100。《孙中山史事编年》中这段史料引自陈旭麓等主编：《孙中山集外集》（上海人民出版社，1990 年，第 557—559 页）；这些书中"长堤计划"除了文字、标点有出入外，基本内容是一致的。将其与布思文件中的英文原文相比较，可以发现中文"长堤计划"中第（四）部分贷款分四次支付的内容是有的，但是前（一）（二）（三）内容并未出现在英文文件中。

命武力，筹组临时政府。

（四）贷款总额共计三百五十万美元，分下列四次支付：

（甲）第一次支付款项：一、整理各种革命团体：华中区、华北区，各一万五千元，作为一百名工作人员的用费。二、沿东京湾（在南中国海）边界组织军队，并设军火调配站，六万元。三、租地建立一千人①的驻所，十万元。四、成立广东及东京办事处，各二万元②。五、购买毛瑟步枪一万支、子弹二百五十万发，大炮三十六尊，炮弹一万四千四百枚，先付三分之一，计十六万元。六、获取北京附近清军五镇的控制，五万元。七、获取清廷海军四艘巡洋舰的控制，四万元。八、设立军事总部，一万元。九、同盟会会长总部，二万元。十、准备金，十五万元。以上合计应为六十六万美元③。

（乙）第二次支付款项：一、动员及支援五千人的六个月费用，二十二万元。二、美国军官运送费与六个月维持费及薪给，十七万五千元④。三、中国翻译人员运送费及维持费，一万元。四、作战军火的最后付款，三十五万元。五、五千人与军官的全副装备，十万元。六、工程人员药品与运输给养，十万元。七、马匹、参谋人员与总部的装备，十万元。八、军火及给养的运输，十万元。九、准备金，五万元。以上合计应为

---

① 此处《孙中山史事编年》中的人数与布思文件中内容不符，英文原文是1万人。
② 此处《孙中山史事编年》中的金额与布思文件中内容不符，英文原文是广东办事处2万元、东京办事处1万元。
③ 此处金额与布思文件中内容不符，英文原文是65万元。
④ 此处金额与布思文件中内容不符，英文原文是7.5万元。

一百二十万五千美元①。

（丙）第三次支付款项：一、额外五千人的动员及装备，十五万元。二、担任运输五千人的劳工的动员及装备②，五万元。三、一万五千人的三个月维持费，二十万元。四、（原文缺）③ 五、准备金，十万元。六、外交用途，二十五万元。七、美国军官的三个月薪给，五万元。八、步枪弹药七百七十五万发，十七万五千元。以上合计应为九十七万五千美元④。

（丁）第四次支付款项：战役基金，七十九万五千美元。

长提计划首先要求孙中山让其控制的革命力量停止一切不成熟的活动，以便积聚力量，进行充分准备后再发动起义从而一举获得成功。计划对于所贷经费的使用情况做了详细的预算。其项目包括：整合革命团体、组建军队、建立驻所的费用；购买枪支弹药、争取清廷海陆军的费用；美国军官的运送和薪给、翻译人员的费用；劳工的费用；建立总部、办事处的费用等。这些费用总计 360 万元。⑤

---

① 此处金额与布思文件中内容不符，英文原文是 110.5 万元。
② 此处英文原意为"担任运输的 5 000 劳工的动员及装备费用"。
③ 此处，布思文件中写有："支付给 5 000 名苦力三个月工资（每人每月 5 元），共七万五千元。"而中文版本的史料都写的是"四、（原文缺）"。参见美国斯坦福大学胡佛档案馆藏布思文件（Boothe Papers），Box 2，Folder 10，No.100；桑兵主编：《孙中山史事编年》，第 2 卷，第 783 页。
④ 此处金额与布思文件中内容不符，英文原文是 105 万元。
⑤ 根据英文档案列出的数据算出总额是 360 万（为 65 万、110.5 万、105 万、79.5 万的总和），而英文原文件上所写总计费用是 350 万，应是算错了。同时需要注意的是，这 350 万元的金额与前述容闳曾提到的金额一致。参见美国斯坦福大学胡佛档案馆藏布思文件（Boothe Papers），Box 2，Folder 10，No.100。

从这些费用的罗列中，也可以看出孙中山与荷马李、布思等人会谈时，对于未来革命活动的规划。他们试图在东京湾（南中国海）边界处组织军队，试图在广东和东京各建立一处办事处，试图控制北京附近的清军，试图输入美国军官参与战斗。其中，引进美国军官参与中国的革命，这种做法可以说与荷马李的一贯想法是一致的。从长堤计划的设计来看，其基本思路与红龙计划是一致的，即从美国筹集资金，帮助中国国内的力量进行革命，推翻清政府成立新政府。而长堤计划比红龙计划更加具体，因为联合的对象已经确定，就是孙中山，且具体的步骤也更加清晰。因此，长堤计划是红龙计划的延续和发展。

另外还需注意的是，长堤计划对每一项经费几乎都列出了该经费由谁支配使用。从出现的频次来看，这些经费基本由总理（President）、总司令（Commanding General）和财务代办（Financial Agent）负责。其中总理指的就是孙中山，总司令指的就是荷马李，财务代办指的就是布思。孙中山与荷马李、布思在会谈中畅想了革命计划，对于筹措经费的项目做了一些规划，同时对经费如何花销也进行了一定的预算和分工。三个人在计划中都有了各自的位置，然而这些位置仅仅是他们的自说自话，还是具有实效的呢？

三、对长堤计划的质疑和建议

在会谈的最后一天即 3 月 14 日，孙中山以中国同盟会总理的名义签署了给布思的委任状：

> 兹经中国同盟会本部同意并授权，我特任命加利科你省洛

杉矶埠的查尔斯·布思为中国同盟会驻国外的唯一财务代表
(Financial Agent)，并委托布思按本会总理授权并认可的方式，
代表本会及以本会名义全权处理接洽贷款、收款与支付事宜，
及在本会总理随时指导下处理任何性质的委办事项。由本会财
务代表查尔斯·布思代表本会及以本会名义所缔结的每一协
议，一如本会总理或本部所签署的协议，对本会具有同等的约
束力。

中国同盟会总理孙文（孙逸仙）

1910 年 3 月 14 日于加利科你省洛杉矶①

　　孙中山以中国同盟会总理的身份签署委任状，据此，布思的财
务代办身份坐实了。他有了这样的职衔之后，可以全力将计划予以
实施，其中最重要的就是筹集相关款项。

　　尽管孙中山授予布思全权为中国的革命事业筹集经费，然而，
艾伦却对孙中山的活动提出了自己的质疑。他在 3 月 14 日写给布
思的信中提到孙中山等人谋划的计划时说："只能说该计划中有一
些合理的成分，但它们还不足以使得该计划对于投资而言是安全
的"；"似乎我们的朋友（孙中山）想完成的各个目标之间没有相关
性"；"我个人的观点是，整个运动本身几乎没有一致性。看起来就

---

① 《给布思的委任状》（1910 年 3 月 14 日），《孙中山全集》，第 1 卷，第 477—
478 页。该授权书的英文本全文用大写字母，左下角写有地点加州洛杉矶、时
间 1910 年 3 月 14 日，右下角有孙中山的中英文签名，其中英文签署了两个名
字孙文（Sun Wen）和孙逸仙（Sun Yat-sen）。美国斯坦福大学胡佛档案馆藏布
思文件（Boothe Papers），Box 2，Folder 3，No.58。

像几百万人有了一个想法，但是并没有聚在一起决定谁来担任指挥，谁来完成具体的工作。除非这个问题一劳永逸地解决了，否则事情就会失败，不是因为缺钱的问题，而是因为没有纪律，如果没有纪律，这样的计划最终都会失败。我不认为这位是人们公认的领导人；他可能是一个领导人，但除非他们有一个公认的领导人，否则每一次努力都会失败，投进计划中的每一元钱都还不如遗失了……直到一个有组织有纪律的队伍建立并完全运作起来，让任何一个资本家去给这个计划投钱都是对其智商的侮辱，而那些提出这种要求的人都会受到咒骂。"艾伦最后说："我对上述所说的这一切感到遗憾，因为我喜欢这个人，喜欢容闳，而且非常喜欢这个计划。该计划对于这个国家的重要性与日俱增，同时，我们必须承认的是，完成该计划的难度也在日益增加。在目前的状况下，还不能进行该计划，但是如果该计划实施的条件完备了，那么它对于人的一生而言将是一个十分难得的机会。"①艾伦在信中描述了他对这个计划的看法。在他的眼中，中国的这些力量像一盘散沙，没有组织和纪律，而孙中山也不是公认的领导人。

为了证明自己是公认的领导人，孙中山在告知国内他与荷马李等人会谈情况的同时，要黄兴等人帮他办理一个授权书。黄兴在收到孙中山的信函后，于5月13日写了一封大约3 000字的信。信的开头首先表达了他们获知孙中山与荷马李商谈的"长堤计划"之后的喜悦之情："三月十四号之电及廿八号之详函均前后收到。各同

---

① 艾伦写给布思的信（1910年3月14日），美国斯坦福大学胡佛档案馆藏布思文件（Boothe Papers），Box 2，Folder 2，No.52。

志读之，有此极大希望，靡不欢跃之至"，同时告诉孙中山"兹委
任状①已办妥，同日由邮挂号寄上，乞查察施行为是"。②其后，黄
兴用非常大的篇幅，将他和赵声的"意见略陈之，以备采择焉"。

其一，黄兴等人认为："先生与军人③所议之方略，与此间所
已得手运动之情形略有不同。"④对于广东的情形，他和赵声都认为
"广东必可由省城下手，且必能由军队下手"。⑤黄兴等人论及了广
州新军起义失败的影响，指出虽然有队伍被解散了，但也有保持未
动的，并认为"变更于此变更之时，广用金钱（兵卒皆不丰足，负
债者甚多，益以嫖赌赔，其势更岌岌），不一月可悉收其众"，"前
次之失，立可恢复"，而"省城得，兵众械足，无事不可为"。⑥至
于广西的情形，"同志之在陆军者约数千人（李书城、孙荣、杨源
濬均在此），以刻尚未招兵训练，无可假手。至秋期则兵数想亦可
招足，此方面不必顾虑，自能联合也"。⑦至于会党，"刻虽清乡，
其人众稍为所慑，然兵去则聚，自成常例，至时亦可号召之"。因
为"前所运动之基础固未摧坏，再扩张之，自易易也"，故而黄兴
等人认为，"广东之事，视款为难易"，且"图广东之事，不必于边
远，而可于省会"，"边远虽起易败（以我不能交通而彼得交通故)，
省会一得必成，事大相悬，不可不择（此次新军之败，乃在例
外）"。至于租地一事，黄兴等人认为："倘先生与军人已决议择一

---

① 在这封信中，用委任状指代孙中山所索要的授权书。
② 湖南省社会科学院编：《黄兴集》，北京：中华书局，1981年，第17页。
③ 指的是荷马李。
④⑤ 湖南省社会科学院编：《黄兴集》，第17页。
⑥⑦ 同上书，第18页。

地点，为训练兵卒、接收器械之处，亦不难图之，而为省城之外援。现广州湾已查得一地（此李应生与甄吉亭到该处查获者），可向法人批租。其地为旧公园。目下有法人垦之不利，该处之公使亟欲弃之，价不过三千余金，又有房屋多间（有一大洋楼），另给千余元均可得。又李应生亦有地在该处，伊祖父给之使其自营者，亦可为之开辟。又张静皆兄亦有意在该处垦地。"描述了现有的情况之后，黄兴继续进行谋划："如一得款，可由李、张、甄等出名至该处领地，藏数千人，势亦不难。且新军中之高州人散归者，颇能团结一气，不为少馁。其该处之来联盟者日进无已（前新军之头目为之主盟，巡防会党皆有），若二标移往该处，则势更好（闻五月间其在茂名、化州之营房可起）。此处可决定为之，一便于接械，二便于出西江，扼上游（南宁）之冲，收服巡防各队，略定西省南服，将来其有助于省军必大也。"①黄兴等人将当时革命形势进行了比较详细的描述，且针对租地的地点给出了几个建议，并预想了筹得经费后如何使用该租地。

其二，对于联络其他省份的军队及会党，黄兴等人认为"此最宜注意者"。②信中对"满洲之马杰及渤海之海贼"、"北清之新军"、"长江一带之会党"、"三江之陆军"、"湖北之陆军"、"湘中之新军"、"云南同志"的情况一一予以描述，并认为："此次巨款若成，择其紧要、办其缓急以图之，必有谷中一鸣众山皆应之象，而吾党散漫之态，亦从而精神活动可无疑也。"③

---

① 以上引文见湖南省社会科学院编：《黄兴集》，第 18—19 页。
② 湖南省社会科学院编：《黄兴集》，第 19 页。
③ 同上书，第 19—20 页。

其三，对于"军人拟聘武员及各种技师前来，预备充组织及教练之用"，黄兴等认为"颇有难处"，原因在于："无论难得地点，即有地点（譬如已得广州湾言），恐集合多人，耳目众多，流言四起，外人或不注意，满吏则必为之枕席不安也。况多数外人来此，尤易招目。此事可否婉曲商之，云吾党初期之预备，虽稍宽以时日，然后招聘人员（俟初期预备完全，由此间报告后，然后招聘方为妥当）。在伊等视之，以为此事必非速速可成，而吾等于稍宽之时日中得完全成功，出伊意外，想伊亦不见忌，必乐为我用也。我等于事起后，伊等之来，自是有益，此两无妨害之事，伊亦必允从。否则伊来，如事前败坏或放逐之类，皆于大局有关，且于教练实际上断不能施行。此种情形，想先生亦知之深矣。"①黄兴等结合当时中国国内的实际情况对于荷马李想派美国军官到中国参加革命活动的做法提出质疑，并希望孙中山能委婉地与荷马李商讨。对于荷马李而言，派美国军官到中国去组织训练中国士兵一直是他的构想，其在组建"干城学校"时的一个重要目的就在于此，如今在"长堤计划"中列入该构想，不想却受到了黄兴等负责指挥起义者的质疑和挑战。黄兴在同盟会中地位很高，而且具有领军打仗的才能，是"元帅"之才，他对于外籍的军官并不认可。

其四，对于"组织总机关之人材"，黄兴等认为"必多求之各省同志中，以为将来调和省界之计"。②一旦能筹集到资金，黄兴打算去日本召集已归国的同志，开会并商议各自在国内的分工。"其智识卓绝或不能回内地者"，则驻留日本、香港，作为组织总机关

---

① ② 湖南省社会科学院编：《黄兴集》，第 20 页。

的人员。为此，黄兴列举了一些人名，"若能得一次大会议，分担责任，各尽其才，事无不成矣"。①

黄兴说，因他与赵声的观点是一样的，故而这封信可以视为是两人的来信。信中接着强调了一点："该军人及资家如不能运动，此刻想先生处已得实答，此委任状亦不必给之。以其中人名与省分不同者多，倘后日发见，必传为笑柄也。至要，至要!"②

从整封信的内容看，黄兴等人在期盼孙中山能借此筹得资金的同时，对"长堤计划"中的内容进行了细致的回应，同时表明他们对于某些安排是不赞同的。

艾伦和黄兴在得知孙中山与布思、荷马李会谈的相关情况之后，都提出了自己的一些看法和意见。那么，促使孙中山与布思、荷马李会谈的容闳对于这三人的会谈情况又有什么看法呢? 3 月17 日，孙中山给容闳写了一封信，说他与布思、荷马李进行了另外一次会谈。③容闳得知了这次会谈后，于 3 月 28 日写信给布思说："为了促成双方就投入和收益达成协议，以完成贷款活动，我恳请提交一个附属计划。"容闳希望布思等人就该计划诚恳地毫无保留地提出意见，以让其更合理更可行。在这个计划中，容闳提议：贷款总额是 1 000 万美金，其利息是 15%，为期 10 年；贷款以海关进出口税收做担保，提供贷款的辛迪加获得相应的特权，包

---

① 　以上引文见湖南省社会科学院编:《黄兴集》，第 20—21 页。
② 　湖南省社会科学院编:《黄兴集》，第 21 页。
③ 　孙中山之所以在信中说"进行了另外一次会谈"，是因为他曾于 2 月 21 日写信告知容闳曾与布思、荷马李进行过会谈。这里为了使得信件内容连贯，故而将 3 月份的会谈称为"另外一次会谈"。

括垄断苎麻、石油、邮政等业务，期限是 15 年；一旦拿下一个省份并恢复其治安后，便建立一个临时政府，一定让荷马李担任战争大臣，海军大臣则需找一个合适的年轻人担任，容闳的儿子担任财政大臣，而其它的职务如总统、副总统、国务大臣等则很难找到合适的人选。①容闳的计划中提到了贷款金额及利息，贷款的担保来源及出资者可获得的特权，贷款的目的是以武力的方式建立新的政府，而对于临时政府的组成人员，容闳强烈建议荷马李担任战争大臣，另外还有一个海军大臣，而容闳的儿子担任财政大臣，至于总统等人选他未推荐。②将容闳的计划与"长堤计划"对比可知，容闳的计划更偏重于贷款的偿付和临时政府的人选，而"长堤计划"更偏重于结合军事行动来支付贷款。从容闳的这封信中可以看出，孙中山会及时地把与荷马李、布思等人的会晤情况与容闳沟通，但是孙中山也考虑到事情的隐秘性，故而没有给容闳透露"长堤计划"的具体内容。他在写给布思的信中就谈及了这一点："我确曾将我们开会事告知 D. Y 君，但未谈及细节。我告以你不久将赴东方，因而他可从你处获悉一切。在这种情况下，事情可完全由你决定。"③

---

① 容闳写给布思的信（1910 年 3 月 28 日），美国斯坦福大学胡佛档案馆藏布思文件（Boothe Papers），Box 2，Folder 1，No.24。

② 此处说明容闳对荷马李的军事才能是认可的，而他并未提名孙中山担任总统、副总统等职务，并称这些职务的人选需要考虑到外国的意见。

③ 《复布思函》（1910 年 4 月 5 日），《孙中山全集》，第 1 卷，第 483 页，该页注释 1 写道："D. Y 君：指容闳。"另见孙中山写给布思的信（1910 年 4 月 5 日），美国斯坦福大学胡佛档案馆藏布思文件（Boothe Papers），Box 2，Folder 3，No.60。

四、筹款艰难与长堤计划的失败

孙中山在与布思、荷马李的会晤之后，曾顺路在"碧家啡（Bakersfield）、轩佛（Hanford）和非士那（Fresno）等地停留"，于3月21日回到旧金山，准备第二天中午乘轮船到檀香山。孙中山写信告知布思他在檀香山的收信地址，并说"盼望早日得到你的佳音"。①

为了能筹集到经费，除了就中国国内革命计划与荷马李、布思商谈外，孙中山还试图用情报换取资金。孙中山于3月24日写信给荷马李，说有人拥有日本的非常重要的秘密文件，询问荷马李能否设法查明美国国防部是否想获得这些秘密文件。②究竟孙中山是否通过这批文件获得经费，由于资料的缺乏，无法获知其结果。

此后，孙中山继续期盼能收到来自布思等人的消息。孙中山在4月某日写给荷马李的信中，详谈了国内革命形势的最新情况，在信的末尾问道："我们的计划进展如何？布思先生何时能让你获知任何确切的消息？"③

就在孙中山等消息的时候，中国国内炸弹暗杀摄政王的消息在美国见报，致使艾伦急忙写信给布思，说此类消息将会"让任何筹款的希望都泡汤"，因此"当前非常重要的是通知他（孙中山）并

---

① 《复布思函》（1910年4月5日），《孙中山全集》，第1卷，第479页。另见孙中山写布思的信（1910年3月21日），美国斯坦福大学胡佛档案馆藏布思文件（Boothe Papers），Box 2，Folder 3，No.59。

② 《致咸马里函》（1910年3月24日），《孙中山全集》，第1卷，第481—482页。

③ 孙中山写给荷马李的信（1910年4月），美国斯坦福大学胡佛档案馆藏布思文件（Boothe Papers），Box 2，Folder 8，No.90。

让他认识到，他必须采取一切可能的手段，制止类似的事情发生，并为此发布紧急禁令"。①

当艾伦对中国国内革命活动表示不满时，孙中山继续给荷马李写信谈论国内革命活动正在积极地朝着"长堤计划"的方向发展。5月9日，孙中山写信告知荷马李中国国内革命形势的最新进展：革命党人在高州和惠州各自新获得一万余名的追随者，且"高州人和惠州人随时皆可投入战斗"；广州新军未被遣散的官兵将被派往高州府驻防，那时将把武器发还给他们，孙中山认为"应善于利用这些人员和武器"。同时，孙中山也提到了汪精卫被捕的消息，并称解救他的唯一希望在于革命党"攻下北京"。②在孙中山的这封信中，革命形势在朝着计划的方向积极发展，孙中山将这些告诉荷马李，一方面是跟其讨论军事政治形势，另外一方面还有一种言外之意，即借此向对方隐晦地问询筹款的进展情况。

5月12日，布思给孙中山写信，让他加强革命党组织，不要急于行动，因为他们的每一次失败，在美国见报后都会产生失望情绪，从而影响美国银行家的借款计划。③负责筹款的布思等人把压力又推给了孙中山，认为现在筹款进展不顺是因为中国国内革命形势不配合筹款工作。

在檀香山等待2个多月的孙中山，因5月30日将启程去日本，

① 艾伦写给布思的信（1910年4月4日），美国斯坦福大学胡佛档案馆藏布思文件（Boothe Papers），Box 2，Folder 2，No.54。
② 《致咸马里函》（1910年5月9日），《孙中山全集》，第1卷，第488—489页。
③ 桑兵主编：《孙中山史事编年》，第2卷，第799页。另见布思写给孙中山的信（1910年5月12日），美国斯坦福大学胡佛档案馆藏布思文件（Boothe Papers），Box 2，Folder 3，No.61。

其居住地点会发生改变，故而于 5 月 24 日写信将日本的收信地址告诉布思，以方便对方来信，并说："我将在日本待一段时间，以等待你的答复，与此同时，我将尽可能地为近期的工作做准备。"①同时，孙中山也将去日本的消息和新的收信地址告诉荷马李，并说："我将在日稍作逗留，以待你的讯息，并尽力为未来计划进行准备。"接着，孙中山继续将革命形势新的进展情况告知荷马李：同盟会的一些同志在获悉"长堤计划"之前，"已采取措施从广州湾法国当局租地开垦"，其机缘是因"法国政府招人前往该处开发土地，凡申请租地者，每人可获得三英亩土地"，而"提出申请后需经三个月始可得到答复"；另外，香港有个商号愿意供应任何类型武器，且可在广东省沿海交付，这样就会减少军火运输的麻烦，"此诚为最可靠而方便的途径"，故而孙中山建议荷马李等人："倘若我们在美国募款成功，望你在我们与旁人签订合约之前，先与该香港商号联系。"②孙中山给荷马李的这封信又试图让对方看到中国国内革命形势正积极朝着计划的方向发展，于是信的言外之意即催促美方筹款又显现了出来。

荷马李此时也在焦急地等待布思等人的消息，但一直都没获得二人的任何相关回复。他曾经于 6 月 4 日给布思和艾伦拍电报。之所以这样做，是因为他马上要给孙中山写信，而信中主要关涉的是军事和中国内地政治形势，荷马李试图询问布思和艾伦是否有什么

① 孙中山写给布思的信（1910 年 5 月 24 日），美国斯坦福大学胡佛档案馆藏布思文件（Boothe Papers），Box 2，Folder 3，No.62。另见《致布思函》（1910 年 5 月 24 日），《孙中山全集》，第 1 卷，第 491 页。

② 《致咸马里函》（1910 年 5 月 24 日），《孙中山全集》，第 1 卷，第 489—490 页。

建议给孙中山。结果未收到二人的回复。荷马李根据经验判断得知,此二人并没有什么要说的。荷马李于 6 月 13 日写信告知艾伦上述情况,以及从孙中山那里获得的信息:华南的武装以及政治形势都处于孙中山的掌控之中;尽管在他离开檀香山到东京的这段时间里,东京的情况有些失控,但现在事态已经平息了。荷马李认为近期不会再出现骚动,但是他不确定孙中山能维持局面多长时间。①

6 月 21 日,荷马李给身在纽约的布思发电报,告知对方:孙中山说自从他到了日本之后,一直还未收到艾伦的消息;中国国内形势平稳,孙中山认为自己已经完全掌控了局面;孙中山相信只要布思等人能成功筹款,自己就能继续维持当前状态;布思、艾伦等人可以直接给孙中山发电报。②荷马李此时在一定程度上充当了孙中山消息的传递员,并给布思和艾伦的筹款活动施加压力。

6 月 22 日,在日本已经待了两个星期的孙中山给布思写信,告知其 5 月 12 日来信已于 5 月 30 日收到,并说:"在我到达之前,我们队伍中的一些领导人已经过来等候会见我。我将你有关终止所有不成熟活动的建议转告他们,他们都表示同意并承诺传话给各自省份,以立即停止举事。我认为直至今年冬季,类似的活动都将停

① 荷马李写给艾伦的信(1910 年 6 月 13 日),美国斯坦福大学胡佛档案馆藏布思文件(Boothe Papers),Box 2,Folder 9,No.93。
② 荷马李给布思的电报(1910 年 6 月 21 日),美国斯坦福大学胡佛档案馆藏布思文件(Boothe Papers),Box 2,Folder 4,No.81。同一天,一个叫 T·施耐德(T. Schneider)的人也给布思发电报:"李(Lea)今天给你写信,建议你一旦有任何消息直接给东京的孙发电报。"美国斯坦福大学胡佛档案馆藏布思文件(Boothe Papers),Box 2,Folder 6,No.87。

止。于是我们仍有数月平静的时间，以供开展工作。"由于日本政府对孙中山居日存在两派意见，尽管支持派暂时占了上风，但在清政府的压力下，孙中山认为还是离开日本比较好，以缓解日本政府的压力。但因行程未定，故而等确定后，才能告知布思等人新的收信地址。孙中山说，在此之前，若布思的工作已经完成，可给信中香港的地址发电报，不论孙中山在哪里，"香港的代表将立即将该电报转交"到他手中。对于艾伦等人曾质疑孙中山身份的事情，孙中山说："由各省代表签字的文件已经准备妥当，不日即可奉上。"①布思让孙中山停止不成熟起义活动的那封信，孙中山于 5 月 30 日就已经收到了，到了日本 2 个星期之后才于 6 月 22 日回信。这期间孙中山一方面在按照对方的要求通知其同志停止起义活动，同时准备身份证明的文件，另一方面也在焦急地期待布思等人的消息，甚至让荷马李等人传话给布思等，让其一有消息就直接给东京的孙中山发电报。

6 月 25 日，布思写信给孙中山告知进展情况。布思解释说，因孙中山去了东京同时他自己也不在家，一直无法获得寄信地址直到从容闳那里得知新地址后才写了这封信。他收到了来自荷马李让布思给孙中山发电报的电报，但该电报中却未告知孙中山的电报地址。而且布思说荷马李电报中的信息不明确，对他工作一点益处也没有。布思要求双方彼此信息透明，而且一旦中国国内有了任何新进展，需要及时地用邮件或电报联系其办公室，布思的秘书会将有

---

① 孙中山写给布思的信（1910 年 6 月 22 日），美国斯坦福大学胡佛档案馆藏布思文件（Boothe Papers），Box 2，Folder 3，No.63。另见《复布思函》（1910 年 6 月 22 日），《孙中山全集》，第 1 卷，第 496—497 页。

孙中山签名的电报和信件以最快的方式转给布思。布思提到他的活动已经有了非常满意的效果，"自从谈判开始之后，我所取得的进展是非常激动人心的，而且在持续向前推进，尽管我无法尽可能地向他们彻底地做出保证"。布思说，因为没有收到孙中山的回复，故而给布思的谈判造成了非常严重的阻碍，他希望孙中山能时刻保持信息的精确性和及时性。[①]在这封信中，布思解释了为何长时间不给孙中山写信的原因，并要求孙中山及时将中国国内革命力量的发展情况告知他。

6月26日，荷马李写信给布思："我非常确定，对于任何重要的信息，孙中山会直接写信告诉你。"而且荷马李确信孙中山将一切掌控于手中。[②]荷马李这封信明显站在了孙中山的立场。

6月25日，孙中山离开日本，于7月11日抵达新加坡。[③]7月15日，孙中山写信给布思告知近况，称他在日本期间以及去新加坡途经上海、香港时，曾与许多领导人会面，这些人都愿意遵循布思的意愿，在一段时间内静静等待，只要不久就有举事成功的希望。孙中山向布思表明，中国国内革命力量都在听从建议，静待时机，以为筹款活动提供条件。此外，孙中山说"目前无要事相告"，除了革命党有一个同志已经升为清军水师提督，而且一旦时机成熟，孙中山深信这个人将与革命党"共举义旗"。说完这些情况之

---

① 布思写给孙中山的信（1910年6月25日），美国斯坦福大学胡佛档案馆藏布思文件（Boothe Papers），Box 2，Folder 3，No.65。
② 荷马李写给布思的信（1910年6月26日），美国斯坦福大学胡佛档案馆藏布思文件（Boothe Papers），Box 2，Folder 4，No.82。
③ 桑兵主编：《孙中山史事编年》，第2卷，第808—811页。

后，孙中山接连问道："你的工作有何进展？纽约之行有何收获？"孙中山期盼能从布思那里"得到确实的消息"。在信的附言中，孙中山恳请布思介绍其在新加坡的朋友给他，并让布思的朋友美国前任驻菲律宾将军介绍孙中山拜访新加坡当地的官员。同时孙中山提到，康有为比他早两个月已经到了新加坡居留。[①]孙中山试图通过布思与新加坡的官员等建立联系，同时，孙中山提到了康有为，暗示两派在当地存在的竞争关系。

　　孙中山按照布思等人的要求，让中国国内停止了起义，并及时把革命力量的发展情况与布思等人分享。不久（7月18日），布思等人又收到了孙中山寄来的身份证明文件。该文件用中文书写，上面盖有中国同盟会印章以及十七省的印章，还有总统的签名及十七省主席的签名。布思于7月19日上午把该文件拿去给荷马李校验。荷马李称，文件上的签名无疑是真的，因为他认识其中的几位，他们总是将印章随身携带。文件上的时间地点是"1910年3月20日香港"。布思认为："这个时间可能是第一个人签字的时间。"在描述了整个文件的内容以及荷马李对该文件的检验情况之后，布思在写给艾伦的信中继续说："如今对于孙中山拥有完全的掌控权应该不存在任何质疑了，这份文件应该能让任何人丢掉疑虑。经过认真考虑之后，我的决定是确保该计划的完成和成功，我将会把我的全部意见呈递给辛迪加，并由他们做最后的决定。"布思对孙中山的能力做出了肯定："作为第一步，他（孙中山）已经让起义暂停直

---

① 　孙中山写给布思的信（1910年7月15日），美国斯坦福大学胡佛档案馆藏布思文件（Boothe Papers），Box 2，Folder 3，No.66。另见《致布思函》（1910年7月15日），《孙中山全集》，第1卷，第498—499页。

至冬季，这说明了他有足够的影响力，那么他掌控整个局势应该没有任何困难，因此我希望那时我们能够就我们的合作关系而给与他一些有效的保障。"①布思在收到孙中山的身份证明文件后，急忙让荷马李检验真伪，并把结果即刻写信告诉艾伦，以让那些持有疑虑的人释怀。从布思的这封信来看，布思此时对于孙中山的地位和能力已经比较信服，并试图说服艾伦，以对孙中山提供某些有效的援助。

8月11日，孙中山给荷马李去信，向其描述了中国国内革命形势的发展："目前已将受委任的军官召回部队，以训练广东军队的两镇新兵，训练工作务须于一年内完成……我们必能迅速恢复在广州军中的地位，而且力量将比前远为壮大。""广东省的这一地区向来涌现优秀的军人。他们的人数以百万计。""在香港、虎门、惠州之间三角形地带的乡村，已以其所有的全部武器进行充分武装，人数至少有三万。但仍须向他们提供弹药。"孙中山在向荷马李描述广东等地的力量发展之后，又提到了对于起义的制止情况："当我在日本居留时，曾制止长江流域即将爆发的起义，在日时我已就此事去函奉告。他们原只应诺将起义日期延至今冬，但我现能劝使其作更久的等待，直至我们募款计划成功为止。因此，你可继续执行我们原定的计划。"孙中山还在信中提到了云南出现某些动乱，

---

① 布思写给艾伦的信（1910 年 7 月 19 日），美国斯坦福大学胡佛档案馆藏布思文件（Boothe Papers），Box 2，Folder 2，No.56。布思在信中说，这份文件一式两份，另一份寄给了施密特先生（Mr. Schmidt）。艾伦曾在 7 月 12 日给布思的电报中说当晚施密特先生在会谈中无功而返，艾伦认为为了在筹款活动中取得进展，有必要去中国一趟。参见艾伦给布思的电报（1910 年 7 月 12 日），美国斯坦福大学胡佛档案馆藏布思文件（Boothe Papers），Box 2，Folder 2，No.55。

他于上一周已经派人去阻止，以使得他们静待时机。孙中山在信中再一次向荷马李表明他遵照要求制止起义的爆发，同时也显示出他对革命力量的控制力。在这样的铺垫下，孙中山希望荷马李等人继续执行计划，并期盼募款计划的成功。①

　　然而筹款的事情似乎仍旧没有结果，孙中山已经等得十分焦急了。9月4日，孙中山就6月25日布思的来信给其回信。孙中山获知"东部之行结果非常满意，甚喜"。他再次提到已经按照要求制止长江流域及华南所有不成熟起事，而且"所允诺收集的签名录，已自横滨挂号寄上，料必早已收到无疑"，于是问道："诸事想现已解决，最后的结果究竟如何？"孙中山期望："无论成败与否，我均望尽早得悉结果，以便日后自行采取措施。"孙中山急切盼望对方能给出一个结果，结束目前的焦灼等待状态。此外孙中山还试图让布思先汇款5万美金，以"从事大量准备工作"。这笔钱十分紧迫，"若延至数月之后，则以十倍于此的金钱恐亦无法做成同等数量的工作"。对于这笔钱，孙中山允诺"在筹款完成后，加倍奉还所预付之数"，以补偿布思承担的风险。孙中山说，他将在槟榔屿停留两三个月，此期间即使筹款计划成功，他也无法去与布思等人会晤，除非那五万元能事先汇给他。其后，孙中山提及广州新军中革命党地位已经有所恢复，且在短时间能比以前更为强大，而清廷所有其他军队的态度也是一样的，都在急切期盼发动总行动的信号。另外，孙中山对新疆最近发生的兵变进行解释，称该兵变之所以未

---

① 《复咸马里函》（1910年8月11日），《孙中山全集》，第1卷，第506—507页。这封信是回复荷马李6月18日的来信（这封来信笔者未找到），英文原信笔者未找到。

能有效制止是因为该地在边陲，联系不便导致的。孙中山在这封信中对于"长堤计划"筹款一事的焦急心态已经表露得十分明显了。①

　　紧接着第二天（9 月 5 日），孙中山致信荷马李。在这封信中，孙中山表露了他对布思筹款成败的判断：尽管布思 6 月 25 日自纽约发出的信件透露了"极其鼓舞人心的消息"，但因其后都未按照孙中山要求来信，因此，孙中山"担心 B 先生筹款之事已告落空或延迟"。孙中山告诉荷马李现在急需资金，因此已经请求布思先行垫付 5 万美金。孙中山说，根据中国国内当时的形势，先攻广州"比之后来攻取将远为容易"，而且比"长堤计划"所拟定的方法更为简易和迅速，"耗费则可大为减少"。如果布思在纽约的筹款计划失败，孙中山请荷马李想办法通过另外途径筹集 50 万美金，"仅作广州计划之用"，而其他行动暂时搁置。孙中山说，如果荷马李无法在短期内筹得 50 万美金，"则请尽力筹募，无论如何请即汇来五万元，以利筹备工作"。最后，孙中山让荷马李等人尽快告知结果，因为革命党已经听从劝告制止当年夏天在长江流域和华南的所有起事，将全部希望寄托在美国的筹款计划之上，如果荷马李和布思的筹集计划均告失败，那么孙中山等人就放弃该计划而于最近自行采取措施。此外，孙中山希望荷马李与他一同到伦敦，就广州举事一事争取英国政府的充分谅解，若 5 万美金及时汇到，他就可以派其他同志展开活动，并到伦敦与荷马李会面。同时，孙中山说，如果

――――――――――

① 《复布思函》（1910 年 9 月 4 日），《孙中山全集》，第 1 卷，第 511—512 页。英文原信件见美国斯坦福大学胡佛档案馆藏布思文件（Boothe Papers），Box 2，Folder 3，No.67。

荷马李的所有计划都失败，那么请他多写几份给马尼拉方面的介绍信，以方便孙中山活动。①

　　上述孙中山分别写给布思和荷马李的两封信，相隔一天时间发出，所说内容大体相同。从这两封信的细微差别中，可以窥探出一些信息。给布思的信中，孙中山提到他已经完全按照对方筹款的要求去做，期望对方能尽快给以答复，以便能够自由行事，此外，孙中山还催促布思立即从自己的账户中汇款 5 万美金以帮助孙中山进行大量的准备工作，而且时间紧急，若拖延数月，则十倍的金钱也不能完成同等的工作。而给荷马李的信中，孙中山将事情说得十分清楚。首先，孙中山认为布思的筹款活动或许已经失败了。其次，对于 5 万美金的用处，孙中山向荷马李交代得很清楚。孙中山虽然已经向布思要求先汇款 5 万美金，但是，他担心布思不会这样做，所以委托荷马李另想办法筹款至少 5 万元。而且孙中山要荷马李陪同一起到伦敦活动。故而，从这两封信的内容对比中可以判断出孙中山对这两人的感情和态度是不一样的。孙中山更信任、更依赖荷马李。

　　实际上，荷马李也试图尽可能地帮助孙中山筹款。9 月 25 日，荷马李给布思写信，因为他刚收到一封来自孙中山的邮件，荷马李希望布思能看到这封邮件。为此荷马李于前一天曾特意给布思打电话，但是布思不在办公室，于是只得写信给布思。在这封信中，荷

---

① 《致咸马里函》（1910 年 9 月 5 日），《孙中山全集》，第 1 卷，第 513—514 页。英文原信件见美国斯坦福大学胡佛档案馆藏布思文件（Boothe Papers），Box 2，Folder 8，No.91。

马李几乎一字不差地全文引用了孙中山的信件内容。①最后在信的末尾，荷马李说："从这封信的内容可以看出，孙中山在尽可能地让事情能够达到我们的要求。我前所未有地感到我们应该竭尽全力努力完成该计划中我们应该承担的任务。"②荷马李认为孙中山已经尽力满足了布思等人的要求，希望布思等人也能兑现承诺，履行应承担的责任。

在荷马李和孙中山的催促下，布思终于有所表态。他于 9 月 26 日先给孙中山发了一封电报，告知身份证明文件已经收到了，且孙中山的"建议受到了充分的重视"，"辛迪加将于 10 月初会晤"。③当天布思又给孙中山写了一封信。信中首先将上述电报的内容翻译出来，然后描述了布思在筹款方面的工作情况。布思在纽约停留了 6 个星期的时间，凭借努力的工作终于做出了相当大的成绩。但由于最重要的一个人物不在纽约，导致无法达成有效的协议。而且当时天气炎热，人们都纷纷离去，布思也于 7 月 20 日回到洛杉矶。此后有许多人过来咨询情况，还有从纽约来的一群人询问信息并研究形势。布思在信中还提到，荷马李的住处不安全，曾被不知姓名的人潜入，故而布思建议孙中山将信寄给布思会更安全一些。对于筹款的进展，布思说，自从 6 月以来，美国的资本市场非常不稳定，而布思当前所能保证的是"不遗余力地努力达成期望

---

① 参见上述孙中山于 8 月 11 日写给荷马李的信的内容。
② 荷马李写给布思的信（1910 年 9 月 25 日），美国斯坦福大学胡佛档案馆藏布思文件（Boothe Papers），Box 2，Folder 4，No.83。
③ 布思给孙中山的电报（1910 年 9 月 26 日），美国斯坦福大学胡佛档案馆藏布思文件（Boothe Papers），Box 2，Folder 3，No.68。

的目标"，并且"希望会谈最终能获得成功"，但至于达成该结局需要多长时间，布思说他无法预测。而且由于行事必须小心谨慎，因而会相应地导致延迟。布思希望孙中山继续将中国国内的相关形势告知自己。布思提到了荷马李引用孙中山 8 月 11 日信件，布思说该信息对他非常重要，建议孙中山直接将这样的信件寄给他本人，然后他确保会把信件转交给荷马李。①布思在这封信中描述了他目前的工作进展，但是也没有明确回答其筹款的最终结果。而且布思对经由荷马李传话的这种模式提出了异议，建议孙中山直接与布思联络。

随着时间的流逝，因长堤计划的筹款不顺而导致孙中山的处境越来越尴尬。孙中山告知荷马李："我自返远东后，常试图制止中国各地不成熟的起义，其条件为我将提供今冬举事的资金。假如我不能履行此一条件，我的信誉将受到巨大打击。希望你教促 B 先生按我在前函所提的数目从他帐下将款项寄来。唯此，我的信誉始不致受到损害。如他所寄能稍多于此一数目，则全部计划的推行可获良好结果。"除了信誉或将受到损害之外，孙中山还提到，如果布思的筹款活动未能成功，委任布思为财务代表一事将予以撤销，而且孙中山说："党人已向我要求退回此职务的委任书。"孙中山希望荷马李能尽快为其筹集款项，如果有 25 万就好，即使少于该数目也行。另外，孙中山还询问荷马李的介绍信是否寄出，以便于前往马尼拉活动。②

---

① 布思写给孙中山的信（1910 年 9 月 26 日），美国斯坦福大学胡佛档案馆藏布思文件（Boothe Papers），Box 2，Folder 3，No.69。
② 《复咸马里函》（1910 年 9 月 29 日），《孙中山全集》，第 1 卷，第 517 页。

10 月 22 日，布思到纽约去参加一个非常重要的会谈，"该会谈应该会决定一些重要的事情"。布思将纽约之行写信告知孙中山，并称 9 月 4 日写给他和荷马李的信都收到了。布思说他会尽可能地满足提前汇款的要求，并再次强调他将尽一切可能达成一个圆满的结局，希望孙中山能继续制止不成熟的起义。布思注意到了孙中山在写给他的信中省略掉了一些透露给荷马李的内容，故而再次要求孙中山将这样的信息直接告诉布思，这样会更加安全。①

布思曾向孙中山说 10 月初辛迪加将召开会议，10 月 21 日又写信告诉孙中山说他将去纽约开会，然而到了 11 月 7 日仍旧没有任何消息。孙中山因此对布思不再抱有太多希望，转而希望荷马李能独力为革命党筹集资金，并企盼能早日收到对方的佳音。②同时，孙中山还是于 11 月 8 日给布思写了一封信，提及因未收到布思有关 10 月财团商议结果的消息，故而担心纽约筹款计划可能已经完全失败，从而询问布思是否有其它的办法筹款，而筹款金额只需 50 万美金即可，且在"今后三个月内能筹得此数"，便能满足需求，如果超出时限，革命党就不会再继续等待，而将自行采取措施。而且，孙中山提出，如果在汇款到来之前，革命党已经占据了一个据点，那么贷款条件必须完全修改，但如果革命派没有作为或

---

① 布思写给孙中山的信（1910 年 10 月 21 日），美国斯坦福大学胡佛档案馆藏布思文件（Boothe Papers），Box 2，Folder 3，No.70。

② 《复咸马里函》（1910 年 11 月 7 日），《孙中山全集》，第 1 卷，第 522 页。该信中孙中山还谈到了将《无知之勇》翻译成日文、中文的问题，还讨论了飞机在战争中的应用，此外，就清政府注意荷马李在美国练兵之事，孙中山认为这是清政府想将这支军队予以消灭，还让荷马李不要向任何人透露孙中山与他的关系。

行动失败，则贷款条件仍旧按照洛杉矶商议的不变。在信的末尾，孙中山仍旧写上了"盼能早日聆听佳音"。①此时的孙中山基本已经放弃了依靠长堤计划筹款的想法，而且尽管布思要求孙中山直接给他写信，但是孙中山还是给荷马李写信。

转眼到了 12 月份，孙中山仍旧没有收到确切的消息。当初约定，孙中山制止国内未成熟的起义直至冬季，以利于筹款计划的完成。如今冬季已到，可是筹款计划却没有完成。孙中山陆续收到布思 10 月 21 日及 11 月 1 日的信函，但是却未收到电报，于是据此判断"不能在此方面取得成功，已成定局"。孙中山告知布思，革命党正自行采取独立措施，计划"数月内大举"，因此询问布思"可否解囊相助"。孙中山说他正前往欧洲，计划去美国，如果布思能慷慨相助，则孙中山可以直接去洛杉矶与其会晤。②

布思此时正试图获取希尔（C. B. Hill）的资助③。布思写信告知希尔："毫无疑问，孙博士（Dr. Sun）不久将会成为中国的真正统治者，而在那份我曾展示给你看的文件上签名的人将成为他的副手。"布思认为："通过这种安排，在中国即将发生的巨大的新变动中，美国毫无疑问将处于政治经济事务的核心圈中。"布思在这封信中说，他昨天

---

① 《复布思函》（1910 年 11 月 8 日），《孙中山全集》，第 1 卷，第 524 页。英文原信件见美国斯坦福大学胡佛档案馆藏布思文件（Boothe Papers），Box 2，Folder 3，No.71。

② 《复布思函》（1910 年 12 月 16 日），《孙中山全集》，第 1 卷，第 539 页。英文原信件见美国斯坦福大学胡佛档案馆藏布思文件（Boothe Papers），Box 2，Folder 3，No.72。

③ 布思在新泽西州蒙特克的朋友希尔是"一位享誉国际的著名律师，也是纽约一个财团的代表"。参见《孙中山史事编年》，第 2 卷，第 850 页。

刚收到孙中山的信件，从中得知他正在经由红海去往欧洲的途中，从而推测孙中山因为没有在美国获得所设想的资助故而试图去欧洲的三个国家寻求合作，但布思认为"除非这里（美国）完全没有希望，他才会去考虑与他们合作"。布思说："他（孙中山）在上一封信中曾向我请求从我个人账户中提前给他资助以供急用。但非常遗憾的是我目前无法这样做。"布思询问希尔是否愿意与孙中山面谈，如果不反对的话，他将安排孙中山到纽约的时候去拜访希尔。①希尔直到 3 月 3 日才回复布思的来信，说因为非常忙，而在一月初去欧洲后刚回到纽约，故而现在几乎没有时间去处理与布思曾经讨论过的事情，当然希尔也表态愿意与孙中山会面。②然而，希尔称没时间处理的做法已经预示了布思这种尝试的最终结果。③

　　孙中山此时已经基本丢弃了对布思筹款的幻想，甚至长时间未跟布思联系。而且孙中山于 1911 年 1 月 31 日抵达旧金山时，也没有去与布思等人见面。④1911 年 3 月 6 日，孙中山给布思写信，信

---

① 布思写给希尔（C. B. Hill）的信（1911 年 1 月 12 日），美国斯坦福大学胡佛档案馆藏布思文件（Boothe Papers），Box 2，Folder 5，No.84。参见《孙中山史事编年》，第 2 卷，第 839 页。

② 希尔（C. B. Hill）写给布思的信（1911 年 3 月 3 日），美国斯坦福大学胡佛档案馆藏布思文件（Boothe Papers），Box 2，Folder 5，No.85。

③ 笔者从希尔回信的语气中判断希尔资助的意愿并不是很强烈，而《孙中山史事编年》中称："3 月 3 日，希尔向布思表示愿支持这一计划"。参见《孙中山史事编年》，第 2 卷，第 839 页。

④ 布思在 4 月 13 日写给孙中山的信中提到："当你在西海岸时，未能来洛杉矶，我感到非常遗憾。"参见布思写给孙中山的信（1911 年 4 月 13 日），美国斯坦福大学胡佛档案馆藏布思文件（Boothe Papers），Box 2，Folder 3，No.74。孙中山于 1 月 31 日抵达旧金山，2 月 4 日，由旧金山启程赴温哥华。参见《孙中山史事编年》，第 2 卷，第 842—843 页。

的开头便说"早欲致函",但一直未写。孙中山告知对方自己最近的行踪及计划于一个月内到达纽约,并附上了纽约的收信地址。孙中山在信中向布思表明他已经自行设法筹款:"目前我正在我的侨胞中募款,并已募集所需半数以上,余下部分则希望能在我东行过程中募得。一俟募得足够款项,我们将立即展开工作。"同时,孙中山也希望布思能给予援助,并说:"如在我抵纽约前仍未能予我们以援助,则不得不请你退回我党同志所签署的文件,寄交上列地址。因我曾向各同志保证,如筹款失败便将他们签字的文件退还。"①这里提到的签字文件指的是孙中山的身份证明文件②,艾伦曾讨要该文件,而布思曾将其出示给希尔看。

此时,布思无法满足孙中山的援助请求,且筹款中遇到了尚无法克服的困难。布思向孙中山介绍希尔,希望孙中山能与希尔会晤,并认为会晤的结果将最终决定筹款中存在的困难能否解决。③对于孙中山索要的文件,布思说,该文件在他的保险柜中,且考虑到安全因素,布思不愿通过邮寄的方式还给孙中山,因为曾有两封信件和两份电报孙中山未曾收到的先例。布思认为,如果孙中山到达纽约后,能安排某个能够完全信任且长驻于某处的第三方

---

① 《致布思函》(1911年3月6日),《孙中山全集》,第1卷,第547—548页。英文原信件见美国斯坦福大学胡佛档案馆藏布思文件(Boothe Papers),Box 2,Folder 3,No.73。
② 《孙中山史事编年》中认为该文件是"委任状",即让布思负责筹款的文件。参见《孙中山史事编年》,第2卷,第849—850页。
③ 布思没有明确说明该困难是什么,但笔者推测,该困难是艾伦等银行家们对孙中山不信任,而希尔与孙中山的会晤或许可以打消这种不信任,从而将该困难克服。

传递，就会好得多。①

其后，西方媒体报道了黄花岗起义失败的消息②，这宣告了荷马李等人所谋划的获取美国资本以援助中国革命的整个"长堤计划"的失败：孙中山未能通过布思等人从美国方面筹得其革命活动所需的经费，而布思等人所要求的暂停起义以待筹款成功的禁令也被打破从而无法继续进行筹款活动。③

在整个长堤计划中，容闳先是促成孙中山与荷马李、布思会晤，而对于长堤计划的具体内容，容闳应该所知甚少，他甚至自己草拟了一个计划提交给布思。其后容闳对整个计划参与不多，其间曾建议布思要求孙中山再次赴美会谈④，此后，容闳在临近1910 年年底时曾给布思写信，告知其对于中国时局的态度，认为

---

① 布思写给孙中山的信（1911 年 4 月 13 日），美国斯坦福大学胡佛档案馆藏布思文件（Boothe Papers），Box 2，Folder 3，No.74。
② 《孙中山史事编年》写道："4 月 28 日……西报遍传起义消息，乃致电香港机关询问：听闻事败，各同志如何？何以善后？"参见《孙中山史事编年》，第 2 卷，第 864 页。
③ 孙中山此次起义的失败，"使其再也无法获取美国私人的资助，荷马李的密谋也就此终结。布思、艾伦和希尔再也不愿与这类冒险事业扯上关系"。参见 Lawrence M. Kaplan, *Homer Lea, American Soldier of Fortune*, p.165。《孙中山史事编年》中以布思退回委任状作为长提计划失败的标志："（该计划）最终未有实质进展，布思只得将委任状退回。长滩会议拟定的筹款计划，至此宣告失败。"《孙中山史事编年》中所说的"委任状"指的是孙中山在写给布思的信中提到的"我党同志所签署的文件"，该文件应该指的是孙中山的身份证明文件，而非布思的"委任状"。因此，将退回"委任状"作为长堤计划失败的标志有欠妥当。参见《孙中山史事编年》，第 2 卷，第 849—850 页。
④ 容闳写给布思的信（1910 年 5 月 26 日），美国斯坦福大学胡佛档案馆藏布思文件（Boothe Papers），Box 2，Folder 1，No.25。

民主不适合中国，有限君主制更好一些，并提前祝对方圣诞、新年快乐。①

由容闳牵线的长堤计划，在订立之初便受到艾伦的质疑，黄兴等人也对该计划的某些方面提出了自己的看法。尽管此后孙中山尽力满足了美方的要求，包括提供身份证明的文件以及制止中国国内不成熟的起义等，但是布思的筹款一直没有效果，就连孙中山提出的要布思从个人账户中预先支取 5 万美金的要求，布思也无法满足。在整个计划中，布思几次前往纽约与那里的银行家等会谈，但是毫无结果。孙中山对于布思，一开始抱有极大的希望，但后来慢慢地对其失望，且在与荷马李的信件中表露出失望的情绪。孙中山与荷马李的交往则比较坦诚，这种坦诚甚至导致布思多次写信告诉孙中山让其把中国国内形势及时地直接地告知布思本人。荷马李与孙中山的这种坦诚和信任在长堤计划失败之后继续维持了下来。《无知之勇》一书在日本的译介，就是这种坦诚和信任的体现。

五、革命筹款与《无知之勇》在日本的译介

在"长堤计划"刚刚拟定时，孙中山还抱有很大希望，可是随着时间流逝，该计划逐渐成为泡影，而中国国内的形势正在急剧发展，革命日益需要资金，当布思的筹款计划不再可以依赖之后，孙中山必须自行设法筹集所需款项。

为了自行筹集革命所需经费，孙中山想尽各种办法。他一方面

---

① 容闳写给布思的信（1910 年 11 月 10 日），美国斯坦福大学胡佛档案馆藏布思文件（Boothe Papers），Box 2，Folder 1，No.26。

向同盟会同志发出了筹款的要求：早在 1910 年 8 月 29 日，孙中山曾写信给檀香山同盟会会员，提到现在内地革命形势发展迅速，急需款项，请速汇款作香港机关之用；①9 月 12 日，孙中山致函旧金山同志，说革命时机已经成熟，只是财力不济，不能策划自如，"弟谋开一路，若能成就，则数百万可以立致。惟日久尚无实音，诚恐或有中变"，"纵使日后有成，而久待费时失机，则求人固不如求自己"，于是孙中山请同盟会同志开捐、劝捐，"今日之事，正所谓万事俱备，只欠东风耳"，他希望各位同志"各尽义务，则革命前途幸甚"；②10 月 14 日，孙中山写信给邓泽如等人，称国内机局大有可为，嘱其筹款；10 月 16 日，孙中山写信给檀香山，称"此次机局较前尤佳"，"一举必可成功"，只是需要预备费 10 万，"今欲合南洋、檀、美各地同志之力"，但因为南洋的情况，故而"此次之款，总望檀、美同志担任一大分"，而且 10 万元"不过檀银四五万"，希望"信到之日，限两个月内筹集收齐"。③

此外，孙中山在写给荷马李的信件中，也多次请求荷马李设法筹集相关经费。荷马李此时则尽力敦促布思切实担负起筹款的责任，从中看出他是乐意帮助孙中山的。

就在孙中山为筹款之事焦急万分之时，荷马李的著作《无知之勇》在欧美的销量和影响力与日俱增。孙中山注意到了荷马李的

---

① 《致檀香山同盟会员函》（1910 年 8 月 29 日），《孙中山全集》，第 1 卷，第 510 页。
② 桑兵主编：《孙中山史事编年》，第 2 卷，第 822 页。
③ 《致檀香山同盟会员函》（1910 年 10 月 16 日），《孙中山全集》，第 1 卷，第 519 页。

《无知之勇》在欧美的影响力，1910 年 8 月 11 日身在槟榔屿的孙中
山在写给荷马李的信中，向其索要该书："请赐赠一二本你的近作
《无知之勇》，因我原有的一本已被友人取去。"①这封信说明孙中山
在 1910 年 8 月 11 日之前曾有一本荷马李的《无知之勇》，但被友
人拿走之后，身在槟榔屿的孙中山只得向荷马李索要赠书。荷马李
收到孙中山的信后于 9 月 18 日回信，除了继续与孙中山分享对于
中国革命形势以及世界军事发展的见解之外，荷马李提到了将《无
知之勇》翻译成中日文以在亚洲销售的想法。11 月 7 日，孙中山
给荷马李回信，称 9 月 18 日来信及书刊均于数日前及时收到。在
信中，孙中山提到对布思已经"不存过多希望"，从而恳请荷马李
"独立尽快为我党筹集资金"，而且因为"原定款项的十分之一即敷
使用"，故而询问荷马李"是否能迅速筹得此款"。孙中山当时正在
槟榔屿努力筹款，对于荷马李提及的著作翻译一事，孙中山说：
"至于大著的翻译一事，我将通知我的日本友人立即开始动笔，我
认为，这样做我们将有所收获"。至于中文译本，孙中山认为"无
利可图"，究其原因，其一是因为"在中国，版权是无效的"，其二
是因为"中国出版商对最佳的译文只付以一千字三至五银元的报
酬"，整本书大概十万字，"译酬仅有五百银元或二百五十美元，但
起码需一个人费时三个月始可完稿"。②孙中山衡量利弊，觉得日文

---

① 《复咸马里函》（1910 年 8 月 11 日），《孙中山全集》，第 1 卷，第 507 页。英文
   原信件见美国斯坦福大学胡佛档案馆藏鲍尔斯文件（Joshua B. Powers Papers），
   Box 1, "Correspondence of H. Lea and E. Lea" 内的文件夹 "Sun Yat-sen"。
② 《复咸马里函》（1910 年 11 月 7 日），《孙中山全集》，第 1 卷，第 522—523 页。英
   文原信件见美国斯坦福大学胡佛档案馆藏鲍尔斯文件（Joshua B. Powers Papers），
   Box 1, "Correspondence of H. Lea and E. Lea" 内的文件夹 "Sun Yat-sen"。

版比中文版更可获利，并告诉荷马李，等日文版完成后，再找人译成中文版。

孙中山信中提到的日本友人就是上文曾提到的池亨吉。池亨吉1873年（明治六年）生于高知市，曾就读于明治学院，于1892年（明治二十五年）6月毕业。1899年（明治三十二年）在横滨一所女子学校教书。早年曾出版《泪痕集》等诗集，译有《天路历程》等。他的文笔以及英语翻译能力在其作品中有所体现，且为人所称颂。1906年8月12日（明治三十九年），池亨吉与萱野长知、和田三郎、宫崎滔天一起创立了《革命评论》，它面向日本读者，以从旁援助《民报》为目的。在9月5日《革命评论》的创刊号上，登载有"断水楼主人"的文章。"断水楼主人"是池亨吉最喜欢用的笔名，来源于"抽刀断水水更流，举杯消愁愁更愁，人生在世不称意，明朝散发弄扁舟"；此外池亨吉还喜欢用"葭湖"这样的笔名。1908年3月池亨吉与和田三郎一起翻译的《俄国革命的意义》（*The Meaning of the Russian Revolution*）出版，而早在1907年2月《革命评论》上就刊登了《俄国革命的意义》这本书的出版预告；1908年5—6月间在《大阪朝日新闻》连载《支那革命实见记》。由于池亨吉所具有的才能，他一度成为孙中山非常信赖的日本人之一，曾追随孙中山参加镇南关起义，《支那革命实见记》就是对这次起义的记录。孙中山曾为该书撰写序言，在序言中，孙中山对池亨吉有这样的评价："君优于文学，操行高洁，能卓然自立，以才名闻于时。"[1]孙中山授予池亨吉全权，以为

---

[1] 《〈支那革命实见记〉序》（1908年6月），《孙中山全集》，第1卷，第397页。

中国革命事业筹款。①在南京临时国民政府成立时，池亨吉成为孙中山的秘书。②

　　孙中山之所以找池亨吉担任荷马李《无知之勇》的译者，一方面是因为池亨吉在个人才能上堪当此任；另外一方面，池亨吉与孙中山的革命关系密切，孙中山"授予全权执行为中国革命事业筹款事宜"。因此，当孙中山与荷马李考虑要将《无知之勇》翻译成日文之后，对于孙中山这些革命党人而言，由池亨吉来翻译荷马李的这本书是最合适的。孙中山在给荷马李写信提出由他的日本友人翻译日文版之后，立刻于 11 月 11 日给池亨吉写信，告知请他翻译《无知之勇》这件事情，并随信附上荷马李的书。池亨吉于 1910 年 12 月 20 日给孙中山回信，称其来信以及荷马李的书已经及时收到了。池亨吉说，他比以往任何时候更深切地感受到了孙中山的好意和慷慨，但因为上两周生病而没能及时回信。利用躺在病床上的时间，池亨吉已经非常仔细且饶有兴趣地读完了《无知之勇》，对孙中山授权他在日本翻译出版这本书感激不尽。池亨吉认为："我们可以从这本书的销售中筹集一笔钱，我希望我能为你的革命事业捐献微不足道的现款。"池亨吉告诉孙中山，他正在开始着手翻译这本书，并集中精力只做这一件事情，在明年的 1 月底应该能够完成，而且如果没有特别重大的干扰因素出现，这本书在 3 月之前会与公众见

①　《给池亨吉的证明书》（1907 年 12 月 12 日），《孙中山全集》，第 1 卷，第 371 页。

②　以上内容参见村上芙佐子：《池亨吉略伝——孙文の镇南关蜂起に随伴した一日本人文学者の生涯》，《都大論究》（第 22 号）1985 年 3 月；横山宏章：《池亨吉と中国革命》，《孙文研究》（第 40・41 号）2007 年 3 月。

面。在信的结尾，池亨吉再次对孙中山的好意和慷慨表示感谢。①

    池亨吉在上述写给孙中山的信件中，只是预计了事情的大概时间表。实际上，池亨吉先将《无知之勇》的相关内容于 1911 年 4 月初开始以连载的方式刊登于报刊之上，标题是"暴虎冯河之勇"，每天占有一个半专栏，至 1911 年 6 月 1 日已经连载了 25 期。1911 年 6 月 1 日，池亨吉将报刊连载的消息写信告知荷马李，并指出：文章刊登之后，立刻引起了强烈的反响，他收到了来自各个阶层读者的赞扬信，尤其是大阪地区驻军的现役指挥官们表达了他们的敬意，原作者的大名以及思想无疑已经深深烙印在了这些赞许者的脑海里。池亨吉还在信中说，在报纸连载完成之后，池亨吉将与日本最大且最有名的出版社经理签署一个酬劳非常优厚的合同，将整个翻译内容出版。出版社已经着手复制书中的地图，并将地图中的英文地名处理成日文。池亨吉说，由于该出版社当前正忙于出版政治类书籍，因而第一版可能于明年秋天出版，也可能会提前。池亨吉说他会催促出版社尽快将这本书出版，但是池亨吉认为荷马李的书是一本古典哲学著作，而非一本关于目前政治现实问题的书，言外之意是这本书不属于该出版社目前热衷出版的主题，因而大概需要一年的时间出版。②池亨吉告诉荷马李，《无知之勇》的日译本

---

① 以上内容见 K. H. Ike 于 1910 年 12 月 20 日写给孙中山的邮件，美国斯坦福大学胡佛档案馆藏鲍尔斯文件（Joshua B. Powers Papers），Box 3，"collected writings of H. Lea"内的文件夹"The Valor of Ignorance, correspondence"。信的抬头是写给 Dr. Takano，该名字是孙中山的化名。

② 以上内容见 K. H. Ike 于 1911 年 6 月 1 日写给荷马李的邮件，美国斯坦福大学胡佛档案馆藏鲍尔斯文件（Joshua B. Powers Papers），Box 1，"Correspondence of H. Lea and E. Lea"内的文件夹"Koki H. Ike"。

可能要到 1912 年秋季出版，然而事情的发展却导致这本译著的出版提早了许多。

就在池亨吉向日本国内翻译介绍荷马李这本书的同时，一个名叫望月小太郎的人也注意到了这本书。望月小太郎于 1866 年出生于日本的山梨县，1888 年进入庆应义塾学习，从该学校大学部法律科毕业。其间，为了筹措学费，和永岛今四郎一起翻译出版了《格莱斯顿传》①。后来给《时事新报》翻译外国报纸的报道。在元老院议员中井弘的推荐下，望月得到山县有朋的赏识。山县有朋推荐望月到英国伦敦大学留学，其后望月获得政治经济学学位。1895 年归国，1896 年随伊藤博文访问俄国，参加了沙皇的加冕典礼以及英国女王即位六十周年庆典活动。后投身于政界，1902 年当选为众议院议员，其后多次当选（7 回）。②1906 年创立英文通信社，担任社长，致力于向欧美各国介绍日本的事情。1914 年（大正 3 年）为第一届大隈重信内阁的成立做出努力。1923 年（大正 12 年）担任宪政会总务。后来曾担任井上馨晚年最后的私人秘书。他担任议员期间的风格曾为报刊及世人所评论。望月在从事政治活动的同时，还大量从事著述和翻译工作，出版了一系列的书籍。除了上面提到的《格莱斯顿传》之外，还有《议会法》（望月小太郎编译，知新馆，1890 年）、《存于世界之中的明治天皇》（英语本，原书名是 *The Late Emperor of Japan as a World Monarch*，望月小太郎

---

① 现在可见两个版本，一个是集成社 1889 年版，另一个是知新社 1890 年版，书名是《十九世纪政海之泰斗格拉德斯顿传》。

② 《近代日本人の肖像・望月小太郎》，http://www.ndl.go.jp/portrait/datas/598.html?cat = 63，2020 年 7 月 26 日。

编，自由通信社，1913 年；日语本，望月小太郎编，英文通信社，1913 年)、《军备限制和美日关系》（望月小太郎著，日本评论社出版部，1921 年)、《美日裁军问题》（英语，原书名为 *The Proposed Reduction of the Naval Armaments of the United States and Japan*，望月小太郎著，日本评论社，1922 年）等。从其著述来看，他的关注点是国际局势（尤其是美日关系）和国内形势。望月试图通过自己的著述让世界了解日本，同时也让日本了解世界，尤其是世界对于日本的看法。他可以用日语和英语写作，从事翻译工作，且十分关注当时世界上的畅销书，并将其译介到日本国内。荷马李的《无知之勇》就是他向日本国内译介的一本重要著作。

望月在没有获得版权的情况下于 1910 年 12 月 6 日完成翻译的初稿，12 月 30 日最终定稿，并于 1911 年 2 月由英文通信社出版，书名变成了《日美必战论》，之所以做这样的更改，望月指出了原因："此书原名为《无知之勇》，其全篇着眼于论证日美将来必然会产生大冲突。译者为了让整本书的主要内容能从标题上一目了然，于是将该书的名字更名为《日美必战论》"。①望月抓住了当时人们关注的日美关系这个热点，利用非常短的时间就让那些看不懂英文的日本读者能读到这本书，而且更改书名，更能鲜明地抓住读者的眼球。望月译本出来之后，他立即向自己的好友赠送该书。

与此同时，望月写信给荷马李，试图争取到《无知之勇》的日文翻译版权。1910 年 12 月 28 日，望月第一次写信给荷马李，希望

---

① ホーマー・リー：《日米必戦論（原名無智の勇気）》，望月小太郎訳，英文通信社，1911，例言。

对方能同意自己翻译《无知之勇》，信中还附上了荷马李回复所需的电报费用。1911 年 1 月，望月又写信给纽约的哈珀兄弟出版社（Harper & Brothers Publishers）。然而这两封信都没有得到回复。1911 年 3 月 30 日，望月再次写信给荷马李，称自己被《无知之勇》所包含的无价信息所倾倒，希望能把这本书翻译成日文，因此望月希望荷马李能立即向东京的自由通信社发电报"yes"以同意他的请求，他已经为荷马李支付了电报费。[①]后来，望月在 4 月 6 日收到了荷马李于 3 月 5 日写的回信，并立即予以回复，但此后杳无音信。于是，6 月 21 日，望月再次给荷马李写信，说："现今，日本民众十分热衷于获取关于美国陆海军的信息，日本报纸正大量翻译转载美国关于日美关系的观点和看法。因此，您的书对于增进日本人现今如此神迷于获取的那些知识必定大有裨益。"望月希望能得到荷马李的明确答复，并为此支付电报费用。[②]

在望月争取获得荷马李同意其翻译《无知之勇》的同时，其译本已经流传开来。日本防卫省防卫研究所藏有一份《日美必战论》的购买记录。[③]这份购买记录详细地列出了购买该书的时间、数量

---

① 以上内容见望月小太郎于 1911 年 3 月 30 日写给荷马李的邮件，美国斯坦福大学胡佛档案馆藏鲍尔斯文件（Joshua B. Powers Papers），Box 3，"collected writings of H. Lea"内的文件夹"The Valor of Ignorance, correspondence"。

② 以上内容见望月小太郎于 1911 年 6 月 21 日写给荷马李的邮件，美国斯坦福大学胡佛档案馆藏鲍尔斯文件（Joshua B. Powers Papers），Box 3，"collected writings of H. Lea"内的文件夹"The Valor of Ignorance, correspondence"。望月这封信中提到了日本报刊大量翻译转载美国关于日美关系的观点和看法，而池亨吉此时正好在报刊上刊登相关文章，从此处可见这两个译者的互动关系。

③ 日米必戦論購入の件（1）（2）（3）（4）（5），アジア歴史資料センター，C07090119700、C07090119800、C07090119900、C07090120000、C07090120100。

和相关购买者的身份等信息。从时间上来看，3 月 16 日就出现了购买记录，一直持续到了 7 月 5 日，其中 4 月份的购买笔数最多，购买的册数也最多。据不完全统计，3 月份一共有 5 笔记录，共购买了 68 册；4 月份一共有 16 笔记录，共购买了 686 册；5 月份一共有 11 笔记录，共购买了 157 册；6 月份没有购买记录；7 月份有 1 笔记录，共购买了 1 册。望月的译本是 1911 年 2 月出版，在经过 3 月份的酝酿期之后，4 月份购买量达到峰值。其译本购买的数量，仅根据这份档案就已接近 1 000 册。从购买者的身份来看，购买者基本都是海军军官，有少尉、中尉、大尉、少佐、中佐、大佐、少将、中将等，此外还有海军军医、主计等。他们购买的程序一般是向海军省副官提出申请，再由海军省副官向望月小太郎及其出版社购买。由于这份档案是由日本防卫省保存的，故而只是反映了《日美必战论》在海军中的销售情况，并不能反映整个市场状况，但是从这一份档案，大略可以窥探这本书在海军中的影响力，并折射出此书对于日本军界乃至政界的影响。

在望月的译本已经产生一定影响力的同时，池亨吉正在报刊上连载他的译文，本来他预计译本于 1912 年秋季前后出版，而这本书在读者中引起的反响以及望月译本的竞争，使得事情比预计的进展要快，池亨吉的译本于 1911 年 10 月 25 日由博文馆出版。在报纸上连载时，池亨吉起的标题是"暴虎冯河之勇"，而正式出版时，在出版社的建议之下，书名改成了《日美战争》。1911 年 11 月 10 日，池亨吉写信给荷马李，说译本已经出版，而且出版之后非常畅销，在短期内已经出了 3 个版次。出版商还非常自豪地告诉池亨吉，这本书将会疯狂地（wildly）畅销。池亨吉将样书送给荷马李，同时还赠送给美国当时的重要人物如前国务卿鲁特（Root）①、查飞将军（Chaffee）等人。②

　　于是，荷马李的《无知之勇》这本书在日本由望月小太郎和池亨吉两人各自翻译出来两个译本，而且两个译本几乎同一时期出现③，从一个侧面说明了《无知之勇》在日本的影响力，而两个译本都非常有市场，那么最终谁会成为最后的赢家呢？前文已经提到，望月在翻译的同时，积极争取获得荷马李的授权。荷马李把望月争取版权的事情写信告知池亨吉，并附上了望月的信以及荷马李的回信。池亨吉从日本国内的情况以及荷马李那里，应该已经得知了还有一个译本的存在。于是版权问题非常重要。实际上，从1910年11月7日孙中山写给荷马李的信中可以看出，孙中山已经从荷马李那里获得授权，并把这个翻译权转给了池亨吉。1911年5月3日荷马李把正式的授权文件随信寄给池亨吉，后者于5月31日收到文件后写信告知对方，等见到孙中山后会把文件安全地转交给孙。④据此，池亨吉已经正式获得了翻译的授权。而此时，

---

① 指的是伊莱休·鲁特（Elihu Root），美国著名的律师和杰出的政治家，曾先后担任地方检察官、陆军部长、国务卿、纽约州参议员、制宪会议主席等重要职务。
② 以上内容见 K. H. Ike 于 1911 年 11 月 10 日写给荷马李的邮件，美国斯坦福大学胡佛档案馆藏鲍尔斯文件（Joshua B. Powers Papers），Box 1，"Correspondence of H. Lea and E. Lea"内的文件夹"Koki H. Ike"。
③ 望月小太郎在 1910 年 12 月底将译稿完成，译本于 1911 年 2 月正式出版；而池亨吉也于同年 12 月开始动手翻译这本书，并于 1911 年 4 月开始在《帝国新闻》上连载，译本于 1911 年 10 月正式出版。如果从连载的时间来算，池亨吉的译文与望月小太郎的译文可以说出现在同一时期。
④ 以上内容见池亨吉（K. H. Ike）于 1911 年 6 月 1 日写给荷马李的邮件，美国斯坦福大学胡佛档案馆藏鲍尔斯文件（Joshua B. Powers Papers），Box 1，"Correspondence of H. Lea and E. Lea"内的文件夹"Koki H. Ike"。

望月仍旧在积极争取荷马李的同意。上文提到过的购买望月译本的那些海军军官也了解到望月尚未获得原著者的同意，因此不能公开销售，只能在海军内部流通。①这样的情形还是会让池亨吉觉得自己的译本面临挑战。因此，池亨吉在自己的译本中多处强调自己的版本是有版权的。译本在原书著者的前言之后，加入了荷马李于1911 年 9 月 11 日写给池亨吉的书信，证明池亨吉与荷马李的关系以及池亨吉翻译《无知之勇》已得到荷马李的认可。在译本的凡例中，池亨吉又简要地对版权问题做了说明："著者将这本书的中文及日文翻译版权让给了世界著名的中国革命领袖孙逸仙，而孙逸仙又把日文翻译版权分给我了。另外，李将军给孙逸仙的版权让与正式文件以及孙逸仙写给我的版权分让承认书都已经直接邮寄给了我，他们诚恳地嘱托我将日文翻译出版。因此我将这本书的翻译作为我的义务。"②在这篇凡例之后，有一篇附记，交代了池亨吉获得翻译版权的前因后果。此外，在报刊上刊登的广告中，池亨吉也十分醒目地用大号字体写明了翻译版权的由来。③除了强调已经获得了原著者正式的授权之外，池亨吉还需要取得荷马李对望月答复的证明，才能让人们相信望月是非法地翻译了《无知之勇》。于是1911 年 10 月 23 日荷马李将望月的来信以及他的回信复印件寄给池亨吉，池亨吉于 11 月 10 日收到后，对于荷马李由此体现出的深情厚谊表示由衷的感谢。在池亨吉的译本正式出版之后，两个译本的

---

① 日米必戦論購入の件（2），第 1382 页，アジア歴史資料センター，C07090119800。

② ホーマー・リー：《日米戦争》，斷水楼主人訳，東京博文館，1911 年，第 6 页。

③ 《東京朝日新聞》，1911 年 11 月 6 日，第 1 页。

竞争达到白热化程度。而池亨吉的译本由于有正式的授权，且是由日本最大的出版社博文馆出版，因而占有非常大的优势。望月先把译本出版，印了大约 2 000 册，在熟人之间分发，大家都以为望月最终会获得版权，而实际情况是，直到池亨吉译本出版，望月仍旧没有获得荷马李的授权。几个大报以及望月小太郎的政敌开始公开地谴责他。政敌之一的东京都知事（相当于东京市长）尾崎行雄就曾公开谴责望月，并敦促他立即当面向池亨吉诚恳地道歉。11 月5 日，望月拜访了池亨吉，并为他的错误行为请求池亨吉的宽恕。池亨吉基于武士道精神宽恕了他。①

　　望月小太郎争着翻译《无知之勇》，并在小范围里传播，他试图争取版权，而在池亨吉译本出来之后，二人的争夺公开化，望月受到舆论的谴责，最终以望月向池亨吉道歉结束了两人的版权之争。在事件中，孙中山等人在某种程度上利用了望月的政治影响力去扩大这本书的知名度：荷马李虽然回复了望月，但是望月觉得其回复并不明确，于是存有希望，最终结果是池亨吉译本出来，版权归于池亨吉，于是整个版权争夺的纠纷，使得这本书更加出名。池亨吉也承认："此（望月向他道歉）后这本书的知名度大幅提升，超过了人们的想象。"②译本在日本极度畅销，出现了"空前的"状况，美国的报纸这样报道：这本书在 30 天的时间里，已经出了20 版，而出版商预计在 6 个月内会出 100 版。③报纸的报道虽然有

---

①② 以上内容见 K. H. Ike 于 1911 年 11 月 10 日写给荷马李的邮件，美国斯坦福大学胡佛档案馆藏鲍尔斯文件（Joshua B. Powers Papers），Box 1，"Correspondence of H. Lea and E. Lea"内的文件夹"Koki H. Ike"。

③ "Japanese Study 'Valor of Ignorance'"，*Arizona Republican*，March 12，1912，p.5.

夸张的成分，但也反映了当时的情况。实际上，有研究者指出，1912 年池亨吉的译本第 17 版出版。①从译本的畅销情况，也可以推测译者据此获得的收入情况，进而可以推测该书的翻译对于革命筹款的助力。②

《无知之勇》在日本的译介及其畅销，是长堤计划失败后，荷马李与孙中山结合当时形势而进行的一次成功合作，荷马李的慷慨和对孙中山革命事业的支持在其中予以体现，而孙中山也帮助荷马李的著作《无知之勇》扩大了影响力，荷马李的名声则更加响亮。

小　结

荷马李的写作事业蒸蒸日上的同时，还在关注中国国内局势的发展。在布思的推动下，荷马李尝试谋求美国驻广州领事的职务，并让布思试探容闳，以了解中国的变革力量是否还能信任自己。光绪、慈禧先后离世对中国政局产生重大影响，荷马李与布思长谈，初步拟定了"红龙计划"，即在美国贷款的资助下，让容闳联系康有为及其他人到美国组成顾问委员会，在推翻清政府后成立新政府。荷马李等人在计划商议过程中非常注意保密性问题。该计划由于容闳的提议而变得越来越具体，且由邀请各派首脑到美国来演变为派人到中国去进行游说，试图联络的主要对象也根据形势发生了

① 村上芙佐子：《池亨吉略伝——孫文の鎮南関蜂起に随伴した一日本人文学者の生涯》，《都大論究》（第 22 号）1985 年 3 月，第 30 页。
② 笔者尚未看到相关资料以说明版税收入情况以及池亨吉最终因为《无知之勇》的翻译而给孙中山捐助了多少资金。

演变。由于艾伦和容闳之间的会谈不顺利，二人嫌隙日益增大，荷马李和容闳忙于各自的出书等事务，红龙计划最终陷入僵局。

孙中山访美打破了这种僵局。此时随着日俄战争后中国国内革命运动的发展，同盟会成立，孙中山及其革命党的影响力日益增加。孙中山所领导的起义活动需要资金，孙中山此次访美即为筹款。孙中山与荷马李、布思经过会谈后达成"长堤计划"，该计划与"红龙计划"的思路一致，即美方提供贷款，帮助孙中山领导的革命派推翻清政府，建立新政府。长堤计划中孙中山、荷马李、布思的职务分别为总理、总司令和财务代办。黄兴等人得知计划后在表示喜悦的同时，对计划中的军事内容尤其是派美国军官参与中国革命的做法提出质疑。此后，孙中山焦急地期盼布思能按照计划筹得款项，他将革命进展告知美方，并屡次提醒对方革命党人正在按照美方要求行事。然而布思最终未能筹得款项，而西方媒体对黄花岗起义失败的报道则宣告了长堤计划的失败。荷马李为了对孙中山的筹款活动有所帮助，让出了《无知之勇》的中日文版权。孙中山联络池亨吉对该书进行翻译。该书的日译本非常畅销，荷马李由此而对孙中山的革命事业有所助力，同时其著作的影响力也进一步增大。

第六章　孙中山的军事顾问

长堤计划中，对总司令（Commanding General）的职权有相关安排。从计划的制定者来看，总司令这个职位是为荷马李预留的。容闳后来草拟的计划中，也给荷马李留了一个陆军司令的职位。后因这些计划都成为泡影，相应的总司令或者司令一职也无从谈起。但在整个过程中，荷马李与孙中山之间的信任日益增加。荷马李把《无知之勇》的日译版权让给孙中山，这种无私的态度使得孙中山对荷马李更加信任，而这种信任直接发展到孙中山对荷马李的倚重。荷马李成为孙中山的军事顾问，并在许多方面辅助孙中山。①

第一节　洽谈贷款与商议资助

长堤计划进行之时，孙中山试图通过布思筹款，但最终归于失

---

① 现今一般将荷马李称为孙中山的军事顾问，荷马李的专长主要在军事方面。故而本章标题仍旧用《孙中山的军事顾问》。同时，需要指出的是，荷马李对孙中山的帮助不仅仅限于军事方面，而是涉及许多方面。这些内容将在本章中详细展开。总之，"军事顾问"的提法，只是为了突出荷马李在军事方面的专长，并不是说荷马李的作用只限于军事方面。

败。孙中山转而自行筹款，一方面通过同盟会会员筹款，另一方面也通过荷马李等人进行筹款。荷马李将《无知之勇》的日译版权让给孙中山，其后日译本的畅销，应该能获得一定的收入，从而为孙中山的革命事业捐助一点"微不足道的现款"。在此期间，荷马李还想尽其他办法帮助孙中山的事业。

一、新方案的谋划及初步实施

1911 年 1 月 19 日，孙中山抵达纽约，此后一直在美国活动，直至 11 月 2 日离纽约赴英国。[①]在此期间，孙中山与荷马李有过会面。

《洛杉矶时报》于 6 月 10 日报道："新加坡一名退休的华裔资本家 Y. S. 孙一直在欧洲旅行，最近刚到美国，下榻于兰克辛酒店（Lankershim）。他是荷马李的客人。荷马李不久将去欧洲的几个首都待五六年的时间。"[②]就在荷马李、孙中山待在兰克辛酒店的期间，荷马李的朋友卡尔（Harry C. Carr）还曾被邀约与荷马李、孙中山一起吃早餐。当天早晨，卡尔接到荷马李的电话，要其赶紧去兰克辛酒店与其共进早餐。卡尔被介绍给孙中山，但卡尔并不知道他究竟是谁。其间，荷马李提到诺曼（Norman Angell）在其刚出版的《大幻想》（*The Great Illusion*）一书中多次提到荷马李，并说："我很好奇，那个家伙在书中究竟提了我多少次。"孙中山一边吃早餐一边眼都不抬地说"13 次"。据卡尔回忆，早餐期间，荷马李时

---

① 桑兵主编：《孙中山史事编年》，第 2 卷，第 841—928 页。
② "Personal", *Los Angeles Times*, June 10, 1911, p.2.

不时地就中国革命的一些具体情况询问孙中山，还询问了日本海军实力。早餐过后，另一个人到来，与荷马李、孙中山一起讨论筹款的问题，卡尔于是得知他们正在酝酿大的军事行动。其后，孙中山就离开了。这时，荷马李才对卡尔说："刚才我不方便告诉你那个中国人是谁。但我现在可以告诉你，只要他动一动手指头，就有6 500万人会听从他的命令。不要忘记他的名字，因为他是你一生之中与你共进早餐的最有权势的人物。他的名字就是孙逸仙。"荷马李中风后回国，回忆起那时共进早餐的情景，并告诉卡尔："推翻清王朝的计划就是在兰克辛酒店我的房间里策划的。"①

荷马李和孙中山就中国的革命达成了几个新的方案。中国将建立一个过渡时期的军政府，孙中山会给予荷马李在外交事务及外交政策方面的极大权限。荷马李认为一个强大的中国将有利于英美在远东继续称霸。而且若英美即刻支持孙中山的新政府，作为回报，新政府需要给予英美高于其他列强的特殊地位和权益，荷马李认为这样做有三个好处。其一，通过英美给中国提供的财政资助以及派出的军事顾问，中国将发展成为地区强国。其二，通过对抗日俄，中国将成为英美在亚洲和太平洋地区利益的安全阀。最后，通过牺牲了其他列强的利益而在中国获得特殊的地位和权益，英美将会获得大量的经济权益。荷马李提议利用他的人脉，进入英美政府中进行游说，以让这两个国家援助孙中山的革命事业。②荷马李的这种

---

① Harry C. Carr, "Death Overpowers Odd World Figure", *Los Angeles Times*, November 2, 1912, p.II1; Harry C. Carr, *Riding the Tiger: An American Newspaper Man in the Orient*, Boston and New York: Houghton Mifflin Company, p.174.

② Lawrence M. Kaplan, *Homer Lea, American Soldier of Fortune*, p.166.

联络英美政府并获得其支持以援助孙中山、帮助中国成为地区强国的想法，与其在《无知之勇》等著作中体现出来的地缘政治观点相一致。通过这样的做法，英美和中国可以互利共赢。

为了新的方案予以实施，荷马李行动起来。他离开洛杉矶，经由美国东部到欧洲去。他此行有几个目的。其一，去德国看病。由于荷马李本来身体就十分脆弱，再加上过度的工作，导致荷马李视力几至失明，身体也不堪重负。那次早餐时，荷马李曾向卡尔描述了自己的身体状况，"他的医生通知他说，其眼疾已经到了非常严重的地步，其寿命也没有多长时间了"。卡尔说："那是在我们长时间的友谊中，第一次听到他提及他的病痛。他谈到了他活在怎样的病痛折磨之下，以及该病痛是如何阻碍了他在战场上指挥军队。"①荷马李得知德国有一位眼科医生，曾治好过类似的病例。荷马李联系了该医生并要去做相应的治疗。其二，帮助孙中山游说英美政府。荷马李此行要经过华盛顿以及欧洲的多个首都，他要拜访相关人士，以为孙中山的革命事业寻求援助。其三，应罗伯茨爵士的邀请。荷马李收到罗伯茨爵士催促其赶紧去英国的电报。荷马李此行去英国要就英帝国的防御及相关战略原则等问题，咨询罗伯茨爵士等人，以为下一本书收集资料。②

此行还有其他目的，其中需要提及的是荷马李与其秘书埃塞尔（Ethel）结婚，并进行蜜月旅行。由于身体及心理方面的原因，荷马李曾经一度对女性抱有偏见，认为女性是无知而冲动的。荷马李

---

①② Harry C. Carr, *Riding the Tiger：An American Newspaper Man in the Orient*, Boston and New York：Houghton Mifflin Company，p.174.

看到其朋友结婚，还嘲笑这个朋友太愚蠢。当埃塞尔成为荷马李的秘书之后，荷马李关于女性的想法慢慢改变了。由于眼疾和身体的原因，荷马李需要埃塞尔帮其处理文字工作。在相处之后，荷马李对埃塞尔形成了依赖和依恋。1911 年 6 月 14 日，荷马李离开洛杉矶，到得克萨斯州的圣安东尼奥市（San Antonio）与埃塞尔汇合，然后去孟菲斯（Memphis）完婚。有媒体以《中国维新军司令结婚》为标题对此进行了报道："据今天从德国威斯巴登（Weisbaden）传来的消息，1900 年义和团运动中曾在中国领导维新军的荷马李将军，于 6 月份同他的速记员埃塞尔小姐在孟菲斯完婚。荷马李将军于 6 月 14 日去德国看眼科医生，并在途中与埃塞尔小姐结婚。她陪同他一起去欧洲，但他们结婚的消息被隐瞒至今。"①就在这份报道出现的同一天（1911 年 8 月 14 日），荷马李结婚的消息被多份报纸报道，其消息的内容基本一致，而标题却不尽相同，标题有：《军队司令与速记员结婚》②、《李将军与速记员秘密结婚》③、《荷马李将军结婚》（其副标题是《义和团运动中的司令娶速记员为妻》）④。这些新闻除了报道荷马李与埃塞尔结婚的事实之外，还突出了两者的身份悬殊：一个是将军，是维新军的司令，是有名的作家，而另一个只是速记员。通过这样的报道，媒体试图吸引读者的眼球。这里，"黄色新闻"的特点再次表现出来。

① "Leader of Chinese Reform Army Marries", *The Evening Standard*, August 14, 1911, p.1. 孟菲斯位于田纳西州（Tennessee）。
② "Army Head Weds Stenographer", *Sacramento Union*, August 14, 1911, p.1.
③ "General Lea Secretly Married Stenographer", *San Jose Daily Mercury*, August 14, 1911, p.4.
④ "Gen. Homer Lea Weds", *The Evening Star*, August 14, 1911, p.2.

　　从上述媒体对荷马李结婚消息的报道内容来看，媒体此时认同了荷马李的将军身份，以及他因写作而出名的事实。这样一位有名的人士，却偷偷地与其速记员结婚，这不得不让人感到疑惑，也成为了媒体的卖点。这个速记员到底是什么身份呢？对此，上述报道没有提及。《洛杉矶时报》上刊登的一篇题为《爱情赢得了能文能武者的心》。这篇报道虽然也是关于荷马李结婚的消息，但是其具体内容与上述新闻不太一致。文章开篇写道："那位年轻而聪明的军事天才和作家的朋友昨天在这里公布了荷马李将军与他的速记员埃塞尔·鲍尔斯（Ethel Powers）小姐——一个美丽而有学识的南方女孩——结婚的消息。"该文章还提到了荷马李试图营救光绪帝以及曾担任维新军司令等事情，而且还提到了"他的《无知之勇》、《砆笔》以及其它一些著作已经被翻译成了多种文字"，"他正在准备就中国的政治发展史写一本书"，而"他的写作获得了那个可爱的年轻姑娘的许多协助"。这篇文章对埃塞尔的身份和为何会赢得荷马李的心有所提及。①这个速记员来自田纳西州（Tennessee）的孟菲斯。②因为要养活家庭，她离开了丈夫和 3 个孩子，走出家庭，从事秘书的工作。当时荷马李因为身体原因而需要人协助完成小说《砆笔》的写作，埃塞尔便经人介绍担任了荷马李书稿的打字等工作。其后，在荷马李进行《无知之勇》写作时，埃塞尔又担任了相关的文字处理等工作。埃塞尔渐渐地走入了荷马李的生活之中，最

---

①　"Love Wins O'er Pen and Sword"，*Los Angeles Times*，August 14，1911，p.18. 这篇文章的副标题是："作为战士和作家的荷马李将军与打字员结婚（Gen. Homer Lea，Soldier and Author，Weds Typist）"。

②　Lawrence M. Kaplan，*Homer Lea*，*American Soldier of Fortune*，p.135.

终二人结婚。埃塞尔成为荷马李的贤内助："荷马李夫人原来是荷马李将军的女秘书，因为她赏识荷马李将军的天才横溢，识见卓越，于是由理想志趣的共同而互相由敬仰而发生爱情，由爱情而结为神圣的夫妻，他俩的婚姻是一个崇高而伟大的爱情的结合，说起来真不平凡。中国人指一个贤惠的太太为'贤内助'，那就是说：一个男人的成就的基础在家庭，古今中外的伟大人物的成功，没有不是从此而来的。"①两人的爱情让人惊叹："荷马李将军是一位驼背而残缺的人，他的健康是不正常的，他的视力亦日就衰弱，包尔斯女士不仅要帮助写作，而且每日下午还要大声朗诵历史、游记、拿破仑传和政治的回忆录给荷马李将军听。后来李将军因为久病缠绵病榻，看护的责任，朝夕都落在了荷马李夫人的身上了！他们这样地互怜、互爱、互助，情投意合的恩爱夫妻，可说得上是伟大，亦可以说是世间所罕有的神圣而恩爱的一对！"②

孙中山是如何看待荷马李与埃塞尔之间的关系的呢？从现有的资料来看，孙中山最早在 1910 年 5 月 9 日写给荷马李信的末尾提到了埃塞尔："谨向你和鲍尔小姐致以最良好的祝愿。"③就这一句简单的祝福语，体现出了孙中山对荷马李与埃塞尔关系的看法和态度。此后，孙中山在写给荷马李信的末尾结束语中，基本都会写到这样的内容。④而孙中山于 1911 年 8 月 10 日写给荷马李信的末尾结

---

① 黄季陆：《荷马李将军》，第 3—4 页。
② 同上书，第 5 页。
③ 《致咸马里函》（1910 年 5 月 9 日），《孙中山全集》，第 1 卷，第 489 页。
④ 1910 年 9 月 29 日写给荷马李的信中，孙中山没有写上述内容。参见《复咸马里函》（1910 年 9 月 29 日），《孙中山全集》，第 1 卷，第 517 页。

束语则变成了"谨向你俩致以最良好的祝愿"。①从孙中山给荷马李的信中可以看出，孙中山在荷马李夫妇结婚之前就已经了解了二人的关系，而且早在两人结婚消息见报之前就给予了最美好的祝福。埃塞尔走入荷马李生活中后，在写作、起居等多方面帮助荷马李，甚至成为荷马李的精神支柱，他们二人一起参与到孙中山的革命事业之中。

　　荷马李夫妇结婚之后来到华盛顿，于 1911 年 6 月 22 日领取了护照，其有效期为两年。②在华盛顿逗留期间，荷马李与美国政界人士接触，试图为孙中山的革命活动进行相应的游说工作。参议员伊莱休·鲁特（Senator Elihu Root）就是其对象之一。

　　伊莱休·鲁特 1845 年 2 月 15 日出生于纽约州的克林顿。父亲是汉密尔顿学院（Hamilton College）的教授。1864 年鲁特毕业于汉密尔顿学院，1867 年毕业于纽约大学，获得法学学位。③其后鲁特成为了一位有名的律师，并因此而收入颇丰。1883—1885 年任纽约州南部地区联邦政府地方检察官，逐渐与西奥多·罗斯福建立

---

① 《复咸马里函》（1911 年 8 月 10 日），《孙中山全集》，第 1 卷，第 569 页。

② 护照原件见美国斯坦福大学胡佛档案馆藏鲍尔斯文件（Joshua B. Powers Papers），Box5，"Miscellany"内的文件夹"Passport"。

③ 对于鲁特获得的这个学位，有认为是博士学位的，例如："1867 年获纽约大学法学博士学位"（曹世文、黄季方编：《美国名人词典》，北京：华夏出版社，1991 年，第 644 页），"1867 年获纽约大学法学院法学博士学位"（杨建邺、朱新民主编：《诺贝尔奖获奖者辞典 1901—1991》，长沙：湖南科学技术出版社，1994 年，第 605 页）。也有认为是学士学位的："这位未来的国务卿于 1867 年获得法学学士学位（The future Secretary of State received a bachelor of law degree in 1867）"，参见 "Biographies of the Secretaries of State：Elihu Root（1845—1937）"，https://history.state.gov/departmenthistory/people/root-elihu，2020 年 5 月 13 日。

了密切的联系，后来成为罗斯福的朋友和法律顾问。1899—
1904 年，在麦金利和罗斯福两届政府中担任陆军部长。在其任内，
极力主张对古巴、菲律宾等地进行正确合理的管理。同时他对美国
的军队组织也产生了一定的影响，于 1901 年创办陆军作战学院
（The Army War College）。1905—1909 年，任罗斯福政府的国务
卿。1906 年劝说拉丁美洲各国参加第二次海牙和平会议。1908 年
与日本驻美大使高平（Takahira Kogoro）签订鲁特—高平协定，规
定日本尊重美国的对华门户开放政策，控制向美国移民，维持太平
洋地区现状。鲁特还与 20 多个国家签署了仲裁条约。1909—
1915 年任来自纽约州的共和党参议员。1910 年，以首席检察官的
身份代表美国出席海牙国际法庭，解决了英美两国在北大西洋地区
的渔业纠纷问题。由于其对和平的贡献，被授予了 1912 年的诺贝
尔和平奖。1921—1922 年任美国出席限制军备的华盛顿会议的四
位代表之一。晚年积极推动世界的和平以及科技的进步。1937 年
2 月 7 日于纽约州的纽约市去世。①从鲁特的经历来看，这个人在政
界和外交界具有非常大的影响力。

在《无知之勇》的扉页上，清晰地写着"将这本书献给尊贵的

---

① 关于鲁特的详细信息，参见 "Elihu Root"，https://www.nobelprize.org/prizes/
peace/1912/root/lecture/，2020 年 5 月 13 日；"Elihu Root"，https://www.bri-
tannica.com/biography/Elihu-Root，2020 年 5 月 13 日；"Biographies of the Sec-
retaries of State：Elihu Root（1845—1937）"，https://history.state.gov/depart-
menthistory/people/root-elihu，2020 年 5 月 13 日；曹世文、黄季方编：《美国
名人词典》，北京：华夏出版社，1991 年，第 644 页；杨建邺、朱新民主编：
《诺贝尔奖获奖者辞典 1901—1991》，长沙：湖南科学技术出版社，1994 年，第
605 页。

伊莱休·鲁特"①。荷马李凭借与鲁特的关系，试图达到游说的目的。荷马李将孙中山领导的革命运动情况向时任国会参议员的鲁特进行了描述："孙医生已经整合了秘密会社，并置于其领导之下；而且他已经确保了对军队的掌控力。他还确保了对 3 万有留学经历的中国人的掌控力，并成立了一个叫做'革命党（Ka Ming）'的会社。而且全体中国人民都是同情并支持他的。"荷马李告诉鲁特，由于革命活动需要将各派力量整合起来，故而需要经费的支持，如果有了这笔经费，孙中山等人就能在不流血的情况下完成革命，并创建一个新的政府，防止在清政府崩溃之后，整个中国陷入混乱的状态，而这对于美国是有利的。②在荷马李的表述中，长堤计划再现出来。面对荷马李的说词，鲁特并没有立刻表态。其后荷马李与鲁特保持着联系，以期待能得到鲁特的正面答复。

荷马李在华盛顿还拜访了时任美国陆军部长的斯廷森（Henry L. Stimson）等人。荷马李把华盛顿的活动情况写信告知孙中山，孙中山得悉荷马李在政府和国会的努力，"至为振奋"。而且，孙中山接到荷马李来信后，立即写信给国内同志，嘱咐他们按照荷马李和孙中山商议好的计划行事。实际上，这些同志在获悉上述计划之前，已经在为"同一目标而从事艰苦的工作"。③

---

① Homer Lea, *The Valor of Ignorance*, New York and London: Harper & Brothers publishers, 1909.

② 荷马李写给鲁特的信（1911 年 11 月），美国斯坦福大学胡佛档案馆藏鲍尔斯文件（Joshua B. Powers Papers），Box 1, "Correspondence of H. Lea and E. Lea"内的文件夹"Root, Senator Elihu"。这封信没有写明具体日期，据信中内容推测这封信写于 11 月份。荷马李在这封信中提到了在华盛顿与鲁特会谈的内容。

③ 《复咸马里函》（1911 年 8 月 10 日），《孙中山全集》，第 1 卷，第 568 页。

其后荷马李夫妇经纽约乘船去往欧洲。1911 年 7 月，荷马李夫妇到达了德国的威斯巴登，荷马李开始接受莫伊雷尔医生（Dr. Karl Meurer）的治疗。①对于德国的生活，荷马李夫妇是满意的，"德国很对胃口"。②荷马李在医生的治疗之下，身体逐渐恢复。他们可以到户外活动，但因为眼睛的缘故而不能在强光下待太长时间。8 月份荷马李写信告诉友人："我现在每天可以干一点点工作了，所以你就能明白我的视力已经好了很多，我希望到了 11 月上旬能够彻底地好了。"③到 9 月份时，荷马李已经可以每天工作 3 小时，继续写作他的新书，并预计到 11 月份便可以完成。而且，"一旦莫伊雷尔医生说可以旅行"，他们便要离开威斯巴登。④荷马李计划去纽伦堡（Nuremberg）、慕尼黑（Munchen）、柏林（Berlin），

---

① 贝尔福德（Robert J. Belford）写给荷马李夫妇的信（1911 年 7 月 18 日），美国斯坦福大学胡佛档案馆藏鲍尔斯文件（Joshua B. Powers Papers），Box 1, "Correspondence of H. Lea and E. Lea"内的文件夹"Belford, Robert J."。该信中荷马李夫妇的地址是德国的威斯巴登，故而此时（1911 年 7 月 18 日）荷马李夫妇已经在威斯巴登了。

② 贝尔福德（Robert J. Belford）写给荷马李夫妇的信（1911 年 8 月 10 日），美国斯坦福大学胡佛档案馆藏鲍尔斯文件（Joshua B. Powers Papers），Box 1, "Correspondence of H. Lea and E. Lea"内的文件夹"Belford, Robert J."。贝尔福德从荷马李夫妇的来信中得知他们的德国的生活情况，并回信说："我很高兴，对你们而言，德国很对胃口。"

③ 荷马李写给艾格妮丝·布赖恩特（Agnes Bryant）的信（1911 年 8 月 18 日），美国斯坦福大学胡佛档案馆藏鲍尔斯文件（Joshua B. Powers Papers），Box 1, "Correspondence of H. Lea and E. Lea"内的文件夹"Bryant, Agnes"。

④ 荷马李夫妇写给友人的信（1911 年 9 月 3 日），美国斯坦福大学胡佛档案馆藏鲍尔斯文件（Joshua B. Powers Papers），Box 1, "Correspondence of H. Lea and E. Lea"内的文件夹"Unidentified"。

"然后去巴黎过冬，其间可能会有几个星期待在伦敦"。①

在此期间，荷马李不忘探寻鲁特的态度。他于 7 月 16 日写信给鲁特询问情况。鲁特在收到荷马李的信后，于 9 月 19 日回复说："就我们在华盛顿谈过的事情，我希望能有一些好消息告诉你，但我发现获取资金以实施你的计划是不现实的。中国现在非常混乱，我认为这种情形毫无疑问与你曾给我描述过的状况是相关的。"②鲁特在这封信中拒绝了给荷马李提供资金。其后，荷马李又写信给鲁特，继续与其保持联系，并提供职务方面的建议以试图拉拢和鲁特的关系。

在德国时，荷马李还试图参加德国的游行和阅兵活动，并为此而进行联络。他写信给美国驻柏林使馆的武随员塞缪尔·沙特尔上尉（Captain Samuel Shartle）。塞缪尔于 8 月 9 日回信。对于荷马李提出的参加美因茨（Mainz）游行的要求，塞缪尔给对方寄去了写有该游行官方介绍的一个卡片，并称因为时间太仓促故而无法从使馆做出相关安排。塞缪尔建议荷马李直接去第 18 军团（XVIII Army Corps）的司令部，找副官要一张乘坐马车游行的准入券。塞缪尔提到当年德国的大游行是 9 月 1 日在柏林举行的警卫队（Guard Corps）游行，并非常乐意邀请荷马李乘坐他的马车参加该游行。而至于德皇的阅兵，塞缪尔非常抱歉地告诉荷马李他无力安

---

① 荷马李写给艾格妮丝·布赖恩特（Agnes Bryant）的信（1911 年 8 月 18 日），美国斯坦福大学胡佛档案馆藏鲍尔斯文件（Joshua B. Powers Papers），Box 1，"Correspondence of H. Lea and E. Lea" 内的文件夹 "Bryant，Agnes"。

② 鲁特写给荷马李的信（1911 年 9 月 19 日），美国斯坦福大学胡佛档案馆藏鲍尔斯文件（Joshua B. Powers Papers），Box 1，"Correspondence of H. Lea and E. Lea" 内的文件夹 "Root，Senator Elihu"。

排荷马李参加这样的活动，但是他可以安排荷马李参加其他的阅兵活动，并请荷马李告知想看哪种类型的阅兵，他可以立即予以安排。①

荷马李在写给加州民兵队贝克中尉（Lieutenant J. O. Baker）的信中提到了他参加阅兵的情况："我参加了 1911 年德国军队大阅兵，是德皇允许我参加的。我被划归到了 18 军团的第 21 师。今年的阅兵由 40 天缩减到了 30 天。在整个帝国之中，我觉得大约有70 万人参加了阅兵。土耳其的皇储（Crown Prince）及其随从也被划归到了 18 军团之中。我那时几乎不敢相信他马上就要兵祸临头了。"②对这次在美因茨（Mainz）参加阅兵的活动，荷马李还在写给艾格妮丝·布赖恩特（Agnes Bryant）的信里提及："上周我们在美因茨观看了德国皇帝检阅大约 2.6 万名士兵，我们非常喜欢这个活动。比利（Billy）的个头很小，但毫无疑问他是一名战士，一大群人从他面前经过并向他致敬。"③

荷马李在德国参加阅兵活动，亲眼见证了德国的军事力量和军事精神，这对于他思考军事战略问题及写作《无知之勇》后的第二本书《撒克逊时代》有所助力。同时，德皇也注意到了荷马李的

① 塞缪尔·沙特尔写给荷马李的信（1911 年 8 月 9 日），美国斯坦福大学胡佛档案馆藏鲍尔斯文件（Joshua B. Powers Papers），Box 1，"Correspondence of H. Lea and E. Lea" 内的文件夹 "Shartle, Capt. Samuel G."。

② "Gen. Homer Lea Sends Regards to Militiamen"，*San Diego Union and Daily Bee*，October 23，1911，p.8.

③ 荷马李写给艾格妮丝·布赖恩特（Agnes Bryant）的信（1911 年 8 月 18 日），美国斯坦福大学胡佛档案馆藏鲍尔斯文件（Joshua B. Powers Papers），Box 1，"Correspondence of H. Lea and E. Lea" 内的文件夹 "Bryant, Agnes"。信中提到的比利就是德国皇帝威廉二世。

《无知之勇》。就在荷马李寻找机会参加阅兵和游行之时，美国报纸上登载了德皇阅读《无知之勇》并极度称赞的消息。[1]

二、伦敦游说

在威斯巴登的治疗期间，荷马李及时与孙中山写信交流情况。接受治疗后不久，荷马李就将有关情况告知孙中山。孙中山获悉荷马李"眼疾大有起色，甚感欣慰"，并于 8 月 10 日回信说："此一最新消息异常重要，使我如释重负。"从孙中山的语气中可以探知荷马李病情严重让孙中山非常担心，而当孙中山获知荷马李的病大有起色之后，其"如释重负"的感受也表明了他心系荷马李的病情，且二人关系密切。孙中山还在这封信中谈到了中国国内革命力量发展情况，提及大量信函催促他尽快返回并发动起义，但孙中山认为"当前未办之唯一急务仍在设法为起义筹集必要的资金"。[2]

其后荷马李眼疾渐渐痊愈，并于 8 月 29 日写信告知了孙中山。孙中山收到信后回复说："得悉你的眼疾渐愈，甚慰。"同时，孙中山还就四川保路运动发表了自己的看法，认为四川的军队毫无准备，无法在国民运动中起首倡作用。此外，孙中山还告知了其在美国的筹款情况："至于如何及何时何地筹得必要的资金，我确难以作出决断。我仅希望越快越好。"孙中山在纽约活动之后，将去欧洲，"看在英国、法国能否有所作为"。[3]

此时，中国国内革命形势急剧发展，终于在 1911 年 10 月

---

[1]　"Kaiser Likes Lea's Book", *New York Times*, August 20, 1911, p.C2.

[2]　《复咸马里函》（1911 年 8 月 10 日），《孙中山全集》，第 1 卷，第 568 页。

[3]　《复咸马里函》（1911 年 9 月 25 日），《孙中山全集》，第 1 卷，第 576 页。

10 日爆发了武昌起义。美国的媒体对起义进行了报道，早在 10 月 10 日晚间，武昌爆发起义的消息就见诸美国报端："（10 月 10 日，中国汉口）这里明显能听到武昌地区传来的枪声。显然士兵们已经造反了。"①"（10 月 10 日，中国汉口）今天下午，从武昌方向传来了许多声枪声。该城市的通信已被切断。多处燃起了大火。显然，因今天早些时候 4 个密谋者被处死了，故而导致士兵倒戈加入革命派。"②这些报纸大都在头版报道了武昌爆发起义的消息。

第二天，美国报刊继续报道相关情况："（10 月 11 日，中国汉口）经过整夜的激战，起义的军队和民众已经占领了湖北的省会武昌。据目前所知，外国人没有遭到逮捕。清政府官员等已经从江上逃跑。"③该报纸在头版对起义军占领武昌的消息做了简要报道后，又在其后的版面上追加了一些内容："（10 月 10 日，北京）今天，这里收到了从湖北传来的惊人消息：整个湖北省彻底处于叛乱之中，清政府的军队加入了革命者的行列。该省省会武昌——一座有着 80 万人口的城市——落入到了革命者手中。总督逃到了汉口，大国的炮舰集中在那里以保护外国人。"④《旧金山呼声报》登载消

---

① "Chinese Soldiers Are Revolting", *Evening Bulletin* （Honolulu），October 10，1911，p.1；"Firing at Wuchang", *The Hawaiian Star* （Honolulu），October 10，1911，p.1. 这两篇报道的内容一字不差。

② "Firing at Wu-chang", *The Evening Star* （Washington, D. C.），October 10，1911，p.1；"Anarchy in China", *The Evening Standard* （Ogden City，Utah），October 10，1911，p.1. 这两篇报道的内容一字不差。

③ "Chinese Revolters Get Wuchang", *Evening Bulletin* （Honolulu），October 11，1911，p.1.

④ "Revolt in China is Getting Worse", *Evening Bulletin* （Honolulu），October 11，1911，p.11.

息称:"(10月10日,中国汉口)今天下午,从武昌方向传来了许多声枪声。该城市的通信已被切断。多处燃起了大火。显然,因今天早些时候4个密谋者被处死了,故而导致士兵倒戈加入革命派。在湖北省会武昌,28名叛乱者被逮捕。其中4人今日在总督衙署门前被砍头。逮捕和砍头之后,在这里的俄租界中,革命派的一个密谋被曝光。一枚炸弹爆炸,经过搜捕,一家制造炸药的工厂和袭击武昌的计划被查获。中国的炮舰正在港口巡防。重庆的消息称,革命运动(该运动是为了反抗清政府与外资共建铁路的计划)的领导人正在起义爆发的区域保护传教士。"①《华盛顿时报》报道:"(10月11日,中国汉口)这里25名美国传教士的命运让人感到极度不安,他们在武昌,而该城市昨天已经落入起义者手中。与该城市的通讯已经被切断,目前所知的情况是自从清政府的军队被赶出来之后,战斗和劫掠一直持续着。武昌与汉口隔江相对,人口有60万,它是中国中部省份湖北的省会……和中国以往大部分的起义不同,当前的活动得到了很好的组织,并由中国某些最进步的人士领导。前些时,武昌的人们将他们的佛像扔进河里,将庙宇变成公立学校。两个城市中都拥有了照明设备、大的缫丝厂和纺织厂。革命的领导人已经宣布不许骚扰外国人,并要保护外国人的财产。尽管如此,外国领事已经发电报求助,而且汉口所有的白人妇女和儿童都躲到了英国轮船上。"②美国报刊报道了武昌起义的情况,提

---

① "Wuchang is Scene of Hard Battle", *The San Francisco Call* (San Francisco), October 11, 1911, p.5.

② "Lives of American Missionaries are Believed in Peril", *The Washington Times* (Washington, D. C.), October 11, 1911, p.1.

到了清政府处死反叛者对于整个事情的激化作用，同时也着重报道了武昌等地外国人的情况，报道了革命派的对外国人不骚扰以及保护其财产的政策。而且，美国报刊在 11 日就报道了革命者掌控武昌的消息，且这种掌控是"毫无争议的"。①

中国国内的革命已经如火如荼地进行了，而美国报刊曾经报道过的要在中国进行革命以推翻清政府的荷马李和孙中山在哪里呢？有媒体觉察到了荷马李和孙中山的缺席，并提出了质疑和讽刺。早在 9 月份就有媒体写道："中国国内的战斗越来越频繁，但没听闻孙中山参与其间。同样的，那个最虔诚的爱国者荷马李将军'在和平时期无法被驳倒，在战争期间却无踪无影'。"②《洛杉矶时报》写道："如今，那个早就说要爆发的革命已经在中国发生了。可是问题来了。洛杉矶的荷马李将军在哪里呢？不是一向认为是他策划了整件事情吗？"③还有媒体写道："孙中山和荷马李将军在战场中的缺席，必定已经被人们强烈地感受到了。"④

此时的孙中山正在科罗拉多州的丹佛市进行活动。他从美国报刊上获得了武昌起义成功的消息之后，"本可由太平洋潜回，则二十余日可到上海，亲与革命之战，以快生平"，但他并没有急着回国，因他认为其"当尽力于革命事业者，不在疆场之上，而在樽俎之间，所得效力为更大也"，故而决定"先从外交方面致力，俟此

---

① "革命者已经毫无争议地攻占了武昌。" "Rebels Take City"，*The Evening Star* (Washington，D. C.)，October 11，1911，p.1；"Rebels Take Wuchang"，*The Hawaiian Star* (Honolulu)，October 11，1911，p.1.
② *The Hawaiian Star* (Honolulu)，September 13，1911，p.4.
③ "Where is Homer Lea"，*Los Angeles Times*，October 16，1911，p.16.
④ *The Hawaiian Star* (Honolulu)，October 16，1911，p.4.

第六章　孙中山的军事顾问 / 323

问题解决而后回国"。对于当时中国面临的外交形势，孙中山做了一番分析："按当时各国情形，美国政府对于中国则取门户开放、机会均等、领土保全，而对于革命则尚无成见，而美国舆论则大表同情于我。法国则政府、民间之对于革命皆有好意。英国则民间多表同情，而政府之对中国政策则惟日本之马首是瞻。德、俄两国当时之趋势则多倾向于清政府；而吾党之与彼政府民间皆向少交际，故其政策无法转移。惟日本则与中国最密切，而其民间志士不独表同情于我，且尚有舍身出力以助革命者。推其政府之方针实在不可测，按之往事，彼曾一次逐予出境，一次拒我之登陆，则其对于中国之革命事业可知；但以庚子条约之后，彼一国不能在中国单独自由行动。要而言之，列强之与中国最有关系者有六焉：美、法二国则当表同情革命者也；德、俄二国则当反对革命者也；日本则民间表同情，而其政府反对者也；英国则民间同情，而其政府未定者也。是故吾之外交关键，可以举足轻重为我成败存亡所系者，厥为英国；倘英国右我，则日本不能为患矣。"①孙中山从民间、政府态度两个方面对当时主要的 6 个国家逐一进行了分析，抓住 6 国中的关键一个，那就是英国，并认为如果英国政府能站在革命党一边，那么日本也不能左右事情的发展趋向。孙中山在逐一分析 6 个国家时，是以美、法、英、德、俄、日的顺序展开的，而在总结时，则按照同情、反对、未定这 3 种态度分别予以论述。

　　孙中山在分析了当时的形势并做出了自己的判断之后，便给荷马李发电报，让其立即到伦敦去进行游说活动。孙中山认为英国政

---

① 《建国方略》(1917 至 1919 年)，《孙中山全集》，第 6 卷，第 249 页。

府的态度对于革命活动十分重要。早在广州起义前，他曾写信给荷马李，指出起事前应"争取英国政府的充分谅解"，此点"至关重要"，而且邀约荷马李与其一同到伦敦进行活动。后因筹款 5 万元未成，故而孙中山亲自去伦敦同荷马李一起活动的计划无果而终。[1]此次武昌起义后，荷马李收到孙中山电报，于 10 月 18 日告别了埃塞尔，匆匆地由威斯巴登赶往伦敦。埃塞尔虽然不愿被单独留下，但认为若不跟着荷马李，就能让他不用为她分心。[2]

荷马李 19 日（周四）到达伦敦。他计划利用自己的人际关系网，以为很快便能完成使命。他打算先拜访贝思福爵士（Lord Charles Beresford）[3]，然后再拜访首相阿斯奎思（Prime Minister Herbert Asquith）以及外相格雷（Foreign Secretary Sir Edward Grey）。然而荷马李联系不到贝思福爵士，而罗伯茨爵士约荷马李在 10 月 23 日（周一）上午见面。荷马李整天待在旅馆之中，哪里也不能去，因为他担心会错过来访者。而他的头疼毛病从出发的那

---

① 《致咸马里函》（1910 年 9 月 5 日），《孙中山全集》，第 1 卷，第 514 页。

② 埃塞尔写给艾格妮丝·布赖恩特（Agnes Bryant）的信（1911 年 10 月 23 日），美国斯坦福大学胡佛档案馆藏鲍尔斯文件（Joshua B. Powers Papers），Box 1，"Correspondence of H. Lea and E. Lea" 内的文件夹 "Bryant, Agnes"。

③ 查尔斯·贝思福，1846 年生于爱尔兰，1859 年加入英国海军。1898 年应大英商会联合会（the Associated Chambers of Commerce）的邀请访问中国，其间考察了袁世凯的练兵情况。回国后写了一本名为《中国的分裂》（*The Break-up of China*, London and New York: Harper & Brothers, 1899）的书，对中国的现状尤其是军队的情况进行了论述，主张中国应进行彻底的陆军改革。1906 年升任海军上将，曾指挥海峡舰队，后因不同意重组海军而被调回陆地，于 1911 年退休。1874—1916 年曾在国会担任数个职务，晚年以"海军的国会议员"闻名。1919 年逝世。参见《大美百科全书》，台北：光复书局企业股份有限公司，1980 年，第 368 页；茅海建：《从甲午到戊戌 康有为〈我史〉鉴注》，北京：生活·读书·新知三联书店，2009 年，第 837 页。

天便复发，到伦敦的当天仍在持续，导致荷马李无法进食，直至当晚头疼才消失。再加上从到达那天起，伦敦连续阴雨天气让荷马李心情沮丧。除了周五晚上 87 岁的辛克莱爵士（Sir John George Tollemache Sinclair）①请荷马李吃晚饭并到一个音乐厅里待到午夜之外，荷马李度过了一个漫长的周末。他从未感到如此孤独，急切地希望埃塞尔能过来陪伴他。②而埃塞尔在威斯巴登也因天气原因滞留家中，无人说话，整天昏昏沉沉。③

　　周一上午，罗伯茨爵士来访，与荷马李一直谈到了中午 12 点以后。谈话的内容围绕荷马李的新书《撒克逊时代》（ *The Day of the Saxon* ）以及中国的形势两个主题。在二人见面之前，荷马李已经把新书的部分章节给了罗伯茨爵士审阅。在会谈中，罗伯茨爵士说，荷马李的新书比《无知之勇》还要好。而对于另一个主题，罗伯茨爵士建议荷马李再多待一些时日，才能有充足的时间去进行筹款等活动。④荷马李是因《无知之勇》得到了罗伯茨爵士的赏识，

① 辛克莱爵士曾担任苏格兰卫队中尉、国会议员，他因《无知之勇》而非常欣赏荷马李，并介绍荷马李成为英帝国海军协会（Imperial Maritime League）的荣誉会员。参见怀亚特（Harold F. Wyatt）写给荷马李的信（1911 年 10 月 4 日），美国斯坦福大学胡佛档案馆藏鲍尔斯文件（Joshua B. Powers Papers），Box 1，"Correspondence of H. Lea and E. Lea" 内的文件夹 "Imperial Maritime League"。

② 弗雷德里克·查宾（Frederic Chapin）：《荷马李传记》，未发表，第 276 页，原件见美国斯坦福大学胡佛档案馆藏鲍尔斯文件（Joshua B. Powers Papers），Box 4，"Subject File" 内的文件夹 "Homer Lea：Biographies"。

③ 埃塞尔写给艾格妮丝·布赖恩特（Agnes Bryant）的信（1911 年 10 月 23 日），美国斯坦福大学胡佛档案馆藏鲍尔斯文件（Joshua B. Powers Papers），Box 1，"Correspondence of H. Lea and E. Lea" 内的文件夹 "Bryant，Agnes"。

④ 弗雷德里克·查宾（Frederic Chapin）：《荷马李传记》，未发表，第 277 页，原件见美国斯坦福大学胡佛档案馆藏鲍尔斯文件（Joshua B. Powers Papers），Box 4，"Subject File" 内的文件夹 "Homer Lea：Biographies"。

并与其建立了联系。这次会面，在谈论新书写作计划的同时，荷马李也借机试图游说爵士帮助中国的革命。尽管罗伯茨爵士的建议比较中肯，但同时也表明筹款并非荷马李所预想的那么简单。

其后，荷马李同哈珀兄弟出版社伦敦分社于 1911 年 10 月 25 日签订了《撒克逊时代》的出版合同①，并预支了一部分版税，同时给埃塞尔寄去一笔钱，让她向莫伊雷尔医生（Dr. Meurer）解释。埃塞尔买了荷马李的必备药，学习了必要的治疗术后，于 10 月 28 日到达伦敦。②埃塞尔一到伦敦便见到了罗伯茨爵士，并认为"他是非常简单且和蔼的人——所有伟人都是这个样子"。③埃塞尔的感觉从一个侧面反映了当时荷马李与罗伯茨相处时的氛围。

荷马李继续为革命进行筹款及游说等活动，但仍旧没有结果。此时，中国国内的革命形势急速发展，《泰晤士报》报道了黎元洪（Li Yüan-hung）通知汉口的使领馆，称自己为中华共和国（Chinese Republic）的总统。这一消息对荷马李等人的活动有巨大的影响。如果黎元洪成为新政府的首脑，那么孙中山和荷马李就无法获得英国等国的支持，而荷马李之前所有的努力都可能化为泡影。为此，荷马李向孙中山发电报询问情况。10 月 31 日，荷马李

① 该出版合同见美国斯坦福大学胡佛档案馆藏鲍尔斯文件（Joshua B. Powers Papers），Box 2，"Collected Writings of H. Lea"内的文件夹"The Day of the Saxon, Publishing Agreement"。
② 弗雷德里克·查宾（Frederic Chapin）：《荷马李传记》，未发表，第 277 页，原件见美国斯坦福大学胡佛档案馆藏鲍尔斯文件（Joshua B. Powers Papers），Box 4，"Subject File"内的文件夹"Homer Lea：Biographies"。
③ 埃塞尔写给艾格妮丝·布赖恩特（Agnes Bryant）的信（1911 年 11 月 16 日），美国斯坦福大学胡佛档案馆藏鲍尔斯文件（Joshua B. Powers Papers），Box 1，"Correspondence of H. Lea and E. Lea"内的文件夹"Bryant, Agnes"。

收到孙中山的电报。该电报分析了国内革命的进展，认为黎元洪无法控制局面，而各地都希望孙中山领导，如果孙中山能获得财力支持，绝对能控制局势。电报最后说："在我们到达之前，不可能组成强有力的政府，因此贷款是必需的。"①孙中山对同荷马李一起回中国组成强有力政府怀有信心。紧接着第二天，孙中山又给荷马李发了一封电报，称黄兴已安全抵达汉口，"形势大有改善"，计划11月2日乘船去英国。②

荷马李收到孙中山的电报后，积极地展开活动。他把电报给罗伯茨爵士看，并通过罗伯茨爵士联系外相和首相。罗伯茨爵士尝试联络外相爱德华·格雷爵士（Sir Edward Grey），然而外相回信说因公务繁忙而无法会见荷马李。罗伯茨爵士没有再给首相阿斯奎思（Asquith）写信，因为他预料到对方的答案应该是类似的。罗伯茨爵士邀约荷马李和孙中山于12日下午到他家里一聚，而且荷马李夫人如果愿意也可以来。③埃塞尔虽然很感兴趣，但是决定不去，因为她想让"孙和荷马李完全自如地去谈事情"，而不用为她分心。④

此时，荷马李还尝试给美国参议员鲁特写信，以试图获得支

---

① 《致咸马里电》（1911年10月31日），《孙中山全集》，第1卷，第581页。
② 《致咸马里电》（1911年11月1日），《孙中山全集》，第1卷，第583页。
③ 罗伯茨爵士写给荷马李的信（1911年11月8日），美国斯坦福大学胡佛档案馆藏鲍尔斯文件（Joshua B. Powers Papers），Box 1，"Correspondence of H. Lea and E. Lea"内的文件夹"Roberts, Field Marshal Lord Earl"。
④ 埃塞尔写给艾格妮丝·布赖恩特（Agnes Bryant）的信（1911年11月16日），美国斯坦福大学胡佛档案馆藏鲍尔斯文件（Joshua B. Powers Papers），Box 1，"Correspondence of H. Lea and E. Lea"内的文件夹"Bryant, Agnes"。

持。荷马李首先述及在威斯巴登收到鲁特说无法获取贷款的那封信时的心情，并指出，鲁特在信中表露的善意已经说明鲁特意识到荷马李知道该消息后会非常失望。荷马李说，在收到该信两星期后发生的事情（即武昌首义），正如在华盛顿曾跟鲁特说过的那样，是"必定会发生的"，"我们已经无法再压制起义的爆发了"。荷马李提及在华盛顿时曾说到过的筹款的目的，并说，如果有了这笔钱，就能将各种力量整合起来，"在不流血的情况下就已经完成了这场革命"。荷马李继续说："现今，革命已经进入了第二阶段，而且更为关键。正如我在六个月之前曾告诉过你的那样，将力量整合起来行动，对于在中国以不流血的方式建立一个新政府而言是至关重要的，如今，整合力量同样至关重要，它不仅可以减少未来流血冲突的数量，而且可以防止整个中国分裂而陷入一种混乱的状态。只有立即组建一个强大的高度集权的政府，将我们分散在各地的军事力量集中起来，上述的事情才能得以实现。而这需要资金。"在论述了资金的用途之后，荷马李继续描述了当前及未来的形势："正是因为缺乏资金，孙医生和我并没有立即去汉口组建该政府。我们越早获得资金，中国的秩序就能越早恢复。从中国获取资金是不可能的，清政府自身已经破产了。如果在我们去汉口之前无法获得该资金，那就意味着战事的无限期延长，这种状况不仅会对中国而且会对英美造成许多危害。美国政府派出一支远征军的花费将是我期望的金额的许多倍，而贸易方面的最终损失将会是该金额的数百倍。"在分析完利弊之后，荷马李请求鲁特的帮助。荷马李称目前英国有很多伟大而有权势的人与他的看法是一样的，而且在尽可能地帮助荷马李，但是英国政府却惟日本马首是瞻。荷马李说："你非常清楚，对我们国家而言，这种状况非常危险。我现在非常确信，如果我们的政府给这里发一个秘密照会，将会改变天平，而我就可以通过一个秘密协议而获得资金。这样，我就能在东方促成盎格鲁—撒克逊种族的战略联合。"荷马李请求鲁特立即向总统和国务卿诺克斯（Mr. Knox）汇报相关情况，并请求鲁特让政府派一支炮舰到香港护送荷马李去汉口。荷马李预计这封信鲁特会于8号收到，并请求对方尽快给他发电报，而且如果总统和国务卿需要更多信息，荷马李可以通过伦敦的使馆传递。①荷马李在这封信中分析了中国的形势，指出如果孙中山能获得资金，便可以遏制混乱局势的发展，成立一个统一的中央政府，而这对英美两国都是有利的，否则相对于这笔资金而言，美国将耗费或损失的金钱会是许多乃至上百倍。荷马李还提议美国政府给英国发一秘密照会，以促成荷马李在英国获取资金，以及提议美国政府派一艘炮舰护送，但最终这些提议都没有收到对方的积极回应。后来荷马李还建议鲁特给中国的革命领袖担任顾问。鲁特回复说，他虽然赞同中国人享有建立自治政府的权利，而且对荷马李的建议深表谢意，但由于他是参议员，同时还是外交委员会的成员，会就外交事务给总统提供建议，因此无法同时担任任何其他政府或政治实体的顾问。②

---

① 荷马李写给鲁特的信（无日期），美国斯坦福大学胡佛档案馆藏鲍尔斯文件（Joshua B. Powers Papers），Box 1，"Correspondence of H. Lea and E. Lea"内的文件夹"Root, Senator Elihu"。此信件无日期，据信中内容推测此信写于1911年11月2日。

② 鲁特写给荷马李的信（1911年12月19日），美国斯坦福大学胡佛档案馆藏鲍尔斯文件（Joshua B. Powers Papers），Box 1，"Correspondence of H. Lea and E. Lea"内的文件夹"Root, Senator Elihu"。

11 月 11 日，孙中山抵达英国伦敦，入住荷马李夫妇所在的萨
福伊饭店（Savoy Hotel）。①荷马李陪同孙中山与罗伯茨爵士会谈，
同时"代约四国银行团主任会谈，磋商停止清廷借款之事"②。因
与银行团主任的会谈中，对方提到他们"惟外务大臣之命是听"③，
而通过罗伯茨爵士无法与英国外相等建立联系，于是荷马李、孙中
山等人尝试通过特雷弗·道森（Sir Trevor Dawson）与英国政府进
行联系。

道森生于 1866 年，曾加入英国皇家海军（Royal Naval），并成
为非常有经验的军官。1896 年他离开海军进入了制造武器的威格
士公司（Vickers），于 1906 年成为总经理。道森认为孙中山将成为
中国未来的总统，希望他能订购若干武器和军火，故而愿意受其委
托与英国政界联络。④

11 月 14 日，道森会见英国外相格雷，并呈递孙中山与荷马李
在 11 月 13 日签署的联合声明："孙中山的革命党希望与大英帝国
以及美利坚合众国结成一个盎格鲁—撒克逊联盟。他们正通过参议
员鲁特和诺克斯与美国进行密切联系。荷马李将军为总参谋长
（Chief of the Staff），只对孙中山负责。中国现有 21 个受过训练的
师团，其中 12 个处于孙中山的掌控之下，3 个是敌对的，6 个是中
立的。有 3 至 4 万受过最高教育的中国学生发誓为孙中山效力，几

① "（孙中山）抵伦敦后住佛里街萨福伊旅馆。"见桑兵主编：《孙中山史事编年》，
  第 2 卷，第 934 页。
②③ 《建国方略》（1917 至 1919 年），《孙中山全集》，第 6 卷，第 250 页。
④ 参见桑兵主编：《孙中山史事编年》，第 2 卷，第 938 页；吴相湘编撰：《孙逸仙
  先生传》，台北：远东图书公司，1982 年，下册，第 983 页。

个秘密会党（其人数总计约 3 500 万）也宣誓为革命党效力，并推举孙中山为总统。孙中山期望获得英国政府的友谊与支持，愿意听从英国政府的建议，并为此愿意接受一名英国官员担任参谋。他同意，一旦他的政党当权而他成为总统——他认为如今这一点已成定局——他届时将与英美政府签订条约，给予两国优于所有其他国家的待遇。此外他会把新中国的海军置于听命于他的英国军官的指挥之下。中国会听从英国政府的建议，与日本达成任何协议。"①道森还向格雷出示了一则孙中山的声明，称希望英国政府能同意贷款一百万镑，并称可向华盛顿方面调查，便能确知孙中山与美国参议员鲁特及诺克斯的关系如何。此外，道森还出示了几封孙中山从中国收到的电报副本，以向格雷表明国内希望孙中山回国担任领导人，以及国内革命缺款的状况。②对于道森等人提出的请求，格雷表示，

---

① 荷马李与孙中山签署的联合声明（1911 年 11 月 13 日），美国斯坦福大学胡佛档案馆藏鲍尔斯文件（Joshua B. Powers Papers），Box 4，"Subject File"内的文件夹"Sun Yat-sen"。另见《道森先生交麦肯纳君之短笺》，章开沅、罗福惠、严昌洪主编：《辛亥革命史资料新编》，武汉：湖北长江出版集团、湖北人民出版社，2006 年，第 8 卷，第 103 页。

② 第一份电报的内容是："广东省已成立一个地方临时政府。一切事情进行顺利，我们相信此新成立之地方临时政府会有充分能力，应付任何紧急事变，只等待阁下立即回国以成立统一之民国。"署名是"广东省商务总会"。第二份电报的内容是："谨向阁下报告：广东省已一致声明脱离满清王朝而独立。我们已成立地方临时政府，但亟待阁下回国，联合其他省份，组成民国政府。阁下亦受托全权，于留欧期间，与欧洲各国洽商协议。敬盼赐复。"署名是"广东临时政府都督胡汉民"。第三份电报的内容是："黄兴（接替黎元洪为汉口革命军领导）已电报通知阁下有关本党在苏州、杭州和上海的捷报。他目前正致力于迅速收取江南，但急需财务支持，以加募两师新兵。请立即汇款给他。"署名是"旧金山国民局"。《孙中山收到之电报》，章开沅、罗福惠、严昌洪主编：《辛亥革命史资料新编》，第 8 卷，第 103—104 页。

他"不可能插手中国革命事业，且亦不信诺克斯参议员正如此为之"。同时，格雷表示，目前也不宜贷款给中国政府，"迄未资助任何一方，因为支持任何一方，皆可能导致另一方的中国人产生排外暴动，而此乃中国革命至目前幸能自由的原因"。格雷希望中国最终能建立一个使该国强大起来的政府，能维持通商门户开放，但并不在乎该政府由何人组成。他进一步指出袁世凯是其敬重的"反革命的好官"，并认为"在满清政府未将他解职前，中国在他领导下是有进步的"。当道森问及能否将格雷的这些看法告诉孙中山时，格雷并不反对，但不希望让人误认为此次接见道森是专为了解孙中山的事情。①

　　荷马李本想通过罗伯茨爵士联络外相格雷，最后通过道森完成了联络，向外相表明了革命党的意图和目的，并打探了他的态度。从道森呈递的那份联合声明，可以看到"长堤计划"思路的延续，即先表明孙中山掌控的革命力量，以其为基础向外方筹款，并阐明资助者可以获得的回报。只是这次筹款的对象由美国的资本家变为英国的政府。最终道森提出的贷款请求被格雷拒绝了，但道森还提出"撤销孙中山到香港的命令"。对此，格雷要求道森必须书面提出请求。故而道森于 11 月 15 日致信格雷："遵照阁下的善意提醒，谨随信附上申请书，请求惠赐孙中山先生访问香港之权利。他即将成为中华共和国（Chinese United States）的总统，若他对英国政府产生不满，将对英国不利。我认为，可以将此禁令以十分隐秘的方

---

① 《格雷爵士致朱尔典爵士函》，章开沅、罗福惠、严昌洪主编：《辛亥革命史资料新编》，第 8 卷，第 102—103 页。

式撤销，他将会非常感谢，因为我认为这实际上牵涉的仅仅是他个人的感情问题。"①申请书写道："阁下：昨晚有幸就孙中山事，与阁下会谈，本人现遵照指示，代表孙中山先生，正式请求撤销1896年香港总督所批准之禁令，该禁令规定五年内孙先生不准返港居住。孙先生已告诉本人，他不会在香港长久居住，但短期停留对他是方便的。他尤其盼望能就中国问题，与英国政府之意见取得一致；他被禁止返港，实感难过。"②为此，格雷爵士给英国驻华公使朱尔典发电报："准其入港，你有何异议？局势已大为改变，目前排斥他似乎不仁，且可能亦属不智。禁令不必公开撤销，只要当他抵港时，莫将其逐出，即可。你当与路夏德君洽商此事。若无异议，我即告知孙中山，他将于一两日内动身回中国。"③11月20日，道森再次写信给格雷，询问是否允许孙中山返港："本月15日我曾致函阁下，请求准许孙中山先生返港，今日又受孙先生之托，函告阁下，他将于本月24日自马赛搭乘'马尔瓦号'邮轮离欧，若能获知他是否已得准赴港，则不胜感激。他祈求阁下通知槟榔屿、新加坡及海峡殖民地各处，准其入境。他虽知槟榔屿及新加坡并无禁

---

① 道森写给格雷的信（1911年11月15日），美国斯坦福大学胡佛档案馆藏鲍尔斯文件（Joshua B. Powers Papers），Box 4，"Subject File"内的文件夹"Sun Yat-sen"。另见《道森爵士致格雷爵士函》（1911年11月15日），章开沅、罗福惠、严昌洪主编：《辛亥革命史资料新编》，第8卷，第105页。

② 《道森致格雷爵士请求撤销孙中山返港禁令的申请书》，章开沅、罗福惠、严昌洪主编：《辛亥革命史资料新编》，第8卷，第105页；道森写给格雷请求撤销孙中山返港禁令的申请书（1911年11月15日），美国斯坦福大学胡佛档案馆藏鲍尔斯文件（Joshua B. Powers Papers），Box 4，"Subject File"内的文件夹"Sun Yat-sen"。

③ 《格雷爵士致朱尔典爵士电》（1911年11月17日），章开沅、罗福惠、严昌洪主编：《辛亥革命史资料新编》，第8卷，第104页。

令限制其赴该地,但仍恐某些官员可能给他麻烦。他实不愿于抵达各地时遇到这种不愉快的排斥。"①鉴于格雷的态度,朱尔典回复:"本人与香港总督皆认为,鉴于局势变化,我们无法阻止孙中山过境香港,但必须警告他不可停留香港从事革命活动,他若协助革命运动,只宜回到中国本土才是。本人有理由相信,革命党视孙中山为懦夫,而不急盼其回国。"②其后,英国外交部致信英国殖民部,将格雷爵士"有意准许孙中山过境香港"告知了对方。③

道森拜会格雷,并将相关文件呈递,虽没有达成贷款的意愿,但给格雷造成了一定的印象,让其对孙中山在中国革命中的地位产生了一定的认识,并因此准许孙中山过境香港。虽朱尔典认为孙中山在革命中并没有如此高的地位,而且革命党也不急切盼望其回国,④但最终格雷没有改变其准许孙中山过境香港的态度。

孙中山事后回忆称:道森拜会格雷,"向英政府要求三事:一、止绝清廷一切借款;二、制止日本援助清廷;三、取消各处英属政

---

① 《道森爵士致格雷爵士函》(1911 年 11 月 20 日),章开沅、罗福惠、严昌洪主编:《辛亥革命史资料新编》,第 8 卷,第 107 页。

② 《朱尔典爵士致格雷爵士电》(1911 年 11 月 20 日),章开沅、罗福惠、严昌洪主编:《辛亥革命史资料新编》,第 8 卷,第 106 页。朱尔典在这封电报中表明了自己对孙中山的态度,认为孙中山在革命运动中的地位并没有那么重要。

③ 《英外交部致英殖民部函》(1911 年 11 月 22 日),章开沅、罗福惠、严昌洪主编:《辛亥革命史资料新编》,第 8 卷,第 106 页。

④ 吴相湘认为:"英国驻北京公使朱尔典当时信任孙先生是革命的原动力,他具有丰富学识作为一领袖。朱尔典自报纸知悉孙先生名列于未来民国大总统的候选人单,认为可以竞选。"吴相湘笔下朱尔典对孙中山的态度,与上述电报中朱尔典对孙中山的态度有些矛盾。吴相湘:《孙逸仙先生传》,台北:远东图书公司,1982 年,下册,第 983 页。

府之放逐令，以便予取道回国"，"三事皆得英政府允许"。①在获知外相意向之后，孙中山与银行团再行商谈革命政府借款事情，对方称："我政府既允君之请而停止吾人借款清廷，则此后银行团借款与中国，只有与新政府交涉耳。然必君回中国成立正式政府之后乃能开议也。本团今拟派某行长与君同行归国，如正式政府成立之日，就近与之磋商可也。"②实际上，英政府早已决定停止给清政府贷款，以待形势稳定之后再行决断，与道森的拜会以及孙中山的请求并无关系。③而孙中山向四国银行团贷款的请求也没有得到允准。

荷马李在整个借款活动中非常繁忙，埃塞尔因而抱怨说："荷马李整日忙于五百万的借款，我几乎见不到他的人。我希望他能成功，而孙先生非常令人感激地递给我了一份午餐。"埃塞尔说荷马李工作"非常努力"，而"他的工作可能才刚刚开始"。④埃塞尔的言论从侧面反映了荷马李的忙碌程度，他得到了孙中山的信任，而"工作可能才刚刚开始"则说得比较隐晦，是埃塞尔对荷马李与孙中山以后合作关系的一种推测。

除了进行贷款方面的活动外，荷马李此时还就军事方面的问题与一些人士进行联络。曼德上校（Colonel F. N. Mande）就是其中之一，他是一位非常著名的有关英国军事题材的作家。荷马李此时正在编辑一本训练手册，以备训练新成立的中国政府的军队。为

---

① ②　《建国方略》（1917 至 1919 年），《孙中山全集》，第 6 卷，第 250 页。
③　（美）韦慕庭：《孙中山：壮志未酬的爱国者》，杨慎之译，北京：新星出版社，2006 年，第 84 页。
④　埃塞尔写给艾格妮丝·布赖恩特（Agnes Bryant）的信（1911 年 11 月 16 日），美国斯坦福大学胡佛档案馆藏鲍尔斯文件（Joshua B. Powers Papers），Box 1，"Correspondence of H. Lea and E. Lea"内的文件夹"Bryant, Agnes"。

此，他征询曼德上校的意见。曼德上校给荷马李提出了一些诚恳的建议，并为荷马李拟了一个提纲。此外，荷马李考虑到可能会领导革命党的军队与清政府的军队作战，故而向曼德上校询问什么是最合适的战术。曼德上校建议使用拿破仑方阵（Napoleonic square），因为敌方的军官大都是由德国人训练的，而德国人对上述阵形并不熟悉。荷马李还试图在英国组建一个类似美国干城学校那样的组织，等时机一到，曼德上校就可以征召人士进行组建，并最终将这些人送到中国成为荷马李军队的军官。对此，曼德上校希望荷马李能考虑到雇佣秘书、打字员等所需要的相关费用问题。[1]没有资料表明荷马李在英国建立干城学校的设想是否得以实现，但可以推测的是，这种想法极有可能无果而终。

荷马李还与斯坦霍普爵士（Lord Stanhope）[2] 联系，并试图让他随同自己一起去中国工作。对于这个提议，斯坦霍普爵士"在感到吃惊的同时非常动心"，然而他认为自己应该留在英国，他说："因为我不会说中文，而且对中国人几乎不了解，故而我对你的用处应该很小。而未来几年这里（英国）会发生什么，只有天知道。"

---

① 曼德上校写给荷马李的信（1911 年 11 月 19 日），该信之后附有一份《训练手册》的大纲，参见美国斯坦福大学胡佛档案馆藏鲍尔斯文件（Joshua B. Powers Papers），Box 1，"Correspondence of H. Lea and E. Lea"内的文件夹"Mande, Colonel F. N."。

② 斯坦霍普爵士（Lord Stanhope），即詹姆斯·理查德·斯坦霍普（James Richard Stanhope），第七世斯坦霍普伯爵（1880 年 11 月 11 日—1967 年 8 月 15 日）。1905 年 4 月，其父亲去世后，由其承袭爵位，并进入上议院，于 1909 年 11 月首次发表演讲。曾先后担任主管战争的副国务卿（1931—1934）、主管外交的副国务卿（1934—1936）、海军大臣（1938—1939）、枢密院议长（1939—1940）等职，荣获军事十字勋章、杰出服务勋章等。

斯坦霍普爵士希望荷马李去中国之前能有机会再见一次面，但他也认为："在你异常繁忙的时候，我还提议再会谈一次，这是非常自私的行为。"如果在荷马李去中国之前没机会再见，斯坦霍普爵士预祝荷马李和孙医生"在那项伟大事业中获得成功"，"并将中国提升至世界民族之林中的那个重要位置"，他说："从这个国家的历史、国家的大小以及人民所具有的高贵品质来说，它理所应当地占据该位置。"①斯坦霍普爵士从与荷马李的会谈中被对方有关英国的地位及面临的威胁等观点所折服，并同情荷马李和孙中山正在从事的事业。他说："能用我微弱的力量去支持你，为此我感到自豪。我是这个信条的忠实信徒，即如果你想要和平，那么你必须时刻准备好战斗。如果你和孙医生希望从上议院的提案中了解英国对华政策，我将尽力获取这样的信息。"②后来因斯坦霍普爵士 11 月 20 日有事要离开，故而他与荷马李未能会面。荷马李到中国后不久即给斯坦霍普爵士写信③，而且在荷马李去世之后，斯坦霍普爵士还与荷马李夫人保持联系。从这样的往来中可以看出荷马李与斯坦霍普爵士的关系是真诚的。

在伦敦的时候，荷马李还订购了一些衣物：为埃塞尔购买了一

---

① 斯坦霍普爵士写给荷马李的信（1911 年 11 月 17 日），美国斯坦福大学胡佛档案馆藏鲍尔斯文件（Joshua B. Powers Papers），Box 1，"Correspondence of H. Lea and E. Lea"内的文件夹"Stanhope, Lord"。

② 斯坦霍普爵士写给荷马李的信（1911 年 11 月 19 日），美国斯坦福大学胡佛档案馆藏鲍尔斯文件（Joshua B. Powers Papers），Box 1，"Correspondence of H. Lea and E. Lea"内的文件夹"Stanhope, Lord"。

③ 斯坦霍普爵士写给荷马李夫人的信（1913 年 2 月 12 日），美国斯坦福大学胡佛档案馆藏鲍尔斯文件（Joshua B. Powers Papers），Box 1，"Correspondence of H. Lea and E. Lea"内的文件夹"Stanhope, Lord"。

件皮毛大衣，为自己订购了一些军装。在 35 岁生日的前一天，荷马李收到了军装。这件衣服"穿起来非常好看"，而且埃塞尔说："孙医生要让荷马李担任总参谋长（Chief of Staff），他为此而欣喜若狂。"①此时的媒体上也有关于荷马李担任中国新政府的总顾问的相关消息。②

　　等到伦敦的事务告一段落之后，荷马李夫妇随孙中山一起去巴黎。③孙中山在巴黎处理了各种事务后，一行人在马赛（Marseilles）乘坐轮船去往中国。④

---

① 埃塞尔写给艾格妮丝·布赖恩特（Agnes Bryant）的信（1911 年 11 月 16 日），美国斯坦福大学胡佛档案馆藏鲍尔斯文件（Joshua B. Powers Papers），Box 1，"Correspondence of H. Lea and E. Lea"内的文件夹"Bryant, Agnes"。

② "中国革命委员会召唤孙逸仙医生回国。他即将到达上海，担任指挥。其目标是在美国人荷马李将军的指导下组建一个军政府。""Fighting At Nanking", *The Washington Post*, November 18, 1911, p.1. 内容完全相同的报道还出现在了《纽约时报》上（《纽约时报》的报道比《华盛顿邮报》的短）。参见 "Says Rebels Have Called Sun Yat Sen", *New York Times*, November 18, 1911, p.3. 需要特别指出的是，此时美国的报章基本都强调了荷马李在中国新政府中的作用，有些报章甚至还以"美国人将统治中国"为题。例如 "American Will Rule Over China", *The Newport Plain Talk*, November 23, 1911, p.6。

③ 美国媒体报道孙中山等人 20 日离开伦敦："（伦敦，11 月 20 日）孙中山行踪隐秘地在伦敦待了 10 天之后，今日在荷马李将军的陪同下到大陆去了。荷马李是美国的军人和作家，担任中国革命委员会的军事总顾问。孙中山与许多商业人士进行了会晤。他和荷马李将军其后将去中国。""Homer Lea On His Way", *Los Angeles Times*, November 21, 1911, p.11.《孙中山史事编年》中记载孙中山 11 月 21 日抵达巴黎。参见桑兵主编：《孙中山史事编年》，第 2 卷，第 949 页。

④ 媒体报道孙中山等人 24 日离开巴黎："（巴黎，11 月 24 日）中国革命的领袖孙中山在美国人荷马李将军的陪同下，在巴黎待了 4 天，行踪极其隐秘，今日在马赛乘坐马尔塔号（Marta）邮轮去往上海，在那里与共和派领导人们会商之后，他将组建中华民国临时政府。""Sun Yat Sen's Plans For China Republic", *New York Times*, November 25, 1911, p.5. 相同的内容出现在《华盛顿邮报》上，参见 "Sun's Plans For Republican", *The Washington Post*, November （转下页）

第二节 陪同孙中山回中国

国内的革命形势急速发展，孙中山和荷马李等人在海外进行一系列活动之后，踏上了回中国的旅程。

一、沿途的作为

在轮船上，孙中山继续用电报的方式与外界进行联系。而荷马李预计到达中国后会十分繁忙，故而此时抓紧时间进行《撒克逊时代》的写作。对此，埃塞尔写道："我们非常急迫地想在到达中国之前把这本书写完，罗伯茨爵士对于已经完成的部分非常满意，这一点毫无疑问，孙也很高兴。"然而由于身体的原因，荷马李此时的写作必须依赖埃塞尔，"他现在没法长时间用眼，故而他只能用口述的方式完成该书的最后部分。"①《撒克逊时代》是荷马李计划写作三部曲中的第二部，他在《无知之勇》中展现的军事战略思想在这一本书中得以进一步发展，而其军事战略家的身份通过这本书更加得以展现。他的这些军事战略思想体现在了他帮助中国强大的

（接上页）26，1911，p.E4。《孙中山史事编年》中记载孙中山 11 月 24 日由马赛乘船回中国。桑兵主编：《孙中山史事编年》，第 2 卷，第 955 页。而 Eugene Anschel 则认为孙中山等人是 25 日乘坐轮船回国的，其根据的材料也是《纽约时报》11 月 25 日的报道。笔者认为他可能将见报的时间（25 日）误认为是孙中山等人的出发时间。参见 Eugene Anschel, *Homer Lea*，*Sun Yat-Sen and the Chinese Revolution*，p.164。

① 埃塞尔写给艾格妮丝·布赖恩特（Agnes Bryant）的信（1911 年 11 月 26 日），美国斯坦福大学胡佛档案馆藏鲍尔斯文件（Joshua B. Powers Papers），Box 1，"Correspondence of H. Lea and E. Lea"内的文件夹"Bryant, Agnes"。

行动中，且他在其后接受记者采访时也多次予以阐述。

12 月 14 日，孙中山一行人到达马来西亚槟榔屿（Penang），受到了热烈欢迎以及警察的严密保护。美国媒体报道了该消息，有些报章在报道时甚至冠以《美国将军将统帅中国人》①、《美国人统帅中国军队》②等题目。孙中山此时谢绝媒体访问，保留他对中国当前局势的判断，且不愿就特定政策进行表态。③荷马李接受媒体的访问，表明了他对远东局势的看法及他希望中国强大的原因。他分析了"一个衰弱的中国对英国的危险"，指出"当日本成为强国时，东方的政治均势就会被破坏"，为了应对这个危机，"就得击败日本或者使中国强盛统一"；与此同时，"当中国成为一军力强大的国家时，就可阻遏俄罗斯的扩张"，"中国民族如被俄国人利用，可以说就是意味着英国力量在太平洋的毁灭以及印度的被征服"。荷马李还认为中国的强大"对于企望与中国自由贸易及中国门户开放的美国人也具有同样的意义"，"假如日本始终保持强大，中国衰弱，那么美国与中国自由贸易的机会将遥遥无期"。另外，荷马李还说，中国无法"在满洲君主政体下强大及统一"，"只有在权力受限制的

---

① 该报道称："（槟榔屿，海峡殖民地，12 月 14 日）中国改革家孙逸仙医生和荷马李将军——据称这个美国人将掌管中国的军政府——今天到了这里。" "American General To Command Chinese", *Albuquerque Evening Herald*, December 14，1911，p.1.

② 该报道称："（槟榔屿，海峡殖民地，12 月 14 日）中国革命的领袖孙逸仙医生和美国军事冒险家荷马李将军——他被提名担任新成立的中国军政府首脑——到了这里，并将去往广州。在那里一场隆重的欢迎仪式正等待着他们。" "American Head Chinese Army?", *Evening Bulletin*, December 14，1911，p.1.

③ "Gen. Homers Lea to Help Chinese Rebels", *The Salt Lake Tribune*, December 15，1911，p.1. 另见吴相湘：《孙逸仙先生传》，下册，第 991—992 页；桑兵主编：《孙中山史事编年》，第 2 卷，第 966 页。

政府体制下，中国人民的权利才可获得保护"。①

荷马李的上述观点是其地缘政治思想的体现。荷马李的《无知之勇》、《撒克逊时代》两本书集中体现了他的这些思想。同时，我们也能看到其思想从 1900 年以来的演变。在 1900 年左右，荷马李到中国、日本等地之后，他看到了日本对中国的影响，希望能借助日本的力量让中国崛起，对抗俄国在中国的影响。而日俄战争之后，荷马李意识到日本强大对于中国乃至整个远东的威胁。他希望在英美的帮助下，中国能够强大，以对抗日本，并阻遏俄国。在其思想中，俄国始终是其试图防控和遏制的对象，而中国则一直是他扶助的对象。他始终认为，中国的弱小对于远东乃至整个世界是不利的。

12 月 15 日，孙中山及荷马李夫妇等一行人到达新加坡。孙中山受到了其夫人、女儿及新加坡绅商等的欢迎，还有巡捕、侦探等多名护送。新加坡当地的媒体对于此事也多加报道。孙中山一行刚到达槟榔屿时，《叻报》便刊文进行报道。该文先注意到了孙中山身旁的荷马李，称"（李君）系美国人，向在美营充当上级军官，前者久游中国，熟悉华情，此次孙君特聘来华，以为贤助者"。②同时该报道还称，孙中山抵达时，当地华人"纷纷到船迎谒"。③《海峡时报》（The Straits Times）刊文称，孙中山表示即将去上海组织临时政府；如果孙中山获得一致推举成为大总统，欧洲银行团即可

① 吴相湘：《孙逸仙先生传》，下册，第 992 页；"Dr. Sun Yat Sen"，The Straits Times（Singapore），December 15，1911，p.7。
②③ 《本馆专电·孙中山现偕李君》，《叻报》，1911 年 12 月 15 日，第 1 页。另见桑兵主编：《孙中山史事编年》，第 2 卷，第 966 页。

贷款协助中国进行建设；皇室必须完全退出中国政治，做普通公民，否则孙中山将不惜流血牺牲，进行北伐。①《新加坡自由报》（*Singapore Free Press*）称，荷马李对于革命派而言具有非常重要的意义，他"就像革命党的冯·毛奇（Von Moltke）一样"，"聘用他担任革命的策划者，可以给欧洲的——尤其是美国的——投资家以足够的信心，用他们在世界资本市场中的资金去支持革命派"，以上事实将提醒清政府意识到"只有袁世凯才能对抗荷马李的大脑"。②《新加坡自由报》的这篇报道点出了荷马李对于孙中山等革命派的意义，并指明了荷马李的聪明程度以及他与袁世凯的对手关系。

从新加坡的媒体报道来看，当地对荷马李有一定的关注度和介绍。早在 1907 年 7 月 27 日，《东方每日邮报》就以《中国的觉醒》为题介绍了荷马李在《中国拥有战斗力吗?》（*Can China Fight?*）一文中的观点。③1910 年 5 月 4 日，《新加坡自由报》称荷马李的《无知之勇》已进入当地图书馆。④1911 年 11 月 20 日，《新加坡自由报》在头版新闻中登载了荷马李将为革命派建立军政府的消息。⑤据称，该消息是远东政治问题专家柯乐洪（Mr. Archibald Ross Colquhoun）得到革命派领导人授权后在一篇文章中发布

---

① "Dr. Sun Yat Sen", *The Straits Times* (Singapore)，December 16，1911，p.9. 另见吴相湘：《孙逸仙先生传》，台北：远东图书公司，1982 年，下册，第 992 页。

② *The Singapore Free Press*，December 18，1911，p.4.

③ "The Awaken of China", *The Eastern Daily Mail*，April 27，1907，p.3.

④ "Raffles Library", *The Singapore Free Press*，May 4，1910，p.5.

⑤ "The Days News", *The Singapore Free Press*，November 20，1911，p.1.

的。①同一天，该报纸还刊文介绍了荷马李在《无知之勇》中对于中国未来的论述。②《海峡时报》在当天也登载了孙中山到上海之后要建立军政府，并处于"美国人荷马李将军的指导之下"。③此后，新加坡的报刊跟踪报道了荷马李陪同孙中山从马赛出发去香港，途中到达槟榔屿的消息。新加坡媒体对于荷马李的报道与美国的相似，其对荷马李的认知程度比较高，在一定程度上甚至超越了香港的媒体。

12 月 21 日，孙中山一行人抵达香港。迎接孙中山的人与孙中山在船上合影留念，前排坐者，从左至右分别是荷马李、山田纯三郎、胡汉民、孙中山、陈少白、何天炯，后面站立者有廖仲恺、宫崎寅藏等。④荷马李去见美国驻香港领事安德森（George E. Anderson），将孙中山的情况告知对方，并安排安德森和孙中山会晤。会晤之后，由荷马李和安德森一起草拟了一份发给美国政府的电报，该电报经孙中山等人仔细审查并同意后，发给了美国政府。电报内容为："我们提议，一到达上海便组建一个统一的临时政府，并由孙中山担任总统。他将任命一个内阁及各省的都督。荷马李担任总参谋长，将直接同清政府谈判，要其放弃所有的权力。满族人将有权保留其所有财产，整个皇族都可获得抚恤金。临时政府将恢复国家和平，然后召开制宪会议。我们提议在必要的情况下恳请美国总

---

① "Mr. Colquhoun's Statement", *The Singapore Free Press*, November 20, 1911, p.5.
② "General Homer Lea on the Future of China", *The Singapore Free Press*, November 20, 1911, p.5.
③ "Revolt in China", *The Straits Times*, November 20, 1911, p.7.
④ 尚明轩：《孙中山图传》，北京：民主与建设出版社，2011 年，第 94 页。

统居中调停，但除了上述条件外，不可跟满族人提出其他的协议或条件。我们提议选择最合适的人担任临时政府的官员，他们与现任官员无关。临时政府为军政府；永久政府则是高度中央集权的共和制政府，并模仿美国的样式。我们提议聘请优秀的美国法律专家协助拟定宪法。"①安德森在发给美国的报告中，指出荷马李和孙中山的计划是希望获得英美的协助和指导，美国总统可担任调解人，而英美的顾问将在塑造新成立的中国的过程中起到至关重要的作用。安德森认为，荷马李对孙中山的影响非常大，对与中外关系相关的事务几乎具有决定性的影响力。②无论是上述孙中山和荷马李发给美国的电报，还是安德森的报告，都认为荷马李在将来的政府中会

图6.1　途经香港合影③

---

① ② 安德森发给国务卿的电报（1911 年 12 月 21 日），转引自 Eugene Anschel, *Homer Lea，Sun Yat-Sen and the Chinese Revolution*，p.166.

③ 尚明轩：《孙中山图传》，北京：民主建设出版社，2011 年，第 94 页。

起到非常重要的作用，尤其是在对清政府谈判以及新政府的对外关系方面。然而，后来的事情真的是这样吗？

二、由上海至南京

12月25日，孙中山一行抵达上海。当时在吴淞口有军舰迎接，岸上还有一大群军民热情地欢迎他们。①孙中山其后乘坐汽车前往哈同公馆，并在那里会见了伍廷芳、黄兴、陈其美、汪精卫等人。下午2点半孙中山前往伍廷芳寓所，"一直停留至下午四时二十分"。②

孙中山在上海登陆之后就会见了伍廷芳，其后还专门去伍廷芳的寓所与其会谈近两个小时。孙中山之所以这样做，是因为伍廷芳在当时政局中居于非常重要的地位。伍廷芳，1842年生于新加坡，广东新会人。曾赴英国伦敦学习法律。后来曾担任驻美国等国公

---

① 桑兵主编：《孙中山史事编年》，第2卷，第976页。《申报》12月25日载："中国民党领袖孙中山先生，偕美国郝末里将军，及广东都督胡汉民君，同由香港乘英国邮船公司轮船特凡哈号于初六日晨六七点钟可以抵沪……上海民军将派代表乘兵船至吴淞口迎接。"（《申报》，1911年12月25日，第1张第5版。）《申报》12月26日载："兹悉孙先生已于初六日上午九点三刻钟抵埠……（上岸）其时中西人士手提快镜摄影，并脱帽致敬者甚多。"（《申报》，1911年12月25日，第1张第4版。）美国报刊对此消息也进行了报道："（上海，12月25日）中国改革家孙中山医生——他即将成为新成立的共和国的总统——今晨9时抵达这里。他受到了由革命民众和军官组成的特殊委员会的热烈欢迎。美国军官荷马李将军陪伴着他。"（"Want Powers to Act"，*The Washington Post*，December 25，1911，p.5.）有些报刊甚至以"荷马李抵达"作为标题："Homer Lea Arrives"，*The Salt Lake Tribune*，December 25，1911，p.2.

② 上海市档案馆：《辛亥革命期间上海公共租界工部局警务报告（二）》，《历史档案》，1981年第4期，第46页。

使。在法律、外交等方面见长。①上海光复后，伍廷芳任沪军都督
府外交总长，并对外发表照会和声明，阐释起义的目的，声称保护
外国在华利益。12 月 5 日，代行中央政务的黎元洪宣布任命伍廷
芳为南方和谈总代表。早在 11 月 13 日，《时报》就登载了赵凤昌、
黄炎培等 13 人联名向陈其美的上书："交涉一端，上海为全国之总
汇，闻曾公推伍秩庸先生为中华民国外交总长，文治等同庆得人，
以谓此重要之位置，必如伍君之中外素深景仰者，方足以胜任愉
快。"②陈其美其后也表示："伍总长为全国所公推，既负全权，本
都督深信其必能收圆满之结果，以慰全国同胞之希望。"③可见，从
伍廷芳的资历来看，他有法律和外交方面的专长和长期积累的经
验，而且深受中外的景仰，获得众人的推戴。由他代表革命党与清
政府谈判，同时处理外交方面的事务，应该是堪当重任且众望所归
的。从海外回来的孙中山一下邮轮便与其会谈以了解当时的情况，
这自然是情理之中的事情了。然而需要注意的是，在荷马李和孙中
山的计划中，荷马李是总参谋长，负责与清政府的谈判及外交方面
的事务，故而计划中荷马李所应负责的谈判与外交方面的事务已经
由伍廷芳负责了，而且是众望所归。

　　不仅如此，以伍廷芳为代表的多人并不接受荷马李，且对孙中
山与荷马李的关系并不理解。一个亲眼见过那时情形的澳大利亚记

---

① 朱汉国、杨群主编：《中华民国史》，成都：四川人民出版社，2006 年，第 6 册，
　　第 54—59 页；张磊主编：《孙中山词典》，广州：广东人民出版社，1994 年，第
　　292—293 页。
② 《唐蔚之等上沪军都督府书》，《时报》，1911 年 11 月 13 日，第 5 页。
③ 《都督陈紧要通告》，《民立报》，1911 年 12 月 21 日，第 6 页。

者端纳在《中国的端纳》①一书中回忆说，当时报纸上登载着孙中山与荷马李抵达新加坡的消息，伍廷芳大声地读出来后，在座的人都沉默了。"温宗尧打破沉默，并大声叫道：'美国将军？我们到底要美国将军干什么？'"，"房间里都是推测议论的嗡嗡声。那些将军是怎么离开他们在美军的职责呢？他们是怎么设法和孙博士一起来呢？美国是不是要派参谋人员来？孙现在干什么？战争结束了，他要这些将军干什么？"就在那时，"端纳悄悄地打电话给美国总领事馆的维礼德先生"，但"维礼德没听说孙来中国，也不知道有美国将军们和这位革命领袖在一起"。后来端纳陪伍廷芳、温宗尧一起去会见孙中山，在场的还有"一位模样奇怪的小个子驼背人"。端纳说，在作介绍时，"客人惊奇万分，因为经介绍才知道那位残疾的人原来是李何默将军（General Homer Lea）"。其后，气氛非常尴尬，伍廷芳和温宗尧都不理睬荷马李，"伍博士似乎没有什么好说的"，"温宗尧显然很恼火"，"不论何种情况，中国人都不喜欢残疾的人"，"在他们看来，作为革命领袖与这矮子结盟是令人难以置信的或是不可原谅的"。端纳回忆了其后他们的交谈情景，在其中，荷马李的声音"就像是风的声音或者是公鸡在黎明啼叫的声音"，而荷马李在屋里来回走时，"头向前倾，手叉在背后"，且"在每一次向后转时，他总会将脚跟并拢碰一下，以轻快的军人风格表演一番"。会谈结束后，在总部里，有关荷马李的"一片愤怒的议论"长达"好几小时"，最后，有一个人走到端纳面前，"宣布说谁也不许透露孙博士曾带回一个以美国将军名义为掩护的矮子，

---

① Earl Albert Selle, *Donald of China*, New York：Harper，1948.

而且李何默必须回美国去"。①

通过端纳的描述，大概可以获知当时革命阵营内部包括伍廷芳
等人对于荷马李的态度。他们质疑荷马李来中国的真正意图，同时
对于荷马李的形象也十分诟病，认为革命领袖不应该与这样的人扯
上关系。另外，端纳与荷马李在某种程度上具有一定的相似性，端
纳的回忆在一定程度上也透露出他对荷马李所持有的心态。②当然，
需要注意的是，《中国的端纳》一书有过分突出端纳作用的倾向，
且所写有不尽真实之处。③端纳当时对孙中山存有不友好的态
度。④例如端纳回忆孙中山于 1911 年 12 月 25 日抵达上海时，"谁也
不知道他来，没有人去欢迎，没有什么排场，也没有欢呼声"。⑤此

---

① （美）泽勒：《神秘顾问——端纳在中国》，林本椿、陈普译，南京：译林出版社，
 2001 年，第 124—128 页。此书为《中国的端纳》（*Donald of China*）的中译本。
② 端纳是外国顾问，在军事方面也有所见长，企望自己能成为中国重要人物倚重
 的对象。《中国的端纳》一书中非常明显地展现了端纳的这种心态。例如："全
 世界的总统和国王都看到了新生的中华民国要说的话。这些话是从一个大鼻子、
 带着轻松微笑的年轻澳大利亚人的打字机上写出来的。""那天下午这个临时的
 尚未被承认的中华民国发表了'端纳宣言'。"参见（美）泽勒：《神秘顾问——
 端纳在中国》，第 131—132 页。
③ 邢建榕：《一个澳大利亚人在中国的传奇——上海市档案馆藏 W·H·端纳档案
 述评》，吴景平主编：《现状与未来：档案典藏机构与近代中国人物》，上海：复
 旦大学出版社，2014 年，第 181—183 页。
④ 邢建榕称："从端纳与莫理循的通信来看，'他早年对于革命党人抱有远比一般
 人所了解的更为强烈的敌视'，甚至对孙中山极尽谩骂之能事。"参见邢建榕：
 《一个澳大利亚人在中国的传奇——上海市档案馆藏 W·H·端纳档案述评》，
 吴景平主编：《现状与未来：档案典藏机构与近代中国人物》，第 182—183 页。
 《中国革命史人物词典》载："（端纳）1911 年辛亥革命后，拒任中华民国南京
 临时政府工作，诋毁同盟会，辱骂孙中山。"参见何东等主编：《中国革命史人
 物词典》，北京：北京出版社，1991 年，第 777—778 页。
⑤ （美）泽勒：《神秘顾问——端纳在中国》，第 125 页。

处端纳的描述就不符合事实①，且透露出端纳对孙中山的轻视。

尽管荷马李在美国曾几次成为媒体聚光灯关注的对象，而且美国媒体已经就其"将军"身份进行了相关报道，其《无知之勇》在世界上获得名声，并在中国的邻邦日本获得畅销，欧美和新加坡等地的媒体也报道了其随同孙中山回国并要担任总参谋长的消息，但是当时中国国内的大部分人都不知道荷马李。针对中国国内的这种认知状态，荷马李接受了《大陆报》（The China Press）的采访，并以《荷马李"将军"称他是总参谋长》为题于 12 月 28 日予以登载。②

《大陆报》登载的这篇报道当天即被《时报》等报刊转载。《时报》文章标题为《郝门李之言论》③，篇首写道："郝门李君来沪自谓为孙逸仙之参谋总长。昨日下午与大陆访员谈及革命举动。郝门李曾著一书曰《日美战争》，是理想日人将侵入美国者。出版后欧洲为之震动，谓郝门李将军与美国军界中必有关系。"开篇的这两个"谓"字点明了荷马李的身份：他自称是孙中山的总参谋长；因为他写过一本在欧洲引起轰动的书而致使人们传言荷马李与美国军界有关系。对于这样一个神秘的人物，访员的访谈或许能够拨开一些迷雾：

---

① 当时中国国内知道了孙中山回国的消息并有相应的迎接活动，此处不再赘述。后文还会论述荷马李就迎接礼节问题答记者问。

② "'Gen.' Homer Lea Says He Is Chief of Staff"，*The China Press*，December 28，1911. 参见 Eugene Anschel，*Homer Lea*，*Sun Yat-Sen and the Chinese Revolution*，pp.167—168。

③ 该文章之前有一篇文章题为《孙逸仙之言论》，两篇文章并排在一起，且标题相似。见《时报》1911 年 12 月 28 日，第 2 页。

访员云："君与闻中国革命事几年矣？"

曰："约十二年。"

曰："君居何职？"

曰："参谋总长。"

访员曰："然则君负若何之责任？"

曰："照例负参谋总长之责任。"

访员曰："然则军队中如黎都督元洪者均将听君调遣耶？"

曰："否。我不干涉黎都督之举动。且参谋总长之职亦不过宣总统之命令于军队而已。"

访员曰："然则孙君决将为共和总统矣？"

郝门李曰："决然。方余等在伦敦，接有十四省之电邀。其时予等在伦敦甚忙，得电当即启程来沪。彼时伦敦颇有干涉事，予等设法阻止。现在已经过去，不必多谈。事均停妥，现无危险矣。"

访员曰："君曾与英外部葛莱君及外交家谈及此事否？"

曰："自然谈及。"

"然则君在民军中尚有外交之关系耶？"

曰："否。予在伦敦时彼等以朋友之谊曾来视予，贵族陆勃德亦来视予。因彼等曾读我所著之书也。此书已译成日文刊行在市，甫及一月已再印二十四版，销出八万四千部。"

访员曰："革命军即于彼时起事，想亦为君意想所不及。"

曰："是。予以为尚有六阅月耳。"

通过这一段的访谈，读者可以了解到荷马李与中国革命的关系、其总参谋长职务的实际权力、他与英国名人的关系、其著作在英国和日本的影响力。紧接着访谈涉及了荷马李的美国人身份及其与革命军重要人物的关系问题：

访员曰："君既为美国籍，可为民国之参谋总长耶？"

曰："此亦可通融。美国大将来者正多也。"

访员曰："此真意想不到，美国大将可来中国参预战事耶？"

郝门李曰："然而尚有意想不到者。英国大将亦将来助予等也。"

问："彼等以何时来？"

曰："此我不能泄漏，但知其将来耳。"

曰："君到申后，民军中首领均见过否？"

曰："均见过。"

曰："伍廷芳见过否？"

郝门李曰："予未见过。今晚下午拟往谒之，但恐事忙耳。"

访员曰："君所见统领何名？"

郝门李曰："予已忘之。予记性甚不佳也。"

访员曰："与孙君同来之日本人何名？"

郝门李曰："不知。在香港时有华人日人七十五名来谒。日本人有数人系新闻记者，有见予者，亦有见孙君者。华人亦有，但日人较多，我不能尽举其名，惟孙君之日本书记均译其名注册云。"

记者非常尖锐地问荷马李：以美国人的身份怎么能担任民国的
参谋总长？荷马李以"可通融"作答，而且提到还有其他美英"大
将"来帮助中国。记者又敏锐地问及荷马李与革命军领导人之间关
系问题，尤其提到伍廷芳。荷马李则巧妙地掩饰过去。记者还追问
了陪同孙中山的日本人的情况，荷马李也非常巧妙地予以回答。其
后记者问及迎接礼节等问题：

> 访员曰："君与孙君对于本埠欢迎之事已满意否？"
>
> 曰："甚满意。广东曾遣两巡舰来上海，又遣四巡舰来。
> 惟到吴淞衹八钟，为时过早，致数千人无处寻。予闻吴淞炮台
> 曾议定鸣炮二十一响。"
>
> 曰："鸣炮二十一响何意？"
>
> 曰："此接总统之礼也。盖为孙逸仙发耳。"
>
> 访员曰："君何时得此大将之名号？"
>
> 曰："十一年前曾为华侨组织四营义勇队，予为统带。"
>
> 曰："君之营兵由何处组织？"
>
> 曰："大半在南方。"
>
> 曰："君与美国军队中究有何关系？"
>
> 曰："予所著之军政书盖供惠司邦及亚讷伯两地考试之用。"
>
> 曰："予但问君与其官界有何关系耳。"
>
> 郝门李曰："与官界无甚关系，予之名号误也。"

　　针对迎接孙中山的礼节问题，如前所述，端纳曾有所讥讽。①《大陆报》记者就欢迎礼节询问荷马李，具有一定的深意。而荷马李也就该问题进行了解释。记者又问及荷马李"大将"名号的由来。实际上，在荷马李因《无知之勇》一书获得世界关注之时，其"将军"头衔就引起过人们的质疑。荷马李解释了该头衔是因组织华侨义勇队而得，他并非美国军官，只是其著作受到美国军界重视。

　　整体来看，荷马李与《大陆报》记者的一问一答就人们疑惑的问题给出了答案。采访中记者的问题很尖锐，关注到了荷马李的职务、他在伦敦的活动、如何担任总参谋长、"将军"头衔的由来、与美军有何官方联系等问题，而荷马李很巧妙地予以了回答，清晰地指明了自己的资历以及现任职务。

　　对于该访谈的内容，《申报》也于 1911 年 12 月 28 日予以登载，《申报》虽未注明译自《大陆报》，但核对访谈内容，与上文所述内容一致。②此外，《国民公报》也在 1912 年 1 月 8 日（十一月二十日）对《大陆报》访谈进行了转载，并被收入《辛亥革命始末记》中，题为《花墨黎与革命关系》。该文在转载对荷马李的采访内容之前，还加入了一段文字："与孙逸仙偕来之美将军花墨黎氏日前与大陆报记者纵谈彼与民军之关系。花君以兵学著名，尝著《愚昧之勇》一书，论美国有为日侵攻之处。此书出版后欧洲人严加评论，误会其与美国陆军必有关系。《大陆报》记者问以一切，

---

① （美）泽勒：《神秘顾问——端纳在中国》，林本椿、陈普译，南京：译林出版社，2001 年，第 125 页。

② 《孙中山莅沪三志》，《申报》1911 年 12 月 28 日第 1 张第 4～6 版。

将军靡不直答。其问答之语如下……"①可见荷马李接受《大陆报》记者采访并登报的做法，在一定程度上有利于中国民众认识荷马李。②

需要指出的是，"美国公民如何能担任革命党军队的总参谋长"这个问题尽管被荷马李巧妙地做了回答，但人们还是会存在疑问。上文提到端纳曾打电话向美国总领事馆的维礼德（Amos P. Wilder）询问情况。而荷马李的举动也引起了美国驻华使领馆的注意。就在上述访谈见报的当天，美国驻华公使嘉乐恒（William J. Calhoun）给美国国务院发电报，要求其批准维礼德在上海报纸上登载相关法令，以禁止美国公民在外国军队中任职。③与此同时，

---

① 《花墨黎与革命关系》（十一月二十日《国民公报》），渤海寿臣：《辛亥革命始末记》，沈云龙主编：《近代中国史料丛刊》第 420 辑，台北：文海出版社，1969 年，第 1400—1403 页。
② 《中华民国国父实录》几乎全文引用了《辛亥革命始末记》中收录的这篇《花墨黎与革命关系》里登载的对荷马李采访的内容（其中个别文字有出入），只是该书去掉了《花墨黎与革命关系》一文中荷马李采访内容之前的那段引言，而且代之以介绍性的语句："荷马李随国父来中国参加革命，上海英文《大陆报》特为此访问美驻沪官员，其声明中谓美国严守中立，依美国法律严禁美国公民干预其事，违者则罪。荷马李悉此宣布后，乃对大陆报记者发表义正辞严之谈话。"笔者认为，这种说法存在错漏，因为正如上文所论述，荷马李的访谈内容是为了介绍自己而非反驳美国驻沪官员。参见罗刚编著：《中华民国国父实录》，罗刚先生三民主义奖学金基金会，1988 年，第 1618—1620 页。
③ 美国驻华公使嘉乐恒发给美国国务院的电报（1911 年 12 月 28 日），转引自 Eugene Anschel, *Homer Lea, Sun Yat-Sen and the Chinese Revolution*, p.168；Lawrence M. Kaplan, *Homer Lea, American Soldier of Fortune*, p.179。这两本书都认为，荷马李接受大陆报记者的采访见报后（12 月 28 日），引起了美国驻上海总领事维礼德的注意，然后维礼德向美国驻北京公使报告并了解相关情况，其导致美国驻华使领馆做出包括向美国国务院发电报等一系列反应。笔者认为，应该注意到端纳曾给驻上海的总领事打电话了解情况，而且当时中国国内的（转下页）

美国驻上海的副领事 Nelson Johnson 拜访了荷马李，并提请他注意美国相关法令。①而且，"当时上海英文大陆报记者特为此事访问美国驻上海的一位官员，而这位美国官员的答复态度是非常严肃的。这位官员说：'自民军起义后，美国的态度是严守中立，严禁本国公民干预其事，在事前严加防止，以免事后惹起国际纠纷。并严正宣布依照美国法律，荷马李的行为，是法律所严禁的，违者则罪在不赦'"。②此时，《纽约时报》等美国媒体也登载荷马李收到官方通告的消息："陪同孙逸仙医生回中国以担任革命派军事顾问的美国军官荷马李将军收到了官方通告：美国公民若参加中国的叛乱，将被判处死刑。"③

　　面对美国驻华使领馆的做法，荷马李作何反应呢？《大陆报》记者就该问题采访了荷马李。《申报》的报道称："大陆报记者昨访郝末里君，郝君不肯有所宣言，惟谓彼与美政府并无关系，将军之衔系外人所加之诨号，并谓彼曾在海外组织中国陆军两镇，故美国及他国之华侨均称之为郝末里将军。此次来华系为尽个人之人道起

（接上页）许多人也不清楚荷马李的真实情况，甚至有一些人对于荷马李参与中国革命持反对态度，这些都对美国驻华使领馆就荷马李参与革命所采取的举措有一定的推动作用。

①　弗雷德里克·查宾（Frederic Chapin）：《荷马李传记》，未发表，第 328 页，原件见美国斯坦福大学胡佛档案馆藏鲍尔斯文件（Joshua B. Powers Papers），Box 4，"Subject File" 内的文件夹 "Homer Lea：Biographies"。

②　黄季陆：《荷马李将军》，第 15 页。

③　"To Extent Armistice"，*New York Times*，January 7，1912，p.C4；"May Extend Armistice"，*The Washington Post*，January 7，1912，p.1. 两篇报道中这段内容完全相同，该内容还被其他美国报纸原文登载。例如："Oust Manchus is Sun's Ultimatum"，*San Diego Union and Daily Bee*，January 8，1912，p.2。

见云。当时郝末里君又曰：'今中国数万万人为求自由而战，设余能稍为效力，则较之逗遛欧洲无善可为不亦美乎？余之来此，系应华人之请，将视余力之所及而助之。惟目下与彼等尚无关系，若彼等有求于余，则无人有权可阻余为善也。譬诸君见有人将溺于水，岂可袖手旁观而不跃水救之乎？余处斯世，职当尽力为善，亦尤是也。'郝末里君又称彼于墨西哥革命之时，尝至卡洛那杜海滨（距墨西哥边界约十五英里），寓于某逆旅中，墨西哥革命党谒之者实繁有徒。其中美国国民约占十分之九，美政府殊不能阻止彼等豫闻战事也。郝末里君并引证美国国民协助交战团从战之事颇多，皆不得谓为违背法律云。"①《申报》的报道非常清晰地展现了荷马李的态度以及他对于美国驻华官员做法的批驳。面对《大陆报》记者，荷马李刚开始"不肯有所宣言"，只是重复了之前在与记者访谈时说过的内容。但后来又充分陈述了他援华的个人原因，并列举历史上的例证以表明其做法并非违法。从报纸上刊登的文字可以感受到荷马李的确"感到非常的愤怒"，而且可将其言论称之为"义正辞严的宣言"。②

至12月30日，《大陆报》记者在采访孙中山时，还在问孙中山荷马李的名望如何，孙中山答以"李君大抵可称为天下最大之陆军专学家，欧美军界均极尊重李君"。③孙中山这样的回答，非常精要地概括了荷马李的地位和价值，一方面再次借《大陆报》对荷马

① 《从孙中山而来者》，《申报》1911年12月29日，第1张第5、6版。
② 黄季陆：《荷马李将军》，第15页。
③ 《与上海〈大陆报〉记者的谈话》（1911年12月30日），《孙中山全集》，第1卷，第620页。

李的身份进行介绍、宣传和肯定，另一方面也说明了荷马李在孙中山心目中的地位。

对于当时的情景，鲍引登（Charles Luther Boynton）①有过亲身感受。他那时曾与荷马李夫妇共进午餐，并于 1912 年 1 月 1 日写信给母亲时说："他（荷马李）在这里担任新任总统孙逸仙的陆军总参谋长。他们显然很重视他，尽管报纸无所不用其极地嘲笑他和他那些有争议的地方，并登载了一篇非常愚蠢的访谈——他对该访谈进行了彻底的批判。我们在一起度过了三个小时，而且非常愉快……他显然很把自己当回事，同时说服别人也如此。如果他真的像自视的那样能干且能发挥其所长，那么他或许能为这个事业做出一些贡献，除非美国因违反中立而阻止他这样做。违反中立的处罚是非常严厉的。"②鲍引登看到了孙中山等人非常重视荷马李，同时也看到了荷马李身边的不利因素：报刊上出现了许多嘲弄荷马李的文字，而且美国驻沪官员还禁止荷马李违反中立法令。

尽管当时存在着诸多的阻力，荷马李还是尽可能地发挥自己的作用。除了陪同孙中山参加宴请之外，荷马李还陪同孙中山检阅军队。12 月 28 日，沪军北伐先锋队司令刘基炎发布公告："本司令兹奉都督面谕，不日偕同美国陆军大将郝门李君暨孙中山先生来观

---

① 鲍引登是传教士，而且与荷马李有一定渊源：他曾与荷马李同在洛杉矶高中（the Los Angeles High School）就读，与荷马李相识；他们的母亲居住在同一条街道上，相距一个路口，而鲍引登的妹妹与荷马李夫人住在同一个街区。美国斯坦福大学胡佛档案馆藏鲍引登文件（Charles Luther Boynton Papers），Box 3，"Speeches and Writings"内的文件夹"Lea, General Homer"。
② 美国斯坦福大学胡佛档案馆藏鲍引登文件（Charles Luther Boynton Papers），Box 3，"Speeches and Writings"内的文件夹"Lea, General Homer"。

本队操法等因，奉此，仰警卫队队长勤加训练，务使纪律严肃，步伐整齐，以壮观瞻，而保本队名誉，切毋视同儿戏，致贻外人笑柄，并负都督期望之盛意。"①在这份文告中，对荷马李的称呼是"美国陆军大将"，而且提到由沪军都督亲自陪同荷马李、孙中山检阅军队，一方面体现了荷马李当时的影响力，另一方面"外人"一词也体现出了当时许多人对于荷马李的看法，是当时民族主义情绪的具体展现。

当时中国国内局面纷乱，孙中山的归国对于纷乱的局面有一定的缓解作用，使得"人心归一"。②12 月 29 日，各省代表在南京召开临时大总统选举会。到会 17 省代表，每省 1 票，孙中山以 16 票当选。此时，荷马李向道森发去电报，表达想向英国政府借款的意愿："孙（中山）已由十八省一致推选为总统。清廷已退位。我们现急需筹借英国贷款。谨向政府致意。"③道森将该消息写信告知了格雷爵士："我今晚正式得到孙中山先生通知，说他已被十八省推选为中华民国总统，而清王朝政府已退位。孙先生的代表又说，他们希望现在立刻筹募一笔英国的贷款。"对此，英国外交部批文为："我们未得到正式的证实，不需采取任何行动"，且称"可向他（道森）表示说，我们尚未从中国方面得到有关此事的证实，并说：革

---

① 《沪军北伐先锋队公函》（1911 年 12 月 28 日），转引自黄季陆：《荷马李将军》，第 17 页。
② 罗刚编著：《中华民国国父实录》，罗刚先生三民主义奖学金基金会，1988 年，第 1621 页。
③ 《道森致英国外交部蒙哥马利函》（1912 年 1 月 2 日），章开沅、罗福惠、严昌洪主编：《辛亥革命史资料新编》，第 8 卷，第 161 页。

命领导人曾与本政府作一协议，表示在接见国家代表团之前，不得
洽谈外国贷款"。①与此同时，荷马李给国务卿诺克斯发电报，告知
对方孙中山被 18 省一致推选为总统，希望"美国能首先承认该政
府"，"这是至关重要的"，而且"日本已经自告奋勇地要这样做
了"。当然，美国政府并没有对该电报做出回应。②荷马李在孙中山
当选为总统之后立即给英美政府发电报，试图告知英美，荷马李之
前所说的已经变成了现实——孙中山已当选为总统，因此希望英美
能予以支持和援助。荷马李此时的想法仍旧没有改变，即希望在英
美的支持下，帮助孙中山整合各种力量、建设新生的中国，从而使
得中国能变得强大，而中国的强大对英美是有利的。

　　在对外努力的同时，面对当时国内纷乱的局势，12 月 31 日，
孙中山、荷马李为《民立报》题词，以警醒国人。孙中山的题词有
中英文两份，中文题词为"戮力同心"，英文题词为"'Unity' is
our watch word"，同时刊登的释文为"'合'之一字最足为吾人警
惕"。③荷马李的题词是"'United we stand, divided we fall' The
motto of my ancestral state"，同时刊登的释文是"吾祖邦有言合则
立分则裂"。④荷马李与孙中山的题词并排在一起，刊登在《民立
报》上，这充分说明当时荷马李的确很受看重。孙中山与荷马李二

① 《道森爵士致格雷爵士函》（1911 年 12 月 29 日），章开沅、罗福惠、严昌洪主
　　编：《辛亥革命史资料新编》，第 8 卷，第 162 页。
② "Obituary", New York Evening Post, November 2, 1912, p.7; Josef Washington
　　Hall, Eminent Asians, London: D. Appleton and Company, 1929, p.50.
③ 《为上海〈民立报〉题词》（1911 年 12 月 31 日），《孙中山全集》，第 1 卷，第
　　620 页。
④ 黄季陆：《荷马李将军》，第 18 页。

人分别题词，其主题都是强调团结的重要性。这是针对当时中国的时局而言的，不论是对于革命派内部，还是追求中国进步强大的各派人士而言，团结一致至关重要。而这一点也为民国后来的历史所证明了。

　　1912 年 1 月 1 日上午，孙中山乘坐火车由上海去往南京，荷马李随行。当晚 10 时①，孙中山在总统府举行就职典礼，荷马李是参加典礼的唯一白人。②其后荷马李以外交部部长（Minister of Foreign Affairs）的名义草拟了一份照会："为了能立即结束内战、恢复和平，中华民国总统今日照会美利坚合众国总统，请求其担任中华民国政府和清政府间的调解人。"③荷马李还草拟了一份对各国的照会，请求其承认中华民国，并承诺承认清政府与各国所签订的条约、改变财政和司法体系、中外合资共建全国铁路网、在对华商业机会均等的基础上开放整个中国等。④这些照会有手写稿，还有打印稿，在打印稿上可以看到修改的痕迹。从荷马李草拟的照会内容来看，荷马李试图让美国政府居间调停，以尽快结束战争、恢复和平，同时他还希望各国能承认新生的中华民国，并为此给予各国许多权益。这样的思路，在当时具有一定的合理性。从这些草拟的照会中，可以看出荷马李的确想在曾经预设过的与清政府的谈判及外

---

① 《中国近代史》编写组编：《中国近代史》，北京：高等教育出版社，2012 年，第 271 页。对于举行典礼的时间，也有称是 11 时的，参见桑兵主编：《孙中山史事编年》，第 3 卷，第 1002 页。
② Lawrence M. Kaplan, *Homer Lea, American Soldier of Fortune*, p.181.
③ 给列强的照会（1912 年 1 月 9 日），美国斯坦福大学胡佛档案馆藏鲍尔斯文件（Joshua B. Powers Papers），Box 3，"Subject File" 内的文件夹 "China, Republic of"。
④ 给列强的照会（1912 年 1 月），美国斯坦福大学胡佛档案馆藏鲍尔斯文件（Joshua B. Powers Papers），Box 3，"Subject File" 内的文件夹 "China, Republic of"。

交方面发挥一定的作用，但现实的情况并不如想象的那样。实际上，没有证据表明这些草拟的照会被发出。

1月3日，中华民国临时政府组成，各部总、次长分别为："陆军部总长黄兴，次长蒋作宾；海军部总长黄钟瑛，次长汤芗铭；司法总长伍廷芳，次长吕志伊；财政总长陈锦涛，次长王鸿猷；外交总长王宠惠，次长魏宸组；内务总长程德全，次长居正；教育总长蔡元培，次长景耀月；实业总长张謇，次长马君武；交通总长汤寿潜，次长于右任。"①1月5日，孙中山复电上海广肇公所，称"民国新立，司法重任非伍公不可。至议和事，伍、温二公仍为议和全权代表"。②荷马李曾经设想由他负责的军事、外交、议和等事务，都分任有人。

第三节　病重回美

随着中国国内革命形势的发展，孙中山辞去临时大总统职务，而荷马李在中国的使命也走到了尽头。

一、孙中山辞职与荷马李中风

在孙中山回国之前，南北议和已在进行。孙中山就任中华民国临时大总统之后，于1月4日致电袁世凯，称："文不忍南北战争，生灵涂炭，故于议和之举，并不反对。虽民主、君主不待再计，而

---

① 桑兵主编：《孙中山史事编年》，第3卷，第1009页。
② 同上书，第1015页。

君之苦心，自有人谅之。倘由君之力，不劳战争，达国民之志愿，保民族之调和，清室亦得安乐，一举数善，推功让能，自是公论。文承各省推举，誓词具在，区区此心，天日鉴之。若以文为有诱致之意，则误会矣。"①孙中山许诺，只要清帝退位，袁世凯赞成共和，便可推举袁世凯为临时大总统。2 月 12 日，清政府颁布清宣统皇帝退位诏书。2 月 13 日，袁世凯声明拥护共和制度，同日，孙中山向临时参议院辞职。

实际上，在南北议和的过程中，孙中山同时还在准备北伐，上文提到荷马李陪同孙中山检阅北伐先锋队就是其中表现之一。荷马李此时还参与了某些军事活动。他后来回忆说："我记得在 1912 年 1 月下旬或 2 月上旬，我们的军队分三支向北推进，左边一支沿着京汉铁路，右边一支沿着大运河，中间一支沿着津浦铁路。我在中间那一支。在这一年的 1 月下旬，我将我的总部从铁路线上的 □□②向着大运河挪到了东北方向的一个村子里。"③那么荷马李当

---

① 《孙总统与袁世凯来往要电》，《申报》1912 年 1 月 6 日，第 1 张第 4 版。

② 原文不清晰，无法识别具体地名。

③ 荷马李写给贝尔福德（R. J. Belford）的信（该信字迹凌乱，无具体日期），美国斯坦福大学胡佛档案馆藏鲍尔斯文件（Joshua B. Powers Papers），Box 1，"Correspondence of H. Lea and E. Lea" 内的文件夹 "Belford, Robert J. "。荷马李在该信中描述了当时民军的动向以及他自己在其中的活动。笔者没有找到有关荷马李参与当时军事活动的中文史料。经查阅史料发现，当时民军和清军在津浦铁路附近的确有一些相关的军事活动："驻扎秦皇岛附近之第二十三镇清军一千六百人将乘津浦铁路南下与张勋兵会合。"（《专电》，《申报》1912 年 1 月 12 日，第 1 张第 3 版）"民军预备北伐，拟借沪宁火车在津浦铁路轨道上运送军队。"（《专电》，《申报》1912 年 1 月 13 日，第 1 张第 2 版）"民军政府逐日由津浦铁路运兵赴北，每日南京出发之军约有五百名之谱。"（《译电》，《申报》1912 年 1 月 17 日，第 1 张第 3 版）

时对于孙中山试图让位袁世凯的做法持何种态度呢？一位美联社（Associated Press）的记者曾就该问题写信询问荷马李："唐绍仪认为是你在劝说孙不要和袁世凯有任何瓜葛。是这样吗？当然，我个人认为，如果和谈破裂，战争继续，那么革命事业将必然失败，中国将遭到瓜分。那正是许多人努力试图避免的事情。反过来，如果清政府下台，合理的协议最终达成，孙将而且终将获得最终的胜利。是你建议孙不要与袁和谈？还是池亨吉和其他所谓的将军呢？"①这位记者在向荷马李打探其对于和谈的态度，他的询问透露出了唐绍仪等人认为荷马李反对孙中山与袁世凯和谈。实际上，荷马李一向主张"战争即和平"。②而且曾经护送荷马李夫妇回美国的朱卓文（J. Chockman）在写给荷马李夫妇的信中提到："我永远不会忘记荷马李将军在南京时说过的话：'战争即和平（Fight means Peace）'。"③而在这封信之前的一封信中，朱卓文曾就孙中山让出临时大总统后中国的状况对荷马李抱怨说："中国的状况糟透了，据说武昌会再次爆发革命，北京的官员们为了自己的派系而彼此争斗，他们做的坏事比好事多得多。天啦！真不知道中国将会变

---

① 肯尼迪（J. Russell Kennedy）写给荷马李的信（1912年1月17日），美国斯坦福大学胡佛档案馆藏鲍尔斯文件（Joshua B. Powers Papers），Box 1，"Correspondence of H. Lea and E. Lea"内的文件夹 "Kennedy, J. Russell"。

② 参见 Homer Lea, *The Valor of Ignorance*, New York and London: Harper & Brothers Publishers, 1909.

③ 朱卓文（J. Chockman）写给荷马李夫妇的信（1912年8月24日），美国斯坦福大学胡佛档案馆藏鲍尔斯文件（Joshua B. Powers Papers），Box 1，"Correspondence of H. Lea and E. Lea"内的文件夹 "Chockman, Jue"。

成什么样。"①他在该信中还说："在让位给袁世凯后，医生今日的声誉更高了，但在广东并非如此，他们兄弟成为仇人。他的哥哥孙眉想杀了他，因为他又让胡汉民当了广东的都督。我听说他哥哥和广东的几个将军正计划着在广州再发动起义以反对医生和胡汉民。昨天上海的报纸说'广州随时都可能陷入混乱中'。我真希望能知道这种情况何时是个尽头。"②中国当时的状况让朱卓文非常困惑，内心十分苦恼，从而记起了荷马李曾经说过的"战争即和平"这样的话，他内心十分认同荷马李的说法，即要通过战争才能获得最终的和平并捍卫它，而妥协退让之后事情会变得更糟糕。综上，尽管没有找到直接证据，但是可以根据多种迹象推测荷马李对于孙中山"推功让能"是持反对态度的。

就在孙中山宣布辞职的前两天，荷马李中风了。荷马李重病的消息很快就被美国媒体予以报道。2 月 12 日，《纽约时报》登载消息称："（南京，2 月 11 日）跟随中华民国临时大总统孙逸仙医生来这里的美国军官荷马李将军病得非常严重。"③2 月 13 日，《纽约时报》刊文称："（上海，2 月 12 日）中华民国大总统孙逸仙医生的顾问美国军官荷马李将军情况危急。他患了糖尿病，据称今晚已经垂危了。"④《华盛顿邮报》也刊文："（中国上海，2 月 12 日）中华民国大总统孙逸仙医生的顾问美国军官荷马李将军情况危急。他

---

①② 朱卓文（J. Chockman）写给荷马李夫人的信（1912 年 6 月 15 日），美国斯坦福大学胡佛档案馆藏鲍尔斯文件（Joshua B. Powers Papers），Box 1，"Correspondence of H. Lea and E. Lea" 内的文件夹 "Chockman, Jue"。

③ No title. *New York Times*，February 12，1912，p.3.

④ "Gen. Homer Lea Very Ill"，*New York Times*，February 13，1912，p.5.

已经长时间处于昏迷状态。"①美国报刊迅速地报道了荷马李重病的消息，而且提到他的名号时普遍冠以"总统顾问"②、"美国军官"、"将军"等词，"黄色新闻"的特点再次鲜明地体现出来。③

　　荷马李曾在 1 月份得了流行性感冒，但其后完全康复了，2 月 11 日的中风非常突然。荷马李在事后回忆当时的情景："一天早上在起床号吹响后不久，大约 6 点钟左右，我骑上马，视察行进的队伍。突然，我看不见了，眼前一片漆黑。我勒住马，用手捂住眼睛，使劲揉搓它们，同时意识到我可能会晕厥从而跌落。于是我下马，寻着我来的方向摸索回去。我大约走了 10 分钟，那是一段极度漫长的时间。然后他们发现了我，把我领回去。医生说这是因为我前额有一根血管破裂导致的。"④荷马李之所以会突然中风，可能一方面是由于其身体本来就很虚弱⑤，另一方面可能是他来中国后各种因素综合作用的结果。其中需要予以特别指出来的因素是：其一，他工作非常卖力。美国报刊在报道荷马李重病的消息时，同时

---

①　"Gen. Lea Critically Ill"，*The Washington Post*，February 13，1912，p.9.

②　此处提到孙中山的头衔不是"临时大总统"而是"总统"。

③　中国国内对于荷马李重病的消息仅见于零星的几篇英文报道中。

④　"China Calls Author-Soldier，Gen. Lea longs to Return"，*Los Angeles Examiner*，August 23，1912，p.4.

⑤　从前文的论述中可以看出荷马李身体虚弱，曾有几次生命危急的情况出现。而德国的治疗对其身体的恢复起到了非常有效的作用，甚至在荷马李这次生病之后，朱卓文（Chockman）希望荷马李的身体能恢复到离开欧洲之前的样子。朱卓文（J. Chockman）写给荷马李夫人的信（1912 年 5 月 28 日），美国斯坦福大学胡佛档案馆藏鲍尔斯文件（Joshua B. Powers Papers），Box 1，"Correspondence of H. Lea and E. Lea"内的文件夹"Chockman，Jue"。

称"他在革命的进程中，工作极度努力"；①其二，英日外交官的抗议。"因为荷马李将军谴责英日同盟，而且公开声称他认为英国和日本正在计划瓜分中国，故而英日两国愤怒了"，2月7日，英国和日本进行了非正式的抗议，并对荷马李的工作产生了很大影响；②其三，孙中山准备辞职。南北和谈的进展，以及清帝即将退位，孙中山即将辞职，这些对于荷马李的精神和心态会产生一定的影响。当然，可能还存在其他一些原因，现在也无法确切地说究竟是什么导致了荷马李身体突然崩溃，而只能从他中风前的活动中寻找可能的因素。

荷马李中风之后处于深度昏迷之中，一度情况非常危急。2月20日，埃塞尔在写给妹妹的信中说："你可能已经从报纸上得知荷马李病重的消息。尽管我现在可以很高兴地说他已经好多了，但是有两整天，我们都担心他的每一次呼吸都是他最后的呼吸。医生说，他能撑过来真是个奇迹。我们几乎已经放弃了所有希望。这次中风非常突然，整整12个小时我都没能意识到其严重性。一个星期的时间我衣不解带。现在他大部分时间都是睡着的，身体非常非常虚弱，但是在照顾下，他或许会熬过来。这里的每一个人都非常

---

① "General Homer Lea, Military Adviser to Dr. Sun, is Ill", *The Evening Journal* (Wilmington, Del.), February 17, 1912, p.1; "General Homer Lea, Military Adviser to Dr. Sun, is Ill", *Bismarck Daily Tribune* (Bismarck, Dakota), February 20, 1912, p.1; "Sun's Adviser is Reported Ill", *Perth Amboy Evening News* (Perth Amboy, N. J.), February 23, 1912, p.5.

② "American is Bounced from His Job", *Daily Capital Journal* (Salem, Oregon), February 7, 1912, p.5; "England and Japan Depose American General in China", *Rogue River Courier* (Grants Pass, Or.), February 9, 1912, p.7.

好，他们给了我们很好的帮助。"①3 月 16 日，埃塞尔在信中写道：
"他在慢慢地恢复。尽管他的身体一侧仍旧无法动弹，但是他的胳
膊似乎逐渐变得有力量了。他自己还不知道已经瘫痪了，我害怕他
发现该事实的那一刻，而他至今仍旧不知，所以你就明白他病得多
严重了。他的大脑太疲惫，如今任何事情都无法感知了，或许这是
他自我拯救的一种方式，如果他现在还焦躁，那么什么也救不了他
了……他已经躺了 4 个星期了，但像躺了几个月一样。想着他马上
就能好起来，于是也觉得不错，但是那将需要很长的时间，而想着
他如今已经脱离的危险，而且这或许是他那天才的大脑获得休息的
唯一方式，我就会感到非常高兴。你不必担心，因为他一定会好起
来的。他的工作还没有做完，除非工作做完了，否则人是不能去世
的。我敢说，如果在刚开始我有时间去想情况有多糟糕，那么我肯
定已经疯掉了。"②埃塞尔在信中描述了荷马李当时的状况，同时从
中也可以看到荷马李生病之前的工作强度非常大。在来中国之前，
埃塞尔曾说荷马李的工作才刚刚开始，而此时埃塞尔则说荷马李的
工作还没有做完。从中可以看出，埃塞尔对荷马李的工作很支持，
且对荷马李很有信心。

　　孙中山派秘书朱卓文（Chockman）陪同荷马李夫妇，埃塞尔
说："孙告诉他就待在这里，以便我们可能随时需要他的帮忙"，他

---

① 埃塞尔写给艾格妮丝·布赖恩特（Agnes Bryant）的信（1912 年 2 月 20 日），
　　美国斯坦福大学胡佛档案馆藏鲍尔斯文件（Joshua B. Powers Papers），Box 1，
　　"Correspondence of H. Lea and E. Lea" 内的文件夹 "Bryant, Agnes"。
② 埃塞尔写给艾格妮丝·布赖恩特（Agnes Bryant）的信（1912 年 3 月 16 日，打
　　印件），美国斯坦福大学胡佛档案馆藏鲍尔斯文件（Joshua B. Powers Papers），
　　Box 1，"Correspondence of H. Lea and E. Lea" 内的文件夹 "Bryant, Agnes"。

"那么好，那么会安慰人，如果没有他，我肯定早就疯了"。①"孙中山自己当然有很多事情要处理，无法亲自陪在这里，但是我们知道，如果可能的话，他一定会陪着的。他对于情况的好转感到如此高兴，当他一旦可以从繁杂事务中抽身时便过来待几分钟。"②

在同日写的另一封信中，埃塞尔说："我根本没有时间做事情，因为我一旦离开床边 10 分钟，他就会变得焦虑和紧张，好像担心我再也不会回来了。知道他生病之后，他才意识到他有多在乎我。他日渐康复，但若想走动，还得几个星期的时间。我还不清楚他视力受损的程度，但我们希望它没有受损。"③

3 月 31 日在写给妹妹的信中，埃塞尔重复了 16 日信中提到的荷马李对其依恋等情况，然后继续写道："他老是说要去加州造一座房子，然后我们所有人就可以住在一起了。谢天谢地，他的脑子没有受损。"埃塞尔说："明天我们将开始电疗法，会有很大益处。"对于当时中国国内的形势，埃塞尔说："如今孙已经确定无疑地决心辞职，以便和平的局面到来，我们认为荷马李最好还是离开。"荷马李夫妇最后决定回美国休养，而医生建议在天变热之前就启程。医生说，海上旅行对荷马李有益，而且随着时间流逝荷马李会慢慢痊愈。对荷马李夫妇而言，现在最重要的就是荷马李身体能好

---

①② 埃塞尔写给艾格妮丝·布赖恩特（Agnes Bryant）的信（1912 年 3 月 16 日，打印件），美国斯坦福大学胡佛档案馆藏鲍尔斯文件（Joshua B. Powers Papers），Box 1，"Correspondence of H. Lea and E. Lea" 内的文件夹 "Bryant, Agnes"。

③ 埃塞尔写给艾格妮丝·布赖恩特（Agnes Bryant）的信（1912 年 3 月 16 日，手写件），美国斯坦福大学胡佛档案馆藏鲍尔斯文件（Joshua B. Powers Papers），Box 1，"Correspondence of H. Lea and E. Lea" 内的文件夹 "Bryant, Agnes"。

起来，其他一切都不重要了。①

二、最后的时光

4月12日，荷马李夫妇由上海乘坐日本轮船回美国。为了避免记者等人不必要的打扰，埃塞尔努力地让他们的行程不对外公开。孙中山安排朱卓文（Chochman）护送荷马李夫妇到了横滨②，并另派人陪同他们直到抵达加州。③

4月29日，檀香山的记者捕捉到了荷马李的消息：从东方驶来的新阳丸（Shinyo Maru）号上载有从中国归来的荷马李夫妇；荷马李病情严重，需要回西海岸静养直至身体好转。④第二天，当地报纸刊登长文详细地介绍了荷马李的情况："军事冒险家、作家、中国帝制摧毁者的顾问荷马李正搭乘新阳丸号回国，他的战斗已经结束，他处于瘫痪中，并由其虔诚的妻子照看。右侧半身不遂、几近失明、遭受持续的疼痛折磨、历经许多战斗的这位英雄不得不折服于疾病的疼痛之下。他几乎已经丧失了希望，尽管那个在包厢中看顾他的弱小女子绝不向命运低头，并坚称只要他们回到洛杉矶，

---

① 埃塞尔写给艾格妮丝·布赖恩特（Agnes Bryant）的信（1912年3月31日），美国斯坦福大学胡佛档案馆藏鲍尔斯文件（Joshua B. Powers Papers），Box 1，"Correspondence of H. Lea and E. Lea"内的文件夹"Bryant，Agnes"。这封信的前半部分与3月16日的信存在重复的地方。
② 朱卓文（J. Chockman）写给荷马李夫妇的信（1912年5月28日），美国斯坦福大学胡佛档案馆藏鲍尔斯文件（Joshua B. Powers Papers），Box 1，"Correspondence of H. Lea and E. Lea"内的文件夹"Chockman，Jue"。
③ "American Who Advised China's Patriot Home in Pathetic Condition"，*San Francisco Chronicle*，May 7，1912，p.3.
④ "Gen. Homer Lea on Board Sick"，*The Hawaiian Star*，April 29，1912，p.8.

有朋友相助，一切都会好起来的。从在上海登上轮船开始，一路上
荷马李将军一直都待在他的包厢中，偶尔到甲板上待一两个小时。
昨日轮船到港时，他待在包厢内，只要轮船不离开檀香山，他就不
会出来。除了儿近失明之外，将军正遭受由于脑门血管破裂而造成
的巨大痛苦。"由于从东京和横滨上船的乘客太多，荷马李只能屈
居二等包厢之中，但是他"得到了无微不至的照料和看护"。他的
医生说荷马李"现在可以看到一点点了"，而且他希望等轮船抵达
旧金山时能让荷马李恢复健康。其后，文章对荷马李简历进行了介
绍："荷马李将军是《无知之勇》的作者，曾在斯坦福读书。
1899 年，中国上一任皇帝被废黜和监禁的一年之后，荷马李将军
到了东方，并与帝党关系密切，从那时直至 1908 年秋天那位皇帝
去世，他一直担任帝国精英们的顾问。为了对他的贡献表示感谢，
他被授予中将（lieutenant-general）头衔和一枚宝星。从 1908 年政
变至今，他一直密切观察东方及太平洋发生的各个军事活动和政治
变化。他有关 11 世纪社会主义在中国兴衰的研究在社会经济学家
中引起了广泛关注。"①

　　5 月 1 日，《晚间星辰报》简要报道了 5 月 1 日从檀香山发来的
有关荷马李返美的消息。②5 月 2 日《洛杉矶时报》登载荷马李返美
的消息："荷马李将军搭乘日本轮船新阳丸去往旧金山。他曾住在
洛杉矶、最近曾担任获胜的中国革命党的司令。他现已几乎失明，
半瘫痪，极度无助，待在他的包厢里，由他的夫人照顾他。"其后，

---

① "Gen. Homer Lea Victim of Disease", *The Hawaiian Gazette*, April 30, 1912,
　　p.1. 该报纸在头版报道荷马李返美的消息，并配以荷马李大头照。
② "Lea Returning to U. S.", *The Evening Star*, May 1, 1912, p.1.

报纸简要介绍了荷马李与中国的关系："当荷马李将军还在学校读书的时候，就有了从清政府统治下解救整个中国的想法。他的朋友和家人都不把其当回事，但他并没有因此而放弃。不久，他在空地上操练中国人。革命运动的领袖孙逸仙医生来美国时遇到了他，被其真诚所打动，并相信他的能力。从那个时候起，尽管在美国有关他的消息非常少，但是他在中国的地位和影响力爬升得很快。"①荷马李回美国的消息在美国散布开来，这让荷马李又一次处于媒体的聚光灯下。

　　5 月 6 日，荷马李到达旧金山。《旧金山纪事报》刊文："斯坦福毕业生、作家、军事冒险家、在摧毁古老的清王朝中帮助了新生的共和派的荷马李将军，在获得胜利和成功后，乘坐新阳丸于昨日抵达了这里。他崩溃了，是身体而不是精神。他右侧偏瘫，几乎不能移动，几乎没有了视力，而且持续遭受疼痛的折磨。曾经亲眼目睹过许多英勇的战斗，现今被病痛折磨，他成为了其忠实而年轻的妻子的病人。他们将去南加州，期望那位坚毅的战士、帝制摧毁者的顾问能恢复健康……他待在包厢里，不容许见任何记者，他的妻子替他发声，讲述了他在最近发生的那场革命中所起到的作用。"因为中立法规的限制，"尽管李将军无法实际地参与到革命者的战斗中，但他参与到指挥以及战略谋划中，这些最终导致了革命的胜利"。埃塞尔告诉该报记者："大约 3 个月前，李将军瘫痪了，他的

① "Homer Lea is Helpless", *Los Angeles Times*, May 2, 1912, p.14; "Gen. Homer Lea Ill", *New York Times*, May 2, 1912. p.5; "Homer Lea, Leader of Rebels, Now Invalid", *San Francisco Chronicle*, May 2, 1912, p.3. 这几篇报道的内容相同。

中风来得非常突然。当然，我无法透露我的丈夫和新生中国的革命党的关系，但有一点可以肯定的是，他的确是孙医生的朋友和顾问，我们去年曾陪伴着他。是的，在新政府的治理下，中国发展得非常好，她未来必将进步和繁荣。"其后，这篇文章又将荷马李的大概情况予以介绍，并称："他是远东地区军事活动和政治变化的密切观察者。他的价值被孙医生看到了，他为孙医生在军事以及其他方面提供建议和经验指导。"①

《洛杉矶时报》也对荷马李的抵达予以报道，开篇就点出了荷马李与中国的革命以及中华民国的建立有着非常密切的关系。该文描述了荷马李的身体状况："他下火车时，根本无法走路，必须依靠轮椅的帮助才能坐上汽车。"其后，该文用比较大的篇幅描述了荷马李与康有为、梁启超、孙中山的关系。②

荷马李回到加州之后，住在圣塔莫尼卡（Santa Monica）离海岸很近的房子里，处于安静地休养状态。他的朋友会过来看他。荷马李夫妇写信与外界联络。③朱卓文（Chockman）与荷马李夫妇保持通信，以了解荷马李身体恢复的情况，并将自己、孙中山以及中

---

① "American Who Advised China's Patriot Home in Pathetic Condition", *San Francisco Chronicle*, May 7, 1912, p.3.

② "Empire Maker Seeks Health", *Los Angeles Times*, May 8, 1912, p.5.

③ 5月25日，荷马李夫人给罗伯茨爵士写信，告知对方荷马李已经安全抵达圣塔莫尼卡。罗伯茨爵士于6月17日回信说："我相信你不久就会告知我这样的消息：荷马李已经恢复了健康。"罗伯茨爵士写给荷马李夫人的信（1912年6月17日），美国斯坦福大学胡佛档案馆藏鲍尔斯文件（Joshua B. Powers Papers），Box 1, "Correspondence of H. Lea and E. Lea" 内的文件夹 "Roberts, Field Marshal Lord Earl"。

国的近况告知对方。①同时孙中山也在同荷马李夫妇进行书信往来。②

1912 年 6 月，荷马李的新著《撒克逊时代》由哈珀兄弟出版社出版。③书的署名是荷马李，同时注明"《无知之勇》的作者"。荷马李在书的前言中提到了这本书的写作过程："这本书在写作的过程中遇到了诸多困难。当我还在美国的时候，就开始了这本书的写作，后来在各个大洲和大洋的旅行中继续写作，最终在亚洲完成了整本书。最后一章的写作开始于浓郁的和平氛围之中，而最终在战火纷飞中予以完成。"这本书是荷马李对其地缘政治思想的进一步阐发，主要论述了在新科技等背景下"军事科技进步如何影响国家生存状态"。④

---

① 朱卓文（J. Chockman）写给荷马李夫妇的信（1912 年 5 月 28 日、6 月 15 日、7 月 5 日、8 月 24 日），美国斯坦福大学胡佛档案馆藏鲍尔斯文件（Joshua B. Powers Papers），Box 1，"Correspondence of H. Lea and E. Lea"内的文件夹"Chockman，Jue"。

② 1912 年 6 月 27 日，孙中山写信给荷马李夫人："我非常高兴听到你和将军在回国的旅途中，至为愉快。我更高兴的是将军的身体日益复元，以及医生所说的他不久以后就可以走路了。在你收到我这封信的时候，你应该已在海滩上了，无疑的，空气和阳光的转变更会加快将军身体的复元。"孙中山在这封信中提及他的儿子和两个女儿将乘坐轮船赴美读书，同时称"在中国的事情已渐渐粗具规模"，他想避开政治方面的事情而尽力发展中国的自然资源，尤其是进行铁路方面的建设。《致咸马里夫人函》（1912 年 6 月 27 日），《孙中山全集》，第 2 卷，第 386—387 页。

③ 罗伯茨爵士在 6 月 17 日的信中提到："《撒克逊时代》已于 3 天前出版，而在那之前的一两天，该书的样本已经由哈珀兄弟出版社寄给了我。我确信该书将受到大众的欢迎。"罗伯茨爵士写给荷马李夫人的信（1912 年 6 月 17 日），美国斯坦福大学胡佛档案馆藏鲍尔斯文件（Joshua B. Powers Papers），Box 1，"Correspondence of H. Lea and E. Lea"内的文件夹"Roberts，Field Marshal Lord Earl"。

④ Homer Lea，*The Day of Saxon*，New York and London：Harper & Brothers publishers，1912，preface.

《纽约时报》上刊登的广告这样介绍这本书："和上一本书一样，荷马李将军致力于将美国人从国家十分安全、不会受到侵略的迷梦中唤醒，这本书强烈呼吁美国人即刻醒来。作者预言，其他国家经济发展会给美国带来危机，而这些国家的扩张必然会导致美国目前国境线的缩小。书中对危机极有说服力的预言、犀利的饱含逻辑性的分析，都意在打破每一个爱国的美国人的懒散沉睡状态"①；"荷马李写了一本书，预言英国处于崩溃的边缘"②。除了《纽约时报》外，当时许多报纸都登载了该书的相关消息。③出版社认为，报纸上刊登的这些信息，应该会使得这本书的销量快速增长，而且，"罗伯茨爵士（Lord Roberts）已多次表达了对该书的兴趣"，"他很想尽可能地去提升该书的销售量"，于是出版社送给了他十几本书，"这样他就可以将其分发从而扩大书的知名度"。④

实际上，《撒克逊时代》出版时便自带光环。在其出版不久，就有一个叫毛利八十太郎（Yasotaro Morri）的日本人给荷马李写信：

请原谅我冒昧地给您写了这封信。我刚收到了您的新作

① "Harpers Books", *New York Times*, June 15, 1912, p.6; "Harpers Books", *New York Times*, June 22, 1912, p.9.
② "Contents of Book Review", *New York Times*, June 22, 1912, p.5.
③ 出版社职员在写给荷马李的信中提到了刊登《撒克逊时代》广告的报刊名录。参见后文提到的哈珀兄弟出版社职员写给荷马李夫人的信（1912 年 8 月 31 日）。
④ 哈珀兄弟出版社职员写给荷马李夫人的信（1912 年 8 月 31 日），美国斯坦福大学胡佛档案馆藏鲍尔斯文件（Joshua B. Powers Papers），Box 2, "Collected Writings of H. Lea" 内的文件夹 "The Day of the Saxon, Correspondence"。

《撒克逊时代》。我非常喜欢这本书，正如我非常喜欢您的上一本书《无知之勇》一样。我诚恳地祈求您能准许我将这本书翻译成日文。您的上一本书在翻译成日文之后，受到我国人民的热捧，我深信您的新作一定会受到同样的喜爱。我知道纽约的哈珀兄弟出版社拥有该书的版权，我应该就该问题获得他们的同意，但无论如何，我觉得获得作者的许可应该是我们道义上的责任。

借这个机会，我想请问您一个问题：您名字中带着的"将军"一词是军事意义上的"将军"，还是您全部名字中的一部分？某个日本作家（如果您想知道他的名字，我可以提供给您）严厉地批评了您，因为您的那个头衔彻底将大众误导了。日译本里您名字中的"将军"一词是军事意义层面的。就这个问题，您能彻底地解释清楚吗？这样我就可以向我的国民解释这个问题。

我之所以想做这个翻译工作，并不是为了谋利，只是想让我国国民能熟知您的著作。热切地希望能您尽快回复并同意我的请求。①

这位日本人在看到《撒克逊时代》之后，即刻给荷马李写信，请求作者同意将这本书翻译成日文，是因为他一方面很喜欢《撒克

---

① 毛利八十太郎（Yasotaro Morri）写给荷马李的信（1912 年 6 月 20 日），美国斯坦福大学胡佛档案馆藏鲍尔斯文件（Joshua B. Powers Papers），Box 2, "Collected Writings of H. Lea"内的文件夹"The Day of the Saxon, Correspondence"。

逊时代》，另一方面他看到了荷马李的《无知之勇》在日本的畅销，并认为日本人同样还会追捧荷马李的第二本书。同时，毛利也明白版权在出版社，故而他说征求荷马李的同意，也只是出于礼节和道义上的考虑。这句话说得虽然合乎情理，但让人看后有种不愉快的感觉，因为其潜台词是，荷马李的同意与否，实际上与毛利是否能获得翻译权没有太大的关系。而紧接着毛利在这封信的后面提出了一个尖锐的问题，即荷马李"将军"头衔是否具有军事层面的意义。他希望荷马李能够亲自彻底地将这个问题解释清楚。而从这封信上的信息来看，毛利当时应该在美国，应该可以从报纸上看到有关荷马李"将军"头衔由来的相关报道。他此处提出这个问题，是想从荷马李那里得到一手的信息，确证荷马李背后的关系，并向日本国民予以说明。毛利的来信表明日本人还在继续关注荷马李及其著作，由此可见荷马李思想和著作的影响力。

由于资料的限制，无法看到荷马李读了这封信后的感受以及是否回信。从现有的信息来看，毛利并没有获得《撒克逊时代》的日译版权。池亨吉曾通过孙中山试图获得《撒克逊时代》的日文翻译权。[1]1914 年 5 月 1 日，荷马李夫人写信给孙中山，称已经就池亨吉翻译《撒克逊时代》一事写信给哈珀兄弟出版社，并再次提及她同意池亨吉获得日文翻译权。[2]然而，不知因何原因，笔者并没有

---

[1] 孙中山写给荷马李夫人的信（1913 年 12 月 23 日），美国斯坦福大学胡佛档案馆藏鲍尔斯文件（Joshua B. Powers Papers），Box 1，"Correspondence of H. Lea and E. Lea"内的文件夹"Sun Yat-sen"。

[2] 荷马李夫人写给孙中山的信（1914 年 5 月 1 日），美国斯坦福大学胡佛档案馆藏鲍尔斯文件（Joshua B. Powers Papers），Box 1，"Correspondence of H. Lea and E. Lea"内的文件夹"Sun Yat-sen"。

看到《撒克逊时代》日文版的出版。

　　毛利等人想翻译《撒克逊时代》，在很大程度上是想搭《无知之勇》受人们追捧的顺风车，而出版社在推销《撒克逊时代》时，也在一定程度上注意到了借用《无知之勇》的名声，同时也会将销量等与《无知之勇》对比。7 月 19 日，出版社的克拉伦斯（Clarence W. Mcilvaine）写信告知荷马李夫人："《撒克逊时代》的销售目前有些迟缓，并分析了其中的原因。他将出版社最近的广告复印件以及出现的一些评论附在信中。同时他还提到一家出版社认为法文版没有销路，但他会再尝试找其他出版社出版法文版。"①10 月 2 日，克拉伦斯写信称："《撒克逊时代》在这里的销售平稳，但销量没有《无知之勇》大。"②10 月 26 日，克拉伦斯来信称："《撒克逊时代》和《无知之勇》的销量都很平稳，尽管前者的销量仍旧比不上后者。"克拉伦斯还在信中提到了罗伯茨爵士刚做了一个演讲，该演讲对于宣传《撒克逊时代》中所做的警示是有促进作用的。而且他提到《撒克逊时代》的德语译本将在

---

①　克拉伦斯（Clarence W. Mcilvaine）写给荷马李夫人的信（1912 年 7 月 19 日），美国斯坦福大学胡佛档案馆藏鲍尔斯文件（Joshua B. Powers Papers），Box 1，"Correspondence of H. Lea and E. Lea"内的文件夹"Mcilvaine, Clarence W."。这封信的开头，克拉伦斯提到他从一个朋友那里听说荷马李身体进一步恢复，并称："我非常高兴，你在信中暗示你和荷马李将军不久将再来英国；回忆起我们曾经在这里相聚的时光，我感到非常快乐。"

②　克拉伦斯（Clarence W. Mcilvaine）写给荷马李夫人的信（1912 年 10 月 2 日），美国斯坦福大学胡佛档案馆藏鲍尔斯文件（Joshua B. Powers Papers），Box 1，"Correspondence of H. Lea and E. Lea"内的文件夹"Mcilvaine, Clarence W."。信的开头写道："收到你的上一封信之后，得知李将军的身体快完全恢复了，这是最让我高兴的事情。"

11月上旬出版。①

从《撒克逊时代》的出版及销售来看，出版社在宣传、推广方面的做法与促销《无知之勇》是一样的，而罗伯茨爵士在两本书的宣传上的作用也相似。《撒克逊时代》的销量不如《无知之勇》的原因可能有多种，其中一个重要的方面应该是作者荷马李在宣传方面的缺位。此时荷马李只能静静地休养身体，而不能像《无知之勇》出版时那样以做讲座、接受采访等各种方式对自己的书进行宣传。

荷马李的身体渐渐康复，到了7月份，他可以通过口述的方式给孙中山写信了：

> 我的身体已经好了，可以给你写信了。我们昨天收到了你那封令人感激的邮件。我的身体已经大大恢复了，我和我的医生都相信，到了9月中旬我就可以回中国，且无论你指派我做什么事情，我都可以为其竭尽全力。
>
> 这场病真的很严重，但是我觉得我几乎已经康复了。最近，应洛杉矶华人的邀请，我开车到唐人街去看望他们。在那里我遇到了一位来自费城的华人，一两天前刚到洛杉矶。他说他刚收到黄兴（Huang Hsin）写来的一封信，信中称所有的德国顾问将被解职，美国军官将顶替他们的位置。我由此得知南北军队将要合并，因为你的军队中没有德国军官。我对此不理

---

① 克拉伦斯（Clarence W. Mcilvaine）写给荷马李夫人的信（1912年10月26日），美国斯坦福大学胡佛档案馆藏鲍尔斯文件（Joshua B. Powers Papers），Box 1，"Correspondence of H. Lea and E. Lea" 内的文件夹 "Mcilvaine, Clarence W."。

解。你能告诉我相关信息吗？如果你们即刻需要这些军官，请告知我薪水是多少，我去拜访陆军部长（Secretary of War），无论你需要多少军官，我都争取让他批准。

查菲将军（Generals Chaffee）及伯顿将军（General Burton）偶尔来看我，并总是问候你。你可以将指示用电报发给洛杉矶弗林特吧（Flintbar）荷马李收。自离开南京后，我没有接受任何报纸的任何采访，如果你看到有报道声称源自于我，你就知道那一定是假的。如果你想让我在回中国之前去华盛顿、伦敦和巴黎，请直接跟我说。这里的人们似乎全都认为俄国很快将占领中国。①

荷马李在这封信中对自己的身体状况很有信心，提出可以帮孙中山招募美国军官，而且预计 9 月中旬就可以回中国为孙中山效力，并可以根据孙中山的要求先去华盛顿、伦敦和巴黎一趟。

荷马李积极地与孙中山进行书信往来，沟通信息，甚至还拟定了一个备忘录。孙中山在 10 月 13 日的回信中提及收到荷马李及其夫人的来信"不胜欣慰感谢"，期望荷马李的"健康状况继续好转"，从而可以与荷马李"两个月后②在巴黎碰面"。而至于荷马李

---

① 荷马李写给孙中山的信（1912 年 7 月 27 日），美国斯坦福大学胡佛档案馆藏鲍尔斯文件（Joshua B. Powers Papers），Box 1，"Correspondence of H. Lea and E. Lea"内的文件夹"Sun Yat-sen"。
② 英文原文用的词是"in"，《孙中山全集》将其翻译成"两个月内"，这里应该是"两个月后"的意思。

拟定的备忘录，孙中山说："你备忘录中所提的条件，我已经仔细审视过了。其中有几项需要在我们碰面时进行商讨。"孙中山还提到了他北上的情况："我此次北上是一次巨大的胜利，你一定已经从报纸上获知此事。这次北上使得南北双方获得了更好的谅解。黄将军也曾北上，同样受到了热情的接待。他刚回上海。"①孙中山在信中提到了计划两个月后与荷马李在巴黎碰面，会就荷马李草拟备忘录中的几项进行商讨。同时孙中山将他北上的情况以及最近与山西银行家接触的情况告知荷马李。通过这些信件往来以及报刊等渠道，荷马李对中国国内革命形势的发展应该有一定的掌握。②

　　除了通过书信往来之外，蓝天蔚的到访对于荷马李了解中国国内的形势而言是一个重要契机。在武昌首义后，蓝天蔚曾密谋发动北方新军响应，但因事泄出走。民国南京临时政府成立后，蓝天蔚被孙中山任命为北伐军第二军总司令。他率领北伐军共 2 000 多人，乘军舰和运输船北上，到达山东烟台，发表宣言，并开赴东三省攻城略地，获得节节胜利。因南北达成协议，蓝天蔚接到南京临时政府电报，令北伐军原地待命，等候解散。后蓝天蔚由政府资助

---

① 孙中山写给荷马李的信（1912 年 10 月 13 日），美国斯坦福大学胡佛档案馆藏鲍尔斯文件（Joshua B. Powers Papers），Box 1，"Correspondence of H. Lea and E. Lea" 内的文件夹 "Sun Yat-sen"。《复咸马里函》（1912 年 10 月 13 日），《孙中山全集》，第 2 卷，第 504 页。

② 尤金（Eugene）认为荷马李此时显然"并不清楚袁世凯的当权以及孙中山失去了在政治、军事上的权力"。参见 Eugene Anschel, *Homer Lea*, *Sun Yat-Sen and the Chinese Revolution*, p.177。

出国考察。①7 月 28 日，蓝天蔚抵达旧金山，受到当地华侨的热烈欢迎。《旧金山呼声报》对当时的情况予以报道，并简要介绍了蓝天蔚的情况，且提到蓝天蔚此行的目的是为了"学习西方的军事设施以及现代军事技术方法"，"他不会与美国当局商讨承认中华民国的问题"，此行仅仅是为了让他能更好地胜任回国后的工作。②蓝天蔚访美一行中还有孙中山的儿子孙科（Sun Fo）以及两个女儿孙娫（Sun Yuen）和孙婉（Sun On）。孙中山的这几个孩子此次来美是为了读书，朱卓文（Chockman）曾在 7 月 5 日写给荷马李的信中提及 7 月 2 日孙科等人出发去美国求学的消息。③他们与蓝天蔚随行，到加州时还参加了许多蓝天蔚出席的活动④，由此可以推出蓝天蔚此行除了考察之外还有护送孙中山的孩子们来美求学的目的，进而

———————

① 刘绍唐主编：《民国人物小传》，上海：上海三联书店，2014 年，第 4 册，第 421—423 页；贾逸君编著：《民国名人传》，北京：民主与建设出版社，2012 年，上册，第 304—305 页；姚维斗、黄真：《蓝天蔚》，《历史教学》，1986 年第 12 期；何广：《将军百年后：浅论蓝天蔚生平记述中的形象塑造》，《近代史学刊》，2014 年第 1 期（总第 11 辑），第 153—154 页。

② "Commander of Chinese Reform Force in North Comes to Study Military Methods", *The San Francisco Call*，July 29，1912，p.14.

③ 该信中提到："孙科想去加州大学读书，但两个女孩还没有决定去哪里求学。我告诉他们，等他们一到美国就给你写信。"朱卓文（Chockman）还将孙科在美国的收信地址告知荷马李夫妇。朱卓文（J. Chockman）写给荷马李夫妇的信（1912 年 7 月 5 日），美国斯坦福大学胡佛档案馆藏鲍尔斯文件（Joshua B. Powers Papers），Box 1，"Correspondence of H. Lea and E. Lea"内的文件夹"Chockman, Jue"。

④ 据报章消息，在蓝天蔚进行的参观、宴请等活动中，随同人员里有孙科、孙娫和孙婉的名字。"Merchants Fete Noted Chinese"，*The San Francisco Call*，August 1，1912，p.17；"Chinese Visitors on Inspection Tour"，*The San Francisco Call*，August 3，1912，p.28.

更可以推知蓝天蔚与孙中山的关系不一般。

8月15日，蓝天蔚一行到达洛杉矶，并于第二日拜访荷马李。报载，蓝天蔚为了当面对荷马李表示感谢，将去位于圣塔莫尼卡（Santa Monica）的荷马李家里，"蓝天蔚作为中华民国最高层官员之一，将亲自表达其政府以及数以百万计的民众对荷马李将军的感激之情：多亏了他的天赋异禀，在当代一场最伟大的革命中，清政府被打败了"。①蓝天蔚的军事出身以及在辛亥革命中的活动，尤其是其在北伐中的作为，与荷马李有很多相通之处，二人有许多共同的话题。他们在美国的会面，对于荷马李而言是一次非常难得的经历。荷马李在重病之后见到蓝天蔚，从其口中得知中国革命的相关情况。

8月28日，荷马李向媒体做出声明，称他的身体已经恢复并准备回中国继续效力。《旧金山纪事报》载："（海洋公园，8月28日）作家、中国革命家的前军事顾问荷马李将军发布了一个声明，称他不久将回到中华民国，继续担任军事顾问等职务。四个月前，荷马李因脑中血管破裂而导致暂时性失明，其后他从中国回到美国。在离开新生的共和国之后，他一直都在这里休养。他的视力已经恢复，而且他已发表声明称他基本已经准备好再次跨越太平洋回到中国。"②同日，许

---

① "Gen. Lan Rushes to Visit Gen. Homer Lea", *Los Angeles Herald*, August 15, 1912, p.1.

② "General Homer Lea to Return to China", *San Francisco Chronicle*, August 29, 1912, p.1. 该文章的副标题是"视力恢复，中国革命中的残疾英雄准备好了继续效力"。

多报刊上登载了类似的消息。①

　　报纸上继续流传着荷马李打算回到中国的消息②，甚至有报纸登载荷马李将乘坐太平洋邮轮尼罗河号（Nile）的消息。③10 月 6 日《太阳报》载："《无知之勇》和《撒克逊时代》的作者荷马李将军可能不久即将返回中国。几个月前，他因在中国革命中积极工作而致使身体受到严重损害而回加州家中休养。如今他的腿可以活动了，但是胳膊仍旧无法活动。但他通过最亲密的朋友孙逸仙而与新生共和国的事务保持密切联系，并打算尽快回到实际的工作中

---

① "American Soldier of Fortune Goer Back to China"，*Albuquerque Evening Herald* (Albuquerque, N. M.)，August 28，1912，p.1；"Homer Lea to Return to Fight in China"，*El Paso Herald* (El Paso, Tex.)，August 28，1912，p.15；"General Homer Lea to Return to China"，*Medford Mail Tribune* (Medford, Or.)，August 28，1912，p. 1；"Will Go Back to Aid the New Republic"，*Daily Capital Journal* (Salem, Oregon)，August 28，1912，p.5；"General Lea will Return to China"，*Santa Fe New Mexican* (Santa Fe, N. M.)，August 28，1912，p.5.

② 从 8 月 28 日开始，一直有报刊登载该消息。"Lea Back to China"，*Honolulu Star-bulletin* (Honolulu, Hawaii)，August 29，1912，p.1；"Brief Bits of News"，*Morgan Country Republican* (Versailles, Mo.)，September 5，1912，p.2；"News of a Week in Condensed Form"，*The Meridian Times* (Meridian Idaho)，September 6，1912，p.1.

③ 该报载："随着视力的逐渐好转并最终恢复，荷马李将军（他曾在中华帝国待了许多年，为前专制政府的君主充当军事顾问；同时他还是有关中国方面事情的专家和作家）将乘坐太平洋邮轮尼罗河号。该船目前正在火奴鲁鲁港口附近……大约四个月前，荷马李将军路过火奴鲁鲁时，几乎失明了。因为病痛，他不得不待在自己的包厢中，只有几个当地最著名的华人可以去见他。据说，在大陆，荷马李将军处于最好的医生的治疗之下。他的失明是由脑中风引起的。在过去的几个月里，他一直在海洋公园休养。他的身体一好转，他便迫不及待地宣布了决定返回中华民国的消息。" "Lea Expected on the Nile"，*Honolulu Star-bulletin* (Honolulu, Hawaii)，September 12，1912，p.6.

去。"①这篇报道对荷马李身体的具体状况进行了描述，并再次提及荷马李试图回到中国。荷马李也积极做着准备，并拟定一个备忘录，计划与孙中山在巴黎会面。

对荷马李而言，一切即将好起来。10 月 27 日，荷马李夫妇还宴请了几个朋友。然而，就在当晚，荷马李突然再次中风，并于 11 月 1 日去世。其去世的消息当天就见诸报端："（加州洛杉矶，11 月 1 日）军事冒险家、在墨西哥马德罗（Madero）革命以及最近的中国革命中发挥了重大作用的荷马李将军今日在本地去世。他已经病了一段时间了。"②第二天，其去世的消息在报刊上广泛地予以登载。《旧金山纪事报》载："（洛杉矶，11 月 1 日）曾在最近爆发的中国革命中给其领袖担任顾问的美国公民荷马李将军于今天午后 12 点半在位于海洋公园沃兹沃斯街 135 号的家中去世。荷马李将军已经瘫痪了数月。在清政府被推翻之后，他就立即从中国回到家中，据报道，那时他已经第三次中风，瘫痪了，而且命不久矣。然而他的身体逐渐好转，几星期之前，他的医生乐观地认为荷马李将军的病已经好了。荷马李将军现年 36 岁，毕生都在研究中国问题。他留有遗孀。"该篇报道紧接着介绍了荷马李的情况："荷马李与南方那个有名的将军是一个家族，当他还是斯坦福的学生时，就对军事问题感兴趣，还学习了汉语。由于疾病的阻挠，他无法毕业，于是他突然离开加州去了中国。不久他就成为该帝国最有影响力的人的幕僚之一。由于他的贡献，他被授予了中将（Lieutenant-General）头衔，并被赐予

---

① "Authors and Their Work", *The Sun*, October 5, 1912, p.14.
② "Gen. Homer Lea Dead", *Honolulu Star-bulletin* (Honolulu, Hawaii), November 1, 1912, p.1.

宝星。后来，他成为首先与孙逸仙结盟的那批人之一，并在最近爆发的那场成功的中国革命中成为孙逸仙的顾问之一。荷马李将军写了好几本有关东方的书籍，其中重要的有探讨日本攻占加州计划的《无知之勇》以及有关华人和传教士之间故事的《硃笔》。"①

11月2日，荷马李的葬礼举行。只有家人以及几个亲近的好友参加，没有任何仪式。②当《大陆报》记者就荷马李去世采访孙中山时，孙中山说："荷马李先生的躯体不幸畸形，但他具有非凡的才智。他虽非军人，却是位伟大的军事哲学家，对军事问题有着卓绝的见解。在与革命相关的军事策略问题上，他给了我全面的帮助。他对军事问题有远见卓识，写了几本有关军事战略战术的著作。好几位杰出的军事专家对他的著作都十分赞赏，罗伯茨将军就是其中最钦佩他的人之一。他为人十分真诚，为中国的革命事业献出了全部的精力。他处事公正，富有同情心，坦诚且果决，与很多中国人成为朋友。所有认识他的人若知道了他的死讯，都将会感到极度悲伤。去年十二月荷马李先生陪同我从海外回到上海，并在南京协助我直至其因脑中风而生命垂危。"③孙中山非常简要地概括了

① "Hero of Chinese Revolution Dead", *San Francisco Chronicle*, November 2, 1912, p.3. 另见"Adviser to Chinese Rebels Dies in California", El Paso Herald（El Paso, Tex.），November 1, 1912, p.7。
② "No Word Spoken at General Lea's Funeral", *San Francisco Chronicle*, November 3, 1912, p.48; "Silently Lea's Remains are Given Sepulture", *The San Francisco Call*, November 3, 1912, p.38.
③ "Homer Lea Dead; A Tribute to Him by Dr. Sun Yat Sen", *The China Press*, November 6, 1912, p.1. 另见黄季陆等：《研究中山先生的史料与史学》，台北：中华民国史料研究中心，1985年，第453页；《对咸马里将军的赞词》（1912年11月6日），《孙中山全集》，第2卷，第542页。

荷马李的特点——身体残疾但头脑聪明，同时指出了荷马李在军事方面的建树及受到罗伯茨将军等人的敬佩。对于荷马李与中国革命的关系，孙中山给出了很高的评价，认为荷马李为革命献出了"全部精力"。孙中山谈话中两处提及荷马李给予他的帮助：在"与革命相关的军事策略问题上"，荷马李给予"全面的帮助"；孙中山从海外回国，荷马李一直陪同并协助他。在谈话中，孙中山并没有提及荷马李的职务，也没有用"军事顾问"或"顾问"这样的字眼。《大陆报》的这篇报道中，提到荷马李时用的是其全名（Homer Lea）或者李先生（Mr. Lea）这样的称谓，而没有用美国报刊中经常用的"将军"这个称呼。需要指出的是，这篇赞词发表在《大陆报》这样一份英文报刊上，其面向的读者主要是懂英文的人士，其中很大一部分是在华的外国人，进而是国外的外国人。除了中国国内英文报刊上有零星几篇消息之外，笔者未在中文的报刊上发现与荷马李去世相关的文字报道。

同时，孙中山以写信的方式向荷马李夫人表达了他沉痛的心情：

亲爱的荷马李夫人：

从报纸上得知李将军去世的消息，我极度悲痛。我本来要给你发一封电报以表达我深切的同情和吊唁，但至今我都不信报上所说是真的。

失去了李将军，我觉得我失去了一位伟大的真正的朋友。

　　宋小姐要我向你转达她对于你丧夫之痛的最诚挚的同情。①

　　荷马李去世之后，孙中山等人一直与荷马李夫人保持联系。1914 年黄兴访美时还亲自去拜访了荷马李夫人。②孙中山后来还多次邀请荷马李夫人来中国帮忙。③

小　结

　　长堤计划失败后，荷马李与孙中山的关系没有受其影响，反而日渐紧密。他们拟定了新的行动方案，即由荷马李游说英美政府，

---

①　孙中山写给荷马李夫人的信（1912 年 11 月 14 日），美国斯坦福大学胡佛档案馆藏鲍尔斯文件（Joshua B. Powers Papers），Box 1，"Correspondence of H. Lea and E. Lea"内的文件夹"Sun Yat-sen"。这封信写在了"中国铁路总公司"的专用信笺上。另见《致咸马里夫人函》（1912 年 11 月 14 日），《孙中山全集》，第 2 卷，第 543 页。

②　黄兴到达纽约后，写信给荷马李夫人称："在洛杉矶时，很高兴能有幸让您了解我，因为我敬佩您的丈夫，故而我很关心您的状况。希望上天一如既往地继续保佑您。我诚挚地希望未来能有机会加深我们彼此之间的友谊。"黄兴写给荷马李夫人的信（1914 年 10 月 5 日），美国斯坦福大学胡佛档案馆藏鲍尔斯文件（Joshua B. Powers Papers），Box 1，"Correspondence of H. Lea and E. Lea"内的文件夹"Hwang Hsing"。

③　孙中山在 1914 年 12 月 31 日写给荷马李夫人的信中称，因为他目前没有人帮忙处理英文信件，故而希望荷马李夫人能过来帮忙；1921 年 8 月 5 日写给荷马李夫人的信中称期盼她能来中国帮助开展妇女工作；在 1922 年 2 月 11 日的信中称等条件允许时希望荷马李夫人能来帮助中国及其人民。孙中山写给荷马李夫人的信（1914 年 12 月 31 日、1921 年 8 月 5 日、1922 年 2 月 11 日），美国斯坦福大学胡佛档案馆藏鲍尔斯文件（Joshua B. Powers Papers），Box 1，"Correspondence of H. Lea and E. Lea"内的文件夹"Sun Yat-sen"。

支持孙中山成立新政府，从而达到双方互利共赢。荷马李随即行动起来，经华盛顿到欧洲，沿途游说。其间荷马李与埃塞尔结婚并被媒体于两个月后报道。荷马李到德国就医，身体状况得以改善，眼疾渐渐痊愈。他同时参加德国阅兵活动，见证了德国的军事力量，由此对世界局势有了进一步的认识和思考。

武昌首义爆发后，孙中山立即让荷马李到伦敦进行游说。荷马李利用自己的人际关系网络展开活动，但进展并不如人意。随着中国革命形势的发展，孙中山来到伦敦并入住荷马李夫妇所在酒店，他与荷马李签署联合声明，并由道森呈递给英国外相格雷，以试图获取英国政府的支持，帮助孙中山建立统一政府。最终虽没有获得英国的贷款，但由此让格雷了解了孙中山及中国国内革命的状况，并批准孙中山过境香港。在上述联合声明中，荷马李为总参谋长，只对孙中山负责。荷马李除了忙于贷款活动之外，还就军事相关问题积极联络有关人士。后荷马李夫妇陪同孙中山回中国，荷马李一直以总参谋长身份对外联络和展开活动。

回中国途中，荷马李在槟榔屿和新加坡等地接受记者采访，阐述他的地缘政治观点以及希望中国强大的原因。媒体注意到了荷马李的身份和影响力，甚至称孙中山建立的新政府将处于荷马李的指导之下。在香港以革命派的名义发给美国政府的电报中称，孙中山将担任统一的临时政府的总统，荷马李担任总参谋长并直接同清政府谈判。美国驻香港领事安德森在与孙中山、荷马李的会晤中意识到了荷马李对孙中山的影响力并向美国政府报告。

到达上海后，荷马李陪同孙中山参与同伍廷芳等人的会晤。然而伍廷芳等人并不认可荷马李的身份，且中国国内对于荷马李并不了解。荷马李接受《大陆报》记者采访，以让中国国内对他有更加清晰的了解。美国驻华使领馆以荷马李违反中立为由禁止荷马李参与中国的革命活动，但荷马李义正辞严地对其进行了批驳，并继续辅助孙中山。孙中山当选临时大总统后，荷马李立即联系英美政府告知消息，并再次表达了希望英美能支持孙中山。

荷马李陪同孙中山到南京就职，中华民国临时政府成立，而荷马李所设想的由其负责的军事、外交、议和等事务都分任有人。随着南北和谈的进展，孙中山与袁世凯达成妥协，而荷马李则在孙中山辞去临时大总统职务的前两天中风，后回美国休养。荷马李继续与孙中山等人保持联系，并密切关注中国局势的发展。在蓝天蔚的拜访之后，荷马李甚至称要回中国继续为孙中山效力。其后荷马李再度中风，不久后离世。孙中山接受《大陆报》的采访，发表了对荷马李的赞词，并向埃塞尔表达哀悼之情。其后，孙中山还保持着与埃塞尔的联系。

结　论

　　近代科技的发展深刻影响了整个世界的格局。工业领域科技的
发明和应用，工业大革命的发生，使得西方国家为了售卖商品而在
全世界开拓市场。与此同时，科技的发明革新了运输和通讯工具，
打破了自然界存在的壁垒和屏障，东西方的距离日益拉近，世界日
益缩小。西方国家作为科技革命的受惠者，利用炮舰的优势到世界
各地开拓市场、占有资源。凭借自然条件偏安于东方的中国受到来
自西方的冲击，一而再再而三地被西方炮舰打败，屈辱的条约接踵
而来，中国面临三千年未有之大变局。历次的战败和打击让一些有
识之士清醒过来，开始认识世界，并试图找到改变中国挨打局面的
良方。此时，与中国隔海相望的日本也在面临西方的打击。美国来
到日本，"一只手拿着橄榄枝，另一只手则拿着赤裸裸的剑"，从
此，"潘多拉盒子打开了"，日本民众的"饥饿天性"被激活。①日
本的崛起通过甲午战争的结局予以展现，日本开始挤入世界强国之

---

① Homer Lea，*The Valor of Ignorance*，New York and London：Harper & Brothers publishers，1909，p.xxii，121. 另见（美）荷马李：《战争预言者荷马李著作选译》，陈丹译，北京：社会科学文献出版社，2021年，第11页。

列。而这场战争给中国带来了空前的危机，列强掀起了瓜分狂潮，中国面临亡国灭种的威胁。

从洋务运动中的"求强"、"求富"，到戊戌变法时期的"百日维新"，近代中国危机日趋严重的同时，国内变革的步伐日益加快，变革的程度也日益加深。"戊戌政变"后，康有为、梁启超等人逃到海外，成立保皇会，运动华侨，继续影响国内的变革，康有为和梁启超成为了改良派的领袖人物，他们的地位也得到海外华侨的认可。而同时在海外活动的还有孙中山等人。华侨是这两个派别共同的活动对象。海外华侨在居住地的待遇受到中国国力和国家形象的影响。他们中的许多人都希望中国能改变"亡国灭种"的命运并强大起来。美国的华侨大多加入了致公堂，当保皇会在海外活动时，致公堂与保皇会几乎重合在一起。此时的改良与革命在华侨中的影响是主流与潜流的关系。改良的旗帜在华侨中有很大的号召力。同时需要指明的是，改良派与革命派都主张变革，只是变革的方式和手段不同，故可将他们分别称之为变革力量中的温和派和激进派。荷马李在初期接触并参与中国变革活动时，与保皇会关系密切，但与有激进思想的人也有接触。

庚子事变对于试图变革中国的人而言是一个重大的契机。康有为等人试图利用这次机会达到勤王的目的。孙中山等人也积极活动起来谋划起义。在唐才常的起义以及中国国会的酝酿筹备过程中，可以看到两派试图合作。洛杉矶的保皇会将荷马李等人派遣到中国国内，试图对当时的勤王活动有所助力。在给荷马李的介绍信中，写明派遣荷马李的理由是让其到中国国内"教习华人兵法"，设立武备学堂进行练兵。这种派遣的理由和目的，是与当时中国军事落后、作战屡败的现实情况所导致的迫切需求相关联的。同时也与洋务运动中"求强"的目标一致，且是该目标的延续。荷马李试图起到的作用与太平天国时期戈登的作用类似。保皇派这种设学堂练兵的做法，从长远的层面来说是为了提高中国的作战力，而从更为现实的层面来说是为了以军事力量为后盾达到让光绪皇帝亲政的目的。

庚子事变后《辛丑条约》的签订，标志着武力勤王等活动的失败。保皇派继续进行鼓动和宣传，并试图在清政府的新政活动中有所作为。同时革命派意识到惠州起义后风气有所打开，坚定信心并继续进行宣传和谋划。此时变革中国的力量中，改良派仍旧是主流，革命派还是潜流。荷马李根据在中国的经历回美国筹备组建军校以训练华侨。梁启超的访美对于保皇会的事业而言起到了重要的宣传和促进作用，同时让很多质疑荷马李的人放下了疑问，荷马李从而可以全面开展在美国组建军事学校训练华侨的计划。"干城学校"的创设对于保皇派而言，是为了让保皇派拥有军事实力，从而逼迫甚至打败慈禧，进而可以达到让光绪亲政的目的。"干城学校"的发展壮大，一方面表明荷马李所能掌控的军事学校的扩大，同时也表明保皇派在美国华侨中影响力的增大。

康有为的访美让保皇派的理念再一次得到宣传，进而使得保皇派的影响力在美国达到一种巅峰状态。美国报刊以"亲王"、"前首相"等称呼康有为，报道各地迎接康有为的盛况。荷马李积极地参与到康有为访美的活动中，除参与迎接、招待康有为并陪同访问外，还积极联络以让康有为与美国总统等重要人物会谈。荷马李陪同康有为视察各地的华人军校组建情况，在接受记者采访时谈到军校的目的是要推翻慈禧以让光绪皇帝亲政，其后又改变说法以缓和与慈禧的关系，称也可为慈禧效力，且并非针对清政府，并非想进行革命。荷马李陪同康有为视察军校可以看作是荷马李对这些军校具有统辖权的一个证明，他在保皇会中的地位也达到了顶峰。而实际上，在巡视各地军校之前的真假总司令事件的发生，说明当时荷马李的地位并不稳固，虽然康有为后来以公告的形式确认了荷马李是总司令，但隐忧始终存在。当时在美国，孙中山的影响力正在日益增大，康有为等人也意识到了这一点。荷马李所组建的军校，可以作为辅助光绪的力量以对抗慈禧，同时也可以成为推翻清政府的力量。真假总司令的闹剧使得军校引起了美国政府的注意，与此同时，日俄战争后中国国内改良和革命运动都有所发展。在多种因素的综合作用下，康有为于 1905 年 11 月 30 日写信给荷马李告知撤销其总司令职务。其后军校慢慢消亡，而荷马李与保皇派的关系逐渐疏离。

荷马李最初加入保皇会，并于庚子事变时到中国试图设立学堂教授中国人兵法，是因康梁等人在戊戌政变之后，尤其是在庚子事变中，试图以武力的方式勤王。其后清政府开始施行新政，至日俄战争后立宪运动蓬勃发展，清政府在五大臣出洋考察政治回国后决定预备立宪，康梁等人所提倡的变革可以用和平的方式达成，于是荷马李所倡导的创设军校以武力为后盾进行变革的方式不再是康梁等人所认为的理想方式。而日俄战争后革命运动的发展，1905 年 8 月同盟会的成立，让康梁等人尤其警惕。特别是荷马李组建的军校与孙中山所提倡的武装起义推翻清政府更加契合，康梁等人宁可放弃军校计划，也不能让其为孙中山所用。保皇派在革命派势力增

大并产生一定威胁后，试图阻碍后者的发展，以确保自己所提倡的
道路仍旧是主流。

光绪和慈禧相继去世后，荷马李敏锐地觉察到了中国政局的变
化，与布思酝酿"红龙计划"。该计划因容闳的提议而日益清晰和
完善。他们试图在美国等资本力量的资助下，联合中国的各派势力
在中国成立一个新政府。联合的力量中有康梁的保皇派、孙中山的
革命党以及秘密会社等。此时康梁的保皇派还是荷马李等人试图联
合的头等力量。袁世凯开缺事件发生后，容闳极力贬低康有为，并
试图联合袁世凯，后又将联合的主要目标转向了孙中山。在这一过
程中，康有为等人已经不再代表中国变革的头等力量，袁世凯成为
人们所瞩目的改良运动的领袖，孙中山也成为变革力量的领导者之
一。通过长堤计划的制订，孙中山与荷马李及布思等人合作，试图
在美国贷款的资助下，在中国发动起义，推翻清政府。荷马李转向
革命派，并与孙中山关系日益密切。长堤计划的失败并没有影响荷
马李与孙中山的关系。他们拟定新的行动方案，试图游说英美政府
提供资助以支持孙中山成立新政府，帮助中国强大，进而使其成为
英美在亚太地区的安全阀。辛亥革命爆发后，荷马李积极地辅助孙
中山，希望能由其组成统一且强大的政府。此时革命派取代改良派
成为变革中国的主流，而改良派汇入了革命派之中，革命派内部乃
至整个中国都呈现出纷乱复杂的局面。荷马李继续游说英美希望能
获得贷款以支持孙中山建立军政府，同时在军事、外交等方面继续
辅助孙中山或替孙中山发声。然而受中国国内民族主义的影响，荷
马李无法被当时的中国所接纳，其后孙中山辞去临时大总统职务，
荷马李的中国事业遭受重大挫折。

　　从荷马李参与中国改良与革命的活动中，可以看出晚清十年间改良与革命的复杂关系。在荷马李、美国华侨、美方资本家等许多人看来，改良和革命的目标都是试图变革中国，二者之间只是目标达成的途径有所不同。改良派和革命派都是变革中国的力量，一个主张采取温和的手段保存清政府，一个主张以激进的方式成立新政府。这两派的领袖人物不同，但组成的成分存在重叠，比如海外华侨就是二者共同的力量之源。荷马李从与康梁的合作到与孙中山合作的过程，是近代中国变革由改良转为革命的一个缩影，而这种转变是一个自然的过程，其目的是为了实现中国的变革从而让中国强大起来。而从康、梁等人对孙中山的防范以及对革命的阻碍可以看出改良与革命的争斗关系。总之，改良与革命既相互统一，又存在一定的区别，彼此之间存在一定的争斗关系，随之会出现力量的消长。

　　同时，从荷马李的案例可以看到海外力量对于中国改良与革命活动的参与情况，改良与革命并不仅仅是中国的内部问题，还与外部力量相关联。保皇派之所以能与荷马李等合作，是因为保皇派在一段时间里试图武力勤王，而荷马李所倡导的提高华人的战斗力，训练一支属于自己的军队正好符合保皇派的意愿，且荷马李在美国组建军校的过程中的确成绩突出。然而军校的做法似乎与革命派的路径更加契合。孙中山与荷马李关系日渐紧密，二人十分投机，荷马李在《无知之勇》日译本一事上显现出对孙中山革命事业的慷慨，同时孙中山对荷马李的军事战略思想以及地缘政治观十分欣赏，并想通过荷马李联络欧美要人支持中国的革命，建立新的政府。而荷马李最终没有发挥他所设想的作用，后中风回国，这是中国民族主义对外部力量抗击的一种结果。

荷马李之所以参与到中国近代的改良与革命活动中，是源于他对自身、中国、太平洋地区以及世界大势的认识。由于身体残疾，体弱多病，荷马李有很多时间用来读书，他尤其喜欢历史和军事。在家庭的引导下，荷马李与身边的华侨接触从而逐渐了解、认识中国人和中国。荷马李对中国产生了很大的兴趣，对中国人产生了认同感。荷马李对中国的了解及所持有的感情集中反映在了他的浪漫爱情小说《砾笔》一书中。他自身的际遇使得他同情中国人的遭遇，希望能够为他们做一些事情。同时受浪漫主义文学的影响，再加上他喜爱冒险和挑战的性格，荷马李努力加入中国当时的变革运动中。荷马李有关中国的梦境以及对于使命的认识，是荷马李身体、心理和性格特点的一种反映，而这种梦境和使命又让他在身体病弱及遭受挫折时继续坚持自己的中国事业，故而是一种自我的强化和肯定。通过对中国历史尤其是中国近代以来一直遭受西方军事力量打击的认识，再结合对军事的兴趣和爱好，荷马李希望能帮助中国提高军事战斗力。他在庚子事变时提出设武备学堂教授中国人兵法，在美国创办干城学校训练华侨，在长堤计划中给自己设定总司令职务，后担任孙中山的军事顾问等，都是试图以自己的力量改善中国战斗力的做法。

同时，荷马李在钻研历史和军事时，受到进化论和社会达尔文主义的影响，形成了自己对于世界和太平洋地区局势的认识。《无知之勇》和《撒克逊时代》是其军事战略思想的集中反映。前者对太平洋局势进行分析，并预测美日之间必然会发生战争；后者分析了撒克逊种族所处的世界环境，论述了陆军是战争的决胜力量。荷马李的军事思想得到了许多军事专家的赞许，尤其是《无知之勇》为他赢得世界盛名，他被称之为"军事天才"。在荷马李的地缘政治观中，太平洋的霸权具有至关重要的意义，掌控太平洋就意味着掌控整个世界。日俄战争后，美国和日本将为争夺太平洋的霸权而必有一战，而中国的强大将在远东地区形成制衡力量，有利于美国乃至整个世界获得和平。荷马李的地缘政治观与他对中国的情感结合起来，更加坚定了他要帮助中国变强大的信念。荷马李也正是以这种认识试图影响和带动其他美国人投入到帮助中国变强的事业中。

荷马李在美国排华运动兴起的背景下，选择帮助中国，并积极开展民间外交以提升中国形象。庚子事变时期，他以自己在中国的见闻刊诸于报端，让美国民众能在中国人排外形象盛行的时候，了解中国的其他层面，尤其是中国正在变革的事实。在梁启超和康有为访美过程中，荷马李在提升接待的规格、联络要人参与宴请和会见等方面出力，而梁启超和康有为在访问美国期间的活动，有助于美国民众近距离接触到中国人、了解中国的情况，从而有利于中国形象的提升以及中美关系的发展。从红龙计划到长堤计划，荷马李与布思、艾伦等人多方游说，让美国资本了解中国的变革力量并支持中国成立新政府。其后代表孙中山游说欧美，以支持中国的革命。荷马李积极进行外交活动，让英美政要及时了解中国革命的进展，并帮助孙中山等革命派与外国进行沟通，这对于当时革命的顺利进行及中国政局恢复稳定等起到了一定的作用。

荷马李以残弱的身躯，著书立说，并参与到中国的变革之中，其一生具有戏剧性色彩，且多次处于媒体的聚光灯下。庚子事变时期荷马李去中国之前及回美国后，报刊对其做了大量的相关报道，展现了义和团运动及八国联军侵华时期荷马李与中国的关系，以及荷马李在中国的见闻，且使用许多图片等形式吸引读者眼球。梁启超和康有为访美时，媒体对荷马李陪同康梁及参与的各种活动做详细报道，展现了这位白人与中国重要人物乃至"亲王"的亲密关系，显示了荷马李在保皇运动中的地位；而荷马李在美国训练华侨，组建军校，甚至一度出现了真假总司令的闹剧，也是非常吸引读者的精彩故事。荷马李《无知之勇》出版后，媒体报道该书获得许多名人的背书，且在日本极度畅销，荷马李因此具有了世界盛名。辛亥革命时期，荷马李参与到中国革命活动中，陪同孙中山回国，成为孙中山的总参谋长，媒体甚至宣传他将指导新政府的建立。荷马李多次处于媒体的聚光灯下，一方面是荷马李及其友人推动的结果，另一方面也可以从中看出美国报刊中"黄色新闻"的特点表现得十分明显：为了吸引读者的眼球，媒体常用夸张的言语去报道，甚至虚构一些事实，从而造就某种神话。同时，媒体的报道中，美国人的浪漫主义以及英雄主义也充分地予以展现。当然，利用"黄色新闻"增加曝光率的同时，也存在泄密的危险，故而在庚子时期泄密事情出现后，荷马李等人就特别注意行动的保密性。

荷马李的生命中多次面对死亡的威胁，眼睛几度濒临失明的境地。在这样的身体条件下，他却做出常人难以完成的事情。在军校以及拟定的革命计划中，他是"将军"、"总司令"、"总参谋长"，他曾经与中国保皇派的领袖人物关系密切，后担任革命派领袖孙中山的总参谋长和军事顾问，他的著作受到世界瞩目，并由此获得"军事天才"的赞誉。他的一生敢想敢干，正如他的梦境和使命所

暗示的那样，他要完成他的事业。荷马李认为：一个人只有持续地
生长和发展，才能滋养生命，驱走疾病和死亡；个人生命的持续取
决于他同疾病、年老及同类争斗的能力，结局是那些拥有最弱战斗
力的人逐渐被淘汰，而那些保持最好战斗力的人存活下来。荷马李
的一生中向人们展现着他所说的战斗力。他的这种人生观体现了进
化论对他的巨大影响。

　　同时，荷马李认为，国家的生命同个人的生命是一样的，国家
只有在不断地发展过程中才能存在，而不可能处于静止状态。在这
样的竞争环境中，国家必须保持战斗力并随时视形势变化而进行相
应地调整，只有这样才能获得和平。近代中国由于战斗力低下而招
致外国入侵，荷马李试图帮助中国完成变革并提高战斗力，以维持
亚太地区乃至世界的和平。

　　科技的发展导致世界变得越来越小，中国在近代经历了三千年
未有之大变局。荷马李参与中国的变革，从最初与保皇派合作，到
最终转向孙中山，体现了美国华侨等海外力量对中国变革运动领导
人的一个自然选择过程，是改良派与革命派在中国近代变革中实力
及作用消长的一个自然反映。而荷马李在这种大势之下，始终坚持
从军事层面切入到中国变革中，发挥自己的作用。如今科技正在加
速地影响每一个个体以及整个世界，中国在经历"百年未有之大变
局"。从荷马李参与中国近代的改良与革命的活动中可以看到个人
对时代的影响力，而他的理论及实践，对于思索国家的发展路径以
及现今处理太平洋地区各国之间的关系都具有一定的启示性意义。

参考文献

一、档案

（一）中文

上海市档案馆：《辛亥革命期间上海公共租界工部局警务报告（二）》，《历史档案》，
　　1981 年第 4 期。

（二）英文

美国斯坦福大学胡佛档案馆藏鲍尔斯文件（Joshua B. Powers Papers）

美国斯坦福大学胡佛档案馆藏布思文件（Boothe Papers）

美国斯坦福大学胡佛档案馆藏鲍引登文件（Charles Luther Boynton Papers）

美国加州大学伯克利分校藏保皇会文件（Chinese Empire Reform Association Docu-
　　ments，Ethnic Studies Library，University of California at Berkeley）

（三）日文

アジア歴史資料センター

二、报刊

（一）中文

《申报》

《东方杂志》

《时报》

《民立报》

《叩报》

(二) 英文

New York Times

The Washington Post

Los Angeles Times

Boston Daily Globe

The San Francisco Call

San Francisco Chronicle

Rogue River Courier

The Irish Times

Chicago Daily Tribune

Los Angeles Herald

San Diego Union and Daily Bee

Los Angeles Examiner

New-York Tribune

Saint Paul Globe

Omaha Daily Bee

Houston Daily Post

The Salt Lake Herald

The Salt Lake Tribune

Morning Press

Santa Barbara Weekly Press

Richmond Dispatch

The Daily Morning Journal and Courier

Savannah Morning News

Portland Daily Press

Semi-weekly Messenger

Shiner Gazette

Pacific Commercial Advertiser

The St. Louis Republic

The Bee

The Minneapolis Journal

Ottumwa Weekly Courier （Ottumwa Iowa）

The Evening Star

The Sun

The Idaho Recorder

Blade Tribune

World Today

McClure's Magazine

Vogue

The Bookman

The North American Review

Far Eastern Quarterly

The Historian

The Evening Standard （Ogden City，Utah）

Arizona Republican

Honolulu Star-Bulletin

The Tacoma Times

The Seattle Star

Sacramento Union

San Jose Daily Mercury

Evening Bulletin （Honolulu）

The Hawaiian Star （Honolulu）

Albuquerque Evening Herald

Straits Times（*Singapore*）

Singapore Free Press

The China Press

The Newport Plain Talk

El Paso Herald

Medford Mail Tribune

Daily Capital Journal

Santa Fe New Mexican（Santa Fe，N. M.）

Morgan Country Republica

The Meridian Times（Meridian Idaho）

（三）日文

《東京朝日新聞》

《帝國新聞》

三、文集、年谱、日记、回忆录、资料汇编、地方志等

（一）中文

《孙中山全集》，北京：中华书局，2011 年。

张启祯、（加）张启礽编：《康有为在海外·美洲辑——补南海康先生年谱（1898—
　　1913）》，北京：商务印书馆，2018 年。

梁启超：《饮冰室合集》，北京：中华书局，2015 年。

方志钦主编：《康梁与保皇会》，天津：天津古籍出版社，1997 年。

丁文江、赵丰田编：《梁任公先生年谱长编》，欧阳哲生整理，北京：中华书局，
　　2010 年。

桑兵主编：《孙中山史事编年》，北京：中华书局，2017 年。

吴天任：《康有为年谱》，广州：广东人民出版社，2018 年。

蕉岭江夏文化研究会、蕉岭黄氏族谱编纂委员会编：《广东蕉岭县　黄氏族谱》，蕉

岭黄氏族谱编纂委员会、强鑫印务有限公司，2009 年。

中国人民政治协商会议广东省蕉岭县委员会文史资料研究室编：《蕉岭文史》，政协
　　蕉岭县委员会文史资料研究室出版发行，1987 年。

王彦威、王亮辑编：《清季外交史料》，李育民、刘利民、李传斌、伍成泉点校整理，
　　长沙：湖南师范大学出版社，2015 年。

姜义华、张荣华编校：《康有为全集》，北京：中国人民大学出版社，2007 年。

汤志钧编：《康有为政论集》，北京：中华书局，1998 年。

张荣华编校：《康有为往来书信集》，北京：中国人民大学出版社，2012 年。

《光绪宣统两朝上谕档》，桂林：广西师范大学出版社，1996 年。

《顾维钧回忆录》，北京：中华书局，2013 年。

《大清宣统政纪实录》，台北：华文书局，1968 年。

康有为：《康南海自编年谱》，北京：中华书局，1992 年。

陈旭麓等主编：《孙中山集外集》，上海：上海人民出版社，1990 年。

章开沅、罗福惠、严昌洪主编：《辛亥革命史资料新编》，武汉：湖北长江出版集团、
　　湖北人民出版社，2006 年。

渤海寿臣：《辛亥革命始末记》，沈云龙主编：《近代中国史料丛刊》第 420 辑，台
　　北：文海出版社，1969 年。

罗刚编著：《中华民国国父实录》，罗刚先生三民主义奖学金基金会，1988 年。

赵炎才：《辛亥革命史事长编》，武汉：武汉出版社，2011 年。

广东省地方史志编纂委员会编：《广东省志·华侨志》，广州：广东人民出版社，
　　1996 年。

台山县侨务办公室编：《台山县华侨志》，台山县侨务办公室，1992 年。

政协台山市委员会编：《星熠台山》，政协台山市委员会，2009 年。

［美］荷马李：《战争预言者荷马李著作选译》，陈丹译，北京：社会科学文献出版
　　社，2021 年。

（二）英文

Marshall Stimson, "A Los Angeles Jeremiah", *The Quarterly: Historical Society of South-*

ern California，Vol.24，No.1（March 1942）．

Will Irwin，*The Making of a Reporter*，New York：G. P. Putnam's Sons，1942.

Homer Lea，*The Valor of Ignorance*，New York and London：Harper & Brothers publishers，1909.

Homer Lea，*The Vermilion Pencil*，The McClure Company，1908.

Homer Lea，*The Day of Saxon*，New York and London：Harper & Brothers publishers，1912.

Louise Leung Larson，*Sweet Bamboo：A Memoir of a Chinese American Family*，University of California Press（Berkeley），2001.

Carl Glick，*Double Ten：Captain O'Banion's Story of Chinese Revolution*，New York：Whittlesey House，1945.

Harry Carr，*Riding the Tiger：An American Newspaper Man in the Orient*，New York：Houghton Mifflin，1934.

David Starr Jordan，*The Days of a Man*，World Book Company（Yonkers-on-Hudson，N. Y.），1922.

（三）日文

ホーマー・リー：《日米戦争》，斷水樓主人訳，東京博文館，1911 年。

ホーマー・リー：《日米必戦論（原名無智の勇気）》，望月小太郎訳，英文通信社，1911 年。

四、专著

（一）中文

郝平：《孙中山革命与美国》，北京：北京大学出版社，2000 年。

杨展、李希胜、黄伟雄主编：《地理学大辞典》，合肥：安徽人民出版社，1992 年。

杨保筠主编：《华人华侨百科全书·人物卷》，北京：中国华侨出版社，2001 年。

梅伟强、李文强：《五邑华侨与辛亥革命》，北京：中国华侨出版社，2012 年。

张磊：《孙中山辞典》，广州：广东人民出版社，1994 年。

政协广东省委员会办公厅、广东省政协学习和文史资料委员会编：《广东名人故居》，
　　北京：中共党史出版社，2007 年。

夏林根、于喜元主编：《中美关系辞典》，大连：大连出版社，1992 年。

余齐昭：《孙中山文史图片考释》，广州：广东省地图出版社，1999 年。

高伟浓：《二十世纪初康有为保皇会在美国华侨社会中的活动》，北京：学苑出版社，
　　2009 年。

[英] 苏珊-玛丽·格兰特：《剑桥美国史》，董晨宇、成思译，北京：新星出版社，
　　2017 年。

[美] 埃里克·方纳：《美国历史：理想与现实》，王希译，北京：商务印书馆，
　　2017 年。

[美] 迈克尔·埃默里、埃德温·埃默里、南希·L·罗伯茨：《美国新闻史》，展江
　　译，北京：中国人民大学出版社，2009 年。

李吉奎：《孙中山研究丛录》，广州：中山大学出版社，2014 年。

冯自由：《革命逸史》，北京：新星出版社，2016 年。

冯自由：《中国革命运动二十六年组织史》，《民国丛书》，上海：上海书店出版社，
　　1990 年。

邵雍：《秘密社会与中国革命》，北京：商务印书馆，2010 年。

邹鲁：《中国国民党史稿》，上海：中国出版集团东方出版中心，2011 年。

邹振环：《疏通知译史》，上海：上海人民出版社，2012 年。

潮龙起：《美国华人史 1848—1949》，济南：山东画报出版社，2010 年。

王明德：《草堂万木森　变法维新政　康有为和他的弟子》，广州：广东教育出版社，
　　2011 年。

陈汉才：《容闳评传》，广州：广东高等教育出版社，2008 年。

赵立人：《康有为》，广州：广东人民出版社，2012 年。

何光岳：《秦赵源流史》，南昌：江西教育出版社，1994 年。

桑兵：《清末新知识界的社团与活动》，北京：生活·读书·新知三联书店，1995 年。

马庆忠、李联海：《孙中山和他的亲友》，广州：花城出版社，1988 年。

广宇主编：《东方巨人孙中山》，呼和浩特：内蒙古人民出版社，1998 年。

中央电视台：《孙中山　中央电视台六集文献纪录片》，北京：当代世界出版社，
　　2002 年。

杨生茂、张友伦主编：《美国历史百科辞典》，上海：上海辞书出版社，2004 年。

［美］韦慕庭：《孙中山：壮志未酬的爱国者》，杨慎之译，北京：新星出版社，
　　2006 年。

马洪林：《康有为大传》，沈阳：辽宁人民出版社，1988 年。

徐畅编撰：《蓝色波涛里的帝国寻梦：李鸿章与北洋水师》，上海：文汇出版社，
　　2015 年。

徐志超编著：《石窟河传》，广州：广东旅游出版社，1996 年。

［美］李可柔博士、毕乐思编著：《光与盐》，北京：团结出版社，2014 年。

汤国云编著：《蕉岭风光名胜游踪》，广州：广东人民出版社，2003 年。

申治稷：《留美学童》，贵阳：贵州教育出版社，2015 年。

林清水：《石窟河史话》，广东省蕉岭县地方志办公室出版发行，2008 年。

李喜所、元青：《梁启超新传》，北京：商务印书馆，2015 年。

尚明轩：《孙中山传》，北京：西苑出版社，2013 年。

尚明轩：《孙中山图传》，北京：民主与建设出版社，2011 年。

陈丹：《清末考察政治大臣出洋研究》，北京：社会科学文献出版社，2011 年。

［日］信夫清三郎编：《日本外交史》，天津社会科学院日本问题研究所译，北京：商
　　务印书馆，1980 年。

［美］詹姆士·柯比·马丁等：《美国史》，范道丰等译，北京：商务印书馆，
　　2012 年。

［美］布莱恩·莱瓦克等：《西方世界——碰撞与转型》，陈恒等译，上海：格致出版
　　社，2013 年。

［美］梅里亚姆：《美国政治思想（1865—1917）》，朱曾汶译，北京：商务印书馆，
　　1984 年。

陈海宏：《美国军事思想史》，北京：人民出版社，2014 年。

马勇：《晚清笔记》，广州：广东人民出版社，2017 年。

黄季陆：《荷马李将军》，台北：著者自编，1969 年。

黄季陆等：《研究中山先生的史料与史学》，台北：中华民国史料研究中心，1985 年。

钮先钟：《历史与战略：中西军事史新论》，桂林：广西师范大学出版社，2003 年。

杨建邺、朱新民主编：《诺贝尔奖获奖者辞典 1901—1991》，长沙：湖南科学技术出版社，1994 年。

曹世文、黄季方编：《美国名人词典》，北京：华夏出版社，1991 年。

《大美百科全书》，台北：光复书局企业股份有限公司，1980 年。

茅海建：《从甲午到戊戌　康有为〈我史〉鉴注》，北京：生活·读书·新知三联书店，2009 年。

吴相湘编撰：《孙逸仙先生传》，台北：远东图书公司，1982 年。

朱汉国、杨群主编：《中华民国史》，成都：四川人民出版社，2006 年。

张礼恒：《"三世"外交家伍廷芳》，福州：福建教育出版社，2015 年。

张忠正：《孙逸仙博士与美国 1894—1925》，台北：广达文化事业有限公司，2004 年。

［美］泽勒：《神秘顾问——端纳在中国》，林本椿、陈普译，南京：译林出版社，2001 年。

何东等主编：《中国革命史人物词典》，北京：北京出版社，1991 年。

《中国近代史》编写组编：《中国近代史》，北京：高等教育出版社，2012 年。

刘绍唐主编：《民国人物小传》，上海：上海三联书店，2014 年。

贾逸君编著：《民国名人传》，北京：民主与建设出版社，2012 年。

王汎森：《执拗的低音：一些历史思考方式的反思》，北京：生活·读书·新知三联书店，2020 年。

［奥］西格蒙德·弗洛伊德：《梦的解析》，方厚升译，杭州：浙江文艺出版社，2016 年。

（二）英文

Lawrence M. Kaplan, *Homer Lea, American Soldier of Fortune*, University Press of Kentucky，2010.

Eugene Anschel，*Homer Lea*，*Sun Yat-Sen and the Chinese Revolution*，New York：Prae-
ger Publishers，1984.

Carl Glick，Hong Sheng-Hwa，*Swords of Silence*，*Chinese Secret Societies——Past and Pres-
ent*，New York：Whittlesey House，1947.

Richard Hofstadter，*Social Darwinism in American Thought*，University of Pennsylvania
Press，1944.

William L. Neunann，*America Encounters Japan*：*from Perry to MacArthur*，Baltimore：
Johns Hopkins Press，1963.

Norman Angell，*The Great Illusion*，New York and London：G. P. Putnam's
sons，1913.

Earl Albert Selle，*Donald of China*，New York：Harper，1948.

Josef Washington Hall，Eminent Asians，London：D. Appleton and Company，1929.

(三) 日文

林房雄：《大東亜戦争肯定論》，翼書院，1968。

日本近代研究会编：《近代日本人物政治史》，日本东洋经济新报社，1955 年。

五、论文

(一) 中文

张继：《总理好友咸马里将军与太平洋战争》，《三民主义半月刊》，1944 年第 5 期。

张梅：《孙中山与荷马李》，天津师范大学、天津市中共党史学会编：《纪念孙中山诞
辰一百四十周年文集》，天津：天津古籍出版社，2006 年。

陈小丽：《孙中山军事顾问荷马李的传奇人生》，《百年潮》，2007 年第 1 期。

王恩收：《一个热心中国辛亥革命的美国人——荷马李》，《文史月刊》，2011 年第
9 期。

王恩收：《参加孙中山临时大总统就职典礼的白人》，《炎黄纵横》，2012 年第 12 期。

雪珥：《美国浪人荷马李》，萨苏编：《史客，一脉》，北京：金城出版社，2012 年。

王晴佳：《拓展历史学的新领域：情感史的兴盛及其三大特点》，《北京大学学报（哲学社会科学版）》，2019 年第 4 期。

谭旋（Timothy Tackett）：《情感史视野下的法国大革命》，孙一萍译，《世界历史》，2016 年第 4 期。

李志毓：《情感史视野与 20 世纪中国革命史研究》，《史学月刊》，2018 年第 4 期。

沈荟：《历史记录中的想象与真实——第一份驻华美式报纸〈大陆报〉缘起探究》，《新闻与传播研究》，2014 年第 2 期。

丁禹博：《残疾人的心理自信重建和经济能力提升》，《时代报告》，2018 年第 8 期。

赵伟：《残疾人心理探索》，《山西青年》，2017 年第 14 期。

王倩、张悠然、吴欢云、吕军、陈刚：《残疾人抑郁状况调查研究》，《残疾人研究》，2017 年第 12 期。

李楠柯、张爽、李祚山、密忠祥：《残疾人的心理症状及相关因素》，《中国心理卫生杂志》，2015 年第 10 期。

闫洪丰、胡毅、黄峥、陈祉妍、刘正奎：《成年残疾人心理健康现状评估与分析》，《残疾人研究》，2013 年第 4 期。

吴秀丽、廖昌园、张向霞、吴宜娟、范存欣：《残疾人士的健康、心理和生活状况调查分析》，《疾病控制杂志》，1999 年第 4 期。

梅伟强：《黄三德述评——以辛亥革命时期为例》，《五邑大学学报（社会科学版）》，2011 年第 4 期。

黄彦：《介绍新出版的〈孙中山全集〉第一卷》，《纪念辛亥革命七十周年学术讨论会论文集》，中华书局，1983 年。

谭金花：《开平碉楼与民居鼎盛期间华侨思想的形成及其对本土文化的影响》，黄继烨、张国雄主编：《开平碉楼与村落研究》，北京：中国华侨出版社，2006 年。

蔡惠尧：《康有为、谭张孝与琼彩楼》，《历史档案》，2000 年第 2 期。

沈渭滨：《关于孙中山与黄埔军校的若干思考》，江中孝、王杰主编：《跨世纪的解读与审视：孙中山研究论文选辑（1996—2006）》，天津：天津古籍出版社，2006 年。

陈冰：《隐秘的推手：濮兰德在苏报案中的双重身份》，《新闻春秋》，2015 年第
　　3 期。

卢晓娜：《苏报案后中西权力抗衡思考——以对章、邹的审判为例》，《太原理工大学
　　学报（社会科学版）》，2012 年第 5 期。

叶霭云：《大清留美幼童——洋务运动中被遗忘的译者群体》，《中国翻译》，2014 年
　　第 1 期。

黄薇：《困境与无奈——"留美幼童"黄开甲的世博之旅》，曾军主编：《文史与社会
　　首届东亚"文史与社会"研究生论坛文集》，上海：上海大学出版社，2012 年。

崔志海：《美国政府对辛亥革命态度的原因分析》，《江海学刊》，2008 年第 5 期。

崔志海：《美国政府对辛亥革命态度的再考察》，首届"晚清国家与社会"国际学术
　　研讨会论文，2006 年 8 月 25 日。

陈丹：《百年前北京正阳门车站爆炸案的反响》，《北京社会科学》，2008 年第 2 期。

陈丹：《百年前中国人对日俄战争的认识》，《文史知识》，2005 年第 8 期。

陈丹：《浅析荷马李对中国及其传统文化的认识》，《华中国学》（第九卷），武汉：华
　　中科技大学出版社，2018 年。

陈丹：《孙中山与荷马李〈无知之勇〉在日本的译介》，《广东社会科学》，2020 年第
　　3 期。

陈丹：《真正的畅销者：〈无知之勇〉在日本的译介》，《晋阳学刊》，2021 年第 6 期。

恽文捷：《共和、风投、霸权——清末北美"红龙—中国"反清革命档案史料新解》，
　　《广东社会科学》，2021 年第 3 期。

王志：《日本武士道的演变及其理论化》，《东北师大学报（哲学社会科学版）》，
　　2007 第 4 期。

邢建榕：《一个澳大利亚人在中国的传奇——上海市档案馆藏 W. H. 端纳档案述
　　评》，吴景平主编：《现状与未来：档案典藏机构与近代中国人物》，上海：复旦
　　大学出版社，2014 年。

姚维斗、黄真：《蓝天蔚》，《历史教学》，1986 年第 12 期。

何广：《将军百年后：浅论蓝天蔚生平记述中的形象塑造》，《近代史学刊》，2014 年

第 1 期（总第 11 辑）。

（二）英文

G. Anne Honey, Eric Emerson, Gwynnyth Llewellyn, "The Mental Health of Young People with Disabilities: Impact of Social Conditions", *Social Psychiatry and Psychiatric Epidemiology*, 2011, volume 46.

Heleen Stam, Esther E. Hartman, Jacqueline A. Deurloo, Jaap Groothoff, Martha A. Grootenhuis, "Young Adult Patients with a History of Pediatric Disease: Impact on Course of Life and Transition into Adulthood", *Journal of Adolescent Health*, 2006, Volume 39.

Jane Leung Larson, "Articulating China's First Mass Movement: Kang Youwei, Liang Qichao, the Baohuanghui, and the 1905 Anti-American Boycott", *Twenty-Century China*, 2008, No.1.

（三）日文

石井公一郎：《ホーマー・リーと水野広徳》，《諸君》，1990 年第 5 期。

佐伯彰一：《現代を予言したせむしの将軍〔〈日米戦争〉（明治 44 年邦訳）の著者ホーマー・リー〕》，《文芸春秋》，1972 年第 4 期。

村上芙佐子：《池亨吉略伝——孫文の鎮南関蜂起に随伴した一日本人文学者の生涯》，《都大論究》（第 22 号）1985 年 3 月。

横山宏章：《池亨吉と中国革命》，《孫文研究》（第 40・41 号）2007 年 3 月。

后　记

近代中外关系史是我一直以来的研究兴趣点，而这本书是该兴趣点的第二个研究成果，也是我近些年来学习和研究生活的一个阶段性小结。

我本科考入了北京大学历史学系，当时中国古代史、世界史、中国近现代史 3 个专业方向都有很好的老师给我们授课，而最吸引我的是中国近现代史，后来我把近现代中外关系史作为自己今后的主要研究方向。那时系里经常举办一些会议，我作为学生参加了一些会务方面的工作。当时参加最多的是关于抗日战争的学术会议，经常聆听国内外的各个专家发表对于中日关系的看法。硕士研究生阶段跟随臧运祜老师，继续学习抗日战争史相关内容。因后来跟随王晓秋老师攻读博士研究生，我开始关注晚清时期的中外关系。其间，我不亦乐乎地继续参加系里举办的各种会议和讲座，贪婪地享受着一次次的学术盛宴。其中，通过参加徐万民老师主持举办的纪念中国同盟会成立 100 周年的会议，我对孙中山的相关研究有了一定的了解。读书期间参加的这些会议和讲座，让我领略各位专家学者的风采的同时，也在我内心中埋下了种子，其中，孙中山以及中日关系，成为了我一直以来十分关注的兴趣点。我的博士论文主题为清末五大臣出洋研究，当时主要试图从中外关系史、中外文化交流史的角度来分析解读这一历史事件。在研究中，我发现了五大臣随员里面有革命者，而出洋之前的吴樾刺杀事件也让我看到了当时改良与革命的紧张关系。这不禁让我思考清末改良与革命的关系问题，这个问题也是学术界老前辈们一直关注的话题。

博士毕业后到华中科技大学历史研究所工作，在所长罗家祥老师的敦促下，我硬着头皮申请的国家留学基金委项目终于在再战之后获得批准，我可以首度踏出国门，这对于研究中外关系史的我来说，是一次十分重要的机会。就是在这一次的访学中，我得以接触到斯坦福大学胡佛研究所收藏的档案资料，其中就有荷马李的档案。档案馆中荷马李的照片深深吸引了我，照片中的荷马李是一个身材矮小、穿着中式服装、样貌像个孩子的白人，他与孙中山、康有为关系密切（其后发现，他还写了一本书，对近代日本乃至第二次世界大战有很大影响），这个人太有意思了。我想对他进行细致的研究，经查找发现中国国内对荷马李的相关研究比较少，于是我开始进行研究并着手填写相关课题申报书，在此过程中得到了同时在伯克利访学的皮后锋老师的帮助和指导。经过尝试，最终以该课题申请到一个国家社科基金西部项目。

项目申请到了以后，我加快了该课题的相关研究工作：读材料（有些材料还是英文手写的档案），形成初步的认识，撰写论文及书稿。在研究的过程中，发现荷马李所写的《无知之勇》一书影响很大，荷马李由此获得了世界盛名，这本书一出版便引起了日本的重视，几乎在同一时间内出现了两个日译本，而且译本在日本非常畅销，然而这本书在中国却没有译本，几乎也很难找到它在中国产生的影响。于是我产生了翻译《无知之勇》的念头，该译本几经波折，终于出版。①而非常有意思的是，我后来发现，还有人同时在翻译这本书，也可以说中文译本是同时出现的，似乎再现了百多年前两个日译本同时出现的情景，当然，两个日译本的竞争要更加激烈和有趣。②

当快完成这个课题的研究时，我惊奇地发现，荷马李这个课题涉及到了孙中山、中日美关系、改良与革命的关系，从而可以把我关注的问题很好地结合起来。荷马李一生的历程非常短暂而富有传奇色彩，他自觉地把自己与中国的命运关联起来，参与到了康有为的保皇派活动之中，后又加入到了孙中山的革命阵营，成为孙中山的亲密顾问。他以病残的身躯，成就了不凡的一生，而从他的这个角度切入，可以从一个侧面去观察清末改良派与革命派在海外的活动情况及对中国国内政治的影响。可以说，这一研究是以往读书时代在我心中所种下种子的一种呈现、一个回应。

在整个研究写作的过程中，我同时承担教学任务（年均上课161课时），指导本科生、硕士生的论文，担任本科生班主任；还是两个孩子的母亲，得照顾整个家庭的饮食起居。我同时承担研究者、教师、母亲、妻子、女儿等角色，需要在它们之间自由地切换。时间对于我而言是不够用的，甚至到了失眠都是奢侈行为的地步。研究写作变成了一种"游击战"，随时随地，见缝插针。我经常怀疑自

---

① （美）荷马李：《战争预言者荷马李著作选译》，陈丹译，北京：社会科学文献出版社，2021年。
② 参见陈丹：《真正的畅销者：〈无知之勇〉在日本的译介》，《晋阳学刊》，2021年第6期。

己的"职业精神",为自己无法"全身心地投入"而自责:对于任何一种角色,我都无法"一心一意",只能"三心二意"。我希望能有多一点时间,或者我只有一种角色,这样我可以做得更好一些。

在课题的研究过程中,我不断听到天才陨落的消息,尤其是陈蕴茜和司佳的事情让我感慨万分,在叹息天妒英才的同时,也意识到高校教师处境的艰难。然而感叹一番后,还是要风风火火地做事情,物业大姐见了甚至戏称我脚底自带风火轮。在这每日的"连滚带爬"中,我努力完成自己的角色,其间新冠疫情爆发,我更加感受到了世事无常,从而为自己还能做自己喜欢做的事情而庆幸。

这本书就是在这样的状态中完成的。我想用它来表达我对大学求学期间得到名师指点时如沐春风般感觉的怀念,用它来表达对那些我一路走来所有帮助过我的亲朋好友的感谢。以前还没有体悟到自己的幸运,只是在随着年岁的增长以及见识的增多后,日益感到我所受到的眷顾。由于自身性格等原因,我经常"起个大早赶个晚集",自己也感觉像蜗牛一样慢吞吞地,辜负了师友的期望,虽也的确为自己的这种情形感到焦虑,但现实中却没有改观。本想用"板凳要坐十年冷"为自己解嘲,但有一天突然听到我读大学期间担任系党委书记的王春梅老师去世的相关消息时,我突然意识到时间已经过得太快了,我得尽快表达自己的想法。故而,这本书还有许多不足的地方,甚至可以无休止地改下去,但我还是想先把它出版出来,展现我近 10 年的工作所得,以聊表对一路走来帮助我的人的感谢。

陈　丹

2021 年 12 月 16 日